맥을 잡아주는 세계사 11

일본사

百年维新路 日本
编者：《图说天下. 世界历史系列》编委员

copyright ⓒ 2008 by 吉林出版集团有限责任公司
All rights reserved.
Korean Translation Copyright ⓒ 2015 by Neukkimchaek Publishing Co.
Korean edition is published by arrangement
with 吉林出版集团有限责任公司
through EntersKorea Co.,Ltd, Seoul.

이 책의 한국어판 저작권은 ㈜엔터스코리아를 통한 저작권사와의 독점 계약으로
도서출판 느낌이있는책이 소유합니다.

맥을 잡아주는
세계사
11

일본사

맥세계사편찬위원회 지음
조명철 교수 감수(고려대 사학과)
강치원 교수 추천(강원대 사학과)

느낌있는책

호전적이나 얌전하고 군국주의를 숭상하나 탐미적이고,

오만불손하나 사소한 데서 예의를 차리는,

국화와 칼을 동시에 지닌 일본

5000년 인류 역사를 담은
장쾌한 대하드라마

역사는 장대한 대하드라마이다. 그것도 아주 잘 짜인. 사건이 일어나게 된, 일어날 수밖에 없는 명확한 이유가 있고, 그로 인해 전개될 이야기는 전후 관계가 딱딱 들어맞는다. 각각의 시대를 살아 낸 사람들의 이야기는 너 나 할 것 없이 드라마보다 더 드라마틱하다. 그야말로 파란만장하다.

역사란 드라마틱한 시대를 살아 온 사람들의 파란만장한 삶에 관한 이야기이다. 그 속에 생존을 위한 몸부림이 있고, 종족과 전쟁이 있으며, 문화와 예술이 있고 국가와 민족이 있다. 권력을 향한 암투와 뜨거운 인류애가 함께 숨 쉬는가 하면, 이념과 창조, 파괴, 희망이 춤춘다.

인류의 역사는 희망적인가. 우리가 역사를 통해 배우고 이를 삶에 적용하는 한 인류의 역사는 희망적이다. 이것이 우리가 역사를 알아야 하고 이 시대의 문제에 대한 해답을 역사에서 찾아야 하는 이유이다.

역사는 읽는 것이 아니라 보는 것이라 했던가. '맥을 잡아주는 세계사'는 마치 대하드라마를 보는 듯 한 권, 한 권이 잘 짜인 책이다. 인과 관계가 명확하니 행간과 맥락이 머릿속에 쏙쏙 들어온다. 600여 개의 에피소드는 드라마를 흥미진진하게 이끌고 가는 매개체이며, 2,000여 장에 이르는 시각 자료는 세트, 정지 컷, 의상, 소품 구실을 한다. 에피소드는 어느 한 곳에 치우치지 않도록 다양한 시각을 담은, 다양한 사료를 바탕으로 꾸몄다.

각 권은 50여 개의 장으로 이루어진다. 각 장이 시작될 때마다 해당 시기와 등장인물이 어김없이 소개된다. 또한 그때 다른 곳에서는 어떤 일들이 벌어지고 있었는가를 별도의 연표로 제시한다. 그렇다. 드라마이므로 배경이 되는 시기가 있어야 하고, 주인공이 있어야 하며, 전후좌우의 맥락을 살피기 위해서는 주인공을 둘러싼 시대의 흐름도 아울러야 한다. 이러한 플롯으로 그리스와 로마, 이집트 역사를 통해 고대 문명의 원형을 찾아보고, 중·근세 유럽의 강국 영국, 프랑스, 독일을 거쳐 근세 일본과 중국, 미국, 러시아까지, 한 편, 한 편 완성도 높은 드라마로 빚어내어 역사의 거대한 흐름 속으로 독자들을 끌어들이려 한다.

과거에 대한 올바른 인식 없이, 올바른 현재적 삶도 없다. '맥을 잡아주는 세계사'는 독자들에게 한 걸음 더 가까이 다가가 말을 건네는 책이다. 우리 삶을 더 인간답게 가꾸어 가기 위해 우리는 무엇을 고민해야 하고, 어떻게 해야 할지를 묻는다. 물론 그에 대한 답은 독자 스스로 찾아야 한다. 이 책 안에서 펄펄 살아 움직이는 역사를 통해.

자, 이제 모든 준비가 끝났다. 독자들이여! 5000년 인류 역사의 거대한 물줄기! 그 장쾌한 대하드라마 속으로 함께 빠져들어 보자. 그것도 아주 열렬히.

– 맥세계사편찬위원회

역사 속에서 거침없이 튀어나온
인물들과의 조우

역사는 과거와 현재와 미래의 대화라고 합니다. 현재의 가치가 과거의 사실을 만납니다. 현재는 과거와 미래에게 자신의 삶에 대해 묻습니다. 어디서 왔는지, 제대로 살고 있는지, 어떻게 살아야 하는지……. 현재가 치열하게 고민한 것일수록 과거가 들려주는 답은 명확합니다. 과거의 이야기는 여기에서 머물지 않습니다. 미래까지 적나라하게 제시합니다. 고대 로마의 정치·사회사에서 한국의 현재를 읽어 내는 일이 가능할까요? 물론입니다. 어디 현재뿐이겠습니까? 미래를 예측할 수도 있습니다. 왜냐하면 미래는 실천과 의지의 소산이기 때문입니다. 그것은 바로 과거를 아는 자들의 몫입니다. 이것이 바로 역사를 알아야 하는 이유입니다. 그래서 역사는 과거의 사실과 현재의 가치와 미래의 의지의 대화입니다.

이런 점에서 볼 때 최근 일어난 교학사의 한국사 교과서 역사 왜곡 논란은 참으로 안타까운 일이 아닐 수 없습니다. 편향된 시각으로 집필된 역사 교과서가 자라나는 세대들에게 우리 역사를 바로 알고 현실을 직시하며 미래를 준비하는 토대를 제공할 수 있을까요? 역사를 잊은 민족에게 미래란 없다고 했습니다. 이념 논쟁을 떠나 역사 교육에 대한 사회적 합의가 절실합니다.

느낌이 있는 책에서 의욕적으로 출간한 '맥을 잡아주는 세계사' 시리즈를 보고 세 번 놀랐습니다. 가장 먼저 본문 구성이 매우 독특하다는 데 놀랐습니다. 마치 독자들이 날개를 달고 그 지역 상공을 날면서 여행을 하듯 쓰인 서술 방식은 그간의 역사서에서는 찾아보기 어려운 점입니다. 시간의 흐름에 따라 역사적 사건의 현장이 펼쳐지면서 그 시기에 가장 중요했던 인물이 등장하여 종횡무진 맹활약을 합니다. 이러하니 마치 다큐멘터리나 한 편의 영화를 보는 듯 지면이 살아 움직입니다. 두 번째로 놀란 것은 시간의 흐름에 따른 종적 편성 외에 신화, 축제, 교육, 건축, 예술, 여성 등 다양한 테마를 다룬 횡적 편성을 통해 생활사까지 아울렀다는 점입니다. 정치·사회사 중심의 역사서에서 놓치기 쉬운 생활사를 단원 말미에서 종합적으로 서술함으로써 두 마리 토끼를 모두 잡는 데 성공하였습니다. 마지막으로 놀란 것은 꼼꼼한 구성입니다. 각 단원이 시작될 때마다 시기와 주요 인물 혹은 사건이 제시되고 그 아래 총체적인 세계사의 흐름을 알 수 있는 비교 연표를 제시하여 독자들의 머릿속을 깔끔하게 정리해 주고 있다는 점입니다. 필요한 자리에 적절하게 들어간 사진 자료들은 한눈에 보아도 귀한 자료임을 알 수 있습니다.

이 책은 중국 최고의 인재들로 구성된 중국사회과학원과 베이징대학 등 중국 유수 대학 사학과 교수진이 기획과 집필을 담당하였습니다. 우리로서는 그간에 주로 접해 왔던 서양이나 일본 학자들의 시각에서 벗어나 중국 역사가들의 새롭고 참신한 사관을 접할 수 있다는 점에서 흥미로운 일이 아닐 수 없습니다. 고대 그리스에서 시작되는 여행은 전 세계 곳곳의 상공을 날며 생생한 역사의 현장을 돌아봅니다. 그 현장에서 만나는 주인공들은 더 이상 박물관에 놓인 초상화 혹은 조형물이 아닌, 따스한 피를 가진 한 인간입니다. 그들과의 만남, 생각만으로 벌써 가슴이 뜁니다.

– 강치원. 강원대 사학과 교수. 경기도율곡교육연수원장

과거로의 시간 여행에 빠지게 하는 성공적인 역사서

맥을 잡아주는 일본사는 기존에 출간한 일본사 개설서나 전문서와 크게 다른 특징을 몇 가지 지니고 있다.

첫 번째 특징은 무엇보다도 재미있다는 점이다. 누구나 맥 일본사를 읽다 보면 역사와 사건의 현장 속에 서 있는 자신을 발견하게 된다. 그만큼 생동감이 있고 현실감이 있어 살아 있는 역사란 것이 이런 것이라는 느낌을 갖게 된다. 이런 점에서 맥 일본사는 드라마를 보듯 당시의 역사적 상황을 생생하게 그려내는 데 성공했다.

두 번째로 살아있는 듯한 역사 서술이 독자들에게 역사적 상상력을 불러일으킨다는 점이다. 우리가 여러 낯선 곳을 여행하며 많은 것을 느끼고 자신의 인생을 풍요롭게 하듯이 역사는 과거로의 시간 여행이다. 우리는 시간 여행 속에서 우리보다 먼저 살았던 사람들의 다양한 모습과 그들이 즐겼던 예술, 사상을 통해 우리의 삶을 살찌울 뿐만 아니라 인생에 대한 이해의 폭이 넓어진다.

또한 다양한 사건과 국가와 개인의 흥망성쇠를 통해 정의와 불의에 대한 변별력도 키우게 된다. 하지만 지루한 곳을 여행하면 아무런 흥미를 느끼지 못하듯이 우리의 호기심을 자극하지 못하는 시간 여행은 아무리 전문적인 내용으로 가득 차 있다고 해도 딱딱한 역사서에 지나지 않는다. 우리의 지적 호기심을 자극하면서 과거로의 시간 여행에 빠지게 한다는 점에서 맥 일본사는 대단히 성공적이다.

역사의 전환점에서 일어나는 사건들을 풍부한 에피소드를 통해 극적으로 서술함으로써 생생한 현장감과 더불어 우리에게 강한 역사적 상상력을 불어넣어 준다. 더욱이 한국과 다른 일본 사회를 이해하기 위해 낯선 용어나 개념들을 익히지 않더라도 당시 상황을 이해할 수 있도록 서술한 점은 높이 평가받아 마땅하다.

세번째로 맥 일본사는 우리와 비슷하지만 다른 일본의 역사와 문화를 효과적으로 비교해 주고 있다. 우리가 일본을 객관적이고 정확하게 이해하는 것은 일본과 한국이 복잡하면서도 뗄 수 없는 관계라는 점에서 매우 중요하다. 오늘의 일본이 어떻게 생겨났는지 알아야 장래 일본에 대처할 방법을 찾을 수 있다. 맥 일본사를 재미있게 읽어가는 동안 일본에 대한 정확한 이해와 더불어 많은 역사적 교훈을 얻게 된다. 이런 점은 무미건조한 개설서에서는 기대할 수 없는 효과라고 하겠다. 흥미롭고 생생한 현장감을 중시하는 극적인 서술에 치중하다 보니 역사적 사실과 해석에 조금은 문제점을 남기고 있지만 그것은 전문가의 영역으로서 일반 독자에게는 전혀 문제가 되지 않는다.

이처럼 풍부한 에피소드와 다양한 해석, 역사적 상상력을 자극하는 생생한 서술로 가득 찬 맥 일본사는 일반 독자를 대상으로 한 역사서가 어떻게 쓰여야 하는가를 제대로 보여 주었다는 점에서 칭찬 받아 마땅하다.

– 조명철, 고려대 사학과 교수

CONTENTS

1 근대화의 길로 들어서다

2 메이지 유신과 제국헌법

3 제국주의로의 질주

6 전후 복구와 부활하는 경제

Japan

맥을 잡아주는 세계사

The flow of The World History

제1장 | 근대화의 길로
들어서다

1 쿠로후네의 출현

19세기, 이미 근대적 자본주의 사회로 빠르게 나아가고 있던 서구 열강이 보기에는 일본 역시 낙후된 다른 아시아 국가들과 마찬가지였고, 매우 탐나는 먹잇감에 불과했다. 1853년에 미국 해군 소속의 페리Matthew C. Perry 제독이 검은 함선 네 척을 이끌고 현재의 도쿄 지역에 해당하는 에도江戶 앞바다에 나타났다. 이 사건이 바로 일본 역사의 새로운 장을 연 '쿠로후네黑船의 출현'이다.

시기 : 1853년
인물 : 매튜 페리, 도쿠가와 이에야스

도쿠가와 바쿠후의 통상 수교 거부 정책

1603년에 도쿠가와 이에야스가 천황, 즉 덴노天皇로부터 세이이다이쇼군征夷大將軍으로 임명되었다. 쇼군이란 일본의 정치와 외교를 담당하는 바쿠후의 수장으로, 당시에는 최고 통치권자였다. 이를 시작으로 에도 바쿠후 시대가 열렸다. 도쿠가와 이에야스는 에도를 근거지로 삼아 점차 동일본을 아우르는 세력권을 형성했다. 같은 시기에 서일본 세력을 대표하는 인물은 도요토미 히데요시였다. 이 둘은 일본 내에서 가장 강력한 정치 권력을 쥐었다. 그러던 중 도요토미 히데요시가 무리해서 조선 침략 전쟁을 벌여 놓

한눈에 보는 세계사
1848년 : 독일 마르크스, 공산당 선언 발표 / 영국, 차티스트 운동
1853년 : 크림 전쟁 (~1856)

은 채 병으로 사망했다. 이로써 일본의 통치권은 통째로 도쿠가와 이에야스의 수중에 떨어졌다.

약 700년에 걸친 일본의 무신 정권 역사에서 250여 년이나 이어간 도쿠가와 쇼군 가문의 통치는 이때부터 시작되었다. 그러나 도쿠가와 바쿠후의 첫 출발이 순풍에 돛단 듯 수월하기만 했던 것은 아니었다. 당시 지방 영토를 관리하던 봉건 영주인 다이묘大名 중에는 도쿠가와 가문이 권력을 손에 넣은 방식과 명분에 이의를 제기하며 중앙 정부에 반대하는 세력이 적지 않았다. 특히 도요토미 히데요시를 지지하던 서남 지방의 다이묘들이 강하게 반대했다. 이렇게 반대 세력의 격렬한 저항에 맞서며 어렵사리 정권을 장악한 도쿠가와 이에야스는 그들의 존재를 위협적으로 받아들였다. 그래서 집권하자마자 가장 먼저 지방 세력을 약화시키는 데 힘을 쏟아 반란의 싹을 잘라 버렸다.

매튜 페리(Matthew Calbraith Perry)

미합중국 해군 중장. 18세기 중반에 검은 함선을 뜻하는 일명 '쿠로후네'를 이끌고 오랜 세월 굳게 닫혀 있던 일본의 문호를 열었다.

일본의 정치·경제·군사 등 사회 제도는 도쿠가와 바쿠후의 주도로 각 지역의 고유한 특성과 지역 최고 통치자인 한슈藩主의 가치관, 통치 철학에 따라 독자적으로 발전했다. 에도 시대의 통치 체제는 일종의 지방 자치제와 같은 성격으로 이해할 수 있다. 노련하고 정치적 수완이 뛰어나기로 정평이 난 정치가인 도쿠가와 이에야스는 이러한 상황을 자신에게 유리하도록 적절히 이용할 줄 알았다. 그는 먼저 자신을 지지하는 지역과 반대하는 지역을 나누고 등급을 매기는 등 전국의 세력 구도를 파악했다. 그리고 자신만의 방식으로 과감하게 반대파를 정리해 나갔다. 그렇게 반대 세력을 억누르고 견제하며 정국을 이끌어가는 한편, 중앙 정권의 위엄을 과시하고 바쿠후의 위상을 높이기 위해 대대적인 공사를 벌여 성을 쌓았다.

에도 바쿠후 초기에 도쿠가와 가문에 맞서다가 세력 다툼에서 밀린 지역은 200년 이상 이어진 도쿠가와 바쿠후의 통치 기간 내내 중앙 정치 무대에서 철저히 소외되었고, 끊임없이 정치적 압박에 시달리는 설움을 겪었다. 이렇게 도쿠가와 바쿠후의 견제 대상이 된 지역의 다이묘들을 도자마 다이묘外樣大名라고 불렀다. 도자마 다이묘들은 굴하지 않고 다시 한 번 도쿠가와 바쿠후에 대항할 기회를 꿈꾸었다. 그래서 힘을 기르고자 몰래 경

일본이 통상 수교 거부 정책을 실시하자 포르투갈 국적의 배가 일본을 떠나는 장면

제적 기반을 닦고 군사력을 키웠다. 에도 바쿠후의 1대 쇼군인 도쿠가와 이에야스는 힘 있는 다이묘들이 반란을 일으켜서 다시 정권이 어지러워지는 일이 없도록 방지하고자 노력했다. 덕분에 에도 바쿠후는 집권 초기에 이미 반란에 대한 효율적인 감시 체계와 대비책을 갖추었다. 이러한 철벽 통치 상황에서 몰래 일을 꾸며야 하는 도자마 다이묘 중 일부는 자연스럽게 서양의 선진 무기에 주목했다. 그들은 바쿠후의 눈을 피해 은밀히 서구 세력과 교류하고 서구의 앞선 문명을 받아들여서 힘을 기르고 돌파구를 찾으려 했다. 이렇게 몰래 서양의 문화를 조금이나마 맛본 이들이 생겨났고, 그들이 유입하여 조금씩 퍼뜨린 서양 문화가 공공연하게 유행하기도 했다.

일본 역사에 천주교라는 서방 종교의 이름이 공식적으로 등장한 것도 이 무렵이었다. 그러자 신실한 불교 신자였던 도쿠가와 이에야스는 서방 종교가 전파되는 것에 위기감을 느끼고 그에 대한 대비책을 세우기로 했다. 이를 위해 그는 나라의 문을 굳게 닫아거는 통상 수교 거부 정책을 시행하기로 했다. 그 근거가 단순히 불교를 신봉하는 종교인으로서의 배타심인지, 아니면 외국 세력이 선교 활동을 핑계로 일본에 침투해서 낯선 문화와 사상을 전파하고, 또 이를 틈타 바쿠후의 영향력이 상대적으로 약한 먼 지방의 도자마 다이묘들이 힘을 키울 것을 우려한 최고 정치권력자로서의 입장인지는 정확하지 않다. 분명한 것은 도쿠가와 이에야스가 서방 종교의 유입을 달갑지 않게 여겼다는 점이다. 집권 이전에 그는 외국 문물의 유입에 다소 미온적인 태도를 보였다. 그러다가 쇼군으로 취임하면서 갑자기 서양과의 교류를 엄격히 금지한 데에는 분명히 그럴 만한 이유가 있을 것이다. 강력한 통치력을 행사하며 군림했던 도쿠가와 바쿠후는 집권 초기부터 말기까지 일관되게 폐쇄적인 외교 정책을 고수했다.

다만 기본적으로 통상 수교 거부 정책을 고수한 에도 바쿠후라도 중국이나 네덜란드처럼 오래전부터 교류해 온 국가들과의 관계는 일방적으로 끊을 수 없었다. 그래서 에도 바쿠후는 고민 끝에 나가사키長崎 항구를 통해서만 외교와 통상 교류를 허용한다는 까다로운 제한 조건을 두고, 부분적으로 예외를 인정하여 대외 개방을 허락했다.

한편, 국제 사회는 통상 수교를 단호히 거부하는 도쿠가와 바쿠후를 흥미롭게 지켜보았다. 그들의 눈에는 일본도 넓은 세상과 소통하는 것을 거부하고 나라의 문을 굳게 닫아건 중국 청나라와 마찬가지로 폐쇄적인 성향이 강한 나라로 비쳤다. 당시 자본주의의 급격한 발달로 경제 성장이 한계에 이른 서양 국가들은 동양으로 눈길을 돌렸다. 그들이 보기에 동양 국가들은 새로운 시장으로서 큰 잠재력이 있었다. 그래서 그들은 동양 국가들의 폐쇄적인 태도와 냉담한 대응에도 아랑곳하지 않고 끊임없이 문을 두드리며 문호 개방과 통상을 요구했다.

이렇게 당시 유럽이나 아메리카 대륙에서 아시아 시장에 큰 관심을 보였지만, 아시아 문화에 대한 그들의 이해 수준은 높지 않았다. 그들이 아는 동양 관련 지식은 마르코 폴로의 경험담을 담은《세계의 기술記述》에서 습득한 것이 거의 전부라고 보아도 될 정도로 얕았다. 우리나라에는《동방견문록東方見聞錄》으로 알려진 이 책은 마르코 폴로가 오랫동안 중국 원나라에서 지내면서 직접 겪은 일들을 소개한 책이다. 당시 이를 통해 생소한 동양 문화를 접한 유럽인들은 큰 충격을 받았다. 사실 마르코 폴로가 아무리 객관적인 시선으로 아시아를 상세하게 그려 냈다고 해도, 책 속의 정보를 있는 그대로 이해할 수 있는 독자가 얼마나 되었을까? 그렇다 보니 동양에 대해 부정확하거나 왜곡된 관점을 가진 사람이 많았다. 그러나 재미있게도 바로 그런 점이 동양에 대한 흥미를 더욱 부추겼다. 예를 들어, 일본은 중국에서 아메리카 대륙으로 갈 때 이용하는 항로를 따라서 조금만 더 가면 발견할 수 있는 나라인데 서양에 매우 폐쇄적인 국가로 알려졌다. 서양

자본주의 국가들은 그런 일본의 태도에 오히려 신비로움을 느꼈다. 그리하여 어느덧 동양의 이 폐쇄적인 열도 국가를 두고, 누가, 어떻게, 먼저 빗장을 열지 그들 사이에 한껏 경쟁의 열기가 달아올랐다.

19세기 중반 무렵부터 미국의 무역선이 일본에 여러 차례 찾아와 문호 개방을 요구했다. 그러나 도쿠가와 바쿠후 측은 매번 전통적인 외교 방침을 내세워 한마디로 거절했다. 그러던 중 1846년에 미국이 일본에 무장 군함을 보냈다. 당시 미국 동인도 함대의 사령관 비들Biddle은 무장 군함 세 척을 이끌고 일본에 찾아와 다시 한 번 문호 개방을 요청했다. 바쿠후는 이번에도 전과 같은 이유를 대며 거절했고, 비들은 조용히 물러났다.

그런데 1852년에 나가사키 항구 근처 데지마出島에 자리 잡고 있던 네덜란드 상관商館의 총책임자 쿠르티우스Curtius Jan Hendrik가 바쿠후를 찾아왔

나가사키 항구 인근에
조성한 인공섬 데지마

에도 사람들은 검은색 선체를 한 거대한 서양 함선을 '쿠로후네'라고 불렀다.

다. 미국이 다시 일본으로 무장 군함을 보냈으며, 곧 일본에 도착할 것이라는 정보를 미리 알려 주려는 것이었다. 그가 이런 중요한 정보를 알려 준 것은 일본이 미국보다 네덜란드와 먼저 문호 개방 조약을 맺게 하기 위해서였다. 그동안 서양 국가와 동양 국가가 맺은 조약은 대부분 불평등 조약의 양상을 띠었으나, 이때 네덜란드가 일본에 제시한 조약의 내용은 일본과 네덜란드 양측에 서로 유리했다. 당시 서구 열강이 아시아 국가와 맺은 조약으로서는 보기 드문 일이다. 물론 이는 쿠르티우스의 개인적인 판단이나 능력만으로 가능한 일은 아니었다. 도쿠가와 바쿠후와 네덜란드가 오랜 세월 신뢰를 쌓으며 우호 관계를 맺어 왔기에 가능한 일이었다. 일본이 줄곧 통상 수교 거부 방침을 고수하면서도 국제 사회의 흐름을 읽을 수 있었던 것은 네덜란드가 세세한 정보를 모아 바쿠후에 알려 준 덕분이었다. 네덜란드 역시 국가적으로 어려움을 겪던 한때 의리를 지켜 준 이 사무라이의 나라에 특별한 애정이 있었다. 네덜란드는 자국이 먼저 일본과 조약

을 체결하면 이후 미국이 일본에 들어올 때
를 대비해 상부상조할 수 있으리라고 생각했
다. 그래서 조약 내용을 구상할 때 네덜란드
와 일본 양측이 마찰을 빚지 않도록 어느 한
쪽에 불리하거나 유리하지 않게 하기 위해 매
우 고심했다. 그런데 네덜란드가 호의를 베풀
어 양측에 모두 득이 되는 윈윈Win-Win 화친
제안을 내놓았는데도 바쿠후의 대응은 아주
모호했다. 네덜란드는 많은 노력을 기울였지
만, 이 설득은 결국 실패로 끝났다. 당시의 외
교 협상은 서구 국가의 상식을 토대로 진행되
었다. 그래서 국제 사회 경험이 전혀 없는 바
쿠후는 상대방의 호의를 확실히 인지해서 판
단할 능력이 없었다. 바쿠후는 결국 미적거리
다가 네덜란드에 조약 체결 거절 의사를 밝혔
다. 그리고 그 이듬해인 1853년에 쿠르티우스
가 알려 준 정보대로 미국 군함이 일본을 찾

국정 관복을 입은 도쿠
가와 이에요시

아왔다. 일전에 일본의 군사 수준을 직접 파악하고 자신감을 얻은 미국은
이번에는 신식 무기로 무장한 함대를 파견했다.

일본의 문호 개방

미국인 비들은 처음에 일본의 문호를 여는 데 실패하고 미국으로 돌아갔
다. 하지만 그는 이때 일본의 상황을 살펴 미국 정부에 보고했다. 미국은
비들의 보고를 근거로 하여 제대로 무장한 함대를 편성해 다시 일본에 파
견하기로 했다. 그러나 미국은 전쟁보다는 친선 조약의 형태를 원했기 때

문에 자국이 먼저 무력으로 일본을 도발하지 않는다는 내부 방침을 세웠다. 이러한 결정을 내린 데에는 군사 후진국인 일본에 미국의 선진 군사력을 은근히 과시하여 심리적으로 압박하는 효과를 기대하는 부분이 크게 작용했다.

1853년 어느 여름날의 이른 새벽, 에도 앞바다의 우라가浦賀에 거대한 검은 함선 네 척이 출현했다. 당시 일본인들은 온통 검은색인 선체에 검은 연기를 뿜어내는 이 거대한 서양 함선을 보고 검은 배, 즉 '쿠로후네黑船'라고 불렀다. 쿠로후네는 서양의 선진화된 군사력을 상징했다. 당시 이미 이 배에 대해 들어 알고 있는 일본인들도 있었다. 비록 오랫동안 나라의 문을 굳게 닫아걸었다고 해도, 바쿠후가 세상 돌아가는 사정에 전혀 관심이 없거나 무지한 것은 아니었기 때문이다. 오히려 네덜란드 상관이나 조선 통신사를 통해서 국제 정세에 관한 정보를 적극적으로 받아들이고 이를 다루는 기관을 따로 마련할 정도로 정보 수집에 열성적이었다. 청나라와 영국 사이에 벌어진 아편 전쟁에서 청나라가 크게 패한 소식도 바로 입수했다. 그뿐만 아니라 바쿠후 내부 인사들은 영국이 중국을 굴복시키는 데 가장 큰 공을 세운 것이 바로 쿠로후네라는 사실도 이미 알고 있었다. 그 쿠로후네가 이번에는 일본에 나타난 것이다. 웅장한 뱃고동 소리와 함께 모습을 드러낸 거대한 쿠로후네는 한눈에 보기에도 위협적이었다. 당시 바쿠후의 법에 따르면 일본을 찾아온 외국 선박은 공식 사절로서 방문했더라도 일단 나가사키 항구에 정박해서 입국 허가를 기다려야 했다. 그러나 중국을 쓰러뜨린 쿠로후네는 바쿠후의 법과 절차를 완전히 무시한 채 에도로 직접 찾아왔고 이에 일본 전역은 마치 전쟁이라도 난 듯 온통 어수선해졌다.

처음에는 수평선 위의 검은 점처럼 보이던 쿠로후네가 유유히 파도를 가르고 점차 에도 앞바다로 가까이 다가왔다. 해안에서 육안으로도 함선의 형태를 자세히 확인할 수 있을 만큼 가까워지자 바쿠후는 에도 성 전체에 긴급 경계령을 내렸다. 쿠로후네가 에도로 찾아왔다는 소식은 빠르게 퍼져 나갔다. 에도는 도쿠가와 바쿠후의 근거지이자 일본의 실질적인 수도였다. 바다에 바로 접해 있어서 물자 수송을 위한 해상 교통이 발달했다는 장점이 있지만, 이는 군사 경계 측면에서 볼 때에는 큰 약점이었다. 바다를 경계로 하는 지형의 특성은 바다가 봉쇄되면 전투에 크게 불리해서 사실 수도로서는 치명적이었다. 그래서 도쿠가와 바쿠후 이래 일본은 해상 방어에 힘을 쏟았다. 실제로 당시 바쿠후는 해안에 포대를 많이 설치하여 적의 침입에 대비하고 있었다. 해안에 장착된 대포는 적의 군함이 접근하지 못하도록 위협해서 쫓아내는 용도로 사용되므로 일반 군함에 장착되는 함포보다 사정거리가 멀어야 한다. 그런데 불행하게도 이번에 나타난 쿠로후네는 에도 해안에 설치된 해안 포대보다 사정거리가 더 긴 대포를 장착하고 있었다. 해안 대포의 사정거리가 적 함선의 대포보다 짧다면 쓸모가 없다. 수도가 적의 군함에 장착된 대포의 사정거리 안에 무방비로 노출된 비상사태였다. 이 사건으로 도쿠가와 바쿠후는 에도뿐만 아니라 전 일본의 존망이 달린 위기를 맞은 셈이었다.

그러나 약해질 대로 약해져서 이미 쇠락의 길을 걷고 있던 바쿠후는 눈앞에 닥친 난관을 헤치고 나아갈 능력이 없었다. 쿠로후네가 나타난 당시에 일본인들 사이에서는 풍랑이 거세게 일어나도록 하늘에 기도하는 것이 크게 유행했다고 한다. 13세기에 원나라를 세워 중원中原을 지배한 몽골족이 일본을 침략하려다가 풍랑이 워낙 거세어 결국 포기한 적이 두 번 있었다. 일본인들은 이때처럼 하늘의 힘을 빌려서 다시 한 번 외국 군함이 물러나게 하고 이번 난관을 무사히 넘기기를 간절히 바란 것이다. 당시 일본인들이 보기에도 쿠로후네는 도저히 싸워서 이길 수 있는 상대가 아니었던 모양이다. 압도적인 위력을 갖춘 무기를 코앞에 두고 일본인들이 느낀 긴장감과 절망감이 어느 정도였는지 드러난다. 당시 젊은 나이에 왕위를 이어받은 고메이孝明 덴노 역시 강한 비바람이 불어 나라를 위기에서 구해 달라고 기원하는 기도제를 열이틀 동안 열었다. 그러나 불행하게도 이번에 는 하늘에서 별다른 답이 없었다.

한편, 페리 제독은 일본의 강력한 거부 의사에도 아랑곳하지 않았다. 그는 사절단으로서 갖추어야 할 예의를 모두 무시한 채 검은 군함 네 척을 이끌고 우라가에 닻을 내린 뒤 바쿠후에 문호 개방과 화친을 요구했다. 미 국이 이렇게 오만하게 나오자 바쿠후는 마치 벌집을 들쑤신 듯 내부에서 큰 소동이 벌어졌다. 거절하자니 군사력의 격차가 워낙 커서 쿠로후네에 대항할 방법이 없고, 적의 요구를 순순히 받아들이자니 바쿠후의 자존심 에 금이 가는 것은 물론 위신이 한순간에 곤두박질할 것이 분명했으므로 쉽게 결정을 내릴 수 없었다. 게다가 오랫동안 폐쇄적인 외교 방침을 고수 한 탓에 바쿠후는 국제 외교 경험이 거의 없다시피 했다. 즉 이번 일을 앞 장서서 해결할 만한 인재가 없었던 것이다. 그렇다 보니 누구 하나 나서서 시원한 의견을 내놓는 이가 없는 것도 당연했다.

사실 이는 나라의 문을 걸어 닫기로 한 먼 과거부터 충분히 예상할 수 있는 일이었다. 게다가 하필이면 이 중요한 시기에 바쿠후 내 최고 권력자 인 쇼군의 자리가 비어 있었다. 페리가 찾아오기 전부터 바쿠후의 12대 쇼 군인 도쿠가와 이에요시德川家慶가 중병에 걸려서 옴짝달싹 못하고 있었던 것이다. 로주老中인 아베 마사히로阿部政弘가 쇼군의 업무를 대신 수행하기 는 했지만, 쇼군 대리에 불과한 그가 이렇게 중대한 사안을 독단으로 결정 할 수는 없는 노릇이라 무척 난감한 상황이었다. 엎친 데 덮친 격으로, 얼 마 지나지 않아 도쿠가와 이에요시가 세상을 떠나고 말았다. 이에 아들인 도쿠가와 이에사다德川家定가 13대 쇼군 자리를 물려받기는 했지만, 어려서 부터 몸이 약했던 그는 정무를 제대로 돌보지 못했다. 일설에는 그가 뇌성 마비를 앓았다고도 전해진다. 결국 13대 쇼군이 취임하고 나서도 바쿠후의 실질적인 권력은 도쿠가와 이에요시의 대리로 정무를 맡아 보던 아베 마사히로가 여전히 쥐고 있었다. 이러한 내부 사정을 핑계로 아베 마사히로는 미국과의 교섭을 차일피일 미루었다.

사실 아베 마사히로는 바쿠후가 고집하는 폐쇄적인 외교 방침의 문제점을 이미 오래전부터 느끼고 있었다. 하지만 그가 문호를 개방해서 국력을 키워야 한다는 의견을 내놓자 수많은 다이묘가 거세게 반대하고 나섰다. 아베 마사히로는 객관직으로 시류를 읽어 내는 정치적 안목은 있지만 안타깝게도 자기주장을 밀어붙이는 뚝심은 부족한 인물이었는지, 거센 반대에 부딪히자 바로 포기했다. 바쿠후가 주도적으로 근대화를 추진하려던 기회는 이렇게 날아갔고, 에도 바쿠후 성립 초기부터 줄곧 고수한 폐쇄적인 외교 방침은 개선은커녕 손도 대지 못한 채 그대로 방치되었다. 한편, 미국은 바쿠후의 내부 사정에는 아랑곳없이 점점 일본의 문호 개방을 요구했다. 미국의 거대한 증기선과 무기의 위협을 견디지 못한 바쿠후는 끝내 그 요구를 받아들이고 말았다.

페리가 도쿠가와 바쿠후에 요구한 내용은 크게 세 가지였다. 일본은 미국에 항구를 개항하고, 미국 선박이 조난되었을 때 구호에 힘쓰며, 정박 중인 미국 선박에 필요한 식량과 연료를 지원하라는 것이었다. 이를 약속받은 페리는 더 나아가 바쿠후 측과 전면적인 개방과 관련한 사항들을 논의하기도 했다. 페리 제독은 이렇게 성공적으로 일본의 문호 개방을 이끌어 냈으나, 실패할 때에 대비하여 차선책까지 미리 준비해 둔 주도면밀한 책략가였다. 페리 제독의 쿠로후네는 에도에 오기 전에 류큐琉球 지역에 먼저 들렀다. 류큐는 현재 오키나와沖繩 지역 일대의 옛 이름이다. 이 무렵 류큐는 사쓰마薩摩의 반半식민지나 마찬가지인 상태였지만, 원래 독립적인 왕국이었다. 류큐 지역을 찬찬히 둘러본 페리 제독은 일본과의 교섭에 실패할 경우 이곳을 항구로 확보하기로 점찍었다. 그리고 에도에서 바쿠후와

줄다리기하는 와중에도 류큐 지역을 확보한다는 임무를 동시에 수행했다. 애초에 페리 제독이 미국에서 출발할 때 정부로부터 받은 임무는 포경선 등 어업 선박이 정박할 수 있도록 일본의 개항 허가를 받는 것뿐이었다. 미국 정부는 일본이 미국에 거부감을 느끼지 않도록 신사적으로 접근하고, 방어가 불가피한 상황을 제외하고는 무력을 사용하지 말도록 지시했다. 그러나 페리는 군인 특유의 승부 근성과 본능적인 감으로 강압적인 방식을 택했다. 덕분에 미국은 결과적으로 일본 바쿠후 측에 문호 개방과 관련한 조약 체결 약속까지 받아내는 등 처음에 기대한 목표를 훨씬 뛰어넘는 큰 성과를 올렸다.

그러나 페리가 할 수 있는 일은 거기까지였다. 이후 일의 진행은 고도의 정치 외교 기술이 필요한 분야였기에 전쟁터를 누비며 살아온 군인 출신의 페리가 섣불리 결정할 수 있는 일이 아니었다. 이런저런 이유로 일본의 문호 개방과 관련된 논의는 더 이상 진행되기 어려웠다. 그리하여 이듬해를 기약하며 쿠로후네의 출현 사건은 일단 마무리 단계에 들어섰다. 그러나 페리는 순순히 돌아가지 않고 마지막으로 쐐기를 박기로 했다. 에도 만灣 안쪽으로 더 깊이 쿠로후네를 몰고 들어가서 제멋대로 해안을 측량하는 무례를 범한 것이다. 이에 바쿠후는 강하게 항의하며 즉시 물러나라고 요구했다. 그러자 페리는 내년에 다시 일본을 방문할 때에는 더 큰 배가 들어올 것이므로 준비하는 차원에서 반드시 측량이 필요하다고 대답했다. 그리고 바쿠후 측의 항의를 가볍게 무시한 채 상세히 측량했다. 사실 미국의 이러한 행위는 국제법 위반이었다. 하지만 페리는 나중에 바쿠후가 마음을 바꾸면 일이 귀찮아질 수 있다고 생각하고 '내년에 이루어질 논의에서 일본이 만족할 만한 답을 주지 않으면 미국은 더 큰 함선을 끌고 와 무력을 행사할 수도 있다.'고 암암리에 협박성 경고를 남긴 것이다. 페리의 강압적인 태도와 서양 열강에 대한 공포감으로 궁지에 몰린 바쿠후는 결국 미국의 개방 요구에 순순히 동의했다. 그리고 미국이 제시한 조건에 대해 제대로 협상도 해보지 못하고 무조건 받아들였다.

1853년 7월 17일, 페리는 일단 중국 청나라의 상하이로 뱃머리를 돌렸다. 그리고 이듬해인 1854년 봄에 일본으로 돌아와 '가나가와神奈川 조약'이라고 불리는 미·일 친선 조약을 맺는 데 성공했다. 그리고 두 달 후, 미국과 일본은 추가 조약을 맺었다. 이것이 바로 유명한 '시모다下田 조약'으로, 일본이 미국의 일방적인 요구를 무조건 수용한 불평등 조약이었다. 일본의 문호 개방이라는 역사적 전환은 이렇게 외세의 압력에 의해 굴욕적으로 이루어졌다.

문호 개방의 의의

쿠로후네가 에도 근처의 우라가에 나타난 일을 계기로, 1635년 이래 도쿠가와 바쿠후가 고수해 온 통상 수교 거부 정책이 무너졌다. 미국에 문호를 개방한 일본은 이제 중국과 네덜란드 외의 국가들에도 문호를 개방하는 것을 피할 수 없게 되었다. 외세에 의한 강제 문호 개방이 불러온 영향은

슈레이몬(守禮門). 1853년 5월 미국의 페리 제독과 그의 부관이 류큐 왕국의 수도인 슈리(首里)성으로 들어가고 있다.

상상 이상으로 커서 일본 역사에 커다란 전환점이 되었다. 일본인들은 쿠로후네의 출현에서 미국과 화친 조약을 맺기까지 일련의 사건들을 겪는 동안 이제는 바쿠후가 국정을 이끌어 나갈 힘이 없다는 것을 깨달았다. 그리고 바쿠후 역시 그 사실을 인정할 수밖에 없었다. 그러자 그동안 숨죽이고 있던 지방의 다이묘들이 들고일어났다. 이런 사회 분위기 속에서 결국 바쿠한幕藩 정치 체제는 뿌리부터 흔들리며 커다란 위기를 맞았다.

미국이 일본의 문호를 여는 데 성공했다는 소식이 퍼진 후 다른 서양 국가들도 앞다투어 일본으로 향했다. 1854년에 일본은 미국과 조약을 맺은 지 불과 몇 개월 만에 러시아, 영국, 네덜란드 등과 비슷한 수준의 화친 조약을 잇달아 체결했다. 그리고 1858년에 도쿠가와 바쿠후는 미국, 러시아, 영국, 프랑스, 네덜란드 다섯 국가와 개항, 영사 재판권, 외국인 거류지 등에 관한 문제로 다시 한 번 '안세이安政 5개국 조약'을 맺었다. 일본의 실질적인 문호 개방은 이때부터라고 볼 수 있다.

일본의 문호 개방은 이렇듯 외세의 압력에 의해 순식간에 이루어진 굴욕의 역사이다. 하지만 그런 한편으로 가깝게는 곧 벌어질 메이지明治 유신, 멀게는 21세기 선진 문명을 이끄는 일본에 이르기까지 광범위하게 영향을 미친 중요한 사건이다. 비록 일본이 스스로 원해서 문호를 개방한 것은 아니었지만, 이 사건이 일본의 근현대사를 더욱 적극적인 변화로 이끈 중요한 원동력이었다는 점은 부인할 수 없다.

도쿠가와 가문에 대하여

도쿠가와 가문은 원래 미카와노쿠니三河國를 다스리던 지방 토호土豪 마쓰다이라松平 가문에서 시작되었다. 도쿠가와 이에야스의 부친인 마쓰다이라 히로타다松平廣忠는 미카와노쿠니 일대를 다스리는 지방 영주였다. 미카와노쿠니는 지리적으로 당시 도카이도東海道 지역을 주름잡던 두 가문, 즉 스루가노쿠니 駿河國를 다스리는 이마가와今川 가문과 오와리노쿠니尾張國를 다스리는 오다織田 가문 사이에 끼어 있었다. 그래서 마쓰다이라 가문은 크게 위축되어 불안한 상태였다. 그런 환경에서 도쿠가와라는 성이 크게 주목을 끌게 된 것은 일본의 전국 시대 말기 무렵이었다.

도쿠가와 이에야스는 덴분天文 11년인 1543년에 나고야 부근의 오카자키岡崎에서 태어났다. 그의 원래 성은 마쓰다이라, 어렸을 적의 이름은 다케치요竹千代이다. 훗날 성인이 되어 이에야스家康로 이름을 바꾸었고, 1566년부터는 마쓰다이라 대신 도쿠가와라는 성씨를 사용하기 시작했다. 도쿠가와 이에야스는 노련한 정치가이자 지략이 뛰어난 군사 지도자로서 천부적인 재능이 있었다. 그는 이러한 재능을 발휘해 일본에 오랫동안 계속된 전란을 잠재우고 에도 바쿠후의 1대 쇼군이 되어 시대를 이끌어가는 주인공이 되었다. 그의 독보적인 리더십과 카리스마는 오늘날 수많은 일본인에게 존경받고 있다.

도쿠가와 종가에 오늘날까지 전해 내려온다는 가훈도 유명하다. 이는 도쿠가와 가문의 1대 쇼군인 도쿠가와 이에야스의 유훈이 차츰 가훈으로 굳어진 것이라고 한다. 총 여덟 항목인 도쿠가와 가문의 가훈을 살펴보면 도쿠가와 이에야스가 어떤 인물이었는지, 그리고 도쿠가와 가문이 어떻게 300년 가까이 최고의 자리를 지킬 수 있었는지를 알 수 있다.

1. 사람의 인생은 무거운 짐을 지고 먼 길을 떠나는 것과 같으니 매사에 조급해할 필요가 없다.
2. 세상의 모든 일이 내 마음대로 되지는 않는 법이다. 그것이 세상을 살아가는 이치라는 것을 깨달아라. 인정하면 마음이 한결 차분해질 것이다.
3. 마음에 욕망이 생긴다면 곤궁했던 시절을 떠올리며 자제하라.
4. 참고 견디며 때를 기다려라. 그러면 액운은 피해갈 것이다.
5. 분노는 인내의 적이다.
6. 이길 줄만 알고 질 줄 모른다면, 결국 그 해로움이 다시 자신에게 미칠 것이다.
7. 자신을 탓할망정 남을 탓하지 마라.
8. 세상사란 지나치면 모자라느니만 못하다.

2 시모노세키에 울려 퍼진 대포 소리

1854년에 미·일 친선 조약이 체결되자 서구 선진국들의 관심이 일본에 쏠렸다. 새로운 시장을 개척하지 못해 쩔쩔매던 중 일본이 지닌 잠재력을 알아본 것이다. 이렇게 일본이 서구 열강의 표적이 된 이후 너도나도 화친 조약을 맺자며 달려들었다. 바쿠후는 서구 열강의 기세에 당황해서 침착하고 현명하게 사태에 대응할 여유를 찾지 못한 채 그저 허둥댈 뿐이었다. 이러한 분위기 속에서 선진 군사 기술을 도입하자는 주장이 점차 힘을 얻어 바쿠후는 곧바로 신식 해군을 양성하기 시작했다.

시기 : 1863년
인물 : 이이 나오스케

'존왕양이'를 외치는 목소리가 천하를 울리다

바다 건너 중국 땅에서는 청나라가 영국의 비열한 아편 밀무역을 강하게 단속하고 항의하면서 양국 간에는 외교 마찰이 불거졌다. 이는 결국 아편 전쟁으로 이어졌다. 약 2년여에 걸친 이 전쟁은 청나라의 참패로 막을 내렸고, 이 사실은 조선과 일본에도 상세하게 전해졌다. 이 사실을 접한 아시아 각국은 서구 열강의 군사력에 크나큰 위기의식을 느꼈다. 이와 비슷한 시기에 에도 앞바다에 쿠로후네가 나타나자 일본인들은 일본이 이미 식민지가 되기라도 한 것처럼 혼란스러워했다. 이에 도쿠가와 바쿠후는 매우 난

한눈에 보는 세계사

1861년 : 미국, 남북 전쟁 (~1865)   1866년 : 병인양요, 병인박해

감한 상황에 몰렸다. 돌변하는 국제 정세에 과연 바쿠후가 어떻게 대응할 것인지 세간의 이목이 쏠렸고, 바쿠후 내부에서조차 의견이 갈려 두 파로 나뉘는 지경에 이르렀다. 게다가 1858년 6월경에는 바쿠후의 13대 쇼군인 도쿠가와 이에사다의 건강이 급속도로 악화돼 자리에서 일어나지 못하고 있었다. 그는 태어날 때부터 몸이 허약해 병치레가 잦았는데, 뇌성마비를 앓았다는 이야기도 있다. 바쿠후는 전무후무한 위기가 눈앞에 닥치자 결단력과 추진력을 잃고 그저 미적거리기만 했다. 이때 바쿠후 내부에서 보수파를 대표하는 이이 나오스케井伊直弼라는 인물이 카리스마를 내세우며 새로운 리더로 급부상했다. 이이 나오스케는 국내적으로는 강경 노선을 펼쳐 추락한 바쿠후의 권위를 되살리는 데 힘쓰고 국외적으로는 국가의 존망에 위협이 되지 않는 한에서 소극적 타협을 기본으로 하는 외교 정책

일본의 유명한 니조(二條) 성. 1603년에 세워졌다. 도쿠가와 쇼군 가문의 막강한 권력을 상징하는 대표적인 건축물이다.

일본 역사상 마지막 다
이로였던 이이 나오스케

방침을 주장했다. 이로써 그는 바쿠후 내부 보수파의 전폭적인 지지를 얻었고, 일본 역사상 마지막 다이로大老에 취임했다.

이이 나오스케는 취임 직후부터 서구 열강의 압력과 혼란스러운 내부 상황을 신속하고 결단력 있게 처리해 나갔다. 한편, 당시 바쿠후 내에서는 13대 쇼군 도쿠가와 이에사다의 후계자를 결정하는 문제로 의견이 분분했다. 도쿠가와 이에사다는 어려서부터 몸이 약해 자식이 없었다. 그가 쇼군 자리에 오르기가 무섭게 그 다음 후계자 문제가 거론될 정도였다고 하니 그의 건강이 얼마나 나빴는지 짐작할 만하다. 당시 그의 후계자로 가장 유력한 후보는 히토쓰바시 요시노부一橋慶喜와 도쿠가와 요시토미德川慶福 두 사람이었다. 후보가 둘이 되자 바쿠후 내부의 여론도 둘로 갈라졌다. 히토쓰바시 요시노부를 지지하는 '히토쓰바시파'는 이른바 유한雄藩이라고 불리는 지방의 다이묘들로 이루어져 있었다. 유한이란 에도 바쿠후 말기에 강력한 경제력과 군사력을 바탕으로 중앙 정치 무대에 새로이 진출하기 시작한 힘 있는 지방 세력을 말한다. 대표적인 유한으로는 사쓰마, 조슈, 도사土佐 등이 있다. 히토쓰바시파는 도쿠가와 바쿠후의 권위와 기능을 축소해서 낡은 바쿠한 체제를 벗어나 새로운 시대를 준비해야 한다고 주장한 반면, 보수파는 강력한 바쿠후 중심의 전통적 정치 체제로 돌아가 옛 질서를 회복해야 한다고 맞섰다. 이이 나오스케는 자신의 정치적 입장에 따라 히토쓰바시파와 대립했고, 자연스럽게 도쿠가와 요시토미를 쇼군으로 옹립하고자 하는 파벌에 가담했다. 한편, 바쿠후 내부가 분열되어 혼란스러운 이때에 이이 나오스케는 독단적으로 미국과 미·일 수호 통상 조약 등을 체결하는 등 강압적으로 정무를 수행했다. 이 조약은 일본 측에 불리한 내용으로 작성된 일방적인 불평등 조약이었으므로 이이 나오스케는 수많은 이의 원망을 샀지만, 반면에 일본 진출을 노리고 호시탐탐 기회를 엿보던 서양 열강은 쾌재를 불렀다.

바쿠후 내 보수파가 독단적으로 문호 개방을 결정하자 일본 전역에서 불만의 목소리가 봇물 터지듯 쏟아져 나왔다. 국내 정치를 개혁해야 한다고 주장하던 이들은 굴욕적으로 나라의 문을 연 것은 전적으로 바쿠후의 책임이라고 공공연히 비난하고 나섰다. 그러자 이이 나오스케와 바쿠후 내 보수파 세력은 큰 위기감을 느끼고 개혁을 주장하는 세력을 철저히 탄압했다. 먼저 바쿠후의 권위를 세운다는 명분을 내세워 바쿠후 내의 개혁파를 뿌리 뽑은 다음, 개혁을 주장하는 각 지방의 유력 인사들까지도 처리했다. 이이 나오스케 일파 중에는 정국이 어지러운 틈을 타 평소 눈엣가시였던 그 밖의 라이벌들까지 제거한 이도 있었다. 기득권층이 정권 유지를 위해 극단적이고 강압적인 행동을 취한 결과, 일본 전역에 모진 피바람이 불어닥쳤다. 이 일은 바쿠후에 대한 반발심만 키워서 오히려 바쿠후의 최후를 앞당기는 결정적 계기가 되었다. 이것이 바로 바쿠후 말기 대대적으로 정적을 제거한 것으로 유명한 '안세이 대옥安政大獄' 사건이다. 이 사건으로 많은 개혁 인사가 실권되었고, 대부분 가택 연금 또는 유배를 당하거나 심지어는 죽음을 당하기도 했다.

한편, 경제 발전 방면에서도 이이 나오스케가 추진한 정책은 실패했다. 당시 외국 상인들이 가장 선호한 일본 제품은 생사生絲였다. 생사란 비단을 만드는 원료로, 그 무렵 유럽에서는 누에에 대규모로 전염병이 크게 돌아 생사가 부족했으므로 비단 생산이 원활하게 이루어지지 못했다. 그 부족한 부분을 일본에서 수입해 가자 일본에서도 이내 비단 품귀 현상이 나타났다. 그러자 이이 나오스케는 생사를 포함한 국가적 중요 물품 다섯 가지를 지정한 뒤 각 지방에 바쿠후의 허가 없이 외국 상인에게 이를 판매하지 못하도록 했다. 그의 정책은 사실상 상품 경제 발달을 저해하는 심각한 결과를 불러일으켰다.

그 밖에도 이이 나오스케 일파는 지방 다이묘들의 세력이 바쿠후를 위협할 정도로 커지는 것을 막고자 강력한 공포 정치를 펼쳤다. 이미 진보적 개혁 사상을 받아들인 유한 세력들은 크게 반발하며 바쿠후의 발상이 구시대적이라고 비난했다. 안으로는 강력한 전제 정치를, 대외 관계에서는 소극적 타협 외교를 펼친 이이 나오스케의 정책에 가장 강하게 반발한 것은 조슈와 사쓰마를 포함한 서남 지역 유한 출신의 무사들이었다. 당시 교토 조정과 밀접한 관계를 맺으며 강력한 세력을 형성하고 있던 그들은 힘을 모아 다이로인 이이 나오스케 세력에 대응하기로 했다. 그중 일부는 고향으로 돌아가 자신이 모시는 다이묘를 설득한 뒤 백방으로 뛰어다니며 바쿠후에 대항하기 위한 군사를 모집하는 등 개혁의 기반을 다졌다. 또 다른 일부는 바쿠후의 전제 정치에서 벗어날 가장 빠르고 효과적인 방법은 이이 나오스케 암살이라고 생각하고 조용히 준비하기 시작했다. 그들은 계획을 실수 없이 실행하기 위해 매우 은밀하게 준비하며 때를 기다렸다. 전자의 군사 행동은 미리 정보가 새는 바람에 이이 나오스케에게 선수를 빼앗겨 실패했고, 후자의 암살 계획은 1860년이 되어서야 비로소 실행되었다.

안세이 대옥 이후 바쿠후를 완벽하게 장악한 이이 나오스케와 그 일파는 자신들이 숨어 있던 개혁파와 정치적 반대 세력까지 뿌리 뽑았다고 믿었다. 그러나 1860년 3월 24일 오전 8시, 이이 나오스케가 호위 무사 60명을 대동하고 에도 성으로 오다가 암살당하면서 판세는 완전히 뒤집혔다. 에도 성 앞 사쿠라다몬櫻田門 주변에 매복하고 있던 사쓰마와 미토水戶 출신의 사무라이 열여덟 명이 이이 나오스케를 덮친 것이다. 수적으로는 이이 나오스케 측이 우세했으나 이날의 거사를 위해 치밀하게 작전을 세우고 오랜 기간 결행을 준비한 소수 정예 암살단의 움직임이 더 빠르고 정확했다. 게다가 눈 깜짝할 사이에 벌어진 돌발 사고였으므로 이이 나오스케의 호위 무사들은 그저 혼란 속에서 속수무책으로 당할 수밖에 없었다. 60명이나 되는 호위 무사들이 우왕좌왕하는 사이, 이이 나오스케는 어느 사쓰마 무사의 칼날에 최후를 맞이했다. 이것이 바로 유명한 '사쿠라다몬櫻田門 사건'이다.

일본 역사상 하급 사무라이들이 순수하게 자신의 의지로 정치적 입장을 표명하고자 들고일어나 다이묘를 암살한 예는 사쿠라다몬 사건 이전에는 찾아볼 수 없었다. 사쿠라다몬 사건을 단순한 암살 사건이 아니라 중요한 역사적 전환점으로 봐야 하는 이유가 바로 여기에 있다. 일본 역사가 이 사건을 시작으로 중하급 무사들이 중심이 되어 지주, 부농, 상인, 그리고 기타 서민들까지 참여해 정치 운동을 이끌어 나가는 새로운 시대로 접어들었기 때문이다. 특히 그동안 견고하고 높은 신분의 벽에 부딪혀 재능을 펼치지 못했던 중하급 무사들이 훗날 중앙 정치 무대에까지 진출할 수 있도록 길을 열어 준 발단이 되었다는 점에 큰 의미가 있다.

사쿠라다몬 사건 이후 활기를 띠게 된 존왕양이尊王攘夷(왕을 높이고 오랑캐를 배척함.) 운동은 다른 지역의 다이묘들에게도 전폭적인 지지를 받았다. 그중에서도 서남 지역 유한을 대표하는 조슈와 사쓰마의 움직임이 두드러졌다. 그들이 존왕양이 운동에 적극적으로 가담한 이유는 사실 단순했다. 일본의 서남 지역에는 원래 에도 시대 전부터 세력이 강한 다이묘들이 많았다. 하지만 에도 바쿠후 집권 초기 도쿠가와 이에야스가 도요토미 히데요시의 영향권이었던 서남지역을 크게 의식하고 견제하던 분위기가 바쿠후 말까지 이어져 내려왔으므로 도자마 다이묘들은 200년 이상 중앙 정치에서 철저히 소외되고 견제를 받는 서러움을 겪어야 했다. 그들은 이번 기회만 잘 이용하면 다시 한 번 중앙 정치 무대로 나아갈 수 있을지도 모른다고 생각했다. 오랜 정치적 야망이 드디어 실현될 수도 있다는 기대감이 도자마 다이묘들의 적극적인 참여를 이끌어 낸 것이다. 이런 저런 목적을 가지고 동참하는 사람들이 많아지면서 차츰 지지 기반을 넓혀나간 존왕양이 운동은 1863년 5월 바쿠후가 고메이 덴노의 뜻을 받들어 권력 이양을 선언하면서 마침내 결실을 맺었다.

조슈의 양이 결행

존왕양이 운동의 원래 목적은 선진 문명을 앞세워 일본을 침략하는 서구 열강을 적극적으로 저지하는 것이었다. 존왕양이 운동이 전개됨에 따라 일본 내에서는 자국 해안을 멋대로 드나드는 외국 선박에 대한 불만의 목소리가 점점 커졌다. 게다가 '쿠로후네의 출현' 사건으로 일본의 부실한 군사력을 확인한 서양 함선들이 일본 영해를 마음대로 드나드는 일이 빈번해지면서 바쿠후 역시 신경을 곤두세우고 있었다.

존왕양이 운동이 본격적으로 전개될 무렵, 존왕양이파는 외세와 결탁하는 무리를 처결하고 일본 땅을 제 집처럼 헤집고 다니는 외국 상인과 외교관들을 쫓아내자는 움직임을 보였다. 실제로 1861년에는 에도 부근의 시나가와品川에서 영국 공사관이 존왕양이를 부르짖는 무사들로부터 습격당하는 사건이 벌어지기도 했다. 그리고 앞서 말한 사쿠라다몬 사건 때 이이 나오스케의 죽음으로 권위가 바닥을 친 바쿠후가 1863년 결국 존왕양이 운동을 지지한다는 의사를 공식 표명했다. 사실상 바쿠후가 백기를 든 셈이었다. 이를 계기로 존왕양이파는 득의양양해져서 수단과 방법을 가리지 않고 외세 배척 운동을 펼쳤고, 심각한 폭력 행위를 일삼는 무리들도 있었다. 이 시기 일본에 머무르던 외국인들은 국적을 불문하고 언제 어디서 무차별 습격을 받을지도 모른다는 불안감에 시달려야 했다. 심지어는 외국인과 관련 있는 일본인마저 표적이 되는 일이 비일비재했다.

하지만 서구 열강은 그때까지도 일본에서 외세 배척 운동이 급격하게 확산한 원인을 제대로 파악하지 못했다. 그러던 중 1863년에는 요코하마 항구에서 출발하여 상하이로 향하던 미국의 펨브로크Pembroke호가 시모노세키 해협을 지나던 중에 조슈 해군 소속 군함으로부터 공격을 당하는 사건이 일어났다. 조슈 해군은 아무런 사전 경고도 없이 다짜고짜 이 외국 선박을 향해 대포를 쏘아 댔다. 선진 기술로 무장한 이 미국 무역선이 도망치는 속도는 그 뒤를 쫓는 조슈의 군함보다 월등히 빨랐다. 덕분에 펨브로크호는 위기에서 무사히 벗어날 수 있었다. 그러나 이 사건은 이 정도에서 끝나지 않고 더 큰 문제로 전개되었다. 그 후 서양인들을 내쫓았다며 기세가 등등해진 조슈의 해군이 시모노세키 해협을 통과하는 외국 선박들을 위협하거나 공격한 것이다.

조슈 번은 독자적인 군비를 확충하며 1856년 서양식 군함 헤이신마루를 구입했다.

앞의 펨브로크호 사건에 대해 미국 정부가 정확한 원인과 당시의 상황을 자세히 조사하던 중, 이번에는 같은 지점을 지나던 프랑스 군함이 조슈 해군으로부터 또다시 공격을 받았다. 불과 며칠 전 이곳에서 미국 선박이 일본 해군의 기습 공격을 받았다는 사실은 아직 알려지지 않았기에 프랑스 군함은 아무런 경계나 의심 없이 시모노세키 해협을

지나고 있었다. 그러다 전혀 예상하지 못한 곳에서 기습 공격을 받자 프랑스 측은 크게 당황했다. 조슈의 해안 포대와 군함 고우신마루庚申丸, 기가이마루癸亥丸 등이 프랑스 군함을 향해 일제히 공격을 퍼부었다. 프랑스 측은 이유를 알 수 없는 기습 공격에 대해 우선 어찌 된 일인지 알아보기로 했다. 먼저 원인을 파악해야 했으므로 교섭을 진행할 서기관을 보트에 태워 육지로 파견하려는데, 보트를 내리던 중에 또다시 조슈의 공격이 시작되었다. 그 바람에 보트에 탄 서기관이 부상을 당하고 선원 네 명이 그 자리에서 사망했다. 프랑스 측은 타협의 여지가 없다고 판단해 빠르게 도망쳤고, 다행히 더 큰 피해 없이 시모노세키 해협을 벗어날 수 있었다. 그로부터 사흘 후 시모노세키 해협 내 같은 지점에서 이번에는 네덜란드 군함이 또다시 공격을 받았다. 네덜란드는 미국과 프랑스 선박이 시모노세키 해협을 지나다가 조슈 해군의 공격을 받았다는 사실을 이미 알고 있었다. 하지만 앞의 두 나라와 달리, 네덜란드는 일본과 오랜 세월 긴밀한 우호 관계를 맺어 왔기에 별다른 위험이 없을 것이라고 생각했다. 그러나 자신 있게 시모노세키 해협을 통과하던 네덜란드의 군함 역시 조슈의 무차별 공격을 피해가지 못했다. 이날의 공격으로 네덜란드 측은 사상자가 아홉 명 나왔고 선체도 크게 파손되었다.

이 일련의 사건 직후 조슈를 비롯한 일본 내 존왕양이 세력은 일본이 세계 해상 강국들을 연이어 격퇴했다고 믿고 자축하는 분위기로 들떴다. 물정 모르고 기뻐하는 마음의 이면에는 이번에 크게 혼쭐

조슈 사람들이 본 외국인. 몸에 수없이 많은 탄흔이 남아 있다.

이 난 서양 함선들이 이제는 시모노세키 해협 근처에 얼씬도 하지 않으리라는 기대감이 있었다. 심지어 조슈 지역 내 지식인 중에는 이번 일로 자신들의 군사력 수준이 이미 서구 선진국들을 앞지른다는 사실이 증명되었다고 굳게 믿는 이도 있었다.

그러나 들뜬 분위기는 오래가지 못했다. 네덜란드 군함이 조슈 해군의 공격을 받은 지 5일 후, 펨브로크호 사건에 대한 경위 조사를 끝낸 미국 측이 보복 공격을 위해 시모노세키에 군함을 파견했다. 이때 시모노세키에 진입한 미국 군함은 요코하마에 정박해 있던 와이오밍USS Wyoming호였다. 와이오밍호는 시모노세키 해협에 들어오자마자 바로 조슈 측을 향해 사정없이 공격을 퍼부었다. 미국 남북 전쟁에서도 크게 활약한 바 있는 군함답게 최신 무기로 무장한 와이오밍호는 인정사정 보지 않고 공격을 퍼부었다. 결국 조슈의 군함 고우신마루와 진보마루壬戌丸는 차례로 격침당했고, 기가이마루는 크게 파손되어 전투를 수행할 수 없는 지경에 이르렀으며, 가메야마龜山 해안 포대마저 하나하나 파괴되었다. 하지만 그동안 저지른 일이 한 두 번이 아니어서 피해국이 많았으므로 조슈한이 치러야 할 대가는 이제 시작일 뿐이었다.

6월 5일에는 프랑스 군함 세미라미스Sémiramis호와 탄크레이드Tancrède호가 시모노세키에 당도했다. 이 두 척 역시 지난번에 프랑스 군함이 당한 일명 '묻지 마' 공격에 대한 보복의 임무를 띠고 온 군함이었다. 특히 프랑스 측은 미국보다 손해가 컸던 만큼 보복 수준도 미국보다 더 심하면 심했지 결코 덜하지 않았다. 프랑스 해군은 우선 해안가 포대를 모두 못 쓰게 만들고, 해군 250명을 상륙시켜 해안 포대에 사용하는 포탄을 전부 거둬오게 해서 그대로 바다에 빠뜨려 무용지물로 만들어 버렸다. 이 전쟁에서 조슈 쪽 인명 피해는 적었으나 제대로 싸워보지도 못한 채 적에게 무기를 모두 빼앗기고 패배했다는 사실은 매우 굴욕적이었다. 서구 열강의 선박을 연이어 공격해 세계적으로 이목을 집중시키고 나서 미국과 프랑스 양국의 군대와 벌인 두 차례 교전에서 싸워보지도 못하고 참패한 터라 국제적으로도 망신살이 크게 뻗쳤다. 게다가 배상금 문제까지 불거지자 당시 군사력뿐만 아니라 경제 상황까지 서구 열강에 크게 뒤처졌던 일본은 한층 더 곤란한 상황에 빠지고 말았다. 특히 동아시아 무역 항로 개척과 관련해 시모노세키 해협이 지닌 지리적 이점마저 공개적으로 떠벌린 꼴이 된 것은 돌이킬 수 없는 실수였다. 이를 계기로 시모노세키 지역의 매력에 새로이 눈을 뜬 서구 열강 국가들이 기회를 틈 타 너나 할 것 없이 모여드는 화를 자초했다.

1864년 미국, 프랑스, 네덜란드, 영국 등 4개국이 연합 함대를 구성하여 군함 17척을 다시 시모노세키에 파견해 시모노세키 일대는 다시 한 번 처참한 전쟁의 포화에 휩싸였다. 4개국 연합 함대의 매서운 공격 앞에 저항다운 저항 한 번 해보지 못한 채 맥없이 패한 조슈는 상대방의 요구를 무

조슈(長州)

조슈는 일본의 혼슈本州 서남부와 규슈九州 일부를 아우르는 지역의 옛 이름이다. 시모노세키 해협은 세토나이카이瀬戸内海와 한국의 동해 사이에 있으며, 오랜 옛날부터 아시아 해상 교통의 요충지였다.

에도 시대에 조슈는 일본 전 지역을 통틀어 4~5위 안에 들 정도로 막강한 군사력과 경제력을 자랑했다. 당시 스오노쿠니周防國와 나가토노쿠니長門國를 중심으로 발달했으며, 바다를 사이에 두고 규슈의 사쓰마와 시코쿠四國의 도사에 인접해 있다.

조슈를 통치하는 다이묘 가문인 모리毛利 씨는 하기萩 성에서 거처했다. 하기 성은 오늘날의 야마구치山口의 하기 시에 있다. 당시 조슈한藩은 다이묘의 성씨를 따서 모리한으로 부르기도 했고, 하기 성이 조슈한의 중심지이자 다이묘가 거주하는 곳이었으므로 하기한으로 부르기도 했다.

조건 들어줄 수밖에 없었다. 이때 배상금 문제와 그 밖의 전후 처리에 관해 논의해 시모노세키 협정을 맺었다. 당시 가뜩이나 경제적으로 곤궁한 상황에 처해 있던 바쿠후가 이 사건의 책임을 지고 막대한 배상금을 물어 주어야 하는 부담을 떠안았고, 위에 언급된 서구 열강은 공식적으로 시모노세키 지역에서의 통상에 관한 권리를 얻어 내는 데 성공했다.

3 근대화의 정신적 스승 요시다 쇼인

새로운 시대를 향한 열망이 일본 사회를 뒤덮을 무렵, 장차 일본의 근대화를 책임지고 이끌어갈 다음 세대의 주역들을 길러 내며 미래를 준비하는 인물이 있었다. 일본 근대화의 정신적 스승으로 알려진 재야의 지식인 요시다 쇼인吉田松蔭이 바로 그 주인공이다. 그가 가르친 제자 중에는 훗날 메이지 유신을 이끌며 일본의 새 시대를 만들어간 일본 역사의 주인공들이 여럿 있었다.

시기 : 1830~1859년
인물 : 요시다 쇼인

굴곡진 한평생

19세기에 들어서면서 도쿠가와 바쿠후는 빠르게 쇠퇴의 길을 걸었다. 이와 함께 뒤숭숭한 분위기가 일본 전역을 뒤덮었다. 바쿠한 체제를 반대하는 목소리가 점차 커졌고, 대담하게도 바쿠후에 대항하여 정치 체제를 개편해야 한다며 쿠데타를 주장하는 과격파도 나오기 시작했다.

요시다 쇼인은 1830년 9월 20일 조슈의 하급 사무라이 스기 유리노스케杉百合之助의 둘째 아들로 태어나 사회체제가 뿌리째 흔들리는 혼란스러

한눈에 보는 세계사

1830년 : 프랑스, 7월 혁명
1838년 : 영국, 차티스트 운동
1840년 : 아편 전쟁 발발
1848년 : 독일 마르크스, 공산당 선언 발표 / 영국, 차티스트 운동

1853년 : 크림 전쟁 (~1856)
1858년 : 중국, 2차 아편 전쟁
1859년 : 다윈, 《종의 기원》 발표

운 시대 속에서 유·소년기와 청춘 시절을 보냈다. 일본에서는 그의 출생에 대해 세상의 빛을 처음 본 아기의 울음소리가 워낙 우렁차 그의 아버지가 기뻐했다는 등 조금 뻔한 영웅 탄생 일화처럼 각색해 소개하고 있으나, 녹봉이 겨우 26석밖에 되지 않는 가난한 하급 무사의 집안에 입이 하나 더 늘었다는 사실은 가장에게 적지 않은 부담으로 다가왔을 것이다.

사내아이는 건강하게 태어나 별 탈 없이 잘 자랐고, 부친은 이 아들이 장차 조슈를 위해 큰일을 해낼 훌륭한 사무라이로 자라나길 기대했다. 아버지는 아들에게 깊은 애정과 사무라이로서의 포부와 염원을 한데 담아 호랑이의 기상을 닮으라는 뜻으로 도라노스케虎之助라는 이름을 지어 주었다. 어린 도라노스케는 아버지 스기 유리노스케의 기대에 부응하여 총명하고 바른 소년으로 자라났고, 특히 군사 지식 방면에 뛰어난 재능을 보였다고 한다.

한편, 도라노스케의 작은아버지 요시다 다이스케吉田大助는 야마가山鹿류의 병학兵學 사범이었는데, 슬하에 자식이 없었다. 그래서 자신의 뒤를 이을 후사가 없으면 야마가류가 끊어진다는 압박감에 항상 시달렸다. 그는 아들을 낳으려고 백방으로 노력했지만 안타깝게도 번번이 실패하자 생각을 바꾸어 그동안 귀여워했던 조카 도라노스케를 요시다 가문의 양자로 들이기로 했다. 다행히 형인 스기 유리노스케에게 아들이 둘이나 있으니 둘째를 양자로 데려와 가문을 잇게 할 수 있었다. 평소 도라노스케의 총명함을 아꼈던 터라 더욱 기뻐했다. 그리하여 스기 도라노스케는 1835년부터 요시다 가문의 양자가 되었다. 이것이 그의 운명을 바꿀 첫 번째 전환점이었다.

일본은 전통적으로 혈연보다는 족보를 중시하는 풍토가 강하다. 오래전부터 일본인들은 친자식이 없으면 양자나 양녀를 들여서라도 가문의 대나 전통이 끊어지지 않도록 노력했다. 도라노스케의 숙부이자 양부인 요시다 다이스케 역시 도라노스케와 마찬가지로 스기 가문에서 태어나 요시다 가문의 양자로 간 인물이었다. 어린 도라노스케는 다섯 살 되던 해에 숙부의 양자가 된 후 이름을 다이지로大次郎로 개명하여 요시다 다이지로가 되었다. 그 후 요시다 가문의 후계자로서 엄격한 교육을 받는 날들이 시작되었으나 그 기간은 길지 않았다. 도라노스케를 양자로 들이기 전부터 지병으로 고생하던 요시다 다이스케는 양자를 들인 후 1년 만에 결국 세상을 떠났기 때문이다. 당시 일본의 관습과 법률에 따라 어린 다이지로가 요시다 가문을 정식으로 상속받는 동시에 가문의 수장인 당주堂主가 되었다.

1840년 열 살이 된 다이지로는 조슈에서 가장 권위 있는 공교육 기관 메이린칸明倫館에 입학했다. 메이린칸에서 공부할 당시 다이지로는 성적이 아주 우수한 모범생이었고, 열한 살 때는 조슈의 한슈인 모리 다카치카毛利敬親 앞에서 《무교전서武敎全書》를 강의할 정도로 남다른 총명함을 보였다. 한슈 앞에서 강의한 일을 계기로 그는 조슈한의 신동으로 유명해졌고, 한슈 모리 다카치카의 눈에도 들었다. 인재를 소중히 여기고 귀하게 쓸 줄 아는 풍토가 유달리 강했던 조슈에서 요시다 가문의 어린 당주는 크게 주목받았다.

요시다 다이지로가 열다섯 살이 된 1846년, 이때 그는 다시 한 번 인생의 중요한 전환점을 맞게 되었다. 그가 앞으로 걸어갈 인생의 방향에 큰 영향을 미친 야마다 마타스케山田亦介와 만난 것이다. 야마다 마타스케는 나가누마長沼류의 군사학을 가르치는 병학 사범으로, 이 두 사람은 아주 특별한 사제

의 인연을 맺었다. 다이지로는 야마다 마타스케로부터 전통적 군사학에서 서양의 선진적 군사 제도와 해안 방비에 관한 이론에 이르기까지 체계적인 수업을 받은 덕분에 서구 열강의 힘이 얼마나 강력한지 비로소 깨달을 수 있었다. 이때부터 그의 가슴 깊은 곳에는 발달한 서구 문명을 자신의 두 눈으로 직접 확인하고 싶다는 열망이 자리 잡았다.

페리가 쿠로후네를 이끌고 에도 앞바다에 나타난 1853년, 요시다 쇼인은 중국의 유학儒學에서 국학國學, 군사학에 이르기까지 동양의 학문을 폭넓게 섭렵한 청년 지식인으로 성장해 있었다. 그는 미국의 신식 군함이 나타났다는 소식을 듣자마자 쿠로후네가 정박해 있는 우라가까지 한달음에 달려갔다. 그러나 서구 문명을 직접 보고 싶다는 오랜 소원을 풀기도 전에 눈에 들어온 것은 최신 장비로 무장한 서양의 군함이 아니라 풍전등화와도 같은 일본의 위태로운 현실과 쇠약해져서 껍데기만 남은 무능력한 바쿠후의 실체였다. 이날 그가 느낀 충격 역시 그의 인생에 커다란 영향을 끼쳤다. 압도적인 힘의 차이를 두 눈으로 확인한 요시다 쇼인은 머릿속에 조국이 앞으로 만들어 가야 할 미래에 대해 생각하기 시작했다. 그리고 동시에 각 지역이 분열되어 통일된 정치를 펼 수 없는 낡은 바쿠한 체제의 한계를 인정하고 한층 강력한 중앙 정권이 일본 전체를 단합하여 선진화의 길로 이끌어야 한다고 생각했다. 이 무렵부터 그는 적극적으로 근대화의 필요성을 주장하기 시작했다.

그는 강력한 중앙 정권의 필요성을 절감하며 "천하의 주인은 만세일계의 덴노이지, 바쿠후가 아니다."라고 말했다고 한다. 여기에 존왕양이 사상이 직접적으로 드러난다. 요시다 쇼인은 원래 덴노가 누려야 할 실질적인 국가 통치 권력을 바쿠후가 쥐고 있는 구조에 문제가 있다고 생각했다. 바쿠후가 왕권의 신성성을 침해하는 모순을 우선 바로잡아야 그다음 단계로 나아갈 수 있다고 본 것이다. 이후 요시다 쇼인의 주장은 존왕양이파의 핵심 사상이 되었다.

어렸을 때부터 군사학에 심취하여 무기에 대한 관심이 남달랐던 요시다 쇼인이 보기에 일본의 대포는 쿠로후네에 장착된 위풍당당한 대포와 비교하면 마치 장난감처럼 초라하기 짝이 없었다. 쿠로후네의 강력한 무기를 두 눈으로 확인하고 서양 무기의 위력을 실감한 요시다 쇼인은 아예 외국으로 나가 선진화된 군사력을 직접 둘러볼 결심을 하기에 이르렀다. 하지만 당시 일본법에 따르면 개인은 사사로이 자신이 속한 한을 벗어나거나 국경을 넘을 수 없었다. 외국에 나가려는 사람은 미리 신고하여 관리 당국의 허가를 받아야 했다. 만약 무단으로 한을 이탈하거나 외국으로 나가려다 잡히면 심한 경우 사형까지 당할 수 있었다. 이렇게 무단 행동에 대한 제재가 엄격한 데다 출국 허가를 받는 수속도 복잡하고 까다로워 외국에 나가는 것은 말 그대로 낙타가 바늘구멍을 통과하는 것만큼이나 어려운 일이었다. 하지만 요시다 쇼인에게는 복잡한 출국 허가 수속보다 더 큰 문제가 있었다. 이 무렵, 그는 공공연히 '개국양이론'을 주장했기 때문에 바쿠후로부터 단단히 미움받고 있었던 것이다. 즉, 바쿠후가 출국 허가를 내줄 리 없으니 정상적인 절차를 밟아 외국에 나가는 것은 애초에 꿈도 꾸지 못할 일이었다. 그럼에도 요시다 쇼인의 가슴속에서는 외국으로 나가 견문을 넓히고 싶은 학문적 호기심과 선진 문명을 배워 부국강병에 힘써야 한다는 애국적 열의가 걷잡을 수 없이 커져만 갔다.

1854년 페리 제독이 일전에 약속한 화친 조약을 맺고자 쿠로후네를 이끌고 일본을 다시 찾아왔다. 요시다 쇼인은 이때를 노려 인생을 건 도박을 하기로 마음먹었다. 다른 사람도 아닌 페리 제독에게 미국으로 가고 싶으니 밀항을 도와달라고 직접 부탁하기로 한 것이다! 요시다 쇼인은 친구 가네코 쥬스케金子重輔를 데리고 남의 눈에 띄지 않도록 조심하면서 항구에 정박 중인 쿠로후네에 접근하여 페리 제독을 만나는 데 성공했다. 하지만 이제 막 일본 정부와 중요한 교섭을 끝낸 페리 제독으로서는 일본 국법을 어기면서까지 그들의 밀항을 도울 이유가 없었으므로 단호히 거절했다. 결국 미국 함선에 밀항하여 미국으로 가려던 요시다 쇼인과 가네코 쥬스케의 무모한 계획은 수포로 돌아갔다.

그런데 당시 바쿠후가 정한 법에 따르면, 일본인이 사사로운 목적으로 외국 선박에 접근하는 것 역시 심각한 위법 행위에 속했다. 이 두 청년은 처벌받을 것을 뻔히 알면서도 제 발로 관계 당국을 찾아가 밀항을 시도한 것에 대해 자수했고 결국 감옥에 갇혔다. 이때 수감 생활을 통해 요시다 쇼인이 지닌 교육자로서의 재능이 꽃을 피웠다. 그는 함께 수감된 다른 죄수들을 상대로 강의를 들려주며 감화하는 데 애썼다. 죄수들은 점차 요시다 쇼인을 스승으로 여기며 존경했고, 심지어 간수들까지도 그의 강의를 듣기 위해 찾아오기도 했다. 이때 옥고를 치르며 쌓은 강의 경험은 훗날 쇼카손주쿠松下村塾에서 제자들을 가르칠 때 커다란 자산이 되었다.

얼마 후 건강이 악화된 그는 죄수 감화에 기여한 공을 인정받아 옥중 생활을 마치고 고향으로 돌아갈 수 있었다. 조슈는 그를 생가에 유폐하기로 했다. 이때 쇼인은 집에서 사설 학원을 운영할 수 있도록 조슈한 측에 요청했고, 예전부터 그의 총명함을 특별히 아낀 조슈의 배려로 얼마 지나지 않아 허가가 떨어졌다. 요시다 쇼인이 일본 역사의 미래 주역들을 길러 낸 것으로 잘 알려진 이 사설 학원이 바로 쇼카손주쿠였다. 그는 학생의 신분의 높고 낮음에 개의치 않고《무교전서》를 강의했다. 하지만 수업 내용은 무교전서의 내용을 가르치는 데에만 국한되지 않았다. 그는 학생들에게 당시 일본이 맞닥뜨린 상황을 객관적으로 제시한 뒤 국제 정세를 주제로 하는 토론 수업을 자주 진행했다. 학생과 스승이 모두 대등한 위치에서 의견을 나누는 독특한 수업 방식이 뜻있는 청년들 사이에 입소문으로 퍼져 인기를 끌자 그를 찾아오는 청년들도 점차 늘어났다. 이렇게 몰려든 젊은이 중에는 훗날 반反 바쿠후 운동이나 일본의 메이지 유신을 이끌며 근대 일본의 지도자가 된 인물들도 있다. 물론 이때는 아직 다듬어지지 않은 원석들이었다. 그러던 중 요시다 쇼인은 1859년에 일어난 안세이 대옥에 휘말려 사형당하고 말았다. 이때 그의 나이는 겨우 스물아홉 살이었다. 안타깝게도 그 바람에 교육자로서의 삶도 그다지 오래가지 못했다.

쇼카손주쿠의 설립 과정

쇼카손주쿠의 모태가 된 사설 학원의 설립자는 다마키 분노신玉木文之進이었다. 다마키 분노신은 스기 유리노스케와 요시다 다이스케의 손아래 동생으로, 요시다 쇼인의 작은 숙부이다. 그는 원래 관직에 있었는데 자신이 사는 집의 방 한 칸을 개조하여 학생들을 가르치는 공부방으로 사용했고, 쇼인 또한 어린 시절 메이린칸에 입학하기 전에는 이곳에서 수업을 받았다. 그러다 점차 지위가 높아지면서 학생들을 가르칠 여유가 없어지자 이웃에 살던 구보 고로자에몬久保五左衛門이 그 공부방을 이어받았다. 구보 고로자에몬은 요시다 쇼인의 외숙부이기도 했는데, 원래 어린 아이들에게 기초 학문을 가르치는 구보시주쿠久保私塾라는 사설 학원을 운영했었다. 그러나 다마키 분노신이 가르치는 일을 그만둔 뒤 공부방에는 신입생이 들어오지 않고 얼마 후에는 요시다 쇼인이 따로 사설 학원을 열면서, 청년들이 그곳으로 몰려들었다. 얼마 지나지 않아 구보 고로자에몬마저 쇼인의 수업을 들으러 가면서 사설 학원의 계보는 자연스럽게 쇼인이 이어받았다.

쇼인이 쇼카손주쿠를 연 초기에는 그의 생가인 스기杉 가문 저택의 방한 칸을 공부방으로 사용했다. 그러나 쇼인의 강의가 유명해지면서 점차 몰려드는 청년의 수가 늘자 강의 공간이 부족해졌다. 게다가 쇼인이 학생들의 신분이나 직업의 귀천을 따지지 않고 제자로 받아들인다는 사실이 알려지자 더욱 많은 젊은이가 모여들어 쇼카손주쿠의 규모를 확장할 수밖에 없었다.

당시 일본의 공립학교에서는 학생을 받을 때 신분을 엄격히 제한했기 때문에 신분이 낮은 집안의 자제들이 제대로 교육받을 기회를 잡는 것은 말 그대로 하늘의 별 따기였다. 엄격한 신분제 사회를 유지하기 위해 하층 계급에는 공부할 기회조차 주지 않았던 당시의 시대 상황을 생각하면 요시다 쇼인의 방식이 얼마나 파격적이었는지 충분히 가늠할 수 있다. 요시다 쇼인은 교육받을 권리는 모든 이에게 평등하게 주어져야 한다고 믿었다. 그의 선구적 교육 철학과 신념은 그동안 사회적으로 소외되었던 백성에게 커다란 반향을 일으켰다. 쇼카손주쿠 안에서는 사무라이의 자제부터 상인과 농부의 아들, 하급 병사의 아들까지 평소라면 감히 얼굴을 마주하기 어려운 다양한 계급의 학생들이 한자리에 모여앉아 토론하고 공부

근대 일본을 이끈 지도자들을 길러낸 쇼카손주쿠 모습

하는 모습을 볼 수 있었다.

요시다 쇼인은 제자들에게 쇼카손주쿠에서는 평등의 원칙을 지켜야 한다고 입버릇처럼 말했다. 서로가 함께 배우는 학우로서 서로 평등하게 대하며 지낼 것을 당부했고, 이러한 교육 방식은 제자들의 가치관에 커다란 영향을 미쳤다. 훗날 메이지 유신이라는 혁명을 이끌 주역들이 다양한 계층에서 나올 수 있었던 것도 그들이 쇼인으로부터 평등사상을 자연스럽게 받아들였기 때문이다. 요시다 쇼인은 수업 중에 곧잘 평등의 중요성과 함께 개성의 가치를 강조했다. 쇼카손주쿠 역시 당시 한학漢學을 가르치던 다른 사설 학원들과 같이 사서오경四書五經을 주 교재로 삼았다. 거기에 요시다 쇼인만의 특별한 수업 방식이 더해져 걸출한 인재들이 나온 것이다. 그는 사서오경만 줄곧 들여다보는 따분한 수업 대신 학생들의 수준이나 성향을 고려해 그 잠재된 부분을 끌어내는 것을 좋아했다고 한다. 요시다 쇼인이 추구한 이러한 수업 방식은 오늘날로 치면 '특화 교육' 또는 '열린 교육' 등으로 표현할 수 있을 것이다. 수업 내용뿐만 아니라 시작하는 시간과 끝나는 시간마저도 정해져 있지 않아 그날그날 자유롭게 결정되었다고 한다. 가장 먼저 도착하는 학생과 쇼인이 1대 1 토론 수업을 시작하면 그 뒤에 도착한 다른 학생들이 하나둘씩 토론에 끼어 그대로 수업이 되는 일도 비일비재했고, 수업을 쉬자고 하는 날은 그대로 휴일이 되기도 했으며, 다른 일을 할 때는 학생들끼리 자습하거나 조교들이 수업을 관리하기도 했다. 이렇듯 자유로운 학풍은 자유와 평등의 가치를 내세우는 수업 내용과도 잘 맞아떨어졌기에 쇼카손주쿠에 다니는 학생들의 머릿속에는 차츰 자유롭고 유연한 사고방식이 자리 잡게 되었다.

요시다 쇼인은 평소에도 제자들 사이로 비집고 들어가 자유롭게 대화하는 것을 즐겼다고 한다. 이는 제자 한 명, 한 명과 진지하게 대화를 나누고 개개인에 맞추어 세심히 지도하기 위한 교육 방식이었다. 요시다 쇼인은 참된 교육이란 실천하는 교육이라고 생각한 모양이다. 책에서 얻은 학문적 지식을 머릿속에 쌓아 두는 것만으로는 지식을 습득했다고 할 수 없다는 것이다. 그러므로 배움이란 책을 읽는 일에 국한된 것이 아니라 그것을 실제 현실에 적용하여 더 나은 방향으로 나아갈 수 있을 때 비로소 가치가 있다는 것이 그의 교육 지론이었다. 그래서 쇼인은 제자들에게 어렵게 습득한 지식을 잘 활용해 살아 있는 지혜로 만들도록 항상 당부했다. 그가 수업 중 토론 기회를 최대한 많이 만들어 준 것 역시 같은 맥락에서 이해할 수 있다. 당시 일본의 상황을 직시하고 이를 바탕으로 각자의 의견을 표현할 수 있도록 함으로써 제자들에게 스스로 생각하고 판단하는 습관을 길러 주려 한 것이다.

쇼카손주쿠 학생들 역시 저녁 때 쇼인과 함께 앉아 의견을 자유롭게 주고받는 토론 시간을 가장 좋아했다고 한다. 위에서 말했듯이 토론 수업에는 정해진 교재도 없고, 학생들이 수업 내용을 암기하거나 받아 적을 필요도 없었다. 쇼인이 지인들을 통해 얻은 일본 각지의 정보나 제자들이 직접 발로 뛰면서 모아 온 정보를 공유하고, 이를 바탕으로 토론의 장을 펼쳤다. 토론은 대체로 국제 사회에서 일본이 놓인 상황을 객관적으로 인식하는 과정을 거쳐 그 현실을 타개하기에는 너무나도 무능력한 바쿠후를 비판하고 시대에 뒤떨어진 폐쇄적 외교 방침을 고수하는 기득권층에 대한 불만을 쏟아 내는 것이 주된 흐름이었다. 쇼인은 제자들이 시국을 어떻게 이해하는지 주의 깊게 듣고 또 제자들에게 자신의 의견을 피력하는 등 학생들과 대등한 입장을 유지하며 토론을 진행했다. 열띤 토론을 벌이다 보면 어느덧 밤을 하얗게 지새워 새벽녘이 되어서야 끝날 때가 많았다.

장차 메이지 유신의 주역이 될 청년들이 쇼카손주쿠에서 요시다 쇼인과 만나 함께 보낸 시간은 길어야 2년 정도이다. 하지만 그 짧은 시간 동안 쇼인은 제자들로부터 일본의 미래를 열어 줄 열정과 희망의 열쇠를 발견했고, 제자들은 스승으로부터 스스로 문제를 제기하고 답을 구하는 자유로운 사고방식과 직접 판단하여 행동하는 진취적 자세를 배웠다. 이렇듯 쇼인이 보여 준 스승의 역할은 오늘날까지도 일본 교육자들이 배워야 할 중요한 덕목으로 존중받고 있다.

사실 요시다 쇼인이 조슈로 돌아와 유폐 생활을 할 때 쇼카손주쿠에서 제자들을 가르치는 일만 한 것은 아니었다. 그는 줄곧 아키安藝 출신의 라이 미키사부로賴三樹三郎와 코하마小浜 출신의 우메다 운빈梅田雲濱, 사쓰마 출신의 사이고 다카모리西隆盛, 미토 출신의 후지타 도코藤田東湖 등 뜻이 맞는 지사들과 서신으로 연락을 주고받으며 쇼군의 후계자를 정하는 문제, 외국과 조약을 체결하는 문제와 같이 정치, 외교 방면의 시급한 국가 중대사에 관해 논의를 이어가고 있었다. 요시다 쇼인은 몸의 자유를 구속받는 중에도 서신을 통해 바쿠후의 무능함을 개탄하는 동시에 재야인사들이 세상에 나와 자유롭게 다양한 의견을 피력할 수 있도록 자유로운 여론을 중시하는 풍조를 형성해 갔다. 하지만 이 무렵, 이이 나오스케를 대표로 하는 바쿠후 실세들이 대대적으로 자행한 일본 바쿠후 시대 말엽의 유명한 정치적 숙청 사건 '안세이 대옥'이 시작되었다. 도쿠가와 요시토미德川慶福를 쇼군 후계자로 세우려던 이이 나오스케 일파와 히토쓰바시 요시노부를 쇼군 후계자로 세우려던 유한의 다이묘 세력이 불꽃 튀는 경쟁을 벌이자 그 사이에서 이러지도 저러지도 못하던 다른 지방의 다이묘들은 그저 신중하게 사태를 지켜보고 있었다.

유한과 첨예한 대립 관계를 빚던 이이 나오스케 일파는 본격적인 숙청 작업을 시작하기에 앞서 먼저 바쿠후를 비판하며 들고 일어난 존왕양이파 지사들을 제거했다. 그중에는 요시다 쇼인도 포함되었다. 말하자면 요시다 쇼인은 경고를 위한 본보기로 처형당한 셈이다. 이때 희생된 사람은 차마 수를 헤아릴 수 없을 만큼 많았다. 대표적 재야 지식인이었던 요시다 쇼인과 라이 미키사부로, 에치젠越前 출신의 하시모토 사나이橋本左內 등 평소 바쿠후가 눈엣가시로 여기던 이들이 이때 한꺼번에 목숨을 잃었다. 요시다 쇼인의 목숨은 이렇게 거대한 역사의 피바람에 휘말려 풀꽃처럼 허무하게 지고 말았다. 이 소식이 알려지자 그를 흠모하던 수많은 청년의 마음속에는 강압적이고 불합리한 바쿠후의 처사에 대한 크나큰 반감과 분노가 깊이 자리 잡았다. 그뿐만 아니라 그동안 이름 없이 살아가던 재야의 존왕양이파 지식인들이 합세하여 무력으로라도 바쿠후에 항거하기로 뜻을 모았다. 수많은 재야 지식인들이 '존왕양이'를 부르짖으며 일어나자 되돌릴 수 없는 개혁의 바람이 불어닥쳤고, 멈출 수 없는 혁명의 시계가 돌아가기 시작했다.

한편, 쇼인이 생전에 주장한 존왕양이 사상이 힘을 얻자 이익을 본 것은 교토에 있던 왕실과 조정이었다. 어부지리로 좋은 기회를 만난 교토 세력은 이번에야말로 700년 가까이 무신 정권에 빼앗겼던 국가 통치권을 되찾아 다시 한 번 헤이안 시대와 같은 강력한 중앙 집권 정치 시대의 주인공이 될 것이라는 기대를 품었다. 그러나 그들은 근시안적 시각에서 기회를 틈 타 존왕양이 운동에 편승했을 뿐, 스스로는 별다른 노력을 하지 않았다. 그런 이들에게 통치 능력은커녕 메이지 유신 이후 폭주하는 유신 지사들을 통제할 능력이 있을 리 없었다.

교토 조정은 위와 같은 얄팍한 계산을 바탕으로 존왕양이 사상의 핵심인 요시다 쇼인의 사상을 무분별하게 지지했다. 결국 그 부작용으로 요시다 쇼인의 허황한 사상까지 여과 없이 숭배하는 무리가 생겨났다. 요시다 쇼인의 생각에 따르면, 일본이 당장은 러시아와 미국 등 서구 열강과 우호적 관계를 유지해야 하지만 조선 반도와 만주를 넘어 동남아시아까지 침략해서 식민지로 삼아 서구 세력과 동등한 힘을 키운 다음에는 미국과 유럽에 대등하게 맞서 싸워야 한다는 것이다.

그가 사상가로서 지닌 치명적인 단점과 한계가 바로 여기에 있다. 젊은 치기와 짧은 경험에서 나온 그의 극단적인 사상만 봐도 요시다 쇼인이 사상가로서는 결코 존경받을 수 없는 이유를 알 수 있다. 그가 줄곧 골방에 갇혀 있으면서 구상했던 비현실적인 몽상이 훗날 대동아 공영권이라는 이름으로 포장되어 일본 전체를 들끓게 하고 아시아 전역을 쑥대밭으로 만들었다. 이 폭주는 일본이 제2차 세계대전에서 패해 전범 국가로 전락하고 셀 수 없이 많은 피해자를 만든 뒤에야 비로소 멈추었다. 일본 전체가 서른도 채 되지 않은 혈기왕성한 청년 사상가의 과격한 몽상에 휘둘려 이성을 잃은 꼴이다. 그러나 제국주의 일본의 허황된 꿈은 그 후 기형적으로 변질되어 오늘날까지도 흉측한 형태로 남아 있다. 주변 국가의 피로 얼룩진 실패한 역사. 수치스럽고 아픈 흔적으로서 이제 과거 속에 묻어야 할 제국주의적 사상이 현대 일본 사회에 여전히 건재하다는 것은 유감스러운 일이다. 자기 합리화와 사욕을 위해 이미 130년 전에 죽은 요시다 쇼인을 억지로 움켜쥐고 있는 일본 권력층의 일부 인사들 때문에 일본은 여전히 '아시아의 왕따'로 불리는 신세를 면치 못하고 있다.

4 기병 전사 다카스기 신사쿠

JAPAN

바쿠후 통치로 상징되는 구시대가 막을 내리게 된 19세기 중반, 존왕양이 사상이 본격적으로 확산되었다. '별종' 다카스기 신사쿠高杉晉作는 이 무렵 역사의 무대에 등장한 존왕양이파 지사 중에서도 특히 종횡무진 활약한 인물이다. 그리고 조슈한의 많은 열혈 청년 무사들이 '타도 바쿠후'를 외치며 다가스기 신사쿠를 따라 분연히 일어섰다. 당시 다카스기 신사쿠를 아는 사람들은 그에 대해 "술에 취하면 머리를 눕히는 곳이 여인네의 무릎이지만, 술에서 깨면 두 발로 천하를 밟고 일어선다."라며 감탄했다.

시기 : 1839~1867년
인물 : 다카스기 신사쿠

조슈의 별종 청년

1830년 9월, 조슈에서 요시다 쇼인이 태어났다. 그로부터 9년 후, 조슈의 중심지인 나가토노쿠니長門国 하기 성 부근의 마을에서 다카스기 신사쿠가 태어났다. 훗날 스승과 제자로 깊은 인연을 맺고 일본의 미래를 만들어 갈 두 사람의 운명이 시작된 것이다. 스승인 요시다 쇼인은 체제 개혁의 원동력인 '존왕양이' 사상을 널리 퍼뜨린 인물이다. 젊은 나이에 사형을 당했으

한눈에 보는 세계사

1838년 : 영국, 차티스트 운동
1840년 : 아편 전쟁 발발
1848년 : 독일 마르크스, 공산당 선언 발표
1853년 : 크림 전쟁 (~1856)
1858년 : 중국, 2차 아편 전쟁

1859년 : 다윈, 《종의 기원》 발표
1861년 : 미국, 남북 전쟁 (~1865)
1866년 : 병인양요, 병인박해
1867년 : 오스트리아-헝가리 제국의 성립

나 그의 죽음은 오히려 존왕양이 운동에 더욱 불을 지피는 계기가 되었다. 그리고 그의 수제자 다카스기 신사쿠는 스승의 뜻을 받들어 그의 사상을 구체적으로 실천에 옮겼다. 다카스기 신사쿠와 요시다 쇼인의 만남이 향후 일본의 앞날에 어떠한 영향을 미친 것일까?

19~20세기 초반에 걸쳐 아시아 각국은 시장 개방을 요구하는 서구 열강의 압박에 시달렸다. 이런 환경 속에서 아시아 국가들이 제대로 된 근대화를 이루기란 어려워서, 대부분 서구 열강의 식민지로 전락하고 말았다. 그러나 그중 일본만이 유일하게 근대화에 성공해서 서구 제국주의 열강과 어깨를 나란히 할 정도의 군사력과 경제력을 갖추었다. 일본이 이런 쾌거를 이룰 수 있었던 것은 사회 개혁이 적절한 시기에 성공을 거둔 덕분이다. 그리고 그 바탕에는 정신적으로 끈끈하게 연결된 스승과 제자가 있었다.

1839년 9월 말, 작열하던 한여름의 태양도 한풀 꺾이고 하늘이 높고 푸르게 빛나는 어느 날이었다. 하기 성 아래 마을의 사람들이 삼삼오오 모여 앉아 선선한 바람이 불어오는 기분 좋은 가을 날씨를 만끽하며 술잔을 기울이고 있었다. 간간한 소금기를 머금은 바닷바람이 하기 성 아래 마을인 이곳 기쿠야요코쵸菊屋丁까지 부드럽게 불어오던 오후, 이 마을에 사는 하급 사무라이 다카스기 고츄타高杉小忠太는 방에 들어가지도 못하고 마당에 서서 안절부절못하고 있었다. 새로운 생명이 태어나려는 순간, 격렬한 진통을 견디지 못한 아내가 내지르는 고통스러운 비명에 어쩔 줄 몰라 할 뿐이었다. 아내의 고통이 언제쯤 멈출지, 아기는 무사히 태어날지 걱정하며 이제나저제나 기다리던 그의 귀에 드디어 우렁찬 아기 울음소리가 들렸다. 그는 이 울음소리를 듣는 순간 아들임을 확신했다고 한다. 무사히 끝났다! 게다가 기나긴 산고 끝에 태어난 아기는 고츄타가 오매불망 기다렸던 아들이었다. 드디어 가문을 이을 사내아이가 태어났다는 기쁨에 겨워 산파가 방에서 나와 아들이 태어났다고 전해 줄 때까지 아무 말도 하지 못하고 그 자리에 서서 바보처럼 마냥 웃기만 했다. 고츄타는 흐뭇한 표정으로 새로 태어난 아기에게 미리 생각해 둔 이름을 붙여 주었다. 부모 마음이 다 그렇 듯이 고츄타 역시 자신의 아들이 자라서 큰일을 이루고 가문을 빛낼 인재 가 되리라고 믿었다. 그는 비록 지방의 하급 사무라이 신분이었지만 앞으 로 닥쳐올 시대가 혼란스러울 것이라는 것 정도는 느끼고 있었다. 그리고 그 혼란함이 쉽게 끝나지는 않으리라는 것도 예견했는지 모른다. 아이가 자라서 나라를 위해 큰 역할을 하길 바란 그 마음은 부모의 바람이자 충 성스러운 선배 무사가 후배에게 거는 희망이었다. 다카스기 고츄타는 자 신의 그러한 희망과 포부, 사명감을 담아 장남을 교육하는 데 혼신을 다했 다. 그런 아버지 밑에서 신사쿠는 어릴 때부터 사무라이 정신을 익혔으며, 근본을 잊지 말고 무사로서의 명예와 자긍심을 지켜야 한다는 당부를 귀 에 못이 박일 정도로 들으며 자랐다.

무사 집안인 다카스기 가문의 장남으로 태어난 신사쿠는 비교적 수준 높은 교육을 받을 수 있었다. 그의 아버지는 그를 당시 조슈의 공교육 기관 으로 최고 권위를 자랑하는 메이린칸에 입학시켰고 1857년에는 다시 요시 다 쇼인의 문하로 들여보냈다. 당시 요시다 쇼인은 선진적 군사 지식을 갖 춘 인물로 유명했기 때문이었다. 그러나 신사쿠가 쇼인의 문하로 들어가서 배운 것은 신식 군사에 관한 지식 이상이었다.

쇼카손주쿠에 다니는 동안 스승 요시다 쇼인의 인품에 반한 신사쿠는 그의 반反바쿠후 정서에 깊이 공감했다. 또한 당시 사회의 엄격한 신분 차 별 분위기 속에서는 몹시 파격적이었던 만민평등의 개념까지도 점차 받아 들였다. 이렇듯 요시다 쇼인과 만난 경험은 다카스기 신사쿠의 전 생애에 커다란 영향을 미쳤다.

1859년에 일어난 '안세이 대옥'으로 요시다 쇼인이 세상을 떠나자 다카스 기 신사쿠도 쇼카손주쿠를 그만두고 곧바로 에도를 향해 길을 떠났다. 그

다카스기 신사쿠는 요
시다 쇼인의 신실한 제
자였다.

리고 바쿠후가 설립한 학교로 진학하여 서양에 관련
된 지식을 배우기 시작했다. 스승인 요시다 쇼인의
죽음을 겪으며 바쿠후 통치자들의 비정함과 제도의
폐단을 절실히 느낀 그는 기득권에 대한 반감과 염증
을 겉으로 드러내며 점차 엇나가는 행동을 보였다.
사람들이 다카스기 신사쿠에 대해 별종 사무라이
청년이라고 보기 시작한 것도 이 무렵부터였다. 사
실 에도에 가기 전부터 그의 내면에는 이미 존왕양
이 사상이 확실하게 자리 잡고 있었다. 그 흔적은 에
도에서 유학하는 동안 조슈 고향집의 가신에게 여러
차례 보낸 편지 내용에서도 나타난다. 편지에서 그는
늘 강한 어조로 일본은 반드시 부국강병을 이루어야

한다고 말했다. 또한 나라를 부유하게 하려면 모든 백성이 근검절약을 생
활화하고 국가의 기간산업을 일으켜야 한다고 주장했다. 그리고 일본 전체
가 하나로 단결해서 부국과 강병을 동시에 이루어야 하며, 특히 학문하는
자나 기술자들은 서양의 지식과 기술을 최대한 습득해야 한다고 여겼다.
바람 앞에 놓인 촛불처럼 위기에 처한 나라의 운명을 개탄하며 좀 더 나은
미래를 위해 앞으로 나아가야 할 구체적인 방향을 모색하던 이 청년은 곧
도쿠가와 바쿠후가 주목하는 요주의 인물이 되었다.

영웅은 난세에 나온다

1860년 무렵, 다카스기 신사쿠는 기계적으로 지식을 습득하는 데만 열을
올리는 '교실 안 학문'에 염증을 느꼈는지, 교실을 벗어나 배운 것을 실천하
는 것에 열중하기 시작했다. 군함에서 일하며 항해술을 배우고, 스승이었
던 요시다 쇼인의 충고에 따라 도호쿠東北 지방을 살펴보러 떠나는 등 발로

뛰면서 시대의 흐름을 살피고 그 속에서 일본이 어떤 상황에 놓여 있는지 직접 확인한 것이다. 이 과정에서 다카스기 신사쿠는 아이자와 야스시會澤安, 가토 아리치카加藤有隣, 사쿠마 쇼잔佐久間象山, 요코이 쇼난橫井小楠 등 뜻이 맞는 사람들과 만나게 되었다. 이들 가운데 사쿠마 쇼잔은 요시다 쇼인이 스승으로 모셨던 인물이다. 진보적 사상을 지닌 명사들과 만나는 기회가 늘어갈수록 그의 시야는 점차 넓어졌고 이 세상에서 펼치고자 하는 꿈과 뜻도 확고한 형태를 갖춰 갔다. 그리고 나서 조슈로 돌아온 신사쿠의 머릿속에는 당시 일본인들이 주로 공부하던 국학이나 유학은 시대에 뒤떨어진 낡은 학문이라는 사고가 굳게 자리 잡고 있었다. 그는 자신이 보고 느낀 바를 근거로 실용적 학문의 중요성과 필요성을 강조하기 시작했다. 이 무렵부터 신사쿠는 서양의 자본주의 사상에도 관심을 보였다.

도호쿠 지방을 둘러보고 돌아온 다카스기 신사쿠는 메이린칸에서 학생들을 가르치기 시작했다. 그는 남다른 총명함과 대담한 성격으로 유명해져서, 조슈 한슈의 아들까지 그에게 관심을 보였다. 한슈의 아들은 다카스기 신사쿠를 아주 마음에 들어 하며 에도에 있는 조슈한 소유 저택을 관리하는 직책에 강력히 추천하는 등 호의를 보였다.

그러던 중 조슈한의 해외 시찰에 다카스기 신사쿠가 동행하는 절호의 기회가 찾아왔다. 출발은 이듬해인 1862년, 신사쿠가 따라갈 나라는 중국이었다. 당시 중국 대륙은 태평천국 운동과 반청 운동으로 청 왕조 타도의 열기가 한창 고조되어 있었다. 중국 내부는 몹시 혼란스러운 상황이었으나, 신사쿠는 이곳에서 앞으로 일본이 나아갈 길에 대해 여러 가지 깨달음을 얻어 갈 수 있었다. 동시에 영국과 미국, 프랑스와 같은 나라가 최강 대국으로서 세계를 주름잡을 수 있는 것은 다른 무엇보다도 그들이 지닌 우수한 최신 무기 덕분 때문이라는 사실도 절실히 깨달았다. 그 영향일까. 그는 약 6개월에 걸친 해외 시찰을 마치고 조슈한으로 돌아오자마자 대형 사고를 쳤다. 귀국하는 배에서 내리자마자 한달음에 나가사키에 있는 네덜란드 상관으로 달려가서는 임의로 네덜란드 군함 구입 계약을 덜컥 맺어버린 것이다. 일개 사무라이가 자신을 조슈한에서 파견한 사절이라고 속이고 조슈 앞으로 막대한 금액의 군함 구입 건을 결정한 것이다. 그것도 다이묘의 허가나 위임도 받지 않고 독단적으로 계약서에 서명한 이 황당한 사건이 알려지자 조슈한은 발칵 뒤집혔다. 당연히 군함 구입 계약도 취소되었다. 이 일화를 통해서도 다카스기 신사쿠가 얼마나 엉뚱한 인물이었는지 잘 알 수 있다.

이 웃지 못할 사건이 벌어진 뒤 1863년 무렵에는 그동안 조슈한 내부와 그 일대에서 꾸준히 힘을 기른 존왕양이 사상이 본격적으로 기지개를 켜기 시작했다. 이 무렵 고메이孝明 덴노 역시 양이 교서를 내려 서양 세력을 몰아내겠다는 의지를 강하게 드러내자 일본 열도에는 되돌릴 수도 없고 멈출 수도 없는 광풍이 몰아치게 되었다. 그리고 조슈한에서 대대적인 군사행동이 일어났다. 정체 모를 광기에 휩싸인 조슈 군사들은 시모노세키 해협을 지나는 외국 함선들에 무차별 기습 공격을 퍼붓는 만행을 저질렀다. 갑작스러운 공격에 당황하여 물러가는 미국과 프랑스, 네덜란드 국적 함선들을 보면서 조슈 사람들은 자신들의 힘으로 당대의 해상 대국들을 겁주어 벌벌 떨게 했다고 믿고 철없이 기뻐했다. 하지만 그 기분은 한 달도 채 이어지지 못했다.

조슈 해군들의 막 나가는 행동은 거대한 재앙의 폭풍이 되어 되돌아와 일본 전역을 덮쳤다. 1863년 여름, 미국과 프랑스가 차례로 자국 군함을 시모노세키로 파견하여 대대적인 보복 공격을 감행했다. 그러나 일본은 아직 미국과 프랑스의 인정사정없는 보복 공격에 대등하게 맞서 싸울 능력이 없었다. 승패의 결과는 처음부터 불 보듯 뻔했다. 일방적으로 당하기만 한 패자의 심정은 매우 굴욕적이고 비참했다. 시모노세키 해협 일대를 방비

하는 조슈의 군함은 모두 격침되거나 크게 파손되었고, 해안가에 설치된 포대 역시 모두 무용지물이 되어 버렸다. 특히 프랑스 해군의 상륙 부대는 해안으로 상륙해 마에다前田, 단노우라壇ノ浦 등 주요 포대를 완벽하게 해체했고, 포탄도 전부 빼앗아가서 바닷속에 빠뜨려 못 쓰게 만들어 버렸다. 이 공격으로 시모노세키 지역 해변에 있는 마을의 민가들이 불에 타는 등 피해는 일반인들에게까지 확산되었다. 조슈 군사들 역시 필사적으로 저항하려 했으나 기본 실력이나 무기 수준 등 전력에서 이미 격차가 현저히 큰 상황이었다. 눈 깜빡할 새도 없이 무자비하게 쏟아 붓는 적군의 포탄을 상대로 검을 휘두를 수는 없는 노릇이니 저항은 무의미할 뿐이었다.

이 사건의 소식을 뒤늦게 접한 바쿠후는 조슈 해군이 독단적으로 저지른 군사 행동을 공개적으로 비난했다. 조슈는 1대 쇼군인 도쿠가와 이에야스 이래로 계속 바쿠후의 견제를 받아 온 탓에 원래 바쿠후와 사이가 좋지 않았다. 그래서 한편으로는 바쿠후가 이 기회를 놓치지 않고 조슈의 목을 조른 것이라는 시각도 있다. 그러나 당시 정황으로 볼 때, 바쿠후가 조슈를 강하게 비난한 것은 서구 열강의 시선을 의식했기 때문일 것이다. 서구 열강과의 관계에 불똥이 튈 것을 염려한 바쿠후가 이번 일은 조슈의 단독 행동이라는 점을 강조하려고 한 임기응변으로 보는 것이 가장 설득력이 있다. 바쿠후는 양측이 이 사건을 키우지 말고 조용히 해결하기를 바라며 서구 국가들이 간섭하기 전에 선수를 쳐서 조슈를 비난하고 나선 것이었다. 쓴맛을 단단히 본 조슈 쪽 입장도 이 사태를 최대한 원만히 해결하려는 의지가 강했다. 이때 조슈 측에서 사건을 마무리하기 위해 꺼내 든 비장의 카드가 바로 다카스기 신사쿠였다. 평소에도 엉뚱한 면이 많기로 유명했으나 총명하고 임기응변에 강하며 위기를 재치로 넘길 만큼 대담한 이 청년은 조슈한의 신뢰와 사랑을 듬뿍 받고 있었다. 중요한 국제 외교 무대에서 조슈한 측의 해결사로 뽑힌 초짜 외교관 다카스기 신사쿠는 별종이나 기인이라는 별명으로 불리던 인물답게 이 사건을 아무도 상상하지 못한 엉뚱한 방향으로 이끌어 갔다.

다카스기 신사쿠, 기병대를 창설하다

1863년 여름, 조슈한 측이 다카스기 신사쿠를 정식으로 기용한 이후, 신사쿠는 조슈한 정규군이 아닌 별도의 기병대를 창설했다. 그런데 특이하게도 기병대를 구성할 때 군사를 충원하는 방식이 징용 제도가 아닌 지원자 모집 형식이었다. 그 시대에는 생소했던 자원 입대 형식은 사회적으로 키다란 파장을 일으켰다. 특히 신설되는 기병대원의 지원 자격에 크게 제한을 두지 않는다는 파격적인 조건에 대해 입소문이 빠르게 번져갔다. 근세 일본의 봉건 사회에서는 줄곧 엄격한 신분제가 적용되어 무사 가문 출신자만이 무사가 될 수 있었으며, 농민의 자식은 계속 농업에, 어민의 자식은 계속 어업에 종사했다. 다카스기 신사쿠가 파격적인 조건으로 기병대를 창설한 데는 그의 스승 요시다 쇼인의 영향이 매우 컸다. 요시다 쇼인이 늘 강조하던 '인간 평등'이라는 가치가 그 제자에 의해 빛을 보기 시작한 것이다. 다카스기 신사쿠는 기병대에 자원하는 이들을 선발할 때 신분의 고하는 상관하지 않았으며 신체적 조건에도 관대한 편이었다. 지원자 가운데 가장 많은 수를 차지한 신분 계층은 조슈에 소속된 하급 무사들이었으나 농민이나 상인, 그 밖의 하층민에 속하는 인원도 적지 않았다고 한다.

다카스기 신사쿠는 신분이 높은 기존의 무사 중에 오히려 쓸모없는 인간이 많다고 생각했던 모양이다. 그의 눈에 비친 무사들은 대부분 호의호식하고 그저 풍류를 즐기는 데만 관심 있을 뿐, 정작 국가의 중대사 앞에서는 하나같이 무능하고 유약하기만 한 쓸모없는 존재들이었다. 그래서 그는 기병대 창설에서 교육에 이르기까지 직접 관여했다. 또한 기병대 복장에서 무기, 훈련 방식, 군대 내부의 규율까지 전적으로 서구화를 지향했다. 한편, 다카스기 신사쿠가 기병대를 창설한 무렵, 에도에서는 이이 나오스케가 본격적으로 전제 정치를 시작했다.

신사쿠의 기병대는 빠르게 자리를 잡아갔다. 1864년에는 대원이 4,000명을 넘어섰고, 신사쿠와 기병대의 인기가 함께 급등하여 조슈 내 부농과 거상들도 절대적 지지를 보냈다. 이 무렵 에도에서는 신센구미新選組가 탄생했다. 지금까지도 일본의 문학 작품이나 드라마, 영화, 만화, 애니메이션, 연극 등 다양한 문화 영역에서 자주 등장하는 신센구미는 원래 쇼군 도쿠가와 이에모치德川家茂가 교토를 방문할 때 쇼군 경호를 위해 바쿠후가 특별히 창설한 최정예 부대였다. 신센구미는 쇼군을 따라 교토까지 간 이후 교토의 치안 유지를 위해 활동하게 되었다. 그러던 중 존왕양이파 지사들을 불시에 습격한 사건을 계기로 신센구미는 전국적으로 유명해졌다. 1864년 7월 어느 날 밤, 교토의 산조三条 기야마치토오리木屋町通り에 있던 '이케다야池田屋'에서는 존왕양이를 지지하고 바쿠후 통치에 반대하는 조슈의 지사들이 모여 있었다. 이케다야 부근에 잠복해 있던 신센구미 대원들은 그 현장을 덮쳤고, 이때 조슈의 수많은 존왕양이파 지사들이 살해당하거나 체포되었다.

일본사에서 '이케다야 사건'은 일본의 근대화 개혁을 늦춘 사건으로 기록되었다. 이 사건의 전모가 알려지자 수많은 인재를 한꺼번에 잃은 조슈한의 분노는 극에 달했고, 아울러 존왕양이 운동도 다시 한 번 불이 붙었다. 기병대 내 분위기도 크게 다르지 않았다. 분노로 들끓는 기병대의 여론은 당장 교토로 진격해야 한다는 쪽과 신중을 기하여 움직이자는 쪽으로 의견이 양분되었다. 원래 다카스기 신사쿠는 신중하게 상황을 판단하고 나서 움직이자는 의견이었다. 그러나 조슈 측이 조정을 향해 이케다야 사건에 대한 공정한 사후 처리를 요구했을 때, 고메이 덴노와 조정 대신들은 바쿠후의 눈치를 보느라 미적지근한 태도로 일관했다. 그동안 조슈의 존왕양이 운동으로 큰 덕을 봤음에도 태도를 분명히 하지 않는 조정의 태도에 크게 실망한 신사쿠는 더 이상 과격파를 진정시키려 하지 않았다. 이런 와중에 마키 이즈미眞木和泉와 구사카 겐즈이久坂玄瑞가 분노한 기병대를 이끌고 교토로 향했다. 원래대로라면 신사쿠가 한슈에게 이 사태를 보고해야 했지만, 그는 먼저 출발한 기병대의 뒤를 쫓아 서둘러 교토로 향했다. 그러나 사건을 보고하지 않고 조슈한을 벗어나려 한 것이 문제가 되어 결국 도중에 신사쿠만 붙잡혀 감옥에 갇히는 신세가 되었다. 하지만 자고로 '화가 복이 된다'고도 하고 '인생사 새옹지마'라고도 했다. 신사쿠가 감옥에 갇힌 일은 결과적으로 잘된 일이었다.

8월 19일 밤, 마키 이즈미와 구사카 겐즈이가 이끄는 조슈한의 기병대가 교토 황궁의 서쪽에 있는 하마구리고몬蛤御門 쪽으로 진격하여 그곳을 지키던 아이즈會津 병사들과 격전을 벌였다. 양측 모두 한 발도 물러서지 않는 필사의 전투가 시작되었고, 조금씩 조슈 측에 유리한 국면으로 전개되었다. 하지만 결정적인 순간에 사쓰마에서 보낸 지원군이 아이즈 측에 합

세하여 조슈를 공격하기 시작했다. 이때부터 전세는 급격하게 기울어 기병대는 결국 패배하고 말았다. 이 전투에서 마키 이즈미와 구사카 겐즈이 등 조슈의 대표적 존왕양이파 인사들이 대부분 전사하거나 자결했다. 이 사건은 '하마구리고몬의 변蛤御門の' 또는 '긴몬의 변禁門の'이라고 기록되었다. 그러나 감옥에 갇혀 있느라 이 전쟁에 참가하지 못한 신사쿠는 목숨을 건질 수 있었다.

긴몬의 변 이후 바쿠후는 조슈한의 존왕양이파 지사들을 더욱 강하게 압박했다. 이 사건이 있고 얼마 지나지 않은 1865년 1월 14일에 다카스기 신사쿠가 조슈에서 급진파 세력을 모으고 남은 기병대 군사들을 추슬러 시모노세키 고우잔지功山寺에서 다시 군사를 일

다카스기 신사쿠(가운데)와 이토 히로부미(오른쪽)

으켰다. 그는 힘없는 백성도 나라를 구하려는 마음으로 하나가 되면 커다란 힘이 될 수 있다고 민심에 호소하여 대중적 지지를 얻었다. 그는 바쿠후의 죄를 조목조목 따져가며 조슈 내 친바쿠후 세력을 몰아내는 한편, 그로부터 불과 2주 후인 1월 28일에는 이토 히로부미伊藤博文와 함께 군사를 이끌고 시모노세키의 이사키伊崎를 점령하여 대량의 무기와 탄약, 군비 등 전쟁에 필요한 물자를 확보하는 데 성공했다. 훗날 한국과 대단한 악연을 맺게 된 이토 히로부미는 이때만 해도 크게 두각을 나타내는 인물은 아니었다. 그는 원래 조슈의 가난한 농민 출신으로, 다카스기 신사쿠와는 쇼카손주쿠에서 함께 수업을 들었던 것이 인연이 되어 그 밑에서 일하고 있었다. 그리고 2월 초하루, 다카스기 신사쿠가 간신배 토벌의 의지를 불태우

며 격문을 발표했다. 그는 '토간격討奸檄'을 선언하면서 친바쿠후 성향을 띠는 보수 세력에 대해 전쟁을 선포했다. 그리고 전투마다 속속 승리하여 조슈의 정권을 손에 넣는 데 성공했다. 이것이 '오오다·에도노 다타카이大田·江戸の戦う', 즉 '오오다·에도의 난'이라고 부르는 사건의 정황이다.

다카스기 신사쿠는 조슈한의 정권을 장악한 뒤 가장 먼저 봉건 시대의 문벌 귀족 제도와 신분 제도를 철폐했고, 신분에 상관없이 능력이 뛰어난 인재를 기용하겠다는 의지를 밝혔다. 또한 군사 제도를 서구식으로 개편해 근대적 군대로 발전하는 토대를 세우고, 조슈 영내의 항구를 전면 개방해 무역을 장려함으로써 공업과 산업 발달의 기반을 다지는 등 파격적인 개혁을 시도했다. 부국강병을 이루려면 먼저 개인과 정권이 함께 재산을 늘려야 하는데, 무역 활동을 적극적으로 권장하면 서양의 선진 문물을 배우고 국가 경제의 경쟁력도 높여 일거양득의 효과를 볼 수 있다는 것이 평소 그가 생각한 근대화 방법론이었다.

이러한 분위기가 점차 무르익으면서 조슈는 일본 내 반바쿠후 세력의 구심점 역할을 하게 되었다. 바쿠후 입장에서는 이와 같은 조슈의 발칙한 행위를 그냥 눈감아 줄 수는 없는 노릇이었다. 비록 이빨 빠진 호랑이 신세였지만 일본의 통치를 담당하는 권한은 아직 도쿠가와 바쿠후가 쥐고 있었다. 즉, 바쿠후 측에서 보면 다카스기 신사쿠와 그 일당은 국법을 어기고 무력 투쟁 중인 반란군이었다. 이들을 진압하고자 바쿠후가 급하게 토벌군을 조직하여 조슈로 보냈으나 다카스기 신사쿠와 기병대의 저항은 만만하지 않았다. 전쟁은 바쿠후의 예상을 뛰어넘어 오랫동안 계속되었고, 1866년 여름에 바쿠후는 다시 2차 토벌군을 조직하여 조슈로 보냈다.

혁혁동번팔만병赫赫東藩八万兵
습래둔재랑속성襲來屯在浪速城

아조쾌사과하일我曹快死果何日
소대사린문포성笑待四隣聞砲聲

동쪽에서 끊임없이 밀려 내려오는 팔만 군사.
나니와浪速의 성으로 몰려들어 이곳을 노리는구나.
팔만 군사 맞이하여 장렬히 전사할 날은 언제인가.
다만 사방에서 포성이 울려 퍼지기를 웃으며 기다릴 뿐.

위의 시는 다카스기 신사쿠가 한창 바쿠후 군대와 전쟁하고 있을 때 지었다는 한시漢詩다. 전쟁 중의 비장한 분위기 속에서도 용맹함을 잃지 않는 장수의 면모가 잘 드러나는 이 시는 기병대가 오오시마大島와 오쿠라小倉 전에서 큰 승리를 거두며 연전연승의 고공 행진을 계속하던 무렵에 지었다고 한다.

이렇게 조슈의 존왕양이 세력이 주도하는 근대적 개ㄹ이 점차 빛을 발하기 시작했고, 이 빛은 메이지 유신의 앞길을 밝혀 주ㄴㄴ 등불과도 같았다. 그러나 일본이 획기적인 역사의 한 획을 긋는 순간을 보기 위해, 혹은 그 자신이 한 획을 긋기 위해 최전선에서 목숨 걸고 싸웠던 다카스기 신사쿠는 안타깝게도 메이지 유신이 본격적으로 시작되는 것을 보지 못한 채 지병인 폐결핵으로 세상을 떠나고 말았다. 짧지만 찬란했던 인생에 종지부를 찍었을 때 그의 나이는 고작 스물여덟 살이었다. 1867년 5월 17일, 시모노세키의 신치新地에서 요절한 다카스기 신사쿠는 당시 기병대의 주둔지였던 요시다吉田 도교안東行庵에 묻혔다.

다카스기 신사쿠와 그가 조직한 기병대가 끝까지 포기하지 않았던 이 투쟁은 오늘날 일본 역사가들로부터 일본 열도의 근대화를 크게 앞당긴 것으로 인정받았다. 또한 기병대의 출현은 일본 최초로 서구적 신식 군대가 조직되고 성장해 가는 모습을 보여 주었다는 점에서도 커다란 의의를 지닌다. 당시 기병대는 그 안에서도 농민군, 역사대力士隊, 집의대集義隊, 선봉대, 의용대, 유격대, 팔번대八幡隊 등 각각의 특성에 따라 역할을 분담하여 분대를 구성하는 등 체계적이고 합리적인 구성을 자랑했다. 다카스기 신사쿠의 사후에도 기병대는 외로운 싸움을 멈추지 않았고, 이후 격화된 바쿠후 타도 운동에서 주요 병력으로 활동할 정도로 성장했다.

일본의 게이샤(芸者)

게이샤는 일본의 독특한 유·무형 전통문화의 정수이자 대표적인 문화 산물이다. 게이샤를 생각할 때 정성껏 꼼꼼하게 화장한 얼굴과 비현실적일 정도로 여성스러움을 강조한 특유의 말투와 동작이 제일 먼저 떠오른다. 분가루를 빈틈없이 발라 눈처럼 흰 얼굴에 붉은 연지를 칠한 입술, 사소한 손동작 하나마저 모두 계산된 듯 절제된 몸가짐, 교양 있는 말씨 등 게이샤는 모든 면에서 우아한 기품이 흐르는 철저한 여성스러움을 연기한다.

일본 전통 사회에서 게이샤는 예능계에 종사하는 전문 직업인으로 인정받았다. 게이샤들은 대체로 젊고 예쁜 여성들로, 교양 수준이 매우 높으며 특히 예술 분야에 대한 조예가 깊다. 하지만 간혹 게이샤의 본업이나 역할에 대해 정확히 알지 못해 오해하는 사람들도 있다. 게이샤는 한자로 '芸者'라고 쓰는데, 한자의 뜻을 그대로 풀이하면 예술을 하는 사람, 즉 예술을 직업으로 삼은 사람을 뜻한다. 참고로 게이샤는 도쿄식 명칭이며, 교토에서는 게이기芸妓라고 한다. 한자가 지닌 의미 그대로 그녀들의 본업은 춤이나 노래, 악기 연주, 시 낭송과 같은 예술적 퍼포먼스를 하는 것으로, 공연에 대한 정당한 대가를 받는 직업적 종합 예술인이었다. 그녀들은 평생 독신으로 살았다고 하며, 게이샤들의 세계는 외부에 자세히 알려지지 않은 채 베일에 싸여 있어서 오늘날에도 신비로운 매력을 발산한다.

게이샤의 생활

일본 사회에 게이샤가 등장한 것은 17세기 무렵이다. 당시 현재의 도쿄와 오사카에 해당하는 지역을 중심으로 여자의 춤과 노래를 감상하며 차와 술을 마실 수 있는 곳이 생겼다. 이런 곳이 인기는 많았지만 폐쇄적인 전통 사회에서는 이 일을 하려는 여성 인력이 부족했다. 그래서 초기에는 곱상하게 생긴 남자들이 여장하고서 춤을 추고 악기도 연주하며 노래를 부르는 일이 많았다고 전해진다. 그러나 점점 그 수가 늘어나 일본에서 게이샤 문화가 절정의 꽃을 피운 18세기 무렵에는 교토 내에서만 수만 명에 이르렀다고 한다.

게이샤들이 하는 일을 간단히 말하면, 술을 따르거나 가무를 선보여 연회석의 흥을 돋우는 일이라고 할 수 있다. 하지만 게이샤의 진정한 가치는 그녀가 자리하는 것만으로도 연회의 품격이 올라간다는 점에 있다. 게이샤에게서 느끼는 아름다움의 본질은 게이샤 그 자체에서 우러나오는 기품이다. 그래서 게이샤의 목표는 외모뿐만 아니라 예술적 소양을 열심히 갈고 닦아 손님들에게 심미적 만족감을 느끼게 해 주는 존재가 되는 것이다.

일본은 예나 지금이나 사회의 법제도 및 기타 관례까지 사소한 부분에서도 남성의 권위를 중시하는 분위기가 강하게 남아 있는 나라이다. 그러한 환경에서도 꽃보다 아름다운 게이샤들이 평생 순정을 지키며 독신으로 살아갈 수 있었다는 사실은 매우 놀라운 일이다. 그것은 그녀들이 아름다운 꽃이었으나 누구의 손에도 꺾이지 않는 자유로운 꽃이었음을 의미한다. 또한 게이샤들이 예술을 팔아 생계를 유지한 예능인이었다는 사실을 뒷받침해 주는 중요한 근거가 된다.

게이샤들은 대부분 같은 게이샤들끼리 함께 모여 살며, 평소 방안에서 지내는 시간이 많고 외출하는 일은 극히 드물다고 한다. 일이 있어서 외출하더라도 길 위에 머무르는 시간은 잠시 차에서 내려 실내로 들어갈 때 정도로 아주 짧은 순간일 뿐이고, 그나마도 얼굴을 가리는 차림새를 하기 때문에 일반인이 우연하게라도 게이샤를 직접 보는 기회는 거의 없다고 해도 무방하다.

　　게이샤들은 외출할 때 어딜 가든 항상 예법에 맞추어 기모노를 정식으로 갖춰 입는다. 그리고 항상 동행하는 남자가 있다. 그 남자는 보통 손에 샤미센三味線 보관함을 들고 있다. 게이샤의 외출에 동행하는 이 남자는 수행비서 겸 경호원 역할을 한다. 게이샤가 외출할 때는 한 치의 흐트러짐도 없이 기모노를 갖춰 입으므로 혼자서 행동하기에는 여러 가지 불편함이 있을 뿐만 아니라 다른 사람들의 시선을 끄는 일이 많다. 따라서 게이샤를 대신해 자질구레한 일들을 처리하거나 취객을 포함하여 불순한 의도로 접근하는 다른 남자들에게서 게이샤를 보호하는 것이 그들의 주된 임무이다.

　　앞에서도 말했듯이 게이샤의 주된 일은 공연이다. 게이샤들이 오

영화 〈게이샤의 추억〉

늘날처럼 화장을 진하게 하고 나서기 시작한 것은 18세기 초반 무렵부터였다. 이는 공연을 위해 고안한 일종의 무대용 분장이다. 얼굴에는 분을 하얗게 바르고 입술에는 붉은 연지를 칠하고 양쪽 눈초리에 불그스름한 색조를 넣어 전통 인형 같은 느낌을 주는 이 화장법은 게이샤 업계에 빠르게 퍼져 유행의 급물살을 탔다. 당시에는 지금과 달리 조명이 어두웠기 때문에 이런 식의 화장법이 조명발을 살리는 데 가장 적합했던 모양이다.

게이샤들이 입는 기모노는 상상을 초월하는 고급품이다. 오늘날에도 게이샤의 기모노는 솜씨 좋은 장인이 수작업으로 제작한 고급 원단을 주로 사용하며, 바느질도 세심하고 꼼꼼하다. 작은 장식이나 원단의 무늬 하나도 대충 넘기는 법이 없다. 그래서 게이샤의 의상은 단순한 옷이 아니라 심혈을 기울여 만든 예술 작품의 개념으로 이해해야 한다. 그러다 보니 게이샤의 능력에 따라 입을 수 있는 기모노의 가격대는 대략 수십만 엔에서 수천만 엔에 이르기까지 다양하다. 재미있는 것은 우리 돈으로 수억 원을 호가하는 비싼 기모노의 가격을 살펴보면 원단 가격이 그중 90% 가까이 차지한다고 한다. 원단의 완성도가 곧 기모노의 수준을 결정한다는 것을 알 수 있다. 참고로 관광객이 교토 거리에서 자주 볼 수 있는 것은 정식 게이샤가 아닌 마이코舞子 의상이다. 마이코의 치장은 몸에 장식이 많고 치렁치렁하여 한눈에도 화려한 느낌이 강한 것이 특징이다.

게이샤들은 손님 앞에서 음악에 맞추어 춤을 추거나 노래를 부르는 일 외에 손님과의 원활한 소통과 교류도 중시한다. 그래서 손님과의 대화에서 유연하게 대응할 수 있도록 다양한 지식을 두루 배우고 익히는 일을 게을리하지 않고 부단히 노력한다. 덕분에 일반교양에서 정치나 경제 분야에 이르기까지 다방면으로 지식 수준이 높은 편이다.

게이샤의 공연을 보면 역할이 크게 두 가지로 나뉜다. 춤을 추는 쪽을 다치가타ㅛ方, 악기를 연주하거나 노래를 부르는 쪽을 지가타地方라고 한다. 말 그대로 일어서서 춤을 추기 때문에 다치ㅛ가타이고, 바닥에 앉아서 악기를 연주하거나 노래를 부르기 때문에 지地가타라고 부른다. 지가타는 주로 북이나 샤미센 등을 연주하면서 노래를 부르는데, '나가우타長唄', '기요모토淸元' 등이 유명하다. 또 게이샤들은 춤과 노래, 음악과 같은 공연 외에도 다도茶道나 향도香道, 화도花道 등 사교적인 자리에서 필요한 예술적 소양까지 두루 갖추고 있다.

일본의 독특한 미술 기법이 나타나는 우키요에(浮世繪), 목판화의 일종이다. 작품명은 〈사이고쿠노 게이샤(西國の芸者)〉, 기타가와 우타마로(喜多川歌麿呂) 작이다.

게이샤들은 기본적으로 단체 생활을 하므로 사생활을 누리기 어렵다고 한다. 단체 생활을 하게 된 이유는 분명하지 않지만, 언제부턴가 단체 생활은 게이샤들에게 가장 기본적으로 요구되는 엄격한 규정이 되었다. 이런 이유로 사생활을 누릴 수 없는 게이샤들은 결혼도 할 수 없었다. 다만 게이샤가 되려면 그 첫 관문으로 어떤 남성과 첫날밤을 보내야 했다. 그 남성이 누가 될지는 순전히 게이샤 본인의 선택에 달려 있었다. 이때 그 남자가 공연의 대가로 주는 첫 번째 하나다이花代에 따라 게이샤의 급이 정해졌으므로 게이샤들은 첫 상대를 신중하게 선택했다. 그리고 그 남자 역시 자신이 게이샤로 만든 여성이 경제적으로 곤란함을 겪지 않도록 평생 돌보는 일종의 스폰서 역을 맡아야 했다. 그 남자들을 '단나므那'라고 부르는데, 현대 일본어에서 단나란 남편을 뜻한다.

게이샤의 육성

"열흘 붉은 꽃이 없다."라는 옛말대로, 아무리 아름다운 게이샤라고 해도 세월이 비켜가지는 않는 법이다. 요즘에야 의학 기술이 발달하고 의식 수준이 높아져 많은 여성이 나이가 들어도 원숙미를 뽐내며 아름다움을 유지하지만, 전통 사회에서 여자

1930년대 게이샤 사진

가 가장 아름다운 시기는 이팔청춘 열여섯 살부터 농염한 성숙미를 뽐내는 서른 살까지로 아주 짧았다. 게이샤 세계에서는 게이샤를 길러 내는 과정을 꽃을 키우는 일에 비유하기도 한다. 이는 게이샤를 아름다운 꽃에 비유하는 동시에 꽃이 아름답게 피어 있는 시간이 짧은 데 비해 꽃을 피우기 위한 과정은 길고 혹독하기 짝이 없듯 게이샤를 키워내는 데는 긴 시간 공을 들여야 한다는 것을 의미하기도 한다. 제대로 된 게이샤가 되려면 배워

야 할 것이 산더미인데, 정식 게이샤로 데뷔해야 하는 연령은 열여섯 살 정도였으므로, 과거에는 10세 이전에 본격적으로 게이샤 교육을 시작하는 경우가 많았다. 게이샤가 되려고 한 여자 아이들은 스스로 게이샤가 되고 싶었던 경우도 있지만 가난한 집의 딸이 그저 먹고살려고 택한 경우도 많았다. 제2차 세계대전 이후에는 부모를 잃거나 버려진 아이들과 게이샤들이 몰래 낳은 사생아가 게이샤의 길을 택하는 경우가 크게 늘었는데, 일단 게이샤의 길을 걷기로 한 아이들의 앞길에는 혹독한 훈육 과정이 기다리고 있었다.

제대로 된 게이샤를 한 명 길러 내는 데는 엄청난 노력과 막대한 비용이 들어간다. 예전에는 열 살이 되기 전부터 교육을 시작했는데, 배워야 할 것이 너무 많아서 입문과 기초 과정부터 이미 고생길이 훤했다고 한다. 악기 연주와 춤, 노래, 각종 필수 예법에서 자세, 독서, 식사 예절, 행동거지, 대화법 등 사소한 생활 습관에 이르기까지 기초 과정에서 배워야 할 내용도 매우 방대했고 교육 내용은 점차 심화되었다. 제대로 교육을 받고 정식 게이샤로 신고식을 치른 후에도 그녀들은 언어, 치장하는 법, 독서, 악기 연주(주로 현악기)에서 인사 예절, 잔에 술 따르는 법도까지 사소한 말 한마디와 행동 하나하나에 품위 있고 우아한 분위기가 자연스럽게 묻어날 때까지 고된 훈련을 거듭했다.

게이샤란 타인을 즐겁게 하는 데 수많은 시간을 할애해야 하는 직업이므로 정식 게이샤가 되고 나서도 배움은 계속된다. 그래서 정작 자신의 생활을 꾸려나가는 데 소홀하거나 무지해 다른 사람의 도움을 받아야 하므로 게이샤들이 단체 생활을 하는 숙소에는 빨래나 식사 등을 돌봐 주는 나이 많은 여성이 함께 거주한다.

오늘날의 연예인과 마찬가지로 유명한 게이샤들의 수입은 아주 높은 편이다. 어느 격식 있는 연회에 게이샤가 참석했다면, 연회 주최자가 게이샤에게 적어도 엔화 수십만에 이르는 비용을 하나다이로 지출한 것으로 보아야 한다.

일본 전통문화의 한 줄기를 이어가는 게이샤

현대 일본 사회에서 게이샤라는 직업은 전통적 예능 직종에 속하며 매우 우아한 인상을 준다. 비록 오늘날에는 전통적 예술에 대한 대중의 선호도가 많이 떨어진 동시에 상류층을 대상으로 고급화하는 바람에 현역 게이

일본에 게이샤가 처음 등장한 것은 17세기 무렵으로, 에도와 오사카 지역을 중심으로 확산되었다. 그러나 현재 게이샤가 가장 많이 남아 있는 곳은 교토이다. 우아하고 아름다운 자태와 풍부한 교양, 넘치는 예술적 재능을 겸비한 일본의 게이샤는 직업적 예술인으로 존중받는다.

샤의 수가 크게 줄었지만, 사라져 가는 전통문화와 예술을 계승하고 발전시켜 나간다는 점에서 게이샤는 일본 문화의 상징적인 존재다.

일본 사회가 빠르게 변하고 있지만 게이샤들의 세계는 일본의 전통문화와 법도를 그대로 유지하려고 하는 데다, 게이샤 공연이 고급문화로 자리잡으면서 점차 폐쇄성을 띠게 되었다. 견고한 보호벽을 둘러친 게이샤 사회는 외부의 개입을 달가워하지 않는다. 이런 성격 때문에 외부에서 게이샤 세계를 더욱 신비롭게 여기는지도 모른다. 덧붙여 현재까지 활동하는 게이샤들은 대부분 교토 지역에 남아 있다.

전통 사회에서 게이샤라는 직업은 비천한 직종으로 취급받지 않았다. 그녀들은 다만 운명적으로 게이샤가 된 예술가 집단일 뿐이었다. 오늘날 현대 일본 사회에서는 평범한 가정에서도 딸이 게이샤 교육을 받기를 바라는 부모가 점차 늘어나는 추세라고 한다. 딸에게 게이샤 교육을 제공할 수 있다면 문화적 소양과 교양 수준이 제법 높은 가정으로 여겨지기 때문이라고 한다. 또한 비싸기로 유명한 게이샤 교육비용을 감당할 만큼 재정적 여유가 있다는 점을 과시할 수 있기 때문이라고 한다.

살아 숨 쉬는 전통 예술의 계승한 문화적 가치를 지닌 게이샤는 이제는 일본 문화 자체를 상징하는 중요한 요소로 인정받는다. 게이샤 특유의 정제된 아름다움, 순도 높은 여성성은 고도의 훈련을 통해 비로소 표현된다. 여성적 아름다움을 환상적으로 극대화해서 보여 주는 것이 게이샤의 궁극적인 목표이고 직업적 의무인 것이다. 그녀들의 말 한마디, 손짓 하나가 전부 '게이샤'라는 예술을 완성하는 중요한 요소이며, 나아가 게이샤라는 존재 자체가 유형의 예술과 무형의 예술이 만나 이루어진 하나의 '완성된 종합 예술 작품'이기 때문이다.

하지만 일본 문화에 어두운 외국인 중에는 게이샤에 대해 오해나 편견을 갖고 있는 경우가 적지 않다. 특히 게이샤라는 직업을 오해해서 왜곡된 시선으로 바라보는 것은 큰 결례이다. 게이샤란 앞서 말했듯 예술을 직업으로 삼은 사람으로, 본업은 춤이나 노래, 악기 연주, 시 낭송과 같은 예술 공연이었다. 남녀 구별이 엄격하고 여성들의 사회 활동이 철저히 가로막힌 전통 사회에서 그녀들은 여성이기 이전에 공연을 하고 그에 대한 정당한 대가를 받는 종합 예술인으로서 존재했던 것이다.

이러한 왜곡된 시선이 많아지기 시작한 것은 제2차 세계대전 이후였다. 당시 일본에 들어온 서양인들은 일본에 대해 무지해서 예능을 파는 일을 본업으로 하는 정식 게이샤와 매춘을 본업으로 하는 오이란花魁의 차이를 구분하지 못했다. 게다가 패전 후에 일본 사회가 극도로 혼란스러워지면서 업계의 질서와 엄격한 구분이 무너졌다. 그러자 그 틈을 타 몇몇 오이란이 게이샤 업계에 흘러들어 가거나 외국인에게 게이샤라고 사칭하는 일이 빈번하게 벌어지면서 게이샤와 오이란을 혼동하게 되었다. 이 시기에 게이샤에 대해 잘못 알려진 정보가 지금까지도 이어지고 있으며, 바로 이것이 많은 사람이 게이샤를 고급 매춘부 정도로 잘못 인식하게 하는 결정적 원인이 되었다.

5 왕정복고

19세기 후반에 이르자 바쿠후 통치의 폐단과 무능함이 속속 드러나면서 정권에 대한 서민들의 불만이 한계점에 다다르고 있었다. 이러한 민중 정서의 흐름을 읽은 교토 조정과 존왕양이파는 바쿠후로부터 정권을 되찾고자 비밀리에 일을 꾸미기 시작했다. 게이오 3년 12월 9일(1868년 1월 3일), 덴노를 중심으로 하는 왕실과 조정이 가마쿠라 바쿠후 이래로 바쿠후에 위임했던 국가 통치권을 다시 거두어들인다고 선언하는 조칙이 발표되었다. 이로써 200년 이상 계속 실권을 잡고 국가를 통치해 온 도쿠가와 바쿠후가 중앙 정치계에서 밀려나고 700여 년 동안 이어진 무신 정권 시대도 막을 내렸다.

시기 : 1868년
인물 : 도쿠가와 요시노부, 사이고 다카모리

바쿠후 통치의 쇠퇴

1853년에 에도 앞바다에 쿠로후네가 나타난 이후로 바쿠후가 안고 있던 문제점이 적나라하게 드러났다. 그 후 모든 상황은 바쿠후의 힘으로는 수습할 수 없는 지경에 이르렀다. 바쿠후가 미 · 일 화친 조약을 체결한 것을 굴욕적으로 받아들인 일본 사회는 실망과 분노를 감추지 않았다. 덕분에 덴노의 입지가 상대적으로 유리해지면서 교토 왕실과 조정 세력이 에도 바쿠후의 통치에 대해 참견하고 정치적 입장을 드러내는 일이 점점 늘어갔다. 이렇게 교토 세력의 정치 간섭이 심해질수록 바쿠후는 더욱 곤란한 상

한눈에 보는 세계사
1867년 : 오스트리아–헝가리 제국의 성립 / 노벨, 다이너마이트 발명
1869년 : 수에즈 운하 개통

고메이 덴노

황에 빠졌다. 특히 강경 보수파인 이이 나오스케가 바쿠후의 다이로로 취임하고 나서 정치, 외교 문제를 독단적으로 결정하자 교토의 왕실, 조정 세력이 그의 직무 수행 방식에 불만을 품었다.

한편, 교토 세력이 미국과 조약을 체결한 데 대해 크게 반발하고 나설 때 함께 들고 일어난 존왕양이파는 바쿠후 입장에서 커다란 골칫거리였다. 아울러 당시 고메이 덴노가 바쿠후에 불만을 품고 양이攘夷파로 완전히 돌아서면서 조정과 바쿠후의 대립은 점점 극심해졌다. 1863년 시모노세키 해협에서 조슈의 해군이 외국 선박을 공격하는 사건이 발생했을 때도 어떻게 대응할지를 놓고 조정과 바쿠후 사이에 첨예한 갈등이 빚어졌다. 조슈가 미국과 프랑스, 네덜란드 선박을 공격한 사실이 알려지자 바쿠후는 즉각 이 사건을 저지른 조슈를 맹렬히 비판하고 나선 반면에 조정에서는 조슈가 용기 있게 양이를 결행했다며 공식적으로 치하한 것이다. 이렇게 차츰 골이 깊어진 조정과 바쿠후 간에는 날 선 대립이 계속되었으나, 얼마 후 고메이 덴노가 친바쿠후파 조정 대신들의 건의를 받아들여 교토 조정과 바쿠후가 화해하는 공무합체公武合體를 수락하면서 바쿠후와 교토 세력의 대립도 소강 국면에 들어갔다. 공무합체란 공가公家와 무가武家의 결합을 의미한다. 즉 조정과 바쿠후가 정치적으로 서로 손을 잡고 난제를 해결하자는 취지였다.

그러나 이 한때의 평화는 얼마 지나지 않아 파국을 맞았다. 고메이 덴노의 이복여동생인 가즈노미야 지카코和宮親子 내친왕이 공무합체를 위해 도쿠가와 쇼군 가문으로 시집갔으나 1866년 8월 쇼군 도쿠가와 이에모치가 병으로 세상을 떠나고, 설상가상으로 이듬해인 1867년 1월에 고메이 덴노마저 갑작스럽게 죽음을 맞이한 것이다. 공무합체의 두 수뇌가 몇 달 사이로 나란히 세상을 떠나자 잠시 소강 상태였던 바쿠후와 조정은 다시 날카롭게 대립하기 시작했다. 이때 영국과 프랑스 등 몇몇 열강은 일본의 정세 변화를 민감하게 감지했다. 그동안 일본 외교 정책 결정에 대한 논의를 전적으로 바쿠후와 진행해 온 서구 열강은 이때부터 차츰 일본 왕실과 조정 쪽에 힘이 실리는 분위기를 파악하고 신중하게 반反바쿠후 세력과도 우호적 관계를 다지기 시작했다. 이렇게 왕실과 조정의 목소리에 점차 힘이 실리고 서구 열강이 바쿠후의 통치 권력에 회의적 반응을 보일 때 민심마저 등을 돌려 바쿠후는 사면초가의 상황에 몰렸다.

대정봉환을 향한 힘찬 움직임

반바쿠후 운동이 확산해 가던 시기, 다카스기 신사쿠가 지휘하는 조슈한의 군사는 바쿠후가 보낸 제2차 조슈 정벌군을 상대로 힘겨운 싸움을 이어가고 있었다. 한때 도쿠가와 이에모치와 쇼군 후계자 자리를 두고 대립했던 또 한 명의 후보 히토쓰바시 요시노부德川慶喜는 이 무렵, 이에모치의 다음 쇼군 자리에 앉게 되었다. 그는 바쿠후가 직면한 위기 상황을 벗어나고 기존의 국가 통치권을 지키려면 바쿠한 체제를 대대적으로 개편하는 것 외에 다른 길은 없다는 점을 깨닫고 1865~1868년까지 프랑스의 도움을 받아 대규모 개혁을 감행했다. 이를 '게이오慶應 개혁'이라고 한다.

게이오 개혁은 정치, 군사, 외교, 경제 방면에 이르기까지 일본이 여러 방면에서 안정적으로 근대화를 이루며 발전해 나가도록 꼭 필요한 내용으로 구성되었다. 그러나 때가 이미 늦은 것일까. 대세는 이미 바쿠후 타도와 양이 쪽으로 기울어져 이 정도 노력만으로는 되돌릴 수 없었다. 요시노부가 바쿠후를 시작으로 '위로부터의 개혁'을 주도하자 조슈를 중심으로 하는 강력한 반바쿠후 세력이 서구 열강에 완강히 맞설 것과 효고 항을 개항할 것을 주장했다. 1867년 6월에는 반바쿠후 세력의 대표격인 사쓰마, 에치젠, 도사, 우와지마宇和島 등 4개 지역 유한의 다이묘들이 회합하고 어떻게 해야 바쿠후를 평화적으로 무력화할 수 있을지 논의했다. 그러나 이 4후 회의四侯會議는 평화적 방법으로는 바쿠후를 이긴다는 것이 불가능하다는 사실만을 깨닫고 막을 내렸다. 결국 이 네 지역은 서로 연합하고 군사를 일으켜 바쿠후를 치기로 하고 곧바로 전쟁 준비를 시작했다. 이후 바쿠후를 치자는 도바쿠倒幕 또는 討幕 운동은 무력 전쟁의 양상을 띠고 전개되었다.

소총을 옆에 둔 도쿠가와 요시노부

그 무렵, 도사에서는 사카모토 료마坂本龍馬와 고토 쇼지로後藤象二郎가 중심이 되어 바쿠후에서 국가 통치권을 빼앗아오려는 계책을 추진하고 있었다. 그들이 생각하는 가장 이상적인 방식은 바쿠후 스스로 정권을 반납하는 대정봉환大政奉還이었다. 1867년 7월 23일에는 나카오카 신타로中岡愼太郎, 사카모토 료마, 고토 쇼지로 등 도사 출신 지사들과 사이고 다카모리西鄕隆盛, 오오쿠보 도시미치大久保利通와 같은 사쓰마 출신 지사들이 만나 '선중팔책船中八策'을 구상하고 '사쓰도薩

± 도바쿠 동맹'을 맺었다. 선중팔책이란 사카모토 료마가 도쿄로 향하는 배 위에서 구상한 여덟 가지 정치 개혁안으로 배에서 구상한 여덟 가지 정책이라 해서 붙은 이름이다. 사카모토 료마는 선중팔책을 통해 군사와 외교, 정치 개혁안을 제시하고 있는데, 바쿠후가 국가 통치권을 왕실에 반납하는 대정봉환 역시 정책안 중 하나였다. 더욱 견고해진 연합 체제를 발판으로 이들은 마침내 공공의 목표인 대정봉환을 실현하기에 이르렀고, 그들은 바쿠후 체제 타도와 체제 개편을 목표로 더욱 박차를 가했다. 하지만 사카모토 료마는 도쿠가와 가문의 몰락까지 바라지 않았다. 당초 그가 구상한 가장 이상적인 결말은 통치 실무에 노련한 도쿠가와 가문이 새로운 체제에서 덴노의 신하로서 오른팔이 되어 실무를 담당하는 것이었다고 한다. 어쨌든 바쿠후가 쥐고 있던 국가 통치권을 다시 왕실에 돌려주겠다는 그들의 대의명분은 수많은 민중의 지지를 얻었다.

왕정복고, 쿠데타의 발발

대정봉환의 성공은 곧 반바쿠후 세력의 승리를 말한다. 도쿠가와 가문이 순순히 국가통치권을 내놓고 평화적으로 정권이 교체되자 일본 사회에 엄청난 센세이션을 일으켰다. 하지만 그 후에도 도쿠가와 가문의 영향력은 여전히 건재했다. 이에 위협을 느낀 반바쿠후 세력 내에서는 무력으로 바쿠후를 타도하자는 의견이 힘을 얻기 시작했다. 1867년 11월 1일, 사쓰마의 오오쿠보 도시미치와 조슈 출신의 시나가와 야지로品川彌二郎, 교토 조정의 구게公卿(관리)인 이와쿠라 도모미岩倉具視가 은밀히 만나 왕정복고에 관한 사항을 논의했다. 도바쿠 운동을 이끈 지사들과 왕실 세력의 꾸준한 비밀 작업 끝에 1868년 1월 3일 이른 새벽에 마침내 덴노의 친정을 명분으로 내세운 무력 쿠데타가 시작되었다.

철저히 준비한 만큼 상황은 도바쿠파가 의도한 대로 순조롭게 흘러갔

1867년 무렵의 도쿠가
와 요시노부

다. 우선 1월 3일 이른 새벽에는 덴노의 칙명
으로 사이고 다카모리가 지휘하는 사쓰마,
도사, 오와리尾張, 에치젠, 히로시마 병사들
이 궁정 수비직을 맡게 되었다. 원래 교토 궁
정 수비는 친바쿠후파인 아이즈와 구와나桑
名 병사들이 전담해 왔다. 그런데 갑자기 덴
노가 칙명을 내려 궁정 수비 담당을 바꾸자
그들은 어찌해야 할지 몰라 갈팡질팡했다.
그 사이 도바쿠 세력 군사들이 성공적으로
궁에 진입하자 조정에서도 기다렸다는 듯이
쇼군 제도를 전면적으로 폐지하고 바쿠후 통
치 시대를 종결함과 동시에 앞으로는 왕권을
중심으로 하는 새로운 정부의 시대가 열릴
것임을 공식적으로 선언했다. 이 선언과 함
께 발령된 조칙을 '왕정복고의 대호령'이라고
하는데, 이 사건을 메이지 유신 시기로 접어
드는 첫 걸음으로 볼 수 있다.

이후 관제가 개편되면서 바쿠후 제도는 완전히 폐지되었고, 바쿠후의
쇼군 지위와 조정의 내·대신 직책을 겸임하던 도쿠가와 가문의 수장 도쿠
가와 요시노부는 조정에서도 밀려났다. 이는 이제 바쿠후 통치 시대가 끝
났으며 이후로 도쿠가와 가문이 일본 중앙 정치 무대에 다시 설 수 없도록
완전히 퇴장당했음을 의미했다. 그런데 오랫동안 바쿠후를 이끈 도쿠가와
가문보다 재력이나 군사력 면에서 턱없이 미약한 허수아비 왕실과 조정이
어떻게 이처럼 과감하게 행동할 수 있었을까? 왕실과 조정이 당당하게 왕
정복고의 대호령을 선언한 배경에는 바로 바쿠후 못지않은 힘을 갖춘 도바

쿠파 다이묘들의 든든한 지지가 있었다. 이들은 왕실이 왕정복고의 대호령을 선포하는 데 힘을 실어 주고자 미리 바쿠후 대항군을 조직하여 만반의 준비를 갖추고 있었다.

쿠데타가 성공하자 정치 개혁의 첫 걸음으로 관제 개혁을 실행했다. 섭정이나 간파쿠關白, 세이이다이 쇼군 등 구시대의 직책은 모두 폐지하고 임시로 총재總裁, 의정議定, 참여參與라는 세 가지 직책을 신설하여 국정을 맡겼다.

300년 가까이 최고 지위에 군림했던 도쿠가와 가문은 이후 수많은 다이묘 가문 중 하나로 격하되었고, 역사의 무대에서 쓸쓸히 퇴장했다. 한편, 바쿠후 제도가 폐지되면서 왕실과 교토의 조정은 크게 활기를 띠었다. 그들은 순진하게도 왕정복고 운동의 결실이 자신들에게도 전성기의 영광을 다시 가져다줄 것으로 굳게 믿었다. 그러나 사실 도바쿠 세력이 왕정복고나 왕권의 신성성을 강조한 진짜 이유는 에도 바쿠후를 타도하는 것으로, 이는 자신들의 정치적 입지 기반을 확고히 다질 대의명분을 얻기 위한 수단에 불과했다. 실제로 왕정복고 직후 개편된 중앙 정치에서 요직을 꿰차고 들어앉은 것은 전부 도바쿠 운동에 앞장섰던 이들이었다. 그리고 덴노의 이름으로 "모든 것을 새로이 한다.百事御一新"라는 슬로건을 외치며 자신들이 꿈꾸던 이상적인 정치를 펼쳐가기 시작했다.

왕정복고 운동의 결과 그동안 중앙 정치에서 소외되었던 도자마 다이묘 중 막대한 재력을 자랑하는 이들과 하급 무사들이 사회 제도권으로 편입하는 길이 열렸다. 도쿠가와 가문으로 상징되는 낡은 봉건 정치가 막을 내리고, 일본은 강력한 중앙 집권 정부의 주도하에 근대 국가로 나아갔다. 그러나 그 시작이 마냥 순조롭지만은 않았다. 바쿠후가 폐지되고 새로운 정권이 들어선 뒤에도 여전히 구시대적 발상에서 벗어나지 못한 다이묘들과 교토 세력들 탓에 정권이 불안정하여 초반에는 여러 차례 위기를 맞이했다. 반바쿠후 세력에 가담한 다이묘와 교토 세력 중 대부분은 최종 목표가 정권 탈환이었을 뿐 그 이상 개혁을 추진할 의지와 역량이 부족했고 새로운 시대에 대한 신념이나 이상도 없었기 때문이다. 이렇게 최종 목표를 바쿠후 타도에 놓고 진행한 근시안적 쿠데타의 한계가 속속 드러나면서 개혁의 물살은 위기를 맞는 듯 보였다. 하지만 곧 새로운 역사의 주인공들이 모습을 드러내어 수많은 허점을 안고 출발한 부실한 새 정부를 이끌면서 일본은 새로운 국면으로 접어들었다.

6 보신(戊辰) 전쟁

도쿠가와 가문이 에도 바쿠후의 수장으로서 일본을 통치한 기간은 약 270년에 이른다. 바쿠후 통치 말기에 이르자 민심은 도바쿠 운동 쪽으로 기울었으나 이에 맞서는 친바쿠후 성향의 보수 세력 또한 그 수와 세력을 무시할 수 없었다. 왕정복고의 대호령 선포 이후 정권을 장악한 도바쿠 세력이 거세게 압박해오자 친바쿠후 세력은 위기감을 느끼고 도쿠가와 종가의 당주이자 쇼군인 도쿠가와 요시노부德川慶喜를 중심으로 뭉쳤다. 전 일본 통치권을 두고 두 세력 간에 치열한 다툼이 시작되었다.

시기 : 1868~1869년
인물 : 도쿠가와 요시노부, 에노모토 다케아키

바쿠후 최후의 쇼군

쇼군이 순순히 덴노에게 국가 통치권을 반납한 대정봉환 이후, 비록 바쿠후가 국가 통치권을 잃었다고는 하나 도쿠가와 가문은 여전히 막강한 경제력과 군사력, 영향력을 과시했다. 따라서 어렵사리 정권을 탈환한 도바쿠 세력에게 바쿠후는 위협적인 대상이었다. 바쿠후를 그대로 두고 볼 수 없다고 생각한 도바쿠 세력은 바쿠후의 경제적 기반을 약화시키고 정치적으로 영향력을 아예 없애야 한다고 생각했다. 모든 상황이 왕정복고의 대호

한눈에 보는 세계사

1867년 : 오스트리아~헝가리 제국의 성립 / 노벨, 다이너마이트 발명
1869년 : 수에즈 운하 개통
1870년 : 프랑스·프로이센 전쟁(~1871)
1871년 : 신미양요

령을 선포하는 데 성공한 도바쿠 세력에 유리하게 돌아갔다.

왕정복고의 대호령이 발령된 날 저녁 무렵에는 새로운 정부 설립 이후 첫 번째 회의인 '고고쇼 회의小御所會議'가 소집되었다. 궁내의 고고쇼에서 개최한 이 회의에는 총재, 의회, 참여 3직이 참석하여 바쿠후의 잔재를 청산하는 문제를 논의했다. 이 회의의 주제는 기존에 조정에서 내·대신 직을 맡았던 도쿠가와 요시노부의 관직을 박탈하고 영지를 일부 반환하도록 하는 문제였다. 대정봉환 이전까지 400만 석에 달했던 도쿠가와 가문 소유의 영지는 고고쇼 회의 이후 그 절반 수준인 200만 석으로 반 토막이 났고,

메이지신궁 성덕기념
회화관 벽화에 나타난
니조 성 내부

반환된 도쿠가와 가문의 영지는 그대로 왕실 재산으로 귀속되었다. 이는 도쿠가와 가문과 그를 따르던 다이묘들이 다시는 중앙 정치 무대로 돌아오지 못하도록 봉쇄하기 위해 경제력을 억제한 조치였다.

1868년 1월 4일, 오와리 한슈인 도쿠가와 요시카쓰德川慶勝와 전前 에치젠 한슈 마쓰다이라 요시나가松平慶永가 고고쇼 회의에서 결정된 내용을 도쿠가와 요시노부에게 보고하기 위해 교토 니조二條 성에 도착했다. 도쿠가와 요시노부는 이 모든 조치가 전부 도쿠가와 가문을 정권에서 완벽히 퇴출시키기 위한 것임을 꿰뚫어 보았다. 자신이 시대의 흐름을 인정하고 순순히 국가 통치권을 덴노에게 반납한 덕분에 새 정부가 평화롭게 대권을 넘겨받을 수 있었음에도, 바쿠후에 대해 예우를 해 주기는커녕 경계하고 탄압하려 하는 태도에 분노했다. 새로운 관제에서 요직을 맡은 인사들이 대부분 도바쿠 세력이었기에 바쿠후 측도 어쩔 수 없이 숨죽이고 있었지만, 탄압이 점차 심해지자 결국 도쿠가와 요시노부의 참을성도 한계에 이르러 분노가 폭발했다. 도쿠가와 요시노부는 관직 박탈과 영지 반납을 요구하는 새로운 정부의 결정을 비난하며 명령의 이행을 완강히 거부했다. 양쪽이 서로 주장을 굽히지 않자 바쿠후는 그동안 힘써 양성한 막강한 군대와 신식 무기로 최후의 일전을 벌이기로 결단을 내렸다.

1월 4일 저녁 무렵, 새로운 정부의 결정에 불복한다는 도쿠가와 요시노부의 뜻이 전달되기가 무섭게 조슈의 군사가 교토로 향했다. 이 긴급한 상황에도 도바쿠 세력과 친바쿠후 세력 모두 침착했다. 그런 한편, 도쿠가와 요시노부는 교토에서 전쟁을 치르는 것이 바쿠후군에 불리하다는 점을 깨닫고 바로 오사카로 옮길 준비를 했다.

바쿠후를 이빨 빠진 호랑이로 취급해 온 조슈는 바쿠후가 더는 큰 전쟁을 치를 힘이 남아 있지 않을 것이라고 생각했다. 조슈 측의 생각을 이미 파악하고 있던 도쿠가와 요시노부는 상대가 방심하기를 기다렸다. 1월 6일

만년의 도쿠가와 요시
노부

저녁 6시 무렵, 드디어 기회를 포착한 그는 경비가 느슨해진 틈을 타 성 뒷문으로 유유히 빠져나가서 그대로 오사카로 향했다.

이튿날인 7일 오후 4시쯤 오사카에 도착한 도쿠가와 요시노부는 곧바로 육군과 해군을 모두 소집했다. 바쿠후가 양성한 군대는 서양식 근대 교육을 받은 정예 부대였다. 8일에는 영국 공사와 프랑스 공사를 대상으로 국제 사회와 다른 나라들과의 외교 관계에서 일본을 대표하는 것은 여전히 바쿠후의 수장인 쇼군임을 알리는 성명을 발표했다. 바쿠후 측의 이러한 태도는 새로운 정부와 정면으로 맞서기로 했음을 보여 주었다. 이틀 후인 10일, 도쿠가와 요시노부는 바쿠후의 쇼군으로서 자신이 건재하다는 것을 과시하기 위해 영국, 프랑스, 네덜란드, 미국, 이탈리아 등 서구 열강의 공사들과 공식적으로 만나는 회견 자리를 마련했다. 이 자리에서 그는 왕정복고 쿠데타를 진행한 세력에 대해 '협잡꾼들이 어린 메이지 덴노를 속이고, 지엄한 조칙을 이용하여 사리사욕을 채우려 한다.'고 공개적으로 비난한 뒤, 바쿠후의 수장으로서 청군측淸君側을 선언하고 왕정복고 쿠데타를 인정할 수 없다는 의지를 강하게 표명했다.

도쿠가와 요시노부의 이 행동들은 국제 사회의 이목을 끌었다. 서구 열강의 외교관들은 교토와 에도에 각각 정통성을 주장하는 정부가 있는 일본의 사태를 흥미롭게 지켜보았다. 외국인뿐만 아니라 아직 태도를 분명히 정하지 못한 다이묘들 역시 한발 물러나 사태를 관망했다. 두 세력이 첨예하게 대립하는 갈등 구도가 깊어가던 중 먼저 불만을 터뜨린 것은 도바쿠 세력이었다. 바쿠후를 무력으로 토벌하자는 도바쿠 세력을 진두지휘한 것은 사쓰마 출신 오오쿠보 도시미치와 사이고 다카모리였다. 그들은 이번 기회에 친바쿠후 세력을 모조리 쓸어버릴 생각으로 도쿠가와 요시노부 및 그를 지지하는 세력과 대대적인 전쟁을 벌이자며 끊임없이 덴노를 설득했다. 결국 설득에 넘어간 메이지 덴노는 도쿠가와 요시노부와 그 휘하를 조정의 적으로 규정한다고 공식 발표했고, 이로써 도쿠가와 요시노부는 한순간에 역적이 되었다. 하지만 도쿠가와 요시노부와 친바쿠후 세력은 이에 굴하지 않고 무력 도바쿠 세력을 소탕하여 다시 한 번 권력의 중심에 서기 위해 무력 항쟁을 결심했다. 구바쿠후 세력과 새로운 정부 간의 정권 다툼에서 불거진 갈등이 끝내 좁혀지지 않고 무력 충돌 사태로 이어진 것이 바로 일본 근대사에 최대 규모의 내전으로 기록된 무진 전쟁의 시작이었다.

새롭게 태어나는 일본

1868년 1월 1일, 도쿠가와 요시노부는 사쓰마 토벌을 선언했다. 그리고 동시에 효고 앞바다에 대기하던 아이즈, 구와나의 병력이 사쓰마의 증기선을 향해 발포했다. 하지만 도바쿠 측은 공격이 시작된 당시까지도 상부에서 반격 명령이 내려오지 않아 재빨리 대응하지 못하고 있었다. 이때 사이고 다카모리와 오오쿠보 도시미치는 반격 명령을 뒤로 미루면서까지 도쿠가와 바쿠후를 조정과 왕실의 적으로 규정하는 성명을 발표하도록 덴노를 설득하고 있었다. 마침내 3일 오후 사쓰마와 조슈의 병력을 중심으로 구성한 새로운 정부의 군대는 병력을 이끌고 교토로 향하던 바쿠후의 군대와 교토 근교에 있는 도바·후시미鳥羽·伏見 지역에서 맞닥뜨려 격렬한 전투를 펼쳤다. 이는 약 2년 동안 전 일본을 전쟁으로 몰아넣은 보신 전쟁의 시작을 알리는 신호탄인 동시에 새로운 일본으로 거듭나기 위한 격렬한 산통이었다.

1월 4일 교토 조정은 닌나지노미야 요시아키 친왕仁和寺宮嘉彰親王을 세이

토다이쇼군征討大將軍으로 임명하여 바쿠후 토벌이라는 막중한 임무를 맡겼다. 덴노의 칙명까지 받아내어 확실한 대의명분을 앞세우고 바쿠후를 토벌하러 나선 새로운 정부 군대의 사기가 얼마나 높았을지는 두말할 필요가 없다. 덴노가 새로운 정부군에게 역적 도쿠가와 요시노부와 친바쿠후 세력을 토벌할 것을 명하자 그동안 숨죽이고 상황만 지켜보거나 소극적으로 바쿠후 편에 설까 고민했던 다이묘들이 속속 등을 돌렸다. 결국 바쿠후 측의 전운은 급격히 기울었다. 도바·후시미 전투에서 크게 패한 바쿠후군은 오사카로 퇴각했다.

에도 시대에 들어서면서 교토, 에도와 함께 일본의 3대 도시로 성장한 오사카는 예로부터 일본의 중요한 군사 거점이었다. 그런 만큼 바쿠후가 매우 철저하게 수비하는 난공불락의 요새로 유명했다. 그와 동시에 해상 교통과 운하를 이용한 물자 수송이 편리하다는 지리적 장점이 있어 에도 바쿠후의 직할 영지가 된 이후 상업 도시로도 크게 발달한 부유한 도시였다. 도쿠가와 요시노부가 오사카로 후퇴한 것은 오사카가 바쿠후의 직할 영토인 동시에 전쟁에 유리한 군사적 요충지였기 때문이다. 원래대로라면 요시노부는 이곳에서 대오를 정비하고 다음 전투를 신중하게 준비해야 했으나 이곳에서도 어려운 상황에 놓였다. 그가 비록 공식적으로는 도쿠가와 가문의 수장이자 에도 바쿠후의 최고 권위자이긴 했으나 사실 바쿠후 내부에서조차 아직 쇼군으로서 온전히 인정받지 못하는 처지였기 때문이다. 여기에는 14대 쇼군 도쿠가와 이에모치와 요시노부가 쇼군의 후계자 후보로 경쟁할 때 그를 강력하게 추천한 것이 현재 바쿠후와 적이 된 사쓰마였다는 사실도 한몫했다. 하지만 그보다 더 근본적인 문제는 그의 성격 때문이었다. 쇼군 후계자에서 밀려났을 당시의 쓰린 기억 때문인지 도쿠가와 요시노부는 쇼군에 취임하고 나서도 에도로 돌아가기를 거부하고 계속 교토에 머물렀다. 자신을 반대하던 바쿠후 중신들과 에도에서 마주치는 것이 껄끄러운 면도 있었고, 자신의 정치적 기반이 교토에 있었기 때문이다. 그는 선대 왕인 고메이 덴노 생전에 절대적 신임을 받으며 조정과 온화한 관계를 유지했다. 그때 쌓아올린 그의 인맥이나 정치적 입지는 교토에서 더욱 탄탄했다. 주로 교토에 머물러 '교토 쇼군'이라고 별명이 붙을 정도로 에도를 방치했던 그는 바쿠후의 중대사를 결정할 때 중신들과 의논하지도 않고 혼자서 불쑥 결정하기도 해 바쿠후 내에서 더욱 고립되었다. 특히 결정적이었던 사건은 바로 대정봉환이었다. 국가 통치권을 통째로 갖다 바치는 이 중대 사안을 바쿠후 중신들과 의논도 하지 않고 혼자 결정해버리는 대형 사고를 친 것이다. 그 후로 친 바쿠후 세력 중에서조차 그에 대한 불만을 숨기지 않는 이들이 많아졌다.

보신 전쟁 당시 조슈의
사무라이들

에노모토 다케아키

이런 이유로 도쿠가와 요시노부는 심지어 바쿠후 세력의 지지를 기대할 수 없는 고립무원의 지경에 놓여 있었다. 친바쿠후 세력 중에 도쿠가와 종가와 가장 가까운 가문들인 고산케御三家마저 도쿠가와 요시노부와 바쿠후가 위기에 직면한 상황에서 중립을 선언했다. 상황이 그러자 도쿠가와 요시노부와 그 휘하의 장수들은 그만 투지를 잃었다. 1월 7일, 상황을 비관한 도쿠가와 요시노부는 군사 작전 회의를 핑계로 병사들을 내버려둔 채 주요 인물들만 데리고 오사카 성을 나와 몰래 에도로 돌아갔다.

쇼군이 싸워 보지도 않고 군사들을 버려둔 채 도망갔다는 사실이 알려지자 오사카 성에 남아 있던 병사들은 커다란 혼란에 빠졌다. 지휘 계통이 완전히 무너져 전장을 이탈하는 병사들도 많았다. 바다 위에서 대기하던 바쿠후의 해군 역시 입장이 모호해졌다. 사실 바쿠후가 애써 양성한 해군의 전투력과 무기는 당시 어느 지역의 해군보다 막강했으므로 새로운 정부군에는 커다란 골칫거리였다. 그래서 이때 요시노부가 도망가지 않고 해군 병력을 잘 이용했다면 충분히 승산이 있었을지도 모른다. 당시 해군을 통솔하던 에노모토 다케아키榎本武揚는 도쿠가와 요시노부의 무책임한 성격에 실망했으나, 지휘 계통이 무너진 이상 그도 뾰족한 수가 없었다. 에노모토 다케아키는 오사카 성에 숨겨져 있던 금 18만 냥을 챙기고 부상병들을 군함에 태워 신속히 오사카 성을 떠났다. 그리고 이튿날인 8일, 주인이 버리고 떠나 텅 빈 오사카 성 안으로 조슈한 군사들이 순조롭게 입성했다. 이로써 도쿠가와 요시노부는 앞으로의 전쟁에서 승패를 결정지을 중요한 전략적 요충지를 한 번 싸워 보지도 않고 고스란히 적군에 바친 꼴이 되었다. 어이없게 오사카 성을 빼앗긴 바쿠후 군의 전력에는 무엇으로도 메울 수 없는 커다란 구멍이 생기고야 말았다.

교토 근교에서 벌어진 도바·후시미 전투에서 바쿠후 군이 패배한 것 역시 뼈아픈 실책이었다. 그 패배로 사기가 크게 떨어진 데다 수많은 병력을 잃은 것이다. 특히 7일 오후에는 도쿠가와 요시노부를 토벌하라는 덴노의 칙령이 공식 선포되어 바쿠후는 더욱 궁지에 몰렸다. 게다가 새로운 정부는 아이즈, 구와나 등 몇몇 완고한 친바쿠후파 다이묘의 영지까지 몰수하고 관직을 박탈했으며, 예전에 바쿠후가 통치하던 영지를 모두 조정으로 귀속시키는 조치를 취했다. 이로써 도바쿠 세력은 실질적인 승리를 거둔 셈이었다. 한편, 오사카를 버리고 에도로 도망간 도쿠가와 요시노부를 기다리는 것은 여론이 양분되어 혼란에 휩싸인 친親 바쿠후 세력이었다. 이때 도쿠가와 요시노부는 프랑스의 원조를 받아 새로 군사를 조직해서 끝까지 싸워 명예를 지켜야 한다고 주장하는 주전파主戰派 대신 현재 직면한 위기를 객관적으로 인식하고 원만히 해결해 건질 수 있는 것은 최대한 건지자는 실용적 주장을 펼친 실질 공순파恭順派의 손을 들어 주었다. 이 결정에 따라 주전파를 지지하던 프랑스인 군사 고문관 샤를 샤느와느Charles Chanoine를 해임하고 가쓰 가이슈勝海舟를 육군 사령관으로 새로 임명하여 바쿠후와 관련된 사무를 처리하는 전권을 위임했다.

한편, 적의 우두머리가 성을 버리고 도망갔다는 사실에 사기가 충천한 새로운 정부의 군대는 연전연승하며 바쿠후군을 위협했다. 4월 21일, 새 정부의 군대가 드디어 에도에 도착했다. 그러나 가쓰 가이슈의 판단과 권고에 따라 항복을 결정한 바쿠후는 아무런 저항도 하지 않고 순순히 에도 성의 문을 열었다. 수백 년에 걸친 바쿠후 통치가 드디어 막을 내린 순간이었다.

하지만 그 후로도 새로운 정부와 친 바쿠후 세력 간에는 크고 작은 충돌이 끊이지 않아 그로부터 1년 이상 지난 1869년 여름까지도 내전이 계속되었다. 1년 반 이상을 질질 끌던 내전은 결국 새로운 정부 군대의 압도적인 승리로 끝을 맺었다. 보신 전쟁을 계기로 일본은 낡은 봉건 체제를 벗어버리고 본격적으로 근대화의 길을 걷기 시작했으며, 서구 열강의 반식민지 상태에서 벗어나 그들과 어깨를 나란히 하는 수준으로 발돋움하는 데 성공했다. 중요한 시기에 민심을 단결시켜 하나의 통일 국가로 다시 태어난 메이지 정부는 국가가 개혁을 주도하여 적극적으로 근대화 물결에 동참했고, 이처럼 발 빠른 처신 덕분에 이후 일본은 제국주의 열강 국가의 식민지로 전락한 다른 아시아 국가들과는 다른 길을 걸었다.

맥을 잡아 주는 **일본사 중요 키워드**

청군측(淸君側)

청군측이란 군주의 주변에서 맴돌며 현명한 판단을 내릴 수 없도록 눈을 가리는 간신을 몰아낸다는 의미이다. 이와 유사한 표현 중에 가장 오래된 기록은 중국의 전국 시대에 쓰인 《공양전公羊傳·정공십삼년定公十三年》에 나오는 '차축군측지악인此逐君側之惡人'이라는 글귀이다. 바로 이 구절에서 '청군측'이라는 표현이 파생되었다.

세계 역사에서도 정적을 제거하고 권력을 잡기 위해 쿠데타를 일으키는 무리들은 대부분 군주의 눈과 귀를 가리는 간신배를 응징한다는 청군측의 논리를 대의명분으로 내세운 경우를 많이 볼 수 있다. 청군측을 내세워 일어난 수많은 쿠데타는 성공한 것도 있고 실패한 것도 있으며, 경우에 따라 정치적 라이벌을 모함하거나 제거하는 데에 악용된 일도 많다. 사실 청군측을 주장하는 정치가의 모습이나 이 논리가 악용되는 경우는 동서양을 막론하고 현대 사회에서도 자주 볼 수 있다.

7 '진무' 신화의 영광을 꿈꾸며

일본 왕실의 역사에 수많은 왕이 있었지만 그중에 세계적으로 가장 잘 알려진 일본 왕으로는 메이지 덴노를 꼽을 수 있다. 그가 태자 신분으로 부친 고메이를 도와 처음으로 정사를 보기 시작한 나이는 10대 중반에 불과했다. 일찌감치 정치 실무에 참여할 정도로 정치적 판단이 빠르고 총명했던 그가 왕좌를 불려받은 뒤 300년 가까이 지속된 에도 바쿠후로부터 국가 통치권을 탈환하는 데 성공했다. 19세기 초에 정부 주도로 진행된 서구 지향적 근대화 개혁 정책 덕분에 일본은 열강 국가의 식민지로 전락할 위기에서 극적으로 벗어날 수 있었고, 마침내 자력으로 자본주의 경제 체제를 확립했다.

시기 : 1852~1912년
인물 : 메이지 덴노

평범한 10대 소년이 한 나라의 왕이 되다

1853년, 일본 열도는 유례없는 커다란 충격에 휩싸여 있었다. 그해 7월에 페리 제독이 이끄는 미국의 무장 군함 네 척이 에도 만에 정박하고 일본과 미국 간의 통상 조약 체결을 요구해 왔다. 미국의 무장 군함이 찾아온 일, 즉 '쿠로후네의 출현 사건'을 시작으로 일본 열도는 큰 혼란에 빠져들었다. 비슷한 시기 중국과 영국 간에는 아편 전쟁이 벌어졌고, 유사 이래 아

한눈에 보는 세계사

1853년 : 크림 전쟁
1858년 : 중국, 2차 아편 전쟁
1861년 : 미국, 남북 전쟁
1867년 : 오스트리아-헝가리 제국의 성립

1870년 : 프랑스·프로이센 전쟁
1882년 : 삼국 동맹 성립 / 임오군란
1907년 : 삼국협상 성립
1911년 : 중국, 신해혁명(중화민국 건국)

시아 질서의 중심에 서 있던 중국이 유럽 변두리의 작은 섬나라 영국에 힘없이 무릎 꿇는 초유의 사태가 벌어졌다! 중국의 패배라는 충격적 소식을 접한 일본 열도는 공포와 혼란의 도가니에 빠져들었다. 중국이 당했으니 다음 차례가 일본일 수도 있다는 위기감이 든 것이다. 이런 상황에서 가장 큰 상실감과 무력감을 느낀 인물은 당시 왕좌에 있던 고메이 덴노였다. 약 700년 전 가마쿠라 바쿠후에 실질적 통치권을 빼앗긴 후부터 왕실은 있으나 마나 한 허울뿐인 존재였다. 그러나 진무神武 덴노天皇가 개국한 이래로 2000년 이상 이어져 내려온 나라가 전대미문의 위기에 처했는데 허수아비 왕이라는 핑계로 가만히 앉아서 구경만 할 수는 없었다. 무력한 현실은 진무 덴노의 직계 후손으로서 몹시 면목이 없는 일이었다.

그러던 중 1852년 11월 3일, 교토에서는 고메이 덴노의 제2왕자가 태어났다. 아기 어머니는 측실인 나카야마 요시코中山慶子로, 곤노 다이나곤權大納言 나카야마 다다야스中山忠能의 딸이었다. 비록 덴노의 둘째 아들이지만 모친의 신분이 부왕의 후궁 중에서도 높은 편은 아니었으므로 이 아이가 왕위를 이어받을 것이라고 믿는 사람은 별로 없었다. 게다가 아이는 태어날 때부터 허약해서 궁내의 모든 사람은 이 아이가 오래 살지 못할 것이라고 생각했으므로 그다지 주목받지 못했다. 그 후 동생이 잇달아 넷이나 태어나는 바람에 그 존재는 더 빠르게 사람들의 머릿속에서 희미해졌다.

1860년 일본 사회는 바쿠후와 도바쿠 세력이 서로 대립 중인 데다가 설상가상으로 농민 봉기도 우후죽순으로 일어나 전반적으로 극심한 혼란을 겪고 있었다. 한편, 같은 해 교토의 왕궁 내에서도 커다란 변고가 연이어 일어났다. 고메이 덴노의 여섯 자녀 중 다섯 명이 차례차례 요절하는 불행이 닥친 것이다. 당연한 이야기이지만, 결국 다음 왕위 계승자로는 살아남은 단 한 명의 왕자인 사치노미야祐宮로 결정되었다. 이 왕자가 바로 고메이 덴노와 측실 나카야마 요시코 사이에서 태어난 병약한 아이였다. 당시

에이쇼英照 왕후는 입태자례立太子禮를 거쳐 정식 왕위 계승자가 된 사치노미야 왕자를 자신의 양자로 들여 무쓰히토睦仁라는 휘를 내려 주었다. 위와 같은 변고만 없었다면 그저 여러 왕족 중 한 명으로 평범한 인생을 살 수 있었을지도 모른다. 그러나 왕위 계승자로 정해지면서 파란 많은 인생이 시작되었다.

무쓰히토의 부왕인 고메이 덴노는 완고하고 보수적인 성향이 강한 인물이었다. 비록 그가 아무런 힘도 없는 왕실의 처지를 비관해서 존왕양이파의 등장을 반가워했지만 바쿠후를 완전히 적으로 여긴 것도 아니었다. 실제로 고메이 덴노는 공무합체를 지지하며 그 증거로 자신의 이복 여동생을 바쿠후 쇼군 도쿠가와 이에모치에게 시집보내기도 했고, 그다음 쇼군인 도쿠가와 요시노부와도 개인적으로 가까운 사이였다. 바쿠후와 덴노 사이의 갈등은 대부분 문호 개방과 양이에 관한 입장 차이에서 비롯되었는데, 고메이 덴노는 서양인을 끔찍이도 싫어했다고 한다. 한편 도바쿠파 인물 중 대부분은 대외적인 명분을 얻기 위해 먼저 덴노의 지지가 필요했으므로 존왕양이의 구호를 열심히 외쳤을 뿐, 근본적인 목적은 바쿠후를 타도하고 정권을 잡는 것이었다. 양이를 외치면서도 내심 서양을 배워야 한다는 쪽으로 마음이 크게 기울었던 도바쿠파는 보수적이고 서구를 끔찍이 싫어하는 고메이 덴노의 고집을 절대 꺾을 수 없으리라는 점을 인정하고 한발 물러설 수밖에 없었다. 대신 고메이 덴노의 다음 대를 이어 사치노미야 무쓰히토가 왕위에 올랐을 때를 대비해 미리 물밑 작업을 벌이며 적절한 시기를 기다리기로 했다. 하지만 이는 세대교체의 틈을 노린 것일 뿐, 그들 역시 허약하고 내성적인 데다 신분이 낮은 어머니에게서 태어난 왕자에게 별다른 기대를 걸었던 것은 아니었다. 하지만 사치노미야 무쓰히토는 몸이 허약한 반면 머리가 좋은 아이였다. 그가 세상의 이목을 끌게 되면서 차츰 그의 총명함이 드러나자 도바쿠 세력 인사들은 그에게 기대를 걸기 시작했다. 그들은 조만간 일본 역사를 뒤흔들 만한 일대 변혁이 일어나리라는 것을 피부로 느끼고 있었다. 그리고 그 순간이 오면 때맞춰 중앙 집권 체제를 확립해야 한다고 믿었다. 그래서 미래의 덴노에게 새로운 사상을 주입하고 서구에 대한 거부감을 없애려 많은 노력을 기울였다.

1867년 1월 30일, 천연두에 걸려 고생하던 고메이 덴노가 결국 세상을 떠나고 당시 열다섯 살이 된 사치노미야 무쓰히토가 왕위를 이어받았다. 그 이듬해인 1868년 1월 9일부터는 한 세대의 왕이 재위 기간에 연호는 하나만 사용해야 한다는 일세일원一世一元의 원칙을 선포하면서 자신의 연호를 메이지明治로 정했다. 그가 즉위한 무렵에는 도바쿠 운동의 열기가 점차 고조되고 있었는데, 아직 열다섯 살에 불과한 소년 왕은 자신의 사상이나 신념을 제대로 확립하지 못한 상태였다. 아직 세상 물정을 모르는 어린 소년이 덴노가 된 것은 오랫동안 정권 교체를 준비해 온 도바쿠 세력에게 절호의 기회였다. 하지만 이 타이밍이 워낙에 절묘했기에 세간에는 고메이 덴노가 사실은 도바쿠 세력에게 독살당한 것이 아니냐는 소문도 있었다.

도바쿠 세력이 어린 군주 옆에서 계속 입김을 불어넣은 영향으로, 왕정복고를 결행한다는 덴노의 칙령이 떨어졌다. 그리고 그 직후 교토 조정과 도바쿠 세력이 유착하여 왕정복고의 대호령을 선언했다. 일본 역사의 새로운 지평을 열 메이지 유신이 시작된 이날을 기준으로 에도의 이름은 '도쿄東京'로 변경되었고, 일본에서는 메이지라는 연호가 공식적으로 사용되기 시작했다.

메이지 유신

메이지 집권 초기에 일본 정치 무대에서는 개혁파 지사, 각 지역의 봉건 영주인 다이묘, 조정의 구게 등 다양한 집단이 각기 다른 목소리를 내며 혼란을 가중시키고 있었다. 하지만 바쿠후 토벌 후 성공적으로 새로운 정부가 수립되자 그동안 허수아비에 불과했던 덴노의 정치적 입지에도 큰 변화가 생겼다. 점차 세상 돌아가는 상황에 눈을 뜬 메이지 덴노는 당시 일본이 당면한 정치, 외교적 판세를 읽을 수 있게 되었다. 그는 원래 총명한 소년이었으므로 나름대로 나라와 왕실이 앞으로 나아갈 방향을 고민하기 시작했다. 1868년에는 옛 관제官制가 철폐되고 새로 편성된 메이지 정부가 출범했으며, 메이지 정부는 덴노의 이름으로 〈5개조 서문五箇の御誓文〉을 발포해 새 정부의 기본 방침을 분명히 했다. 한편, 메이지 덴노는 왕궁의 본전

일본 도쿄의 에도 성 니쥬바시(二重橋) 풍경. 메이지 덴노가 교토에서 에도로 근거지를 옮긴 후 1888년 일본 왕실의 공식 거처로 결정된 이래로 현재까지 왕실의 보금자리로 사용되고 있다.

인 시신덴紫宸殿에서 천지의 신을 향해 새 시대를 여는 군주로서의 마음가짐을 다시 한 번 고하는 의식을 거행했다.

〈5개조 서문〉은 새로운 정부가 중앙 정치 무대에 모습을 드러내고 나서 처음으로 발표한 구체적인 정치 강령이라는 데 역사적 의의가 있다. 도바쿠 세력이 정권을 장악함에 따라 같은 해 6월에는 또다시 중앙 정권의 기본적 정치 조직을 체계적으로 정리하는 〈정체서政體書〉를 발표하는 등 개혁을 위한 일련의 준비들이 착착 진행되었다.

1868년 1월, 새로운 정부군과 친바쿠후 세력 간의 대립이 최고조에 이르러 내전이 터졌다. 이 전쟁이 바로 앞에서 이미 다룬 보신 전쟁이다. 이 전쟁에서 정부군이 압승을 거두고 바쿠후 군은 철저히 패배했다. 이로써 친바쿠후 세력을 소탕한 정부는 완전히 정권을 장악하고 민심을 끌어모으는 데 성공했다. 또한 새로운 정부 내 유신파維新派는 메이지 덴노를 등에 업고 사회 개혁을 시작했다. 개혁은 모두 덴노의 이름으로 진행되었으며 정치, 경제, 군사 등 각 방면의 개혁에 대한 상세한 계획이 속속 공포되었다. 신속하게 진행되는 유신파의 개혁 속도에 다이묘와 구게는 물론, 일반 백성에 이르기까지 놀라지 않는 사람이 없었다.

바쿠후가 몰락함으로써 봉건 사회가 공식적으로 막을 내리고 새로운 정부가 혁신적 개혁 정책을 시작했다고는 하지만, 과거의 흔적을 하루아침에 지울 수 없는 법이다. 메이지 정부가 아무리 애를 써도 미처 손대지 못한 봉건 정치의 낡은 제도가 곳곳에 그대로 남아 있었다. 그중 하나가 바로 토지 제도였다. 바쿠후는 전 국토를 다이묘의 세력권에 따라 한藩으로 나누고 그 영지를 다이묘가 직접 통치하는 봉건적 토지 제도를 고수했다. 바쿠후 시대의 가장 큰 특징으로 손꼽히는 이 토지 제도를 해결하지 못하면 새로운 정부가 개혁을 지속하기는커녕 머지않아 한계에 부딪히리란 것은 불보듯 뻔했다. 결국 메이지 덴노와 유신파는 새로운 정부를 수립하는 데 공을 세운 다이묘들에게 강력한 중앙 집권 국가를 세우려면 토지 제도를 재정비해야 한다고 알리고 재차 협력해 줄 것을 요구했다. 토지 제도를 재정비하기 위한 첫 단계는 행정 구역 개편이었다. 이때 실시한 정책이 판적봉환版籍奉還과 폐번치현이다.

판적봉환은 봉건영주들이 세습 영지와 백성을 덴노에게 되돌려 주는 것을 의미한다. 사실 왕정복고 운동에 영합한 다이묘들은 그동안 존왕양이라는 대의명분을 내세워서 바쿠후를 무너뜨리면 이번에야말로 자신들이 정권을 잡겠다는 욕심이 있었다. 따라서 조상 대대로 물려받은 영지를 빼앗고 다이묘직을 박탈한다고 해도 모든 것이 다 존왕양이를 위해서라고 말하면 드러내놓고 반대할 명분이 없었다. 그들이 바쿠후를 무너뜨리는 데 이용한 존왕양이 사상이 결국 부메랑이 되어 돌아와 뒤통수를 때린 것이다. 이는 존왕파 다이묘들이 사회적 입장과 체면상 개편안에 반대하거나 항의할 수 없다는 점을 교묘하게 이용한 유신파의 계략이었다. 물론 그중에는 과거 봉건 제도의 한계를 인식하고 자의적으로 판적봉환을 이행한 다이묘들도 있었다. 판적봉환이 순조롭게 이루어진 덕분에 행정 구역을 3부 72현으로 개편하는 폐번치현도 무사히 이루어졌다. 그리고 각 지방을 관리하는 현령縣令은 중앙 정부에서 직접 임명해 파견하게 되었다. 옛 다이묘들을 위해서는 도쿄에 거주지를 마련해 주어 중앙 정치에 참여할 수 있도록 조치했다. 이로써 일본은 형식적으로나마 구시대의 봉건 제도에서 벗어나 본격적인 중앙 집권 국가로 거듭나기 시작했다. 이렇게 강력한 중앙 집권 국가의 기틀을 차츰 다져나가면서 개혁의 영향력은 사회 각 분야에 더욱 효과적으로 전달될 수 있는 형태를 갖추었다.

폐번치현이 일단 성공을 거두자 그다음 단계는 더욱 수월했다. 우선 토지 매매가 자유롭도록 하고 자국 산업을 육성하는 제도를 마련했으며, 신속히 근대화를 추진하도록 문명의 개화와 부국강병에 큰 비중을 두었다.

특히 토지 매매 금지령을 해제한 이후 전 국토의 소유권을 왕에게 귀속시키면서 전국의 세금이 모두 새로운 정부와 왕실로 집중되었다. 덕분에 국가의 재정 상태가 한층 넉넉해지는 효과도 보았다. 그 밖에 문명개화를 목적으로 국가 차원에서 서구 열강 국가에 유학생을 파견하여 선진 문물을 배워오도록 적극 권장했으며, 이러한 사회적 분위기를 바탕으로 일본은 빠르게 서구화되기 시작했다. 이 과정에서 메이지 정부를 구성하는 주요 인사들은 과거 일본이 존중해 온 유교와 불교 문화 같은 전통적 가치를 철저히 외면했고, 서구 열강 국가의 선진 기술과 사회 제도, 사상에서 사소한 생활 습관에 이르기까지 서구 문화라면 무조건 모방하기에 급급한 모습을 보였다. 이는 결국 사대주의의 대상이 바뀐 것일 뿐 사고 체계는 크게 개화하지 못했음을 뜻한다. 당시 일본의 새로운 정부 요인들이 무조건

적으로 서구화를 표방하는 한편, 그와 동시에 덴노를 신격화하는 작업도 부지런히 진행한 것 역시 사대주의적 사고가 그대로 남아 있음을 보여 주는 사례이다. 때문에 동양적인 가치를 전부 미개한 것으로 치부하고 적극적으로 서구 문화에 편입하려 한 메이지 유신 지사들의 극단적 자세는 긍정적으로 평가하기 어렵다. 실제로 당시 일본 내에서조차 새로운 정부가 보여 준 초기의 개혁 과정 대해 새로운 시대를 위한 창조적 개혁이 아니라 서구 문화의 외형을 모방하기에 급급한 시간에 불과했다고 평가하는 냉담한 시각이 존재했다.

이처럼 메이지 유신 시기의 개혁 정책들이 어느 정도의 성공을 거두었는가에 대한 시각의 차이는 물론 있을 수 있다. 그러나 일본이 메이지 시대에 사회 각 분야를 개혁한 결과 어느 정도 눈에 보이는 성과를 거두었으며, 그

1868년, 미국, 영국 사절단과 함께한 메이지 덴노

덕분에 20세기에는 서구 열강과 어깨를 나란히 하는 강대국 반열에 오를 기틀을 마련할 수 있었다는 것은 반론할 여지가 없는 사실이다.

메이지 시대를 넘어서서

메이지 덴노는 역대 일본 군주 가운데 가장 변화무쌍한 시기를 살았고 또 가장 특별한 삶을 살았던 왕이다. 처음 왕위에 올랐을 때 그는 정치에 대해 아무것도 모르는 열다섯 살 평범한 소년에 불과했다. 형제자매들이 갑작스럽게 사망하기 전까지는 왕위와 전혀 인연이 닿지 않았으니 왕위 계승자로서 제대로 된 교육을 받을 기회가 없었다. 게다가 부왕인 고메이 덴노 시대까지만 해도 일본 왕은 정치와 전혀 관계없는 존재였다는 점을 떠올려 보면, 일본 왕실에는 원래 특별히 이렇다 할 제왕 교육 체계 자체가 없었을지도 모른다. 그런 그에게 처음부터 보수나 개혁, 유신 등에 대한 개념이나 고도의 지략이 필요한 정치를 수행할 능력, 새로운 정치 체제에 대한 구체적인 구상이 있었을 리 없다. 하지만 동시대를 살았던 일본인들에게 메이지 덴노는 일본의 운명을 개척한 우수한 제왕으로 기억되었으며, 심지어는 살아 있는 신화로 추앙받았다. 사실 덴노를 신격화하는 것은 그의 개인적 능력만으로는 불가능한 일로, 실은 여러 가지 정치적 이해관계가 얽힌 사람들의 합작품이었다. 속사정이야 어찌 됐든 표면적으로 최후의 승자는 왕실을 일으키고 강력한 중앙 집권 국가의 주인공이 된 메이지 덴노였다.

그의 가장 훌륭한 무기는 현명함이었다. 역사의 거대한 소용돌이에 완전히 몸을 맡기며 흐름을 거스르지 않았던 것이다. 왕실 신격화 작업에 대해서도 정작 당사자인 그는 조용히 사태를 바라볼 뿐이었다. 오늘날 일본 왕실은 엄격하고 권위적이며 사소한 일에도 까다롭고 복잡한 법도와 절차를 따져 가며 고지식할 정도로 고대로부터 내려온 전통을 그대로 고수하고 있는 것처럼 보인다. 그러나 사실 이러한 왕실 문화 중 상당 부분이 메이지 유신 이후에 정착된 것이라고 한다. 오히려 그전에는 덴노의 핏줄이라면 여성도 왕위를 물려받을 수 있고, 한 왕이 재위 기간에 연호를 여러 번 바꿀 수도 있는 등 비교적 분위기가 자유로웠다고 한다. 그러나 메이지 유신 이후로는 왕실 제도를 엄격히 정비하여 왕위를 계승하는 것은 무조건 남성이어야 하며 연호 역시 한 대에 하나만 사용하도록 정했다. 이러한 일련의 조치 역시 왕실의 권위를 세우기 위해 필요한 신격화 작업의 일부였다.

메이지 덴노

그 밖에 메이지 덴노는 일국의 군주로서 새로운 제도를 확립하는 데 큰 공헌을 했다. 도바쿠 운동이 점차 고조되어 무력 전쟁으로 확대되자, 도바쿠 세력을 적극 지지하는 입장을 표명하여 민중의 지지를 이끌어 내는 데 큰 역할을 한 것이다. 새 정부가 수립되고 나서도 그는 매번 메이지 유신을 이끄는 개혁 세력에 날개를 달아 주었다. 거침없이 사회 전반에 메스를 들이댄 급진적 메이지 유신 개혁이 성공적으로 진행될 수 있었던 바탕에는 항상 민심을 한데 모아 적극적으로 협력한 덴노의 역할이 컸다. 또한 메이지 유신의 성공은 대외적으로도 큰 의미가 있다. 낙후되어 전통적인 농경 사회 수준에 머물러 있던 동양의 나라도 성공적으로 근대화를 이룰 수 있다는 좋은 본보기가 된 것이다.

하지만 메이지 유신의 성공으로 강대국 반열에 오른 일본의 성공 신화는 그 후 강력한 힘만 믿고 아시아 국가들을 침략해서 식민지로 삼는 과정에서 점차 퇴색되고 피로 물들었다. 광기에 휩싸인 일본이 폭주하기 시작하면서 한국과 중국을 비롯한 아시아 전역이 시름하게 될 비극적 순간이 성큼성큼 다가오고 있었다.

Japan

맥을 잡아주는 세계사
The flow of The World History

제2장 | 메이지 유신과
제국헌법

1 바쿠후 타도의 선봉장 기도 다카요시

19세기 초, 조슈의 어느 평범한 의원 집에서 장차 일본 역사에 커다란 변혁을 일으킬 사내아이가 태어났다. 훗날 사쓰마 출신의 사이고 다카모리, 오오쿠보 도시미치와 함께 한 시대를 풍미하며 일본 근대화의 위업인 메이지 유신을 이끈 유신 삼걸의 한 명 기도 다카요시木戸孝允였다. 어두운 밤하늘에 긴 꼬리를 그리며 그 존재를 확연히 드러내는 혜성처럼 그는 비록 짧은 순간이었지만 일본에 개혁 사상을 전파하며 근대화에 큰 공헌을 했다.

시기 : 1833~1877년
인물 : 기도 다카요시

조슈의 장난꾸러기 소년

1833년 6월 26일, 기도 다카요시는 조슈의 중심인 하기 성 고후쿠마치呉服町 에도야江戸屋 골목에 있는 어느 의원 집에서 장남으로 태어났다. 그의 부친 와다 마사카게和田昌景는 녹봉 20석을 받는 의사였다. 기도 다카요시의 어렸을 때 이름은 와다 고고로和田小五郎이며, 녹봉을 받는 아버지 덕분에 다른 집안보다 비교적 여유 있는 가정 형편에서 부모의 총애를 한 몸에 받으며 순조롭게 성장한 유년 시절을 보냈다.

한눈에 보는 세계사

1830년 : 프랑스, 7월 혁명	1858년 : 중국, 2차 아편 전쟁
1838년 : 영국, 차티스트 운동	1861년 : 미국, 남북 전쟁
1840년 : 아편 전쟁 발발	1867년 : 오스트리아-헝가리 제국의 성립
1848년 : 독일 마르크스, 공산당선언 발표	

어린 시절 고고로는 부모와 주변 사람들로부터 사랑을 듬뿍 받으며 자라 활발하고 장난기가 넘치는 개구쟁이 소년이었다. 19세기 초반 일본은 유례없이 혼란스러운 시기를 맞이하고 있었지만 당시의 시대 상황은 어린 고고로의 생활에 크게 영향을 미치지 않았다. 고고로가 여덟 살이 되던 해, 그의 아버지인 와다 마사카게와 함께 서양 의학을 배웠던 친구가 와다가를 찾아왔다. 그는 와다가에 머무는 동안 이웃에 사는 예순두 살 늙은 사무라이의 병세를 돌봐 주었다. 이 젊은 의사는 기독교의 가르침에 따라 어려운 사람을 그냥 지나치지 못하고 도와준 것이다. 그는 친구인 와다 마사카게에게 늙

기도 다카요시

고 쇠약한 이웃 노인에게는 돌봐줄 후사도 없으니 앞으로도 잘 보살펴 주라고 당부했다. 와다 마사카게는 친구의 충고를 듣고 아들 고고로를 그 집에 양자로 보냈다. 고고로를 양자로 들인 옆집 이웃 가쓰라 구로베 桂九郞兵衛 는 당시 녹봉 150석을 받는 사무라이였다. 고고로는 가쓰라가에 양자로 들어간 지 약 8년 후인 열 다섯 살 무렵부터 정식으로 가쓰라 고고로 桂小五郞 라는 이름을 사용하기 시작했다.

어린 시절 그는 똑똑하고 재치 있는 소년이었지만 장난이 무척 심해서 주변 사람들을 자주 골탕 먹였다고 한다. 여름철만 되면 푹푹 찌는 습한 날씨를 견디지 못하고 강물로 뛰어들어 물놀이를 즐겼는데, 종종 주변 사람들에게 장난을 쳐서 어른 아이 할 것 없이 이 악동의 장난에 당하고 마는 사람이 부지기수였다. 그의 이마에는 눈에 띄는 흉터가 있는데, 어

린 시절 강을 지나가는 배를 장난으로 전복시키려다 실수로 노에 맞아서 생긴 것이라고 한다. 이것만 봐도 그가 얼마나 극성맞은 악동이었는지 쉽게 상상할 수 있다. 양부가 세상을 떠나자 고고로는 다시 생가로 돌아와 친부모와 함께 살았다. 이렇게 해서 원래 삶으로 돌아온 듯했으나, 집으로 돌아오던 해에 고고로는 이미 가쓰라 고고로라는 이름으로 녹봉 90석을 받는 사무라이 신분이 되어 있었다.

19세기 중반, 조슈 내부의 정세는 그 어느 때보다 불안정한 상태였다. 조슈는 바다에 인접해 있어 지리적으로 간토關東 지역의 해상 교통에서 중요한 역할을 해 온 교통의 요지였고, 외국과의 교류도 용이하여 일본의 다른 지역보다 서양 문물을 일찍 받아들였다. 조슈가 일본의 개혁을 이끌어 갈 진취적 인재를 많이 배출해 일본 근대사의 요람 역할을 해낸 것도 이러한 여러 가지 개방적 여건을 갖춘 덕분이었다. 이쯤에서 조슈의 인재 양성에 중요한 역할을 한 인물의 이름이 다시 등장한다. 바로 요시다 쇼인. 가쓰라 고고로 역시 그의 문하에서 수업을 받으며 진취적이고 개방적인 사상을 받아들인 젊은 제자 중 한 명이었다. 1849년 가을에 요시다 쇼인을 알게 된 그는 요시다 쇼인이 아직 쇼카손주쿠를 정식으로 맡기 전부터 이미 그를 스승으로 모셨다.

훗날 가쓰라 고고로는 조슈한의 공교육 기관인 메이린칸에 입학하여 일본 문화를 배웠으며, 그 무렵 그의 인생을 바꾼 절호의 기회를 얻었다. 그가 메이린칸에서 공부할 무렵, 검술 수행을 위해 전국 각 지역의 도장을 돌아다니며 검술 시합을 하던 사이토 신타로齋藤新太郎가 메이린칸을 방문했다. 그는 메이린칸 내에 있는 검술 도장에서도 시합을 했는데 조슈 관리들은 그 검술 실력에 감탄하여 조슈의 젊은이들을 선발해 에도로 검술 유학을 보내기로 했다. 오래전부터 에도에 가서 더욱 많은 것을 배우고 싶다고 생각한 가쓰라 고고로는 이 유학생단에 신청했으나 뽑히지는 못했다. 하지만 자비를 들여서라도 유학을 가고 싶다며 관리를 열심히 설득한 끝에 결국 유학생단을 따라 에도로 떠나도 좋다는 조슈한의 허가를 받아냈다. 그는 허가가 떨어지자마자 에도로 향해 신타로의 부친 사이토 야쿠로齋藤彌九郞를 찾아가 검술을 배우기 시작했다.

　가쓰라 고고로는 정치, 경제, 문화의 중심지인 에도에서 생활하면서 세상을 보는 눈을 키웠고, 이때의 경험은 그의 잠재된 재능을 일깨웠다. 그가 에도에서 사이토 야쿠로에게 검술을 배운 지 채 2년도 되기 전 이미 문하생 중에서도 손꼽히는 검술가가 되어 있었다. 에도 유학 중 그는 검술 외에도 다양한 학문을 접했다. 그 무렵 일본을 떠들썩하게 했던 쿠로후네의 내항 사건을 계기로 바쿠후의 니라야마다이칸韮山代官 직을 맡고 있던 에가와 다로자에몬江川太郞左衛門, 혹은 에가와 히데타쓰江川英龍 라고 불리던 인물을 찾아가 서양 병학과 포격술을 배우고, 또 포대 축조나 조선술 같은 기술을 비롯해 영어에 이르기까지 다양한 지식을 폭넓게 익힌 경험은 유신 삼걸 중 하나인 기도 다카요시로 성장하는 데 중요한 밑거름이 되었다.

역사의 급류를 헤쳐 나가다

1860년대는 도바쿠 세력과 구바쿠후 세력 간의 내전으로 전 일본이 뒤숭숭하던 시기였다. 이 대립의 중심에 서 있었던 조슈 내부 사정도 시시각각 변화하는 정세에 맞춰 상황이 긴박하게 돌아가고 있었다. 에도 유학을 마치고 조슈로 돌아온 가쓰라 고고로는 바로 정치에 참여하기 시작했다. 예전에 요시다 쇼인에게 서구의 선진 군사학을 배운 경험과 에도 유학 중 쿠로후네 내항 사건의 교섭 과정을 지켜 본 경험이 어우러져 그는 자연스럽게 바쿠후에 반대하는 존왕양이파 노선을 걷게 되었다. 1862년에는 더욱 활발하게 활동하면서 조슈의 정책 노선을 존왕양이로 확립하는 데 큰 역할을 했다.

　존왕양이 운동에 적극 동참한 가쓰라 고고로는 1864년 6월에 함께 존왕양이 운동을 도모할 조슈, 토사, 구마모토 출신의 무사들과 교토에 있는 이케다야池田屋라는 료칸에서 비밀회의를 할 계획을 세웠다. 하지만 이 계획에 대한 정보는 바쿠후 쪽에 흘러 들어갔다. 결국 바쿠후의 신센구미 소속 무사들이 이케다야를 덮치는 바람에 수많은 유신 지사들이 목숨을 잃고 말았다. 가쓰라 고고로 역시 이 자리에 참석할 예정이었으나, 시간을 잘못 알고 지각을 하는 바람에 요행히 목숨을 건졌다. 이케다야 사건 이후 가쓰라 고고로는 바쿠후에게 쫓기는 인물이 되어 한동안 도망을 다녀야 했다. 그러나 그 기간에 일생의 인연인 이쿠마쓰를 만나 꽃피운 핑크빛 연애담은 오늘날에도 유명하다.

　1865년 다카스기 신사쿠가 쿠데타를 일으켜 조슈를 장악하면서 가쓰라 고고로도 다시 조슈로 돌아올 수 있었다. 그리고 다카스기 신사쿠 아래에 들어가 요직을 맡고 나서 자신의 이름을 기도 다카요시木戸孝允로 개명했다. 그는 조슈의 힘만으로 바쿠후를 타도하는 것은 역부족이라는 사실을 잘 알고 있었다. 때문에 다른 힘 있는 유한과 동맹을 맺는 것이 시급하다고 판단하고 사쓰마 무사인 사이고 다카모리와 은밀히 접촉해서 역사적인 삿초薩長 동맹의 기반을 닦아 나갔다. 이 거대한 두 세력이 동맹을 맺으면서 도바쿠 운동도 본격적으로 전개되었다.

　이후 도바쿠 운동이 점차 고조됨에 따라 기도 다카요시는 다시 한 번 목소리를 높여 무력으로 바쿠후를 타도해야 한다고 주장했다. 무력 타도라는 방식이 조금 과격하긴 했지만 결국 그의 주장이 받아들여져 그동안 지지부진하게 계속된 바쿠후와의 대립도 마침내 종지부를 찍었다. 이로써 일본이 새로운 개혁의 길로 나아갈 준비가 갖춰졌다. 이제는 기도 다카요시의 평생에서 가장 큰 업적이라고 할 수 있는 메이지 유신明治維新이 시작될 차례였다. 왕정복고의 대호령이 발령되어 새로운 정부가 출범했고, 기도 다카요시는 개국 공신의 대우를 받으며 새로운 정부에서 국가 정책을 결정하는 요직에 앉았다. 또한 그의 주도하에 〈5개조 서문〉의 초안이 작성되었고 연이어 판적봉환, 폐번치현과 같은 파격적인 정책이 신속하게 시행되었다. 이로써 일본은 강력한 통일 중앙 집권 국가로 거듭났다.

못 다 이룬 유신의 꿈을 접고

요시다 쇼인은 기도 다카요시의 사상이 확립되는 데 큰 영향을 준 정신적 스승이다. 요시다 쇼인은 생전에 서구의 선진 문명을 배우고 그들의 법 제도와 교육 제도를 배워야 한다고 강조했다. 교육이 바로 서야 국가의 미래가 바로 선다는 그의 핵심 사상이었다. 요시다 쇼인의 확고한 교육 신념은

맥을 잡아 주는 **일본사 중요 키워드**

기도 다카요시의 핑크빛 연애담

기도 다카요시의 아내인 마쓰코는 결혼하기 전 교토의 게이샤였는데, 게이샤 시절의 이름은 이쿠마쓰 幾松였다. 드라마보다 더 드라마 같은 두 사람의 애틋한 연애담은 오늘날까지도 유명하다.

1864년, 바쿠후가 유신 지사를 추격하는 데 혈안이었던 무렵의 일이다. 당시 그의 이름은 아직 가쓰라 고고로였는데, 뚜렷한 거처도 없이 가명을 써 가며 도피 생활을 하고 있었다. 그러던 어느 날, 그가 다리 밑 그늘에 몸을 숨기고 있었는데, 마침 교토의 유명한 게이샤 이쿠마쓰가 그곳을 지나갔다. 그날 이후 이쿠마쓰는 위험을 무릅쓰고 닷새 동안 매일 같이 이곳을 찾아와 그에게 주먹밥을 건넸다. 나중에도 게이샤라는 자신의 직업적 특성을 이용해 위험에 빠진 기도 다카요시를 다방면으로 도와주었다. 그녀의 헌신적인 도움이 없었다면 메이지 유신을 이끈 유신 삼걸 기도 다카요시는 없었을지도 모른다고 할 정도이다. 새로운 정부가 수립되어 기도 다카요시가 참의로 취임하고 나서 두 사람은 신분을 초월하여 결혼식을 올리고 정식 부부가 되었다.

메이지 정부가 들어서면서 제자들에 의해 드디어 빛을 보았다. 1871년 기도 다카요시가 스승 요시다 쇼인의 뜻을 이어받아 이와쿠라 사절단을 이끌고 유럽, 아메리카 지역 순방을 떠나 서양의 선진적 과학 기술, 교육 제도, 법 제도, 정부 조직과 체계 등을 배우고 돌아왔다. 이는 통치 경험이 없는 새로운 정부가 국가 정책을 결정하는 데 귀중한 밑거름이 되었다. 약 2년에 걸친 해외 순방을 마치고 1873년 말에 일본으로 돌아온 기도 다카요시는 새로운 정부에서 해결해야 할 가장 시급한 과제로 헌법 제정을 제안했다.

이와쿠라 사절단을 이끌고 순방을 떠나는 기도 다카요시(맨 왼쪽)

한편, 메이지 정권 수립 초기에는 유신 세력의 정책에 반발하는 과격한 무사들이 들끓어 국내 정세가 여전히 불안정한 상황이었다. 특히 바쿠후

시대의 종말과 더불어 사회적 입장이 크게 약화된 무사들의 불만이 점차 고조되어 이를 전쟁으로 해소해야 한다는 주장과 함께 이웃 나라인 조선을 침략하자는 '정한론征韓論'이 대두되었다. 그러나 기도 다카요시는 차츰 개혁의 결과가 나오기 시작하는 중요한 때이므로 해외 정벌보다 불안한 국내 상황을 수습하는 것이 우선이라는 입장을 내세워 정한론을 정면으로 반대했다. 그는 단기간 내 수많은 개혁을 신속하게 진행했으므로 대중이 정책을 받아들이고 그 효과가 나타나 안정될 때까지 어느 정도 여유가 필요하다고 판단했다. 그리고 시급한 정치 개혁이 끝나면 국력 신장과 선진화를 위해 가장 근본적으로 해결해야 할 것이 교육 제도라는 신념을 갖고 1874년에는 우리나라의 교육부 장관에 해당하는 문부경文部卿 직을 겸임했다. 그는 신분에 상관없이 기초 교육을 받을 권리를 최대한 보장하고 인재 육성을 우선해야 하며, 국민의 전반적인 교육 수준을 한 단계 끌어올리도록 정부가 노력해야 한다고 믿었다. 훗날 유신 삼걸인 오오쿠보 도시미치가 타이완 출병을 주장했을 때에도 같은 이유로 다시 반대했으나 결국 출

요시다 쇼인의 대표적 제자들

요시다 쇼인이 가르친 제자 중에 일본의 근대화를 앞장서서 이끈 주요 인사들이 많이 배출되었다. 그중에는 우리나라에도 잘 알려진 이토 히로부미나 야마가타 아리토모 같은 제자도 있지만, 사실 이들은 쇼카손주쿠 시절에는 그다지 눈에 띄지 않던 학생이었다.

앞서 나온 다카스기 신사쿠高杉晋作, 구사카 겐즈이久坂玄瑞, 요시다 도시마로吉田稔磨, 이리에 구이치入江九一 등이 쇼카손주쿠 시절부터 두각을 나타냈던 요시다 쇼인의 제자들이었다. 쇼몬松門 사천왕으로 불리던 그들 네 명은 반바쿠후 운동에 동참하던 중 모두 20대에 요절했다.

병이 결정되자 기도 다카요시는 참의직을 사퇴했다. 나중에 여러 가지 상황으로 다시 정계에 복귀하게 됐지만, 예전과 같은 영향력을 발휘하지는 못했다. 그리고 1877년 5월에 젊다면 젊은 향년 45세의 나이로 그가 구상했던 이상적 정치를 제대로 펼쳐보지도 못한 채 교토에서 병으로 생을 마감했다.

2 우직한 서민 영웅 사이고 다카모리

JAPAN

사이고 다카모리西郷隆盛는 메이지 유신을 이끈 개혁 세력 중 가장 중요한 역할을 한 메이지 유신 삼 걸 중 한 명이다. 사쓰마의 어느 하급 무사 가정에서 태어나 바쿠후 시대의 막을 내리고 새로운 일본 을 세우는 개국 일등 공신이 되기까지 그 어떤 영화나 소설 속 주인공보다 더욱 파란만장한 삶을 살 았다. 비교적 유복하게 성장한 기도 다카요시와 달리 사이고 다카모리는 지극히 평범한 하급 무사 가정 출신의 투박한 무사라는 인상이 강한 편이다. 그러나 그가 남긴 기록들을 살펴보면 오히려 섬세 하고 감성적인 문인 기질이 여실히 드러난다.

시기 : 1828~1877년
인물 : 사이고 다카모리

모두에게 믿음을 주는 곧은 품성의 아이

19세기 초반 1820~30년대의 일본 사회는 정치적으로나 경제적으로 커다 란 전환점을 맞이하고 있었다. 영웅은 난세에 난다는 옛말처럼 요시다 쇼 인, 다카스기 신사쿠, 기도 다카요시 등 앞으로 새로운 일본을 만들어 가 는 데 큰 역할을 한 대부분 인재가 마치 시대의 부름을 받은 것처럼 이 시 기에 줄줄이 태어났다.

한눈에 보는 세계사

1830년 : 프랑스, 7월 혁명
1838년 : 영국, 차티스트 운동
1840년 : 아편 전쟁 발발
1848년 : 독일 마르크스, 공산당 선언 발표
1853년 : 크림 전쟁

1858년 : 중국, 2차 아편 전쟁
1861년 : 미국, 남북 전쟁
1867년 : 오스트리아-헝가리 제국의 성립
1870년 : 프랑스·프로이센 전쟁

사이고 다카모리

1828년 1월 23일 일본 남부 사쓰마의 가고시마鹿兒島 성 아래 마을인 시타카지야마치下加治屋町에서 장차 새로운 일본을 세울 미래의 영웅 중 한 명 세상에 태어났다. 사이고 기치베다카모리西鄕吉兵衛隆盛 혹은 사이고 구로다카모리西鄕九郎隆盛라고 불리는 어느 하급 무사의 장남으로 태어난 이 사내아이가 훗날의 사이고 다카모리였다. 당연한 이야기이지만, 일개 하급 무사에 불과한 사이고 기치베다카모리는 이때만 해도 자신의 장남이 앞으로 일본의 미래를 좌우할 큰 인물이 되리라고는 꿈에도 생각지 못한 채 그저 첫 아들을 얻은 기쁨에 들떠 있었다. 그는 아들에게 고키치小吉라는 이름을 붙여 주고 아버지로서 자신이 해 줄 수 있는 일이라면 무엇이든 해 주며 애정을 쏟았다.

어려서부터 총명했던 고키치는 가족의 애정과 기대를 한 몸에 받으며 곧은 품성을 지닌 소년으로 자라났다. 1841년, 열세 살이 되던 해에 일본의 관습에 따라 성인식을 치른 고키치는 이때부터 기치노스케 다카나가吉之助隆永라는 이름을 사용했다. 그리고 그해에 시타카지야마치고쥬下加治屋町鄕中의 청년 조직 니세코二才組의 일원이 되었다. 그러던 어느 날 친구들의 싸움을 말리려다가 그중 하나가 휘두른 칼에 오른팔을 심하게 다쳐 그만 신경이 손상되었다. 이후 검을 쥘 수 없게 된 기치노스케는 무술을 포기하고 대신 공부에 더욱 매진하면서 유학儒學과 군사학 등 필요한 소양을 익혀나갔다. 1844년 열여섯 살이 되던 해에는 생계를 위해 사쓰마의 지방 사무소에서 사무보조에 해당하는 고리카타가키야쿠다스케郡方書役助 직을 맡았다. 당시 사이고 기치노스케가 일한 곳에서 부봉행副奉行 직을 맡고 있던 사코타 도시스미迫田利濟는 보기 드물게 청렴한 관리였다. 사이고 기치노스케는 이곳에서 일하는 동안 사코타 도시스미로부터 영향을 받아 자연스럽게 '농민은 국가의 근본'이라는 신념을 갖게 되었다. 그는 생계를 잇기 위해 일을 하면서도 공부를 게을리하지 않았다. 이 무렵에는 어렸을 때부터 친하게 지낸 오오쿠보 도시미치와 함께 이토 시게에몬伊藤茂右衛門에게서 양명학陽明學과 주지학朱子學을 배우고 후쿠쇼지에 있는 무산無參 스님에게서는 선禪을 배우기도 했다. 이때 보고 듣고 배운 모든 경험이 훗날 충효와 인의를 중시하는 메이지 유신 삼걸 사이고 다카모리의 우직한 성격을 형성하는 데 큰 영향을 미쳤음은 두 말할 나위가 없다.

1854년, 사이고 기치노스케가 사쓰마의 한슈 시마즈 나리아키라島津齊彬에게 농민들의 부담을 줄이는 문제에 대해 소신을 갖고 간언한 일이 있다. 이를 계기로 사이고 기치노스케는 당시 깨어 있는 지식인이자 개혁의 선구자로 당대 제일의 개명파 다이묘였던 시마즈 나리아키라의 신임을 한몸에 받아 직접 그의 가르침을 받는 행운도 얻었다. 시대를 초월한 시마즈 나리아키라의 지혜와 선견지명, 외국의 정황까지 상세히 꿰뚫는 예리한 통찰력에 감복한 사이고 기치노스케는 그의 심복이 되어 본격적으로 정치계에 뛰어들었다. 사이고 기치노스케는 주군을 진심으로 존경하며 섬겼고, 시마즈 나리아키라 역시 그에 못지않게 사이고를 신임해 두 사람은 종종 신분의 벽을 뛰어넘어 사회 문제와 정세에 대해 깊이 있는 대화를 나누었다. 또한 바쿠후가 정한 법도에 따라 시마즈 나리아키라가 에도의 저택에서 지내야 하는 기간에는 사이고 기치노스케도 따라가 항상 함께했다.

시마즈 나리아키라와 함께 에도에 있는 동안 사이고 기치노스케가 사쓰마 한슈의 심복으로서 맡았던 주된 임무는 공무합체가 성사되도록 발로 뛰는 일이었다. 이 과정에서 만난 에치젠 한슈 마쓰다이라 요시나가松平

慶永, 미토 한슈 도쿠가와 나리아키德川齊昭와 같은 선구자들을 보면서 그는 마음속으로 바쿠후 정치 개혁에 대한 강한 의지를 키워 나갔다.

그러던 1858년 8월, 진정한 멘토이자 영원한 주군인 시마즈 나리아키라가 갑작스럽게 세상을 떠났다. 사이고는 크게 상심한 나머지 주군을 따라 죽기로 마음먹었다. 하지만 교토 기요미즈데라淸水寺의 승려 겟쇼月照의 설득으로 자결을 포기하고, 대신 주군이 염원하던 바쿠후 정치 개혁의 뜻을 관철하는 데 목숨을 걸기로 맹세했다. 한편, 시마즈 나리아키라의 사망 직후 벌어진 안세이 대옥의 여파로 그는 아마미奄美 군도의 오오시마大島에 있는 다쓰고龍鄕로 쫓겨나 3년 동안 섬에 갇혀 귀양살이를 해야 했다. 그동안 사이고는 빈곤한 섬 주민들의 힘겹고 고통스러운 생활을 두 눈으로 직접 확인하면서 무능한 데다 부패한 바쿠후 정치의 부조리를 다시 한 번 절감했다. 오오시마에서의 귀양 생활은 반바쿠후의 의지를 다시 한 번 굳게 다지는 계기가 되었다.

한편 시마즈 나리아키라 사후에 사쓰마의 실권을 쥔 것은 한슈 자리를 물려받은 시마즈 다다요시島津忠義가 아니라 시마즈 다다요시의 친부이자 시마즈 나리아키라의 이복동생인 시마즈 히사미쓰島津久光였다. 시마즈 히사미쓰는 1862년부터 덴노를 설득하여 공무합체를 추진하기 위해 우선 사이고 다카모리의 친구인 오오쿠보 도시미치와 고마쓰 다테와키 등을 중용했다. 또한 나리아키라의 밑에서 직속 비서 일을 맡아 하던 사이고가 개혁파 인사들 사이에 이미 이름이 널리 알려져 신임을 얻고 있다는 사실을 잘 알고 사이고를 다시 불러들여 제 밑에서 일하도록 명령했다. 개혁파 다이묘와 유력 인사들을 포함해 교토 조정에까지 발이 넓은 사이고를 잘만 이용하면 정치계 인맥이 전혀 없는 자신의 약점을 잘 보완할 수 있기 때문이었다. 하지만 사이고는 군사를 이끌고 교토로 가서 교섭을 진행하라는 히사미쓰의 명령을 무시한 채 멋대로 오사카로 가서 존왕양이 운동에 합류했다. 사이고의 돌발 행동에 분노한 히사미쓰는 그를 당장 잡아들였고, 사이고는 다시 아마미 군도의 도쿠노시마之島로 두 번째 귀양을 가게 되었다. 도쿠노시마에서 지낸 지 얼마 되지 않아 다시 오키노에라부시마沖永良部島로 옮기게 되었다.

1864년에 시마즈 히사미쓰는 귀양 간 사이고를 다시 불러들여 사쓰마의 군사 실권을 위임하며 회유했다. 2년 만에 두 번째 귀양살이를 마치고 돌아온 사이고의 마음속에는 바쿠후를 타도하고 정치 개혁을 일으켜야 한다는 신념이 더욱 확고하게 자리 잡고 있었다. 이렇게 사쓰마 정권에 다시 복귀하면서 그의 인생은 새로운 전환점을 맞이했다.

사쓰마의 사령관

사이고가 두 번째 귀양살이를 마치고 돌아온 시기에는 이미 존왕양이 운동이 한창 무르익어가고 있었다. 1866년에 도사 출신의 개혁지사 사카모토 료마의 노력으로 사쓰마와 조슈 간에 역사적인 동맹이 성사되었다. 이때 맺은 동맹이 '삿초薩長 동맹'이다. 이 두 지역은 이후 일본의 미래를 바꾸는 데 가장 중요한 역할을 했다. 이 무렵 사이고는 어렸을 때부터 친구였던 오오쿠보 도시미치와 함께 사쓰마 정권을 개혁하고 군사력을 향상시키는 데 사력을 다하고 있었다. 사이고는 외부로부터 원조를 얻기 위해 일본에 파견 나온 영국 외교관 파크스Parks 및 그의 통역관과 회견을 하고 사쓰마와 영국 간의 동맹을 성사시켜 바쿠후 토벌을 한 단계 앞당겼다.

1867년, 보수적이고 완고한 성격을 당할 사람이 없기로 유명한 고메이 덴노가 갑자기 세상을 떠나고 열다섯 살 된 그의 둘째 왕자가 왕위를 물려받았다. 사이고는 이 틈을 노려 도바쿠 활동에 박차를 가해야 한다고 믿고, '대정봉환'과 '왕정복고'와 같은 바쿠후 타도 운동에 적극적으로 가담했다. 왕정복고 쿠데타가 발생한 직후 사이고와 오오쿠보 등 개혁파가 중심이 되어 새로운 정부를 조직하고 실권을 장악하여 낡은 봉건주의를 빠르게 청산하기 시작했다. 하지만 한 발 양보했다가 제대로 뒤통수를 맞은 바쿠후의 쇼군 도쿠가와 요시노부도 당하고만 있지는 않았다. 게다가 당시 가장 강력한 군사력을 자랑한 것은 여전히 바쿠후였으므로 사태는 자연스럽게 무력으로 정권을 쟁취하려는 방향으로 흘러가 전쟁을 피할 수 없는 상황이 되었다. 이로써 약 2년 가까이 계속된 보신 전쟁이 시작되었다.

치열한 내전을 겪는 동안 사이고가 이끄는 도바쿠군은 연전연승하며 혁혁한 공을 세워 단연 눈에 띄었다. 그의 수많은 승전 기록 중에서도 가장 빛나는 성과는 에도 성 탈환이다. 도바쿠군이 에도에 도착하자 당시 쇼군 도쿠가와 요시노부에게서 바쿠후 통치에 관한 전권을 위임받은 도쿠가와 가문의 가신 가쓰 가이슈가 바쿠후 항복을 전달했다. 바쿠후로부터 전권을 위임받은 가쓰 가이슈는 사카모토 료마가 존경하는 스승이었고, 사이고와 사카모토 료마 역시 삿쵸 동맹으로 이어진 사이였다. 예나 지금이나 인재는 인재를 알아보는 법. 가쓰 가이슈와 사이고 다카모리가 서로 상대방을 인정하고 나자 상호 간에 신뢰가 형성되어 협상은 순조롭게 진행되어 합리적 결론을 내리는 데 성공했다. 가쓰 가이슈는 바쿠후의 신하로서 도쿠가와 요시노부와 그 가문을 무사히 지켜냈으며, 사이고는 완벽하게 무장 해제된 에도 성을 고스란히 넘겨받아 '무혈입성無血入城'이라는 전대미문의 승리를 얻었다. 에도 시가지가 꼼짝없이 전쟁의 불길에 휩싸일 위기에 놓인 순간에 극적인 반전으로 수많은 생명을 지켜낸 공로를 인정받아 사이고는 일본 역사에서 존경받는 지도자로 우뚝 서게 되었다.

이때 세운 공으로 사이고는 1869년 녹봉 2천 석을 받는 관직에 올랐고, 다이묘의 가신 중에서도 가장 높은 직책에 올랐다. 하지만 이렇게 승승장구하면서도 사이고는 여전히 초심을 잃지 않는 우직한 정치가였다. 새로운 정부가 메이지 유신을 감행하자 사이고는 자신이 이제 막 봉건 제도의 혜택을 얻기 시작했음에도 미련 없이 철폐하고 정치 개혁에 앞장섰다.

하지만 도바쿠 운동이 마무리되고 유신 개혁이 자리를 잡아갈 무렵, 사이고 다카모리는 관직을 사퇴하고 중앙 정권에서 물러나 고향 가고시마로 돌아가기로 했다. 그는 자신을 따르는 사람들을 데리고 가고시마로 돌아가 이번에는 사쓰마 개혁에 힘썼다. 하지만 1871년에 기도 다카요시와 그 밖의 새로운 정부 요인들이 이와쿠라 사절단을 구성해 유럽 순방에 나서면서 정부의 일손이 크게 부족해지자 태정대신 산조 사네토미三條實美가 사이고 다카모리를 다시 불러들였다. 이렇게 해서 중앙 정부로 돌아간 사이고는 유신 개혁을 안정적으로 마무리 지을 수 있는 실용적인 정책을 펴기 위해 노력했다.

맥을 잡아 주는 **일본사 중요 키워드**

사쓰마의 역사

사쓰마는 일본 규슈 지역 남부에 있으며, 대대로 시마즈島津 가문이 통치했다. 일본 전국 시대 말기에는 시마즈 가문이 지휘하는 사쓰마군이 뛰어난 전법을 구사하여 주목을 받았다. 시마즈가의 역대 당주 가운데 가장 유명한 인물은 전국 시대 인물인 16대 당주 시마즈 요시히사島津義久, 17대 당주 시마즈 요시히로島津義弘, 그 아래로 시마즈 다다쓰네島津忠恒 혹은 시마즈 이에히사家久라고 부르는 18대 당주가 있다. 그중 17대 당주인 시마즈 요시히로는 임진왜란 때 이순신 장군이 전사한 노량대첩에 출전한 일본 장수로 우리나라에도 잘 알려져 있다.

16대 당주에서 18대 당주에 이르는 동안 시마즈 가문은 일본 내에서 강력한 다이묘로 급부상하여 규슈 지역을 대표하는 세력이 되었다. 도요토미 히데요시의 규슈 정벌 때에도 격렬하게 항거했으나 훗날 군사력의 차이를 인정하고 굴복하여 그의 신하가 되었다. 도요토미 히데요시가 죽고 도쿠가와 이에야스가 정권을 장악하자 도자마 다이묘로 분류되어 한때 규슈 통일을 눈앞에 두었던 시마즈 가문의 영향력이 미치는 영토는 사쓰마로 축소되었다.

도쿄 우에노 공원에 있는 사이고 다카모리의 동상

1873년 전후로 일본 내에서는 타이완과 한반도를 침략하자는 주장이 점차 힘을 얻었다. 이때 사이고 다카모리가 어떤 태도를 보였는지는 일본 역사학계에서도 의견이 분분하다. 분명한 것은 이 문제가 종결되고 나서 사이고가 다시 한 번 실각했다는 것이다. 그는 관직에 미련을 두지 않고 다시 낙향했다. 사이고는 고향에 사설 학교를 열어 정치와 군사 방면에 대한 전문 지식을 가르치며 인재 양성에 노력을 기울였다. 그의 인생에서 가장 평화로웠던 시기가 바로 이때였다. 그러나 불행하게도 이 시간은 길지 않았다. 낙향한 지 3년 정도 지난 1877년 1월에 메이지 정부가 사쓰마의 무기 공장을 오사카로 옮기고 정부 기관인 육군성에서 직접 관리하겠다고 명령을 내렸고, 이 일로 사이고가 누리던 평온한 일상은 산산조각이 났다.

정부가 사쓰마의 무기 공장을 전격 관리하겠다는 입장을 밝히자 사쓰마의 수많은 젊은이가 크게 반발하고 나섰다. 이에 대응하여 정부가 반발하는 젊은이들을 체포하여 엄중히 다스리겠다는 의지를 보이자 사쓰마 젊은이들은 더욱 격분하여 정부에서 관리하는 탄약 창고를 습격하는 등 갈등 양상은 점차 심각해졌다. 이때 정부와 대립하던 젊은이 중 대부분은 바쿠후 시대 무사 가문의 자제들로, 사이고 다카모리의 인품과 업적을 존경하여 그의 문하에서 공부하는 학생들이었다. 결국 사이고 다카모리는 본인의 의사와는 상관없이 대립에 휘말려 반역자로 낙인찍혔다.

사쓰마 측 군대와 정부 측 군대 간의 전쟁은 약 8개월에 걸쳐 계속되었다. 두 세력 사이에 최후의 격전이 벌어진 1877년 9월 24일, 사이고 다카모리는 시로야마城山에서 향년 49세의 나이로 결국 전사했다. 그리고 8개월 동안 계속된 이 세이난 전쟁西南戰爭은 사이고 다카모리의 죽음과 함께 정부군의 승리로 막을 내렸다.

짧지만 빛났던 불꽃 같은 생애

사이고 다카모리는 영화나 소설 속에 등장하는 어느 주인공들 못지않게 파란만장하고 극적인 삶을 살다가 갔다. 그가 생전에 일군 수많은 업적은 모두 일본 역사에 깊이 아로새겨져 있다. 일본 역사상 가장 혼란스러운 격동기에 태어나 불꽃처럼 살다간 그의 이름은 당시 일본의 운명을 결정짓는 굵직한 사건이 벌어질 때마다 등장한다. 이것이야말로 바로 그가 매 순간 얼마나 치열하게 살았는지를 보여 주는 분명한 증거이다.

바쿠후 타도 운동을 전면에서 이끌며 왕정복고를 이루어 내고 메이지 유신을 일으키기까지 이 모든 역사적 사건의 최전선에는 사이고 다카모리가 있었다. 그가 지금까지도 일본인에게 존경받는 무사로 이름을 남길 수 있었던 것은 의리를 중시하며 초심을 잃지 않는 우직한 그의 성격 덕분이다. 사이고 다카모리가 정책을 결정할 때 가장 중시하는 가치는 언제나 민생 문제 해결이었다. 새로운 정부의 요직에 앉았을 때도 그가 가장 먼저 개혁하려고 했던 것은 오래전부터 생각해 온 농민과 토지에 관한 문제였다. 그래서 그는 판적봉환과 폐번치현이라는 토지 개혁 정책을 내놓았다. 이 정책 덕분에 새로운 정부는 안정적으로 재정을 확충할 수 있었고, 농민들은 국가가 정한 기준에 따른 세금만 납부하면 되므로 경제적 부담이 많이 줄었다.

비록 그는 세이난 전쟁에서 반란군의 수장으로서 삶을 마쳤으나, 오늘날 일본인들은 수많은 메이지 유신 지사 중 그를 특별히 여기며 존경한다. 우직한 성품과 서민을 사랑하는 지도자였다는 이유 외에도 일본의 전통적 가치를 소중히 여기고 지키려 했던 인물이기 때문이다. 서구문화를 모방하는 데에만 급급했던 다른 개혁 영웅들 속에서 조국의 모든 것을 진심으로 사랑했던 사이고 다카모리의 인격이 빛을 발한 것이다. 그는 어려서부터 아버지에게 엄격한 무사도 정신을 배우며 성장해 가족과 친구를 소중히 여길 줄 알았다. 또한 유교 서적과 역사서를 탐독하고 불교에서 선을 배우며 전통문화에 대한 이해와 애정을 키웠다. 매사에 좋고 싫은 것이 분명한 강직한 성격으로 끝까지 힘없는 백성을 위하는 정치를 고집했던 그의 우직함을 지금도 많은 일본인이 기억하고 존경하고 있다.

〈옥중유감(獄中有感)〉

아침에 은혜를 입은 몸이 해질 무렵 나락으로 떨어지듯
인생에는 그렇듯 밝은 날도 있고 어두운 날도 있더라.
빛이 들지 않는 곳에서도 해바라기는 태양을 향하듯
운명을 열고자 하지 않아도 뜻은 진실을 받든다.
지는 해의 지기知己는 모두 혼백이 되니
남쪽 작은 섬에 갇힌 죄인의 삶도 취해 가소서.
삶과 죽음이 하늘의 뜻임을 어찌 의심할 수 있을까.
다만 죽어서 넋이라도 되어 황성을 지키리라.

위의 시는 사이고 다카모리가 두 번째로 귀양살이를 하던 시절 오키노에라부시마沖永良部島에서 지은 시이다. 왕과 주군을 위해 충성을 다하려는 충신의 마음과 뜻을 같이하던 소중한 인재들이 안세이 대옥으로 죽음을 맞은 것을 안타까워하고 추도하는 지사의 마음이 절절하게 드러난다.

일본의 국민 작가
나쓰메 소세키

메이지 유신 이후 일본 사회는 각 분야에서 급격히 성장했다. 문학계 역시 예외는 아니어서 이 무렵 일본 문단에는 새로운 사상을 지닌 작가들이 대거 등장했다. 그중에서도 가장 대표적 인물이 바로 일본의 대大 문학가 나쓰메 소세키夏目漱石이다. 그는 비록 늦은 나이에 등단했지만 왕성하게 활동해서 짧은 시간 동안에도 좋은 작품을 다수 발표했으므로 일본의 근대 문학계를 대표하는 작가로 꼽기에 전혀 부족함이 없다. 소설가로서 나쓰메 소세키의 가장 큰 특징은 발표한 작품 대부분이 대표작으로 꼽힐 정도로 큰 사랑을 받고 있다는 점이다. 이미 사망한 지 한 세기가 흘렀음에도, 그의 이름 앞에는 여전히 일본의 국민 작가라는 영예로운 수식어가 붙을 정도로 일본인들로부터 변함없이 사랑받고 있다. 이는 세월이 지나도 여전히 세련된 그의 어휘력과 솔직하고 세심하게 인간 내면의 심리를 묘사한 그의 문장력이 시공을 초월하여 절대적 공감을 이끌어 내기 때문일 것이다.

관심과 사랑을 받지 못했던 어린 시절

나쓰메 소세키의 본명은 나쓰메 긴노스케夏目金之助이며, 1867년 2월 9일 일본 도쿄의 우시고메牛腐 지역 명문가인 나쓰메 집안의 5남 3녀 중 막내로 태어났다. 나쓰메 가문은 원래 도쿄에서 유명한 명문가에 속했으나, 바쿠후 시대 말엽 나쓰메 소세키의 부친인 나쓰메 고헤에나오카쓰夏目小兵衛直克 대부터 점차 가세가 기울기 시작했다. 나쓰메 소세키가 태어났을 때는 시국이 혼란하고 인심이 뒤숭숭하며 집안 형편도 많이 어려워진 상태였기에 그의 부모는 다섯 번째 아들이 태어난 것을 크게 반기지 않았다고 한다.

두 살이 되던 해 긴노스케는 아버지 친구인 시오바라 마사노스케鹽原昌之助의 집에 양자로 보내지기로 결정되었다. 어린 나이에 양자로 다른 집에 가게 된 그는 한창 예민한 시기에 부모의 사랑을 제대로 받으며 자라지 못했다. 게다가 안타깝게도 양부모와도 그다지 사이좋게 지내지 못했다. 이러한 경험은 그의 유년 시절 기억에 지울 수 없는 상처를 남겼다.

1877년 긴노스케가 열 살이 된 해에 양부모가 이혼했다. 어느 쪽도 따라갈 수 없었던 그는 결국 친부모의 곁으로 돌아왔는데, 긴노스케의 부모는 아들이 돌아온 것을 그다지 반가워하지 않았던 모양이다. 이렇게 부모 자식 간의 관계는 점점 서먹해졌다. 심지어 열 살에 파양된 그가 나쓰메라는 성을 다시 사용하게 된 것도 스물두 살이 되고 나서였다. 그전까지 양부 시오바라 마사노스케와 친부는 파양 문제로 10년 이상을 계속 다투었다고 한다. 이 무렵 아사쿠사 근처의 토다戶田 학교에 다니던 긴노스케는 한문학에 큰 매력을 느꼈다. 하지만 부친은 아들이 한문학을 더 깊이 공부하는 것을 허락하지 않아 부자 사이는 더욱 악화되었다. 1881년, 긴노스케는 중학교를 자퇴하고 한문을 배우고자 사립 교육 학원 니쇼二松 학사에 들어갔다. 다행히 이곳에서 배우는 내용들이 그와 아주 잘 맞아 긴노스케는 열심히 공부하며 유교적 논리관과 동양적 미학관을 점차 확립해 갔다.

열네 살이 되던 무렵, 그는 중국 고전문학에 탐닉하여 이를 계기로 본격적인 문학가의 길을 걷기 시작했다. 하지만 그 이듬해에 긴노스케가 그나마 의지했던 유일한 존재인 어머니가 세상을 떠났다. 어머니가 없는 가족에 아무 미련이나 애착이 없었던 그는 이후 집에서 독립하여 혼자 생활했다. 스물한 살 때에는 도쿄 제1고등중학에 입학해서 마사오카 시키正岡子規와 절친한 친구 사이가 되었다. 마사오카 시키는 훗날 하이쿠俳句를 일본 문학의 한 장르로 자리매김하는 데 큰 공헌을 한 인물로, 이때 두 사람

나쓰메 소세키

이 활발하게 교류한 경험은 훗날 나쓰메 소세키의 문학 세계에 큰 영향을 미쳤다. 하이쿠俳句란 5·7·5의 17음音 형식으로 구성된 일본 고유 시가 문학의 한 종류이다. 짧은 글귀 안에 많은 의미를 담아내야 하기 때문에 감각적 특징이 두드러진다.

문학의 길을 걷다

스물두 살 무렵부터 사용한 소세키라는 필명은 중국 고전 《진서晉書》에 나오는 고사 '수석침류漱石枕流'에서 따온 것이다. 이는 돌로 양치질을 하고 흐르는 물을 베개로 삼는다는 의미로, 문학의 길을 걷겠다는 확고한 의지를

담고 있다. 이 필명은 절친한 친구 마사오카 시키가 지어 준 것으로 알려졌다. 한편, 이 무렵 일본 정부는 일본 국민 모두가 서구의 선진 문명을 부지런히 배워야 한다고 주장했다. 나쓰메 소세키도 일찍이 서양 국가들을 이해하려면 그들의 언어인 영어를 먼저 익혀야 한다고 생각한 지식인 중 한 명이었다. 그래서 1890년 도쿄 제국 대학에 입학하면서 전공을 영문학으로 정했다.

　대학 생활 중 그는 특별히 창작과 관련된 활동을 한 흔적이 없으며, 1893년 대학 졸업 후에는 도쿄 고등 사범학교에서 영어를 가르쳤다. 처음 영어 교사 일을 시작한 해에는 마사오카 시키가 주도하는 하이쿠 개혁 운동에 동참하기도 했으나 1895년에는 도쿄의 고등 사범학교를 그만두고 에히메 愛媛 현의 한 중학교에 부임했다. 그러나 1년 만에 이곳을 그만두고 또다시

일본 천 엔권 지폐에 들어가 있는 나쓰메 소세키

구마모토 熊本 현 제5고등학교로 옮겼다. 현재 구마모토 대학의 전신인 이 학교에서 그는 영국 유학을 떠나기 직전인 1900년까지 학생들을 가르쳤다.

한편, 도쿄 제국 대학에 입학할 무렵부터 그의 가족이 잇따라 세상을 떠나는 등 나쓰메 소세키에게는 힘든 날이 계속되었다. 염세주의에 빠지고 신경 쇠약 증세가 나타나기도 했으며 맹목적으로 서구화를 추구하는 일 본에 질린 나머지, 자신이 대학 졸업 후 영문학을 가르쳐야 한다는 사실에 회의감까지 느껴 스트레스를 많이 받았던 모양이다. 극심한 정신적 압박 을 견디내지 못하고 결국 폐결핵에 걸린 것도 바로 이 무렵이다. 요양을 위 해 번잡스러운 도시를 떠나 절에서 참선하며 시간을 보낸 경험은 이후 그 의 작품 세계를 더욱 풍부하게 해 주었다. 병세는 쉽사리 호전되지 않았으 나 요양 기간을 통해 나쓰메 소세키의 문학 세계는 점차 성장해 나갔다.

1900년, 나쓰메 소세키는 영국으로 유학을 떠났다. 영국에서 보낸 2년 동안 그는 작품의 구상이나 집필 활동에 의욕을 보이며 하이쿠와 한시 부 문에 많은 작품을 발표했다. 1903년 일본으로 돌아와 도쿄 제1고등학교 에 영어 교사로 부임했고, 동시에 도쿄 제국 대학에서 영문학 강좌를 맡았 다. 교단에서 학생을 가르치는 틈틈이 작품 활동에도 전념하여 하이쿠 전 문 문예 잡지인 〈호토토기스ホトトギス〉에 간간이 글을 투고했고, 1905년 같 은 잡지에 단편 소설 《나는 고양이로소이다吾輩は猫である》를 발표하여 큰 호 평을 받았다. 그 후 나쓰메 소세키의 문학적 재능이 만개해 《런던탑倫敦塔》, 《도련님坊っちゃん》과 같은 작품을 연이어 발표하는 등 왕성한 작품 활동을 펼치며 전 국민적 사랑을 받는 일본의 대표 소설가로 입지를 굳혀나갔다.

빛나는 문학의 길

1907년부터 아사히신문사朝日新聞社 소속 작가로 일한 나쓰메 소세키는 교사직에서 완전히 물러나 집필 활동에만 전념했다. 아사히신문에서 발표한 첫 연재소설 《우미인초虞美人草》가 좋은 반응을 얻었고, 그의 전반기 3부작 《산시로三四郎》, 《그 후それから》, 《문門》을 연이어 집필했다. 《문》을 집필할 때 그의 건강이 크게 악화되어 피를 토하고 사경을 헤매기도 했다. 죽음의 문턱까지 갔다가 간신히 살아 돌아온 그 경험은 그의 후반기 3부작으로 꼽히는 《춘분이 지날 무렵까지》, 《행인行人》, 《마음心》을 집필하는 데 큰 영향을 미쳤다. 아사히에서 10년간 전문 작가로 집필 활동을 하는 동안 고질적인 위장병에 시달렸는데, 결국 몸에 큰 무리가 오고 말았다. 1916년 《미치쿠사道草》를 연재할 때는 당뇨병까지 겹쳐 건강이 크게 악화되었다.

서른여덟 살이라는 늦은 나이에 소설가로 데뷔한 탓에 그가 정식 소설가로 활동한 기간은 짧지만, 활동 기간과 비교하면 발표한 작품 수는 매우 많은 편이다. 특히 발표된 작품 대부분이 100년이나 지난 지금도 호평을 받고 있다는 점이 일본의 대문호이자 대표적 국민 작가인 그의 진정한 저력이 아닐까.

동서양 문화에 대한 깊은 이해를 바탕으로 인간을 끊임없이 관찰하면서 써내려간 그의 작품은 시대를 초월하여 수많은 사람에게 공감을 얻으며 살아 숨 쉬고 있다. 일본의 국민작가로서 식을 줄 모르는 그의 인기가 반영되듯 1984년에 발행된 일본 화폐의 1,000엔권 모델로 선정되었다.

3 냉철한 정치가 오오쿠보 도시미치

오오쿠보 도시미치大久保利通는 앞서 살펴본 기도 다카요시, 사이고 다카모리와 함께 메이지 유신을 이끈 유신 삼걸의 한 명이다. 사이고 다카모리가 우직하고 뚝심 있는 의리파 혁명 지도자라면, 기도 다카요시는 합리적이면서 개방적 사상을 지닌 두뇌파 지도자이고, 오오쿠보 도시미치는 매사 철두철미하게 계산하여 움직이는 냉철한 정치가였나. 일본 근대사의 새 지평을 여는 데 큰 역할을 한 오오쿠보 도시미치는 냉철한 사고와 판단력, 정치에 대한 뜨거운 열정과 욕망을 모두 끌어안고 한 시대를 이끌어간 탁월한 정치가였다.

> **시기** : 1830~1878년
> **인물** : 오오쿠보 도시미치

사쓰마의 책략가

1830년 8월, 가을을 앞둔 사쓰마에서는 마지막 무더위가 한창 기승을 부리고 있었다. 가고시마鹿兒島 성 아랫마을인 고라이쵸高麗町에 위치한 사쓰마의 하급 무사 오오쿠보 도시요大久保利世의 집에서 일본에 새로운 미래를 열어 줄 영웅이 태어났다. 이 아기가 바로 훗날 새로운 일본의 정치의 중심에 우뚝 서게 될 오오쿠보 도시미치였다. 이때 가까운 곳에서는 2년 반 정

한눈에 보는 세계사

1830년 : 프랑스, 7월 혁명
1838년 : 영국, 차티스트 운동
1840년 : 아편 전쟁 발발
1848년 : 독일 마르크스, 공산당 선언 발표
1853년 : 크림 전쟁 (~1856)

1858년 : 중국, 2차 아편 전쟁
1861년 : 미국, 남북 전쟁 (~1865)
1867년 : 오스트리아-헝가리 제국의 성립
1870년 : 프랑스·프로이센 전쟁(~1871)

도 먼저 태어난 사이고 기치노스케가 한창 부모님의 사랑을 받으며 건강하게 자라나고 있었다. 비록 집안이 경제적으로 풍족하지는 않았으나 매우 화목했으므로 오오쿠보 도시미치의 성장 과정은 순탄한 편이었다. 그의 아버지 오오쿠보 도시요는 그 시대의 하급 무사 중에서는 비교적 생각이 깨어 있는 인물이었고, 외할아버지 미나요시皆吉鳳德는 외국의 정황을 꿰뚫고 있는 학자였던 영향으로 그는 비교적 개방적인 가정 환경에서 자라났다. 이렇게 특별한 분위기 속에서 성장했으므로 도시미치가 또래의 다른 아이들과 달리 정치에 흥미를 보이거나 사고방식이 색달랐던 것도 어찌 보면 당연한 일이었다.

어렸을 때부터 남달리 총명하고 눈치가 빨랐던 오오쿠보 도시미치는 아버지와 외할아버지의 연줄로 일자리를 얻어 열일곱 살 때부터 부친과 함께 집안의 생계를 책임지기 시작했다. 처음 맡은 일은 사쓰마 기록소의 서기를 보조하는 역할로, 사이고 다카모리가 그랬듯이 오오쿠보 도시미치도 이곳에서 잡무를 담당했다. 이 무렵 시마즈 나리아키라는 아직 한슈가 되기 전이었는데 오오쿠보 도시미치는 우연히 그의 개명 사상을 접할 기회를 얻었다. 시마즈 나리아키라가 꿈꾸는 미래는 그에게 큰 감동을 주었고, 이후 오오쿠보 도시미치가 자신의 앞길을 결정하는 데에도 큰 영향을 끼쳤다. 그가 선진적 성향을 띤 사쓰마 청년 조직 세이츄구미精忠組의 핵심 인물로 부상한 것도 이 무렵의 일이다. 1849년 사쓰마에서는 한슈 후계 문제와 관련하여 '오유라ぉ由羅 소동'이라고 불리는 사건이 일어났다. 그 여파로 사쓰마 한슈의 아들이자 개명파의 선구적 인물인 시마즈 나리아키라가 실각했고, 그를 추종하던 사람들도 처분을 피할 수 없었다. 이때 나리아키라를 따르던 오오쿠보 도시오도 이 일에 연루되어 귀양 처분을 받았고, 그 아들인 도시미치는 관직에서 물러나야 했다. 아버지가 귀양을 떠나고 장남마저 일자리를 잃자 오오쿠보 가문의 가세는 빠르게 기울어갔다. 하지

만 오오쿠보 도시미치는 부친이 자리를 비웠
을 때는 장남인 자신이 가족을 지탱해야 한
다고 생각하며 마음을 강하게 다잡고 고난
의 시간을 견뎠다. 이때 어려운 시간을 보낸
덕분에 그는 신중함과 과감한 결단력이라는
상반된 성격의 두 가지 자질을 얻을 수 있었
다. 이는 훗날 정치가가 될 그에게는 더없이
큰 자산이었다.

시간이 흘러 우여곡절 끝에 시마즈 나리
아키라가 복귀하여 시마즈 가문의 당주 자
리를 물려받고 사쓰마 한슈 자리에 오르자
오오쿠보 가문의 가족도 다시 함께 모여 살
수 있게 되었다. 그리고 도시오와 도시미치
부자도 복직해서 기울었던 집안 형편도 다시

오오쿠보 도시미치

좋아지기 시작했다. 개명 정치를 강조하던 나리아키라가 본격적으로 활동
을 시작하자 사쓰마의 정치와 경제는 새로운 국면을 맞이했다. 이 시기에
오오쿠보 도시미치가 공직에 몸담으면서 나리아키라의 열린 사고와 선견
지명을 가까이에서 지켜볼 수 있었던 경험 역시 메이지 유신 이후 새로운
일본의 경제를 어떻게 일으키고 군사를 어떻게 육성해야 할지 고민할 때
큰 도움이 되었다.

1857년 다이로가 된 이이 나오스케가 전제 정치를 펴기 시작했고, 이듬
해에는 '안세이 대옥'이라는 정치적 피바람이 일본 전역을 덮쳤다. 안세이
대옥의 영향으로 수많은 선구적 지식인이 숙청당하는 것을 지켜본 오오쿠
보 도시미치는 바쿠후 통치의 부조리함을 깨닫고 이제는 바쿠후 시대를
끝낼 때가 되었다는 생각을 굳혔다. 이 무렵부터 오오쿠보는 존왕양이 운

동에 적극적으로 동참했고, 이윽고 사쓰마 내에서 불붙기 시작한 도바쿠 운동의 핵심 인물이 되었다.

젊었을 때부터 가슴속에 커다란 야심을 품고 있던 오오쿠보 도시미치의 목표는 중앙 정계였다. 안정적인 경제력과 막강한 군사력을 갖춘 고향 사쓰마는 그가 더 큰 정치 무대로 진출하기 위한 정치적 기반으로 삼기에 더없이 좋은 곳이었다. 어린 시절부터 오랜 친구였던 사이고 기치노스케는 벌써 오래전에 한슈인 시마즈 나리아키라에게 발탁되어 중요한 임무를 수행하고 있었다. 오오쿠보 도시미치를 발탁하여 키워 준 것은 시마즈 나리아키라의 이복동생 시마즈 히사미쓰였다. 오오쿠보는 히사미쓰의 심복으로 일하면서 교토 조정과 덴노에게 호의를 사는 한편, 도쿠가와 요시노부와 바쿠후의 권력 기반을 무력화하는 물밑 작업을 수행했다. 그 공을 인정받아 1862년 시마즈 히사미쓰가 바쿠후 통치 체제의 개혁을 요구하고자 사쓰마 군사 1,000명을 이끌고 교토로 향할 때 오오쿠보 도시미치도 합류할 수 있었다. 당시 사쓰마가 군사를 이끌고 상경한 목적이 교토 조정과 왕실 앞에서는 깍듯이 예를 차리는 척하면서 뒤로는 은근히 협박하려는 데 있다는 걸 모르는 사람은 없었다. 변방의 다이묘가 이렇게 돌출적인 군사 행동을 일으킨 것 자체가 에도 바쿠후 시대 이래로 전대미문의 사건이었다. 한편, 이 무렵 존왕양이 세력 내의 과격한 급진파 청년들이 친바쿠후 성향의 구게들을 습격한 사건이 발생했다. 이 청년들의 중심에는 사쓰마 출신 하급 무사 아리마 신시치有馬新七라는 인물이 있었다. 이 일로 교토에서 사쓰마의 입장이 불리해질 것을 염려한 오오쿠보 도시미치는 어릴 적 막역한 사이였던 아리마 신시치와 과격파 세력이 모여 있던 데라다야를 찾아가 폭력이나 습격을 그만두라고 설득했다. 하지만 그들이 뜻을 굽히지 않자 그대로 그들을 베어 버렸다. 1862년에 벌어진 이 일은 바로 잘 알려진 두 번의 '데라다야寺田屋 사건' 중 첫 번째 사건이다.

이 이야기에서도 알 수 있듯이 오오쿠보 도시미치의 성격은 근본적으로 냉혹했다. 어린 시절 절친한 친구였다고 하더라도 정치적 노선이 달라 자신의 앞길을 방해한다면 언제든지 칼을 들이댈 수 있었던 것이다. 그가 이런 냉혹한 결정을 내릴 때마다 혹시 마음속으로 괴로워하고 고민했는지는 전혀 알 길이 없다. 지금과 같이 평화로운 시대에 사는 우리들의 눈에는 옛정에 흔들려 큰일을 망치는 것을 용납하지 않는 오오쿠보 도시미치가 피도 눈물도 없는 비정한 인물로 비칠지도 모른다. 어쨌든 분명한 것은 메이지 정부 수립 이후 최고위직을 맡게 된 오오쿠보 도시미치는 중대 사안을 처리할 때 그 누구보다도 과감하고 빠르게 결정을 내렸다는 사실이다.

피도 눈물도 없는 정치가의 길을 향하여

도바쿠 세력이 점차 확장되어가는 것을 피부로 체감한 바쿠후는 조급함을 느꼈다. 반대로, 데라다야 사건을 통해 유명세를 탄 오오쿠보 도시미치는 교토를 무대 삼아 크게 활약했다. 그리고 얼마 지나지 않아 사이고 다카모리, 기도 다카요시 등 바쿠후를 타도하겠다는 뜻을 함께하는 지사들과 힘을 합쳐 300년 가까이 지속된 바쿠후의 봉건주의적 통치 체계를 뒤엎는 쿠데타에 성공하고 구바쿠후 세력과 벌인 보신 전쟁에서도 압도적인 승리를 거두었다. 유신 세력이 정권을 탈취한 뒤 수립된 새로운 정부에서 오오쿠보 도시미치와 위의 두 사람은 주요 관직을 맡고 메이지 덴노를 중심으로 일원적 중앙 집권 국가를 만들고자 동분서주했다.

내전이 끝나고 국가 정권을 완벽히 장악한 유신파 인사들은 이제 국가의 기틀을 바로 세우고 국내 정치 상황과 국가 산업을 정상적인 궤도에 올릴 때가 되었다고 판단했다. 오오쿠보 도시미치도 마음속으로 이미 나라를 앞으로 어떻게 운영하여 발전시켜 나갈지에 대한 청사진을 명확히 세워두었다. 그의 생각에 가장 우선해야 할 작업은 구시대의 잔재를 청산하는 일이었다. 바쿠후가 일본을 통치하는 동안 정권을 위협했던 지방 다이묘들의 존재는 새로운 정부에서도 여전히 골칫거리였다. 앞으로 국가 정책을 효과적으로 수행하려면 정부 통치력을 더욱 강화해야 했는데 그들은 큰 걸림돌이었다. 그래서 오오쿠보는 가장 먼저 지방의 세력가들을 약화시키는 작업에 착수하기로 했다. 우선 덴노의 이름을 빌려 에도 천도를 선언하고 에도의 지명을 도쿄東京로 바꾸었다. 이때 에도로 천도한 진짜 목적은 남아 있는 그곳에 친바쿠후 세력을 감시하려는 것이었다.

에도로 천도하고 나서 1869에서 1871년까지 오오쿠보 도시미치, 기도 다카요시, 사이고 다카모리 등 개혁적 사상을 갖춘 유신 지사들이 이끈 메이지 정부는 파격적인 제도 개혁을 실시해 성공을 거두었다. 메이지 정부의 정책은 초기에 지방 제후들의 강력한 반발을 사기도 했지만, 이미 정치가로서 노련함과 능숙함을 갖춘 오오쿠보 도시미치는 특유의 결단력으로 일련의 개혁 정책들을 과감하게 밀어붙였다. 동시에 그는 외국의 선진 문화에도 큰 관심을 보였다. 존왕양이를 부르짖으며 서구 문물을 무조건 배척하던 때와 달리 그의 사고에도 변화와 정치적 유연성이 생긴 것이다. 새 정부의 정책 결정자로서 나라 발전을 위해 서구의 선진 문화를 받아들여야 한다고 판단한 그는 국가를 대표하는 사절단을 조직하여 직접 서구 선진국 순방을 떠났다. 사실 오오쿠보 도시미치도 젊은 혈기로 일어나 개혁을 단행하긴 했지만 그 한계는 진작에 알고 있었다. 개혁 이후 어떻게 해야 나라의 안정과 성장을 동시에 이루고 서구 선진국과 대등한 수준이 될 수 있을까 고심한 끝에 직접 서구 선진국들을 방문하여 고찰하고 해답을 얻기로 한 것이다. 1871년 말, 이와쿠라 도모미가 사절단의 특명 전권 대사로 임명되었고, 오오쿠보와 그 밖의 유신파 인물들이 함께 해외 순방을 떠났다. 이는 일본뿐만 아니라 당시 세계적으로도 유례를 찾아볼 수 없는 일이었다.

오오쿠보 도시미치는 순방 중에 당시 국제 정세에서 서구 선진국의 통치 메커니즘에 이르기까지 세심하게 살펴보았다. 그러던 중 독일을 방문했을 때 비로소 자신이 원하던 답을 찾았다. 당시 독일 제국은 통일된 지 얼마 되지 않은 상태여서 바로 얼마 전까지 내전에 시달린 일본과 비슷한 상황에 처해 있었다. 오오쿠보는 이때 독일 제국의 재상 비스마르크가 보여 준 국정 운영 방식에 큰 감명을 받았다. 반대 세력을 철저히 억압하면서 신속하게 사태를 평정해 가는 비스마르크의 국정 수행 방식은 오오쿠보의 성향에 잘 맞았다. 이른바 '철혈 정책'이라고 하는 비스마르크의 정책은 이후 오오쿠보에 의해 '일본식 철혈 정치'로 다시 태어났다.

한편, 메이지 덴노가 등극한 이후 새로운 정부가 집권하자 개혁이 급물살을 타고 진행되었다. 그에 따라 사회에서 도태된 옛 무사 계층의 불만이 점차 거세졌다. 특히 바쿠후 시대와 함께 봉건 제도가 막을 내리면서 낙동강 오리 알 신세가 된 옛 다이묘 및 무사 세력의 불만과 분노는 이미 한계에 다다른 상태였다. 이때 일본에서는 한반도를 정벌하 는 '정한론'이 대두되었다. 일각에는 일본이 이때 조선을 침략하려고 한 |유가 이러한 옛무사 계층의 불만을 다른 곳으로 돌리기 위한 것이었다고 보는 시각도 있지만, 단지 그 때문만은 아니었다. 조선 침략을 주장하는 분위기가 고조된 것은 오오쿠보와 유신 세력이 해외 순방으로 자리를 비웠을 때였다. 상황이 걷잡을 수 없는 지경으로 치닫자 일본 내 유신 세력은 서둘러 오오쿠보에게 상황을 알렸다. 오오쿠보는 보고를 받자마자 해외 순방을 중단하고 즉시 일본으로 돌아왔다. 비록 중간에 돌아왔지만 유럽 순방은 오오쿠보에게 시야를 넓히는 좋은 경험이 되었다. 오오쿠보 도시미치가 일본에 귀국한 것은 정한론 논쟁이 끝날 무렵으로 이미 파병하는 쪽으로 여론이 쏠려 덴노의 승인만 기다리고 있는 상황이었다. 이에 대해 오오쿠보가 내치를 우선으로 하여 부국강병에 힘써야 하는 시기이므로 외국과 전쟁을 벌

메이지 6년의 정변으로 실권을 장악한 오오쿠보 도시미치

이며 국력을 낭비하는 것은 옳지 않다고 반박하고 나서면서 격론의 2라운드가 시작되었다. 그런데 결정적 순간에 다이죠다이진太政大臣인 산죠 사네토미가 쓰러졌다. 정치판에서 수단과 방법을 가리지 않는 오오쿠보가 이 절호의 기회를 놓칠 리 없었다. 그는 바로 덴노를 설득하여 이와쿠라 도모미를 산죠 사네토미의 대리로 내세웠고, 오오쿠보의 정치적 파트너인 이와쿠라 도모미는 결국 다이죠다이진의 대리라는 지위를 이용하여 조선 출병을 무산시켰다. 이후 오오쿠보와 의견을 달리했던 주전파 인사들이나 정부 인사들이 실각 또는 대거 사직하고 낙향했다. 사이고 다카모리 역시 이 무렵 낙향한 것으로 알려졌다. 일본 역사는 이 사건을 회의장에서 벌어진 전쟁에 비유하여 '메이지 6년의 정변'으로 기록했다.

오오쿠보와 전제 정치

메이지 6년의 정변을 계기로 실권을 완벽히 장악한 오오쿠보 도시미치는 자신의 통치 권력을 더욱 확고히 하고자 내무성을 설치하고 스스로 초대 내무경內務卿 자리에 앉았다. 오오쿠보 도시미치의 독주 체제가 시작되면서 그가 이끄는 메이지 정부는 서서히 강력한 전제 정권의 성격을 띠었다.

국가의 기간산업을 일으키고 문명을 개화하는 데 정책의 초점을 맞춘 일본 정부는 영국을 모델로 삼아 성공적인 공업 국가로 다시 태어나기 위해 노력했다. 유럽의 산업 혁명을 주도한 영국은 일본과 마찬가지로 섬나라였으므로 배울 점도 더욱 많았다. 오오쿠보는 공업화를 위해 우선 자원을 확보하고 개발하는 일과 물자 수송로를 개척하는 일부터 추진했다. 그는 이 밖에도 농업 기술 발달과 세제 개편에도 많은 노력을 기울여 국가가 직접 농업을 돌보고 세금을 거두어들이도록 했다. 이 과정에서 영토를 빼앗겨 경제 기반이 무너진 옛 무사 세력은 점차 와해되어 자연스레 사라졌다.

오오쿠보는 통치 권력을 강화하는 동시에 문명개화 정책을 추진하는 일도 게을리하지 않았다. 일본 근대사에서 오오쿠보 도시미치는 당시 고위층 인사 중 가장 먼저 서구식으로 머리를 짧게 다듬은 인물로 기록된다. 어느 날 갑자기 머리카락을 서양식으로 짧게 자르고 조정 회의에 나타난 그를 보고 덴노를 비롯하여 많은 정부 인사들이 깜짝 놀랐다고 한다. 그리고 1875년 무렵에는 일본 내에도 자유 민권 운동이 확산되었다. 이 해에 오오쿠보 도시미치는 직접 오사카 회의에 참석하여 기도 다카요시, 이타가키 다이스케坂垣退助 등과 만나 앞으로 일본이 입헌 군주제 국가로 나아갈 사항에 대해 협의했다.

한 시대의 지도자로서 오오쿠보 도시미치가 어떤 인물이었는지를 평가할 때, 역사가들은 그의 비정하고 냉혹한 성격과 철저한 전제 정치 방식에 초점을 맞추어 생각하는 경우가 많다. 그러나 일본 역사에서 그가 일군 공적만 놓고 보면 대부분 그를 위대한 지도자의 반열에 올리는 데 반론의 여지가 없다고 한다. 오오쿠보 도시미치는 유신 지사들과 함께 일본 근대사상 가장 혁신적인 개혁을 주도했으며, 메이지 6년의 정변 이후 그의 정치적 독주 기간에 일본은 산업 사회로 옮겨가며 눈부신 성장을 이루었다. 이 모든 것을 이루는 데는 당연히 강력한 통치 방식이 꼭 필요했을 것이라고 보

는 역사가들도 많다. 하지만 오오쿠보 도시미치는 그의 강압적인 정치에
불만을 품은 세력들에게 암살당했다. 파란만장했던 삶의 마지막 순간까지
험난했던 그는 1878년 5월 14일 세상을 떠났다. 그를 마지막으로 메이지
유신 3걸이 활약하던 시대도 막을 내렸다.

4 이와쿠라 사절단의 해외 순방

JAPAN

1871년 일본 정부는 대대적으로 사절단을 꾸려 장기 유럽 순방을 보내는 특단의 조치를 시행했다. 아시아의 작은 섬나라인 일본이 과감하게 추진한 세계 순방 프로젝트는 국제적으로 주목을 받았다. 2년에 걸쳐 서구 선진국을 견학하고 돌아온 일본 정부의 사절단 출신 인물들은 일본이 낡은 바쿠후 통치 시대에서 자본주의가 움지기는 사회로 전환하는 중요한 시점에서 커다란 역할을 했다.

시기 : 1871~1873년
인물 : 이와쿠라 도모미, 오오쿠보 도시미치

한계에 부딪힌 개혁

1860~70년대에 일본 열도는 낡은 제도를 버리고 새로운 시대를 맞이하기 위해 호된 통과의례를 치렀다. 그 과정에서 도쿠가와 바쿠후는 시대의 요구에 부응하지 못한 채 지나간 역사가 되었다. 바쿠후 통치가 막을 내린 후 메이지 덴노를 중심으로 하는 새 정부가 일본 역사의 무대에 등장했다. 하지만 야심차게 출발한 메이지 정부는 곧 경험 부족에서 비롯된 한계에 부딪히고 말았다. 그들이 해결해야 할 수많은 과제 중에 가장 시급한 것은 내정 안정과 외교 문제였다. 특히 메이지 정부가 들어서기 전까지 일본의

한눈에 보는 세계사
1870년 : 프랑스·프로이센 전쟁(~1871)   1876년 : 강화도 조약 체결
1871년 : 신미양요

정치와 외교를 모두 담당했던 바쿠후가 기존에 서구 열강과 맺어놓은 불평등 조약들이 새롭게 출발하는 메이지 정부의 발목을 잡았다. 게다가 오랜 내전으로 삶이 더욱 피폐해진 농민들의 불만이 극에 달해 소요 사태가 끊임없이 벌어지고, 이제는 찬밥 신세가 된 옛 무사 계층의 반발이 거세져 나라 안팎이 뒤숭숭했다.

메이지 정부는 안으로는 나라를 안정시키는 동시에 외교적 약세를 극복해야 하는 어려운 과제를 안고 출발했다. 그들은 특히 나라 안을 안정시키는 것이 가장 시급한 과제라고 판단했다. 아직 힘이 약한 새로운 정부는 내정을 안정시키기 위해 누군가로부터 힘을 빌릴 수 없을까 고민했다. 그런 상황에서 서구 열강과의 마찰을 피해야 했으므로 메이지 정부는 어쩔 수 없이 바쿠후가 맺은 불평등 조약 내용을 그대로 이행해야 했다. 하지만 근대화를 이루는 과정에서 점점 더 많은 원조가 필요해지자 메이지 정부는 할 수 없이 서구 열강에 치외법권, 관세 협정, 최혜국 대우까지 많은 부분을 양보할 수밖에 없었다. 상황이 그러다 보니 오히려 예전 바쿠후 통치 시기에 맺은 것보다 더욱 불평등한 조건도 감수할 수밖에 없었다. 이 무렵 서양 국가들은 일본 내 일정한 범위의 영토를 자국민 거류 지역으로 허가를 받아 이국적 분위기의 마을을 형성하기도 했다. 분한 마음으로 이를 지켜보던 일본인들은 일본 정부가 한 술 더 떠서 외국인의 치외법권까지 인정하자 정부에 대한 반감을 드러내기 시작했다. 존왕양이라는 슬로건을 외치며 시작한 메이지 정부가 진보와 보수를 동시에 만족시켜야 하는 정치적 딜레마에 빠진 것이었다.

하지만 일본 정부는 나라가 하루빨리 근대화에 성공하여 서구 열강과 어깨를 나란히 할 수만 있게 된다면 이런 상황을 금방 잘 이겨낼 것이라고 믿었다. 당시 '서구화가 즉 근대화'라는 인식이 강했기에 일본 정부가 추진한 근대화 방식은 서구 열강을 베끼는 수준에 머무를 뿐이었다. 하지만 한편으로는 일본이 근대화에 실패하면 서구 열강의 먹이로 전락할지도 모른다는 위기감이 새로운 정부를 끊임없이 괴롭혔다. 일본은 300년 가까이 수교 통상을 거부했으므로 국제적 감각이 뒤떨어진다는 치명적 단점을 안고 있었다. 말 한마디가 국익을 좌우하는 외교 시장에서 아슬아슬한 줄타기를 하기에는 국제 사회의 흐름에 대한 일본 정부의 이해가 너무 부족한데다 일본 내에는 아직 적절한 소양을 갖춘 인재도 없었다. 메이지 정부는 이 문제가 국가의 존망을 좌우하는 중요한 문제임을 절감해서 최대한 빨리 인재를 양성하고 국제 사회에 대한 견문을 넓혀야 한다고 믿었다. 그렇다면 가장 빠르고 효과적인 길은 무엇일까? 메이지 정부는 이미 답을 알고 있었다. 백문이 불여일견百聞不如一見, 선진 문명을 직접 보고 그대로 모방하는 것만큼 빠른 길은 없다고 판단하고 신속하게 사절단을 꾸렸다.

1871년 말, 유럽을 향해 출발한 일본 정부의 사절단은 당시 특명 전권대사로서 참여한 외무경 이와쿠라 도모미를 대표로 해서 기도 다카요시, 이토 히로부미, 오오쿠보 도시미치大久保利通, 오오쿠마 시게노부大隈重信 등을 포함한 정부 주요 인사 46명, 그 아래로 수행원 18명, 그리고 유학생 43명이 뒤따르는 것으로 구성되어 규모가 매우 컸다.

해외 순방과 일본 개혁

1871년 말에 일본 정부가 선발한 대규모 사절단이 드디어 대망의 유럽 순방을 떠났다. 대외적인 목표는 서양의 선진 문화를 배우고 국제 정세를 직접 둘러본다는 것이었다. 하지만 오오쿠보 도시미치와 메이지 정부의 핵심 인물들이 함께 장기간 자리를 비우면서까지 유럽 순방에 동행한 데는 따로 목적이 있었다. 그들은 바쿠후 통치 및 메이지 정부 초기에 서구 열강과 체결한 불평등 조약 내용을 이번 순방 중에 일본에 덜 불리한 내용으로 개정하거나 아예 새로 조약을 체결해야 한다는 중요한 임무를 갖고 출발했다. 하지만 아시아의 약소국이 이미 체결된 조약의 내용을 뒤집는다는 것은 사실상 불가능에 가까웠다. 순방 초기에 그들은 상대국과 협상을 몇 차례 진행해 봤지만 별다른 효과를 거두지 못했다. 그리하여 이와쿠라 도모미, 오오쿠보 도시미치, 기도 다카요시 등은 조약 조건을 수정한다는 목표는 포기하고 유럽과 미국의 선진 문화와 제도 등을 견학하고 국제 정세를 파악하는 데 집중하기로 했다.

1873년 9월, 사절단이 약 2년 만에 일본으로 돌아왔다. 일본 정부는 이번 순방을 통해 국제 감각을 지닌 인재들을 육성하여 근대화에 가장 중요한 문제를 해결하는 열쇠를 손에 넣었다. 사찰단이 돌아온 후 메이지 정부는 앞으로 지금보다 강하고 견고한 정권 기반이 필요하다는 생각을 굳혔다. 오오쿠보 도시미치와 그의 정치적 파트너인 이와쿠라 도모미는 당

시 이슈로 떠오른 정한론에 불을 붙여 다시 한 번 정치적 입지를 굳히는 기회로 이용했다. 이후 메이지 유신 삼걸 중 한 명인 사이고 다카모리와 그 밖의 주전파 인사들이 대거 실각하여 중앙 정치 무대에서 퇴장했다. 그 후 오오쿠보와 그의 영향력 아래에 있는 내무성이 정부를 장악했고, 일본의 미래는 오오쿠보 도시미치가 꿈꾼 자본주의 국가를 향해 내달리기 시작했다.

사절단이 해외 순방을 하면서 선진국들에서 배워온 경험들을 토대로 정치, 경제 분야를 포함하여 토지 국유화 문제, 국내의 산업화 문제 등 그동안 메이지 정부가 골머리를 앓았던 문제들이 제법 순탄하게 풀렸다. 게다가 군사 제도에서 일상적인 문화 전반에 이르기까지 일본에 적용할 수 있는 서구의 문화는 세세한 부분까지 최대한 활용했다. 해외 순방 중에 한

프랑스 대통령을 만나는 이와쿠라 사절단

발 앞서 돌아온 오오쿠보는 일본 내에 자본주의 문화를 단계적으로 확산시키고 정착, 실용화해서 마침내 자본주의 경제 체제를 확립했다. 또한 메이지 정부의 최대 업적으로 평가받는 문명개화 정책 역시 이 무렵에 빛을 발했다. 메이지 정부는 교육 제도를 개편하여 기초 교육 기관을 최대한 보급함으로써 누구나 기본 교육을 받을 수 있도록 노력을 기울였다. 그 결과 짧은 기간 안에 일본 국민의 평균 학력이 크게 신장되어 국가에 필요한 인재들을 더욱 많이 키워낼 수 있었다. 덕분에 근대화를 향한 일본의 행보는 더욱 속도가 붙었다. 교육의 중요성을 잘 알고 있던 메이지 정부는 문명개화 정책의 첫 단계인 기초 교육 보급에 성공하자 이번에는 일본의 첫 번째 국립대학 건립을 추진했다. 지금의 도쿄 대학의 전신인 도쿄 제국 대학은 본격적으로 일본을 이끌어 갈 인재를 양성하고자 정부가 설립한 최초의 고등 교육 기관이었다. 메이지 정부는 일본의 국립대학 1호인 도쿄 제국 대학에 외국인 교수를 다수 초빙하고 정부 지원으로 많은 학생을 외국으로 유학 보내는 등 인재 양성을 위해 아낌없이 투자했다.

이 밖에도 정부는 군사 발전에 힘을 썼다. 그때는 한 나라가 독립된 국가로서 주권을 지키고 대외적으로 국가 위상을 높이려면 강력한 근대적 군대와 무기가 가장 중요한 시대였다. 1873년 1월 메이지 정부는 새로운 군사 제도 법령인《징병령徵兵令》을 공포하고 서구적 군사 제도를 모방하여 서구식 군사 훈련을 받는 신식 군대를 양성했다.《징병령》이 내려진 이후 군부는 정부 기관에서 독립해 덴노의 직속 기관으로 편입되었고, 이때부터 일본 군사들의 심리에는 덴노의 직속 군사라는 자긍심과 충성심이 강하게 자리 잡았다. 이렇게 맹목적으로 충성하는 군대를 양성한 것은 훗날 일본의 군국주의 사상이 뻗어나가는 데 중요한 기반이 되었다.

이와쿠라 사절단이 메이지 정부에 끼친 긍정적 영향

메이지 정부 초기, 정부에서 파견한 이와쿠라 사절단은 대규모 인원으로 구성되었음에도 오랜 시간에 걸쳐 수많은 나라를 차례로 순방했다. 이는 일본뿐만 아니라 세계 다른 나라에서도 전례를 찾아볼 수 없을 정도로 파격적인 일이었다. 이때 사절단이 해외 순방 중에 배워 온 지식은 귀국하고 나서 일본에 적용했을 때 금방 효과가 나타나 근대 일본이 강력한 통일 국가로 자리매김하는 데 큰 역할을 했다.

이와쿠라 사절단의 해외 순방이 갖는 가장 큰 의의는 일본이 서구 열강 국가의 문화를 직접 체험하고 일본의 입장에서 필요한 국제 정세와 생생한 정보를 상세히 파악할 수 있었다는 점이다. 특히 자본주의 경제 체제를 실용화한 국가들과 상공업 발달로 막대한 부를 축적한 국가들을 두 눈으로 직접 확인하면서 필요한 정책을 모방할 구체적인 모델을 발견할 수 있었던 점도 일본이 근대 국가로 발전하는 데 크게 기여했다. 이 밖에도 메이지 정부가 추구한 국가 통치 체제, 법 제도, 교육 제도 개혁과 전반적인 사회 문화 등 모든 방면에서 해외 순방 경험은 중요한 밑거름이 되었다.

1889년에 정부는 일본 제국헌법을 발령하여 입헌 군주제 국가 체제를 확립했고, 이후 약 10년 동안은 서구 열강에 빼앗겼던 국가 주권을 되찾는 데 주력했다. 그리고 20세기에 들어서면서 강력한 제국주의 열강 국가로 서구 열강과 어깨를 나란히 하며 당당하게 국제 사회에 등장했다.

5 강화도를 뒤흔든 포성

1875년 어느 날, 갑자기 강화도를 뒤흔드는 포성이 울려 퍼졌다. 이 소리야말로 일본의 본격적인 한반도 침략을 알리는 신호탄이었다. 일본의 무장 군함 운요호雲揚號가 강화도 부근에 나타났다. 일본의 협박에 못이긴 조선 왕실은 결국 1876년 2월에 강화도 조약을 체결했다. 조선 왕실에 불평등 조약을 강요하여 문호를 개방하도록 하는 데 성공한 일본은 이로써 대륙 침략의 발판을 마련했다.

시기 : 1875～1876년
인물 : 모리야마 시게루, 산죠 사네토미, 이와쿠라 도모미

또 다시 고개를 드는 정한론

19세기 중후반에 새로 구성된 일본의 메이지 정부는 기존의 사회 질서를 전부 뒤엎는 혁신적 정책을 속속 추진하며 국가 기틀을 세우고 내실을 다지는 데 주력했다. 일본 열도 구석구석까지 휘몰아친 메이지 정부의 개혁이 어느새 결실을 맺어 일본은 군사적으로나 경제적으로 서구 열강에 뒤지지 않을 정도로 커다란 성장을 이루었다. 하지만 일본의 급성장은 결과적으로 인근의 아시아 국가들에 국가적 위기를 초래하는 재앙이 되었다. 당시 한반도를 통치하던 조선 왕조는 여전히 폐쇄적인 대외 정책을 고집

한눈에 보는 세계사
1871년 : 신미양요

하고 있었다. 나라의 문을 굳게 걸어 잠그고 외세를 배척하는 조선의 내부 사정은 에도 앞바다에 쿠로후네가 출현하기 직전의 일본과 사정이 비슷했으므로 일본은 그 상황을 누구보다도 쉽게 이용할 수 있었다.

한반도는 아시아 전 지역으로 진출하는 데 지리적으로 매우 유리했으므로 영국, 프랑스, 러시아, 미국 등 서구 열강과 신생 열강인 일본까지 모두가 호시탐탐 노렸다. 특히 일본이 대륙에 진출하는 데 통과해야 할 제1관문이 바로 한반도였다. 일본은 서구 열강이 아시아 진출 문제로 서로 대립하는 틈을 타서 조선을 침략하기로 했다.

1869년 초, 일본은 먼저 오늘날의 부산에 해당하는 조선의 동래 지역으로 공식 사절단을 파견했다. 일본의 정권이 바뀌어 바쿠후 통치가 끝나고 메이지 덴노가 중심이 되는 새로운 정부가 들어섰다는 사실을 이웃 국가인 조선에 알리면서 새로운 정부와 다시 국교를 맺자는 제안을 하기 위해서였다. 이 사절단 대표로 히구치 데쓰히로가 파견되었다. 그러나 조선 왕조는 일본의 새로운 정부를 인정할 수 없다는 뜻과 함께 국교 제안을 거절했다.

조선이 일본과의 수교를 거절한 가장 큰 이유는 메이지 정부가 전달한 공식 문서에 사용된 표현 때문이었다. 메이지 정부가 보낸 공식 문서에 일본 왕을 '덴노天皇'이라고 지칭하거나 '칙勅'이라는 표현을 빈번하게 사용한 것이 조선 조정에서 문제가 된 것이다. 이러한 표현들은 당시 조선이 생각하는 동아시아의 질서에 크게 어긋나는 무례한 표현이었다. 당시 조선의 조정 대신들은 국제 사회가 돌아가는 흐름을 제대로 파악하지 못한 채 일본의 태도를 하극상으로 규정짓고 몹시 분노했다. 게다가 일본 내에서 한동안 '정한론'이 들끓었다는 소식이 이미 조선에도 암암리에 흘러들어 왔기 때문에 일본을 괘씸하게 여기던 차였다. 히구치 데쓰히로가 이끌고 온 일본 사절단에 대한 대접이 소홀했던 것도 그 때문이었다. 일본은 나름대로 격식을 차려 공식적으로 파견한 사절단이 푸대접을 받자 조선의 무례한 태도에 분개했다. 그리고 그 사실이 전해지자 일본 내에서는 한반도로 쳐들어가 조선을 정벌하자는 정한론이 다시 한 번 들끓었다.

하지만 당시 일본의 군사력이 조선보다 월등했다고 해도, 막상 전쟁을 벌이면 맞서 싸워야 할 적은 조선뿐만이 아니었다. 조선의 뒤에 버티고 있는 청나라가 개입하리란 점은 불 보듯 뻔했다. 아무리 청나라의 위세가 예전 같지 않아 종이호랑이 취급을 받는다 해도 그 압도적인 병력과 전투를 벌여야 한다는 것은 한창 성장 중인 일본에 커다란 부담이었다. 일본 내에서도 정한론에 팽팽하게 맞서며 내정을 견고하게 다듬어야 하는 중요한 단계에 외국과 전쟁을 벌이는 무리수를 두는 것은 옳지 않다는 의견이 적지 않았다. 외무성에 소속된 모리야마 시게루森山茂가 수차례 조선 정벌을 건의했으나, 오오쿠보 도시미치를 필두로 하는 내각에서는 이 안건을 미룬 채 경제 발전과 군사력 증강 관련 정책에만 총력을 기울였다.

그러던 중 1873년에는 조선에서도 일종의 정치 쿠데타가 발생했다. 조선의 임금인 고종이 즉위 10주년이 되던 해에도 정치적 실권은 왕의 친아버지인 흥선 대원군이 여전히 쥐고 있었기 때문이다. 흥선 대원군은 집권 기간에 통상 수교를 거부하는 폐쇄적 외교 방침을 강력히 고수하며 외세를 철저히 배척했다. 그러던 중 최익현崔益鉉이 상소를 올리면서 문제가 불거졌다. 그는 상소문에서 왕이 진작 성인이 되었음에도 아직도 친정親政을 펼치지 못하는 것은 흥선대원군이 섭정 자리에서 물러나지 않는 탓이라고 꼬집으면서 흥선 대원군의 정책에 대해서도 강하게 규탄했다. 최익현의 상소가 커다란 반향을 불러일으키자 고종과 명성 왕후는 그 여세를 몰아 1873년 12월 24일 친정을 선포했다. 이로써 명분을 잃고 실각한 흥선 대원군은 섭정의 자리에서 물러났다. 이후 명성 왕후의 인척들이 조정에 대거 들어오면서 민씨 가문에 의한 척신戚臣 정치가 시작되었다.

조선 역시 정권이 바뀌면서 기존의 폐쇄적 외교 방침을 버리고 태도를 180도 바꾸어 문호 개방을 시작했다. 일본을 대하는 태도 역시 무조건 배척하던 것에서 한층 누그러져 온화한 분위기로 바뀌었다. 일본 정부는 조선의 변화를 반기며 1875년에 다시 한 번 모리야마 시게루를 파견했다. 하지만 홍선 대원군이 하야하고 나서 아직 정권을 확실히 틀어쥐지 못한 조선의 조정에서는 여전히 홍선 대원군을 지지하는 수구파 원로들이 힘을 과시하고 있어 일본의 새 정부와 국교를 맺는 문제는 또다시 거센 반대에 부딪혔다. 결국 대일 외교 문제에 대해 조선은 계속해서 이러지도 저러지도 못하는 어정쩡한 태도를 보였고, 이를 지켜보면서 일본 정부는 이런 논쟁 하나 제대로 정리할 만한 인재 없이 사분오열된 조선의 정치 현실을 파악하게 되었다.

한편, 당시 일본에서는 타이완에 표류한 류큐 어민 수십 명이 살해당한 사건으로 뜨겁게 논쟁이 일고 있었다. 당시 류큐 왕국은 일본과 청나라에 모두 조공을 바치고 있었기에 두 나라 정부 모두 각각 류큐 왕국에 대한 종주권을 주장하고 나서 사태가 복잡해졌다. 그런 와중에 일본 정부는 이번 기회를 이용하여 류큐 지역에 관한 문제에 못을 박고 일본 영토에 편입시키려 했다. 일본과 청나라 사이에는 차츰 험악한 분위기가 조성되었고, 일본에서는 타이완 출병을 주장하는 분위기가 무르익었다. 실제로 타이완 정벌군을 모집하여 출병하려는 단계까지 이르렀지만, 영국과 프랑스의 중재로 전쟁은 일어나지 않았다. 그러나 엉뚱하게도 내친김에 한반도라도 쳐들어가자며 정한론이 다시 고개를 들기 시작했다. 이 시점에서 당시 국제 정세를 지켜보던 러시아 주재 특명 전권 공사 에노모토 다케아키가 대륙 진출을 위한 전략적 요충지를 확보하기 위해 하루라도 빨리 한반도를 차지해야 한다고 강조해 정한론은 더욱 큰 힘을 얻었다.

강화도 사건의 전말

1875년 4월에 모리야마 시게루가 일본 정부에 조선 파병을 재차 건의하며 지금이야말로 조선 침략에 적절한 시기라고 강조했다.

일본 정부는 에노모토 다케아키와 모리야마 시게루의 건의를 심사숙고하다가 마침내 조선 침략에 동의했다. 그리고 쓰시마對馬 섬과 조선 사이의 해안선을 측량한다는 핑계로 일본의 군함을 보내어 조선 영해를 침범했다. 이러한 행위를 한 밑바탕에는 양국의 군사력 격차를 보여 주어 은근히 문호 개방에 압력을 가하려는 의도가 깔려 있었다. 이때 일본은 미국의 페리 제독이 미국 군함을 이끌고 에도 만에 찾아와 문호 개방을 요구한 쿠로후네 출현 사건 때 자국이 속수무책으로 당했던 포함砲艦 외교를 그대로 모방했다. 5월 말, 일본은 영국에서 수입한 군함 운요호, 가스가春日 호, 다이니테이보第二丁卯호 세 척을 조선 근해로 보내 동해안과 서해안에서 해

영종도에 무단 상륙한
일본군

안선을 측량하도록 지시했다. 이는 물론 앞선 군사력을 과시하여 조선을 긴장시키려는 계략이었다. 조선 조정은 당연히 일본의 무례한 태도에 크게 반발했으나 정권이 교체되고 정국이 혼란한 시기였던지라 무력으로 맞서 반발하는 일은 일어나지 않았다.

9월 20일, 일본의 운요호가 또 조선 근해를 침범했다. 이번에 나타난 곳은 조선의 수도 한양에서 가까운 한강 하류 근방의 강화도였다. 수도에서 지척인 곳에 외국 군함이 나타난 것은 일대 사건이었다. 게다가 운요호는 조선 수군의 허가도 없이 보트를 내려 일본인들을 싣고 육지로 접근했다. 이를 보고 수도 방어 기능을 담당하는 강화도의 해안에 설치된 포대가 운요호와 보트들을 향해 불을 뿜었다. 그리고 이것이 신호탄이 되어 운요호에서도 강화도의 해안 포대를 공격했고, 그 옆에 있는 영종도를 무단으로 점거한 일본군은 살육과 방화를 저질렀다. 이 전투의 결과는 앞선 무기를 보유한 일본의 압승이었다.

강화도 전투의 승리를 계기로 일본 정부의 입장은 정한론으로 기울었다. 운요호 사건의 전말이 일본에 전해지자 당시 다이죠다이진太政大臣(최고 국가 기관인 태정관의 최고 장관으로 수상과 같은 격)이었던 산죠 사네토미三條實美가 조선 출병을 선언했다. 게다가 그동안 정한론을 줄곧 반대했던 이와쿠라 도모미와 오오쿠보 도시미치 등 책략가들도 이번 사태가 한반도를 차지하기에 좋은 기회라는 것을 깨닫고 바로 태도를 바꾸어 정한론에 찬성하고 나섰다.

일본 정부는 1876년 1월 구로다 기요타카黑田淸隆를 특명 전권 대사로 임명하고 이노우에 가오루井上馨를 부사로 임명하여 조선과 수호 조약에 관한 담판을 짓게 했다. 겉으로는 협상의 형태를 띠었으나, 엄밀히 말하면 이는 협박과 위협을 통해 불평등 조약을 강요한 짓이었다.

한편, 아직 정권을 제대로 장악하지 못한 조선의 젊은 왕은 일본에서 파

조선과의 강화도 조약
체결을 위해 특명 전권
대사로 임명된 구로다
기요타카

견한 구로다와 이노우에가 도착한 순간까지도 운요호 사건의 전말을 명확하게 파악하지 못했다. 조선 조정은 결국 우물쭈물하다가 일본의 군사력에 위축되어 수호 조약 초안에 동의하고 말았다. 그리고 1876년 2월 26일, 조선과 일본은 강화도에서 회담을 열어 강화도 조약을 체결했다. 강화도 조약에서 일본 정부는 조선이 자주 독립 국가임을 분명히 할 것, 부산과 원산, 인천 세 곳의 항구를 일본에 개방할 것을 요구하고 이 조약의 효력이 체결 당일부터 발생한다고 명시했다. 이 조약에서 조선을 자주 독립 국가로 규정한 것은 나중에 청나라가 조선에 대해 종속 관계를 주장하고 나설 것을 사전에 방지하고자 한 대비책이었다. 그 밖에도 일본 화폐를 조선에서도 통용하도록 한다는 내용이 있는데, 여기에는 일본이 조선 경제를 점진적으로 장악해 나가려는 의도가 숨어 있었다.

조선의 문을 열다

강화도 조약을 체결함으로써 일본은 굳게 닫혀 있던 조선의 문호를 여는 데 성공했다. 조선은 그 순간부터 일본의 수탈과 전쟁을 위한 도구로 전락할 불운한 운명에 놓였다. 하지만 이 일을 계기로 조선 내부에도 근본적인 변화의 바람이 불기 시작했다. 비록 점차 국운이 기울면서 나중에는 일본의 식민지가 되어 상처뿐인 불행한 역사가 펼쳐졌지만, 일본에 대한 저항과 함께 변화의 바람은 꺼질 줄 모르고 계속되었다.

일본이 조선과 첫 번째로 맺은 이 불평등 조약은 궁극적으로는 대륙 침탈을 꿈꾸는 원대한 야망을 이루기 위한 준비 단계에 불과했다. 강화도 조약을 체결하는 데 성공한 일본은 태평양 연안에 자리한 조선과 청나라를 정복하여 대륙으로 진출하겠다는 야심 찬 꿈을 구체적으로 계획하기 시작했다. 이 야망은 걷잡을 수 없이 커졌고, 일본이 제2차 세계대전에서 패하여 전범국이 될 때까지 계속되었다.

6 일본의 초대 총리대신 이토 히로부미

JAPAN

이토 히로부미는 바쿠후 시대 말기에 가난한 농가에서 태어나 훗날 일본 정치계 최고 자리인 초대 내각 총리대신의 자리에까지 오른 인물이다. 그는 특히 새로운 일본의 체제와 법제, 국가 기강을 세우는 데 결정적인 역할을 했다. 메이지 정부가 수립되고 나서는 정부의 여러 요직을 겸임했으며, 마흔네 살에 내각 초대 총리대신과 초대 추밀원 의장 자리에 취임하여 일본 제국헌법의 제정을 주도했다.

> **시기** : 1841~1909년
> **인물** : 이토 히로부미

가난한 농부의 아들로 태어나다

1841년의 10월 16일, 조슈의 스오노쿠니周防國 구마게 군熊毛郡의 농부 하야시 쥬조林十藏의 집에 아들이 태어났다. 우렁찬 울음소리를 터뜨리며 태어난 건강한 장남에게 아버지는 도시스케利助라는 이름을 지어 주었다. 도쿠가와 바쿠후 말기 일본 사회가 전체적으로 경제난에 허덕이고 있었으나 그 중에서도 가장 힘든 것은 농민들이었다. 하야시 쥬조는 빈곤과 기아에서

한눈에 보는 세계사

1840년 : 아편 전쟁 발발
1848년 : 독일 마르크스, 공산당 선언 발표
1853년 : 크림 전쟁
1858년 : 중국, 2차 아편 전쟁
1859년 : 다윈, 《종의 기원》 발표
1861년 : 미국, 남북 전쟁

1867년 : 오스트리아-헝가리 제국의 성립
1870년 : 프랑스·프로이센 전쟁
1882년 : 삼국 동맹 성립(독일, 오스트리아, 이탈리아)
1903년 : 라이트 형제, 최초로 비행 성공
1907년 : 삼국협상 성립

벗어나고자 가족을 이끌고 조슈의 중심지인 하기로 이주했다. 이후 적극적으로 운명을 개척하고자 움직인 하야시 일가의 운명에 작은 행운이 날아들었다. 그리고 이 작은 행운은 아직 어린 아기에 불과한 도시스케의 삶을 바꾸는 운명적인 계기가 되었다.

하야시 일가가 처음 하기로 이주했을 때에는 생계조차 막막할 지경이었다. 다행히 어느 하급 무사 집안의 일을 도우며 근근이 먹고 살 수 있게 되었다. 그로부터 얼마 후 하야시 쥬조가 가문의 대를 이어 줄 양자를 찾던 이토伊藤가와 우연히 인연이 닿아 양자로 들어가게 되었다. 이토가는 하급 무사 중에서도 가장 최하위에 속하는 아시가루足輕 계급으로, 무사라고는 해도 별 볼일 없는 신분이었다. 하지만 농민에서 무사 신분을 얻는다는 것은 신분 상승의 기회가 거의 없었던 당시로써는 큰 행운이었다. 도시스케는 이토가의 사람이 되면서 슌스케俊輔라는 이름으로 바꾸었다. 훗날 그가 정치계에 입문할 때부터 사용한 이름인 '히로부미博文'는 중국 고전《논어論語》 옹야雍也편에 나오는 '군자가 배움을 폭넓게 하고 그것을 예로써 단속할 수 있다면 바른 길에서 벗어남이 있겠는가子曰, 君子博學於文 約之以禮 亦可以弗畔矣夫'라는 구절에서 따온 것이다. 그가 과연 이름값을 하는 삶을 살았는지는 모르겠으나 많이 배우고 연구한 뒤 그것을 정치에 적용하는 정치가가 된 것은 분명하다.

어린 시절 이토 히로부미는 아버지의

이토 히로부미

행운 덕분에 배움의 기회를 잡을 수 있었다. 특히 요시다 쇼인의 사설 교육학교 쇼카손주쿠에 다닌 경험은 그의 인생에도 커다란 영향을 끼쳤다. 당시 이토 히로부미 역시 스승 요시다 쇼인을 깊이 흠모했다. 쇼카손주쿠에서 보낸 시간 동안 그는 자유롭고 진취적인 사고방식을 키워 나가는 한편 존왕양이 사상을 가슴 깊이 새겼다. 그 밖에도 그는 어린 시절부터 유학儒學에 관심이 많았고 다양한 방면에 재능이 있었으며, 특히 붓글씨 솜씨가 탁월했다고 한다.

1858년, 이토 히로부미는 바쿠후의 포술 전습소에서 군사학을 공부하고자 나가사키를 향해 떠났다. 그곳에서 수준 높은 관영 교육을 받은 후 그는 다시 교토로 향했다. 교토에서 이토 히로부미는 구사카 겐즈이 등 존왕양이파의 젊은 지사들과 친분을 맺을 수 있었다. 이때의 인연으로 이토 히로부미는 도바쿠 세력의 일원이 되어 적극적으로 활동했다. 도바쿠 세력과 친바쿠후 세력의 날 선 대립으로 일본이 발칵 뒤집혔을 때, 이토 히로부미는 조슈로 돌아가서 쇼카손주쿠의 동문인 다카스기 신사쿠를 도와 함께 기병대를 이끌며 무력 도바쿠 세력의 중심 인물이 되었다.

1863년 일본 열도에서 도바쿠 운동이 상승세를 타고 있을 때, 서구 선진국들에 대한 새로운 소식이 다양한 경로를 통해 일본에 들어왔다. 그 소식은 이토 히로부미의 귀에까지 들어갔고, 대부분 그의 호기심을 자극하는 한편 자존심에 불을 붙이는 내용이었다. 일본 문명이 서구 열강보다 현저히 뒤처져 있다고 판단한 이토 히로부미는 즉시 유학을 결심하고 영국으로 떠났다. 그는 영국에서 선진적인 군사학과 과학 기술 등을 중점적으로 배우는 한편, 다른 유럽 국가들의 정치 제도와 개혁 방안, 국제 정세에 대해서 끊임없이 관심을 갖고 상세히 살폈다. 영국 유학을 통해 식견을 넓히고 일본으로 돌아온 이토 히로부미는 자신의 입지가 유학을 떠나기 전과 크게 다르다는 사실을 깨달았다. 일본이 염원하던 해외 유학파 인재가 등장

했다는 소식에 덴노와 메이지 유신 정부의 관심
이 그에게 쏠린 것이다. 이후 그는 일본 사회에서
중요한 인재로 대접받으며 안정적으로 정치적 입
지를 굳혀나갔다.

정권을 장악하다

이토 히로부미가 일본에 돌아온 지 얼마 지나지
않은 1863년, 사쓰마에 미국, 프랑스, 영국 등 서
구 열강의 집중 포화가 쏟아지는 사태가 발생했
다. 이 전투는 양측 간 군사력의 격차가 워낙 컸
기에 처음부터 이미 승패가 결정되어 있었다. 그
이듬해인 1864년에는 조슈 해군이 시모노세키에
서 서구 열강 국가의 함선을 무차별로 공격한 일
에 대해 피해국 군대들로 구성된 연합군의 보복

1863년, 영국 유학 당
시의 이토 히로부미(윗
줄 오른쪽)

공격을 받았다. 이 일로 조슈 지역도 큰 타격을 입었다. 그러나 두 지역은
선진 기술의 힘에 제대로 당한 이번 경험을 통해 반드시 선진 문물을 받아
들여야겠다는 깨달음을 얻었다. 그때의 쓰디쓴 실패가 훗날 어떤 열매를
맺었는지에 대한 답은 메이지 유신을 진두지휘하여 근대화를 이루어 낸
인물 대부분이 조슈와 사쓰마 지역 출신이라는 사실만 보아도 쉽게 알 수
있다.

　메이지 유신이 성공하자 정부 요직에 있는 인사들과 유학생 등 약 100
여 명이 사절단을 구성하여 공식적으로 미국과 유럽 등 서구 선진국을 순
방할 계획이 잡혔다. 이 사절단이 바로 이와쿠라 사절단으로, 1871년에 출
발해 1873년에 귀국했으며 그중에는 이토 히로부미도 있었다. 해외 순방
을 마치고 귀국한 이토 히로부미는 외교 업무를 전담하게 되었고, 이후 오

오쿠보 도시미치가 자본주의의 도입과 자산 계급 개혁으로 바빠지자 그의 뒤를 이어 내무경 자리를 맡는 등 차근차근 순조롭게 메이지 정부에서 정치적 입지를 굳혀갔다. 1881년에 이토 히로부미가 영국의 정치 체제인 내각 정당제를 일본 정치에 도입하는 것을 적극적으로 추진했으나, 아직 정치적으로 미성숙한 일본의 정부에 내각 정당제는 시기상조였다. 대신 그는 1882년에 입헌 군주 정치를 공부하러 러시아로 건너가 약 1년 정도 머무르기도 했다.

일본으로 돌아온 이듬해인 1884년에 이토 히로부미는 지난 일 년 동안 얻은 성과를 뽐내기라도 하듯 '화족령華族令'이라는 새로운 신분법을 공포하고, 일본 현실의 특색을 반영하여 구상한 내각 제도를 발표했다. 화족령에 따라 옛 귀족 계급과 메이지 유신에 공이 있는 자, 군인 등을 그동안의 공적에 근거하여 각각 공, 후, 백, 자, 남 다섯 등급의 작위를 부여하고 정부 내에 이들로 구성된 귀족원을 설치했다. 1885년 12월, 일본 정부는 이토 히로부미의 건의를 받아들여 기존의 태정관제太政官制를 폐지하고 내각제를 확립했으며 내각의 초대 총리대신으로는 이토 히로부미를 추대했다. 정부 실권을 장악한 이토 히로부미는 다음 목표인 입헌 군주제 개혁을 목표로 삼았다.

1886년 일본 정부는 '대일본 제국헌법'을 정식으로 선포했다. 이토 히로부미가 직접 헌법 초안을 작성해서 그 밖의 심의 과정까지 모두 주관했다. 제국헌법의 등장은 일본 근대사에서 마침내 일본의 입헌 군주 제도를 근대적 반석 위에 올려놓은 것으로 평가되는 중요한 사건이다. 일본에서는 이 과정을 주도한 이토 히로부미를 두고 '메이지 헌법의 아버지'라고 부른다. 헌법 공포 후 1894년에는 다시 이토 히로부미의 주도로 영·일 통상 항해 조약이 체결되었고, 이때 영국의 치외법권 조항이 삭제되었다. 그와 동시에 일본의 군사력 수준은 빛의 속도로 진화를 거듭하여 조선과 청나라를 침략하려는 정책이 착착 진행되어 갔다. 1894년 7월에는 청일 전쟁이 일어나 일본이 한반도를 통해 청나라의 다롄大連, 여순旅順, 위해威海 등지를 점령했다. 청일 전쟁에서 승리한 일본은 전후 처리를 위해 청나라 대표와 시모노세키에서 만나 조약을 맺었다. 일반적으로 잘 알려진 시모노세키 조약은 바로 이때 맺은 것이다. 이 조약에서 일본은 막대한 배상금을 얻어 내는 한편, 청나라와의 관계에서 줄곧 뜨거운 감자였던 타이완 등을 식민지로 얻어 내는 데 성공했고, 청나라는 조선에서 공식적으로 손을 떼기로 했다.

1905년 5월, 일본은 다시 러시아와 쓰시마 해협 상에서 정면으로 맞붙었다. 여기서 압도적 승리를 거둔 일본은 그 뒤에 이어진 포츠머

1905년 대한제국 황태자 영친왕 이은과 함께한 이토 히로부미

스 조약에서도 아주 유리한 조건으로 원하는 결과를 얻어냈다. 일본은 조선에 큰 영향을 미치는 청나라와 러시아 두 나라를 떼어 내고 국제적으로도 조선에 대한 식민 지배권을 인정받았다. 포츠머스 조약을 체결한 직후 미국과 일본 사이에는 미국이 일본의 조선 지배를 인정한다는 내용의 또는 가쓰라·태프트 밀약이 극비리에 성사되어 일본의 조선 지배 정책에 날개가 달렸다. 일본 정부는 이토 히로부미를 초대 조선 통감으로 임명하는 한편, 1905년에는 다시 무력으로 조선을 협박하여 강압적으로 두 번째 한일 협약인 을사조약을 맺었다. 이 협약에서 조선은 국제적 사회에서 표면상 일본의 보호를 받는 것으로 되었으나 실질적으로는 제국주의 일본의 식민지로 전락한 것이나 마찬가지였다. 그리고 2년 뒤인 1907년에는 조선

인 이완용과 일본 내각 총리대신 이토 히로부미의 이름으로 제3차 한일 협약인 한일 신협약이 체결되었다. 한반도는 결국 공식적으로 일본의 식민 지배에 놓이게 되었다. 그러고 나서 1909년 10월, 이토 히로부미는 러시아와 러일 전쟁의 마무리에 관해 담판을 짓기 위해 만주로 향했다. 그러나 10월 26일 오전 9시에 하얼빈 역에서 조선의 애국지사 안중근에게 저격당해 사망했다.

일본의 영웅, 그리고 아시아의 적

이토 히로부미는 일본에 자본주의가 정착하도록 오오쿠보 도시미치와 함께 크게 공헌한 인물이다. 일본이 무사히 현대 국가로 진입할 수 있었던 것은 근대화의 기반을 미리 탄탄하게 닦아놓았던 덕분이며, 근대화를 성공시킨 것은 이토 히로부미를 포함한 메이지 유신 주도 세력이었다. 특히 이토 히로부미는 메이지 정부에서 정책을 결정하는 중요한 직책을 주로 맡았

1909년 이토 히로부미 등 일본 정계의 고위급 인사들이 펑톈 기차역에서 함께 기념 촬영을 했다.

던 만큼 당시 일본 정부의 정책 대부분이 그의 영향력 아래 있었다고 무방했다. 그 밖에도 이토 히로부미는 당시 일본 정부의 외교 협상 자리에 대표로 참석할 정도로 메이지 정부의 팔방미인이었다. 물론 일본의 국익을 위해 수단과 방법을 가리지 않은 인물인 만큼 침략 피해를 입은 나라에서 그에 대한 평가는 극명하게 상반된다.

일본인들이 볼 때 이토 히로부미는 자본주의를 도입하고 그 기틀을 확립하는 중요한 공을 세운 인물이다. 그래서 그들에게 일본의 근대는 찬란하게 문명을 꽃피우고 역사적 발전을 이룬 시기로 기억된다. 하지만 일본 정부가 자국의 자본주의 시장 경제 발전을 촉진하고자 주변 국가를 식민지로 삼으려 과욕을 부린 결과, 같은 시기를 살았던 아시아인들은 끔찍이도 고통스러운 근대화의 기억을 갖거나 혹은 근대화에 실패해 지금까지도 어렵고 고된 삶에서 벗어나지 못하고 있다.

일본 정부가 그러한 사실을 애써 외면하고 부정한 결과 수많은 일본인이 그 시절을 '정말 잘 나가던 전성기, 아름다운 시절'로만 기억하는 모습을 지켜보는 것은 참으로 씁쓸한 일이다.

7 역사 속으로 저물어간 류큐 왕국

JAPAN

류큐 왕국은 과거 일본 남서부의 사키시마先島 제도와 오키나와 제도, 아마미奄美 군도에 걸쳐 발전한 왕국으로, 일본의 침략으로 몰락한 뒤 일본 영토로 편입되었다. 사방이 바다로 둘러싸여 작은 섬 여러 개로 이루어진 나라여서 경제나 군사 방면에서 크게 발전하기에는 어려웠으므로 류큐 왕국은 역사적으로 끊임없이 아시아 강대국들의 위협에 시달렸다. 1609년 사쓰마의 시마즈 가문이 류큐를 침략하여 다스리기 시작했고, 1870년대에는 일본이 청나라를 무력으로 제압하여 류큐 왕국에 대한 청나라의 권리를 포기하게 한 뒤 주권을 빼앗아 일방적으로 지배했다.

시기 : 1879년
사건 : 류큐 어민 학살 사건, 목단사 사건

류큐 왕국의 역사

류큐 왕국의 초기 역사에 대한 사실적 기록 중 가장 오래된 내용을 찾아보면 12세기까지 거슬러 올라간다. 기록에 따르면 당시 류큐 군도에 거주하던 주민들은 이미 원시 시대 단계에서 벗어나 씨족 사회로 이행하는 중인 안지按司 시대에 들어선 것으로 보인다. 안지란 당시 류큐 지역의 지방 호족 세력을 가리키는 말이다. 그리고 14세기에 이르러 류큐 역사상 최초의 국가가 출현한 산잔三山 시대가 시작되었다. 류큐 왕국의 건국 신화는 태초의 신인 아마미쿠阿摩美久가 바다 위에 수많은 섬을 만들고 그 안에 부부가

한눈에 보는 세계사
1882년 : 삼국 동맹 성립(독일, 오스트리아, 이탈리아) / 임오군란

172

살게 했다는 내용으로 여느 나라의 건국 신화와 크게 다르지 않다. 이 부부 또한 신의 반열에 있는 자들로 슬하에 3남 2녀를 두었고, 그중 장남인 덴손天孫 씨가 류쿠를 통치하는 최초의 왕이 되었다고 한다. 이후로 무려 25대에 걸쳐 덴손 씨의 자손이 계속 류쿠를 통치했으나 12세기에 신하가 반란을 일으켜 덴손 씨의 나라는 멸망했다. 그러고 나서 류쿠 지역에서 비교적 세력이 강했던 슌텐舜天이 통일 왕국을 세워 류쿠를 다스리는 왕좌에 올랐다.

　이후 류쿠는 산잔 시대로 진입했다. '산잔三山'이란 당시 류쿠 왕국에서도 세력이 컸던 추잔中山, 호쿠잔北山, 난잔南山 세 지역을 가리키며, 이 중에서도 추잔의 세력이 가장 강하고 호쿠잔의 세력이 제일 약했다고 한다. 그러나 산잔 시대 이전까지는 세력 간에 역량의 차이가 있어도 안지들의 신분 관계는 기본적으로 평등했다. 산잔 통일 이후 통일 왕국 시대로 돌입하면서 류쿠 군도에 있는 다른 지역들은 점차 쇠퇴하여 추잔의 에이소英祖

류쿠 왕국의 궁정

왕가에 조공을 바치는 경우가 점차 늘었다. 14세기 들어 이러한 조공 관계가 자리를 잡자 류큐 왕국 내 지역적 경계는 옅어지고 자연스럽게 서열이 생겼다.

한편, 1372년 중국 명나라 태조 주원장朱元璋이 류큐 추잔국의 왕 삿토察度에게 사신을 파견하여 중원의 새로운 질서를 알리는 조서를 전했다. 이때부터 추잔이 명나라에 조공을 바치고 이듬해에는 호쿠잔의 왕 하니지와 난잔의 왕 쇼삿토 까지 명나라에 조공을 바쳤다. 이때부터 류큐 왕국은 중국의 속국을 자처해 대중국 조공 외교를 시작했다. 명나라는 류큐 왕국의 책봉 문제에까지 관여했고, 조공을 받는 것에 대한 대가로 류큐에 선진적 조선술과 항해술을 전해 주는 등 적절한 선에서 상부상조 관계를 이어갔다.

산잔국은 당시 아시아의 최강대국이던 명나라의 도움을 받으며 눈부시게 빠른 속도로 발전을 이루었다. 1429년에는 추잔국을 중심으로 난잔과 호쿠잔이 통합되어 산잔이 통일되고 통일 류큐 왕국의 시대가 시작되었다.

통일 왕국의 수도는 슈리首里 성으로 정해졌다. 산잔의 통일로 류큐 왕국은 경제와 군사력 방면에서도 큰 성장을 이루었다. 류큐 왕국이 역사상 실존하는 국가로 전성기를 맞이하여 가장 활기찬 시간을 보낸 것 역시 이 무렵이었다. 류큐 왕국은 무역업을 경제 기반으로 삼아 중국과 조선, 일본에서 멀리는 동남아시아까지 진출했다. 류큐 왕국이 활발한 무역 활동으로 큰 부를 축적한 사실은 당시 류큐의 무역 상인들과 접촉했던 포르투갈과 네덜란드 상인들을 통해 서방 국가에도 기록이 남아 있다. 15세기 중반 이후 제2 쇼尙 씨 왕조의 3대 왕인 쇼신 왕이 류큐를 다스린 시기는 류큐 왕국의 역사상 왕국의 통치권이 가장 멀리까지 뻗어 나간 최고 전성기였다.

일본의 사쓰마가 쳐들어오다

17세기 일본은 정치적으로 매우 혼란스러운 상황에 처해 있었다. 당시 일본을 통일하여 최고 권력을 거머쥔 도요토미 히데요시는 자신의 정치적 입장을 공고히 하고자 여러 가지 일을 벌였으나 결국 제대로 수습하지 못한 채 사망했고, 그 직후 도쿠가와 이에야스가 정권을 잡았다. 당시 사쓰마는 도요토미 히데요시의 원대한 꿈, 혹은 허무맹랑한 망상인 중국 정벌 정책을 위한 첫걸음이었던 조선 침략 전쟁과 세키가하라 전투에 연이어 참전하느라 재정이 바닥나고 군사력도 악화될 대로 악화되어 궁지에 몰렸다. 이때 사쓰마는 지리적으로 가까운 곳에 있는 류큐 왕국에 주목했다. 당시 류큐 왕국은 작은 섬들로 이루어진 보잘것없는 나라로, 군사력도 미약한 수준이었다. 그러나 오랜 기간 명나라와 다져온 우호 관계의 그늘 아래에서 무역을 통해 막대한 이익을 벌어들이고 있어 내실은 매우 탄탄한 나라였다. 사쓰마는 이 '황금알을 낳는 오리'에 눈독을 들이기 시작했다.

1609년 3월, 사쓰마 지역의 다이묘이자 시마즈 가문의 18대 당주 시마즈 다다쓰네島津忠恒가 전함 100척에 병사 3,000명을 이끌고 4월 1일 류큐

왕국의 오오시마大島에 상륙했다. 시마즈 다다쓰네는 이번 류큐 정벌의 목
적이 조선 침략 전쟁 때 류큐가 일본을 지원하지 않은 것에 대한 보복임을
명분으로 내세웠다. 당시 류큐는 명나라에서 책봉을 받는 나라였으므로
명나라의 뜻과 반대되는 일을 할 수 있는 입장이 아니었다. 시마즈 다다쓰
네 역시 이 점을 모를 리 없었으므로 결국 그가 말도 안 되는 억지를 부린
다는 것을 누구나 알 수 있었다. 하지만 그는 끝내 류큐 왕국을 침공했고,
류큐 왕국의 수도 슈리 성은 닷새 만에 사쓰마 군대에 함락되었다. 사쓰마
는 류큐 국왕 쇼네이尚寧 왕과 왕자, 궁 안의 100여 명을 인질로 잡고 협박
하여 이후 류큐가 사쓰마에 매년 쌀 8,000석을 바친다는 조공 서약을 받
아내 류큐 왕국을 사쓰마의 지배 아래 두었다. 전쟁에서 패한 류큐 왕국은
이후 오랫동안 사쓰마의 지속적인 수탈에 시달려야 했다.

한편, 도쿠가와 이에야스가 사쓰마의 류큐 지배를 묵인하자 사쓰마는
류큐에 대한 지배력을 더욱 확실히 하고자 류큐에 관리를 파견하여 류큐
왕실에서 하는 일마다 사사건건 간섭했다. 1632년에 류큐 왕국 내에 사쓰
마 관사가 들어섰고, 사쓰마가 류큐의 무역 수입과 세금을 공동으로 관리

하기에 이르렀다. 사쓰마의 내정 간섭이 길어지면서 류큐 왕실은 괴뢰 정부로 전락했고, 더욱이 국가 수입이 끝도 없이 수탈당해 류큐 왕국은 결국 쇠퇴의 길로 들어설 수밖에 없었다. 그러나 1654년에 중국 대륙에서 명나라가 망하고 청나라가 들어서면서 류큐는 극적으로 일본의 지배에서 벗어나게 되었다. 청나라가 기존의 명나라와 류큐 간의 종속적 관계를 유지하고자 적극적으로 나섰기 때문이다. 이를 계기로 류큐에 대한 사쓰마의 간섭이 약해졌다.

역사의 저편으로

1868년, 일본 사회는 메이지 덴노를 중심으로 하는 유신파 지사들이 주도하는 유신 개혁의 광풍에 휘말려 있었다. 전광석화처럼 움직이는 역사의 새로운 주역들 앞에 낡은 체제는 힘없이 무릎을 꿇었고 일본은 근대적 자본주의 사회로 변신하기 시작했다. 자본주의 사회로 나아가려면 나라를 근본부터 바꿔야 하고 이를 위해서는 막대한 재정이 필요했는데, 당시 새로운 정부나 왕실의 재정 상황은 좋지 못했다. 그래서 일본은 나라 밖으로 시선을 돌렸다. 이 무렵, 청나라 조정은 뿌리 깊은 부패와 무능함에 발목이 잡혀 이미 아시아 초강대국으로서의 면모는 찾아볼 수 없는 지경이었다. 청 왕조가 서서히 몰락해 가는 것은 그동안 청에 의존해 왔던 류큐 왕국의 앞날에도 커다란 영향을 미쳤다. 든든한 배경을 잃은 류큐 왕국은 다시 한 번 일본의 표적이 되었다.

1872년 4월 '류큐 어민 학살 사건'과 '목단사牡丹社 사건'이 연이어 일어났다. 타이완 원주민들이 그곳에 표류한 류큐 왕국 어민과 일본인을 적으로 간주하여 무자비하게 참수한 것이다. 이 사건에 대해 일본 정부가 청나라에 강하게 항의했으나 청나라 조정은 별다른 반응을 보이지 않았다. 이에 격분한 일본 정부는 타이완 토벌을 결심했고, 동시에 류큐 군도가 일본에 속한 영토임을 공표했다. 원래 독립된 왕국이었던 류큐는 이때부터 일본의 지방 정권 중 하나로 취급되었고, 류큐 국왕 역시 류큐한藩을 다스리는 한슈 급으로 지위가 격하되었다. 류큐 왕국이 사실상 멸망하고 그 영토가 일본에 류큐한으로 강제 편입된 이 사건이 '제1차 류큐 처분'이다.

한편, 이때 청나라는 안팎에서 악재가 몰아닥치는 정신없는 상황이었다. 그 탓에 일본 정부와 류큐 지역 영유권에 대한 협상을 제대로 진행할 수 없었다. 이때 청나라의 일본 주재 공사가 류큐를 포기하고 일본의 영유권을 인정하면 류큐 왕국이 청나라에 강력히 반발할 것이고, 반대로 류큐를 포기하지 않으려 하면 일본과 물리적 충돌을 피할 수 없을 것이라고 보고했다. 청나라 조정은 류큐 문제에 대한 일본과의 협상을 최대한 늦추는 게 좋겠다고 판단해 미적거렸다. 청나라의 미적지근한 태도가 계속 이어지자 일본 정부는 1875년 7월 내무대신 마쓰다 미치유키松田道之를 류큐로 파견했다. 그는 류큐 왕실을 협박하여 청나라와의 조공 관계를 청산하고 외교 관계를 단절할 것을 강요했다. 류큐 왕은 일본의 협박 앞에 굴복해 청나라와의 모든 관계를 끊겠다는 약조를 하고야 말았다. 그리고 1876년, 류큐 왕국은 역사를 기록하는 역사서 편찬마저 금지당했다.

1879년 3월 30일, 일본은 류큐 왕국의 마지막 왕인 쇼타이尚泰 왕을 후작에 봉하고 그의 왕세자인 쇼텐尚典과 함께 도쿄로 강제 이주시켰다. 왕과 후계자를 볼모로 잡아가면서 일본인 관리를 파견했으며, 같은 해 일본의 근대적 행정 개혁의 일환인 폐번치현을 단행하면서 류큐의 이름을 오키나와로 변경했다. 이로써 류큐 왕국은 나라의 이름조차 남기지 못한 채 공식적으로 소멸되고 말았다. 이 일은 일본사에 '제2차 류큐 처분'으로 기록되었다.

중국과 일본 문화의 영향

제2차 류큐 처분으로 류큐와 중국 간에 수백 년 동안 유지된 종속 관계가 끊어졌고, 이는 류큐 문화에도 중대한 영향을 미쳤다. 원래 류큐 왕국은 일본과도 오랫동안 무역을 해 왔으므로 류큐 인 중에는 일본어를 능숙하게 구사하는 사람이 많았다. 그 밖에도 류큐의 음식 문화, 음악, 건축 양식

여러 개의 작은 섬으로 이루어진 류큐 왕국은 끊임없이 아시아 강대국들의 위협에 시달렸다.

등 다양한 분야가 일본의 영향을 많이 받았다. 그러나 명나라와 청나라의 문화가 류큐 문화의 발전과 형성에 끼친 영향력은 그 이상이었다. 우선 류큐의 공식 언어는 중국어였다고 하며, 특히 중국 동남부 지역의 방언과 유사점이 매우 많다는 주장도 있다. 또한 일본의 전통 현악기 샤미센三味線은 중국의 삼현금이 류큐로 전래되어 변형된 것이 다시 일본으로 전해졌다고

맥을 잡아 주는 **일본사 중요 키워드**

류큐의 문화

류큐 문화는 중국과 일본에서 깊은 영향을 받았다. 일반적으로 일본의 대표적 전통 악기인 샤미센의 기원을 고대 중국의 현악기에서 찾는 것도 이런 이유 때문이다. 그 밖에도 원래 류큐의 전통 무예에서 시작하여 지금은 세계적으로 일본을 대표하는 국기가 된 가라데空手도 중국 우슈의 영향을 받았다는 주장이 일부에서 제기되어 힘을 얻고 있다. 그 밖에도 류큐의 전통 가무와 희극에서는 베트남의 전통 공연 예술에서 영향을 받은 부분을 어렵지 않게 찾아볼 수 있다. 이렇게 류큐의 문화 예술 분야에서 사소한 생활 습관에 이르기까지 자세히 살펴보면 아시아의 다양한 문화적 특성을 받아들여 그들만의 방식으로 재탄생시킨 옛 류큐 왕국 사람들의 개방적인 사고방식을 느낄 수 있다.

류큐 왕국의 결혼식 장면

보는 시각도 있다.

아시아의 다양한 문화를 흡수하여 그들만의 독특한 문화로 재탄생시킨 류큐의 흔적이 남아 있는 오키나와는 오늘날 세계적 관광지로 인기를 끌고 있다. 그러나 오키나와에 살고 있는 류큐 왕국의 후손들은 망국의 상처를 잊지 못한 채 일본 정부에 대한 앙금을 안고 살아가고 있다.

8 문명개화 – 소고기를 먹기 시작한 일본

JAPAN

19세기 메이지 유신 이후 일본과 서양 국가들의 교류가 빈번해지면서 서양의 다양한 문화가 일본에 유입되었다. 당시 일본인들은 사상과 체제, 과학 기술에서 사소한 생활 습관에 이르기까지 서양 문화라면 무엇이든 받아들이는 것이 곧 근대화라고 믿었다. 그 결과 서양 문화가 일본 구석구석으로 전파되어 일본인의 삶에 큰 영향을 미쳤다. 서구화의 바람은 일본인들의 식탁 위에도 변화를 가져왔다. 그 전까지 일본의 음식 문화는 해산물 위주로 발달했는데, 메이지 유신 이후에는 일본 가정의 식탁에도 소고기가 오르게 되었다.

시기 : 1870년대
인물 : 이와쿠라 도모미, 메이지 덴노

일본 전통의 소박한 채식 밥상

메이지 정부가 적극 추진했던 문명개화 정책의 결실을 맺어 국제적 감각을 익힌 유학파 인재가 빠르게 늘었다. 그러나 메이지 정부의 문명개화 정책은 서구 사회를 맹목적으로 모방할 뿐이라는 한계가 있었고, 얼마 지나지 않아 그 부작용으로 일본 전통문화가 점차 설 자리를 잃어가는 위기에 처했다. 그럼에도 일본 정부는 서구화를 고집해 점점 많은 사람이 일본 전통문화를 소홀히 하고 서양 문화를 배우게 되었다. 그 결과 서구 문화는 일

한눈에 보는 세계사

1870년 : 프랑스·프로이센 전쟁   1876년 : 강화도 조약 체결
1871년 : 신미양요

본인의 일상을 물들여 갔다.

　사방이 바다로 둘러싸인 섬나라 일본은 예로부터 생선과 조개, 해조류 등 해산물을 이용한 요리가 주로 발달했다. 하지만 해산물 요리에 비해 육식 문화는 그다지 꽃을 피우지 못했다. 무슨 이유에서인지 정확히 알려지지 않았지만 일본 열도에서는 약 7세기 무렵부터 육류를 배척하는 정서가 나타났다고 한다. 그 후 일본인은 소고기나 돼지고기, 심지어는 닭고기도 먹지 않게 되었다. 상황이 이렇다 보니 일본인의 상차림은 마치 다이어트 중인 모델이나 채식주의자의 식탁처럼 생선이나 채소가 주를 이루었다.

　일본의 채식 습관은 이처럼 아주 오래전부터 형성된 것으로, 일본의 신도神道 사상에서도 그 뿌리를 찾을 수 있다. 신도 사상이란 세상 만물에는 제각기 신이 깃들어 있다는 사상이다. 그래서 이를 믿는 이들은 곡식을 가장 신성한 양식으로 여겼으며, 짐승을 죽여 고기를 먹는 행위는 신성성을 해치는 일이라고 믿었다. 그리고 이후 일본에 불교가 전래되는 과정에서 살생을 금하는 불교의 교리와 일본 고유의 신도 사상이 결합하면서 일본에는 고기를 피하는 정서가 뿌리 깊이 자리 잡았다. 이 밖에도 고대 일본에서 가축을 먹는 것을 법으로 금지한 적이 있다는 역사적 기록도 찾아볼 수 있다. 먼저 7세기 말, 덴무 덴노가 사냥한 짐승을 먹는 것은 괜찮으나 고기를 먹기 위해 가축을 기르는 것은 금지하는 법령을 반포했다고 하며, 17세기 에도에서는 덴무 시대의 식육 금지령이 다시 한번 부활했다. 바쿠후의 쇼군 도쿠가와 쓰나요시德川綱吉가 1687년에 살아 있는 짐승을 불쌍히 여기라는 취지에서 생류연민령生類憐憫令을 공포한 것이다. 생류연민령이 보호한 동물은 개였다. 바쿠후는 생류연민령을 통해 단지 개고기를 먹지 못하게 하는 데 그치지 않고 잡아먹는 것은 물론 구타와 학대도 엄하게 금했다. 이를 어기고 동물을 잡아먹다가 적발되면 중죄로 다루어져 무거운 처벌을 받았다. 에도의 모든 식탁에서 고기가 자취를 감춘 것은 이때부터였다.

17세기 상부의 강요로 시작된 일본인의 금육禁肉 생활은 19세기 메이지 유신 시기에 이르기까지 계속되었다. 이와쿠라 사절단이 유럽으로 순방을 떠나기 전, 출국 준비로 한창 바쁜 시간을 보내던 이와쿠라 도모미는 갓 스무 살이 된 메이지 덴노를 알현했다. 그는 얼굴에 하얗게 분을 바르고 긴 머리는 단정하게 빗어 상투를 틀고 미간을 살짝 찌푸린 채 전통적 관습에 따라 치아를 검게 물들인 오하구로お歯黒를 한 모습으로 높은 보좌에 앉아 있는 메이지 덴노를 보며 새삼 그의 외모를 유심히 바라보았다. 메이지 유신 개혁에서 성공을 거두려면 가장 먼저 덴노를 바꾸

서양식 군복을 입은 메이지 덴노

는 일부터 시작해야 했다는 점을 그제야 깨달은 것이다. 이런 이유로 1872년부터 메이지 덴노의 개인적인 변신이 시작되었다. 메이지 유신의 최고 권위자가 먼저 개혁의 본을 보이면 백성이 낯선 문화를 받아들일 때 느낄 거부감을 줄이는 데 큰 도움이 될 것이라고 판단했기 때문이다. 메이지 덴노는 이때부터 서양 의복을 입고 서양식 요리를 먹어야 했다. 그리고 1873년 정월에 메이지 정부는 앞으로 덴노의 식탁에 소고기가 올라간다는 것을 공지하면서 백성도 이후 소고기를 먹도록 하겠다는 사실을 알렸다. 이때부터 일본에서도 소고기를 먹는 문화가 발전했고, 이 식생활의 변화는 일본인의 생활 풍속도에 다양한 변화를 가져왔다.

사소한 계기가 불러온 커다란 변화의 물결

일본인의 생활상이 변하는 것과 함께 일본의 전통적 제도와 관습, 풍속에도 많은 변화가 생겼다. 사회적으로는 봉건 사회의 세습적 신분 제도가 철폐되었고, 유곽의 유녀들은 창기해방령 덕분에 자유로워졌다. 종교적으로는 일본 국교인 신도교 승려들도 고기를 먹거나 머리를 기르고 결혼할 수 있는 법적 근거가 마련되었다. 그 밖에 의복 문화에도 많은 변화가 생겨 이전에 없던 독특한 패션이 유행하기도 했다.

특히 신분 제도에 변화가 생기면서 사족, 농민, 공인, 상인, 천민으로 나뉘었던 에도 시대의 세습적 신분 제도가 사라졌다. 그동안 통치 계급으로 군림했던 무사들은 더 이상 특권층으로 대접받을 수 없게 되었다. 동시에 최하층민인 천민 계층에 대한 사회적 차별 구조도 개선되어 직업, 결혼 및 거주지 선택에 법적 제한이 사라졌다.

이 무렵에는 일본의 결혼 풍속도에도 서구화의 영향이 나타났다. 오늘날 일본에서는 신사에서 신교의 절차에 따라 엄숙한 분위기 속에서 진행되는 혼례식이 크게 주목받고 있다. 일반적으로 신사 혼례식을 일본의 전통문화라고 생각하지만 사람들이 신사에서 처음 혼례식을 올리기 시작한 것은 메이지 시대부터였다. 그 당시에는 문명개화 정책의 가장 큰 부작용인 '맹목적인 서구문화 추종' 때문에 일본인 중에도 큰돈을 들여 서양의 결혼식을 그대로 모방하는 사례가 크게 늘었다. 그러자 이를 보다 못한 메이지 정부는 1899년부터 낭비는 줄이고 혼인의 경건함을 강조한 신전神前 결혼식을 적극적으로 홍보했다. 그러자 이번에는 일본의 불교 신자들이 신전 결혼식을 모방하여 불전佛前 결혼식이라는 형식을 만들었고, 점차 변형되어 오늘날의 형태로 자리 잡았다. 이렇게 사회적 불평등 요소를 점점 제거해 나가면서 예전에는 여성의 출입을 제한하던 사원과 신사의 규정도 바꾸어 성별 구분 없이 드나들 수 있도록 하거나 여성도 필요한 만큼 교육을 받을 수 있게 법적인 장치를 마련했다.

일본의 생활 습관에도 혁신적인 변화가 나타났다. 1872년에 메이지 정부는 기존에 사용하던 태음력 대신 서양의 태양력을 공식 채택했고, 그 이듬해에는 국정 공휴일을 새로 제정했다. 사실 이러한 정책들은 정부가 전국의 농업 실태를 파악하고 장악하는 데 필요한 수단이었다. 과거에도 바

일본인이 1년 동안 먹는 평균 생선의 양은 무려 1인당 50kg 가까이 된다고 한다. 이는 일본인 1인당 1년 동안 먹는 쌀보다 많은 양이라고 한다. 수많은 생선 요리 중에 일본인이 가장 좋아하는 생선 요리는 바로 생선회, '사시미刺身'이다. 일본의 대표적 음식 문화인 생선회는 작은 모임에서 대규모 연회에 이르기까지 어느 자리에서나 빠지지 않고 등장할 정도이다.

에도 시대 이전에는 도미, 넙치, 가자미, 농어 등 흰 살 생선만 회로 즐겼다고 하며, 붉은 살 생선을 생선회로 먹은 것은 메이지 시대 이후라고 한다. 붉은 살 생선 중 참치, 가다랑어 등은 고급 음식으로 통한다. 요즘에는 조개나 새우 등 생선 외의 재료를 회로 먹거나 초밥에 얹어 먹기도 하며, 조리법이 까다로운 복어까지 회로 먹기도 한다.

섬나라인 일본은 해산물 요리가 발달해 생선회와 초밥, 어묵 등을 포함하여 손질이 까다로운 복어 등 다양한 해산물을 조리하는 방법이 다양하다.

생선회는 언뜻 간단해 보이지만 재료의 질은 물론이고 궁합이 맞는 부재료를 선택했는지도 중요하며 섬세한 손놀림과 좋은 칼에 따라 맛이 달라지는 음식이다. 재료는 먹기 직전까지 최고의 신선도를 유지해야 하고, 사용하는 칼에 물기가 묻어 있으면 안 되며, 뭉그러지기 쉬운 생선살이 깨끗하게 베이도록 칼날 관리에도 항상 신경 써야 한다. 그 밖에도 고추냉이와 간장, 무채 등 회와 함께 먹는 재료들과 장식용 차조기 꽃 등에도 세심한 정성이 필요하다. 이처럼 일본의 음식 문화는 오감으로 즐기는 세공 음식 문화가 특히 발달되어 있다.

쿠후가 통치하던 시절에는 각 지역에 따라 통치자인 다이묘가 경축일을 정했으므로 바쿠후가 간섭할 수 없었다. 메이지 정부가 국정 공휴일을 정하여 전국의 공휴일과 경축일을 통일한 것 역시 봉건 시대의 잔재인 지방 대지주 세력을 약화시키는 하나의 방책이었다.

종교 방면에서도 혁신적인 개혁이 이루어졌다. 서양 문화의 사상 교육 발전을 위해 메이지 정부는 1872년 4월 22일 파격적인 법령을 공표했다. 승려도 고기를 먹을 수 있고 결혼할 수 있으며, 머리카락도 기를 수 있게 법으로 보장한 것이다. 게다가 법사 이하의 승려는 평상복을 입을 수도 있게 되었다. 종교의 신비주의를 한 꺼풀 벗겨 내고 속세와 더욱 밀착시켰다는 것은 어찌 보면 종교가 속세에 친화적으로 다가섰다고 해석할 수도 있겠지만, 이 경우에는 정치적 의도가 숨어 있다. 이 법령은 종교의 성질을 바꾸어 전통적 봉건 문화의 정신적 보루를 꺾고 서양 자본주의 사상을 더욱 순순히 받아들이도록 정책적 기반을 만드는 작업인 셈이었다.

이렇듯 정부가 적극적으로 서양의 낯선 문화를 받아들이도록 주도하자 일본의 풍습도와 서민들의 일상에도 점차 변화가 일어났다. 특히 이러한 변화 과정을 시각적으로 느낄 수 있는 것이 당시의 의복 문화이다. 메이지 시대 초기에는 주로 군대, 학교, 정부 기관 등 집단에서 먼저 의복의 서구화가 진행되었다. 그리고 나서 점차 일반인들 사이에서도 서양 복식이 유행처럼 번져나갔다. 하지만 그때만 해도 서양의 복식에 대한 이해가 부족하다 보니 여러 가지 웃지 못할 장면도 종종 연출되었다. 상의는 영국 신사처럼, 하의는 미국 카우보이처럼 입고 거기에 나막신을 신은 남자가 거리를 활보하는가 하면, 서양식 외투나 망토를 일본식 두루마기처럼 머리부터 뒤집어 쓴 여성도 있었고, 목 아래로는 양복을 잘 차려 입었지만 머리카락은 사무라이 풍으로 묶어 등 뒤로 길게 드리우거나 말총머리를 한 채 거리를 활보하는 남자들도 있었다.

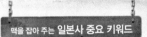

일본의 천민 계급

봉건 시대 일본의 신분 제도는 사농공상의 네 계급으로 나뉘었고, 그 외에는 천민이었다. 이 천민 계급에는 에타穢多와 히닌非人 두 종류가 있었다. 에타는 더러운 일을 한다고 해서 부르게 된 명칭으로 사형을 집행하거나 가축 도살, 피혁 가공 등 사람들이 기피하는 일을 맡아서 하는 사람들을 가리킨다. 히닌非人은 아무도 거두지 않는 시체나 사형된 시체를 처리하는 일이나 도로 청소, 예능인 등 다양한 일이 포함된다. 양쪽 다 천대와 멸시가 담긴 호칭이다. 이들은 직업이나 결혼, 주거지 등을 선택하는 데 큰 제약을 받았으며, 메이지 유신 이후 신분제가 철폐되었어도 에도 시대부터 내려온 천민 차별 인식은 쉽게 사라지지 않았다. 법적으로 천민 계급이 사라졌음에도 천민의 후손들은 부라쿠민部落民으로 불리며, 그들에 대한 차별은 오늘날에도 일본의 사회 문제가 되고 있다.

9 최후의 사무라이 정신

사무라이 정신은 일본인의 가치관과 기질을 결정짓는 가장 중요한 정신문화이다. "진정한 무사란 평소 용기 있고 명예를 중시하는 이와 어울리며, 전쟁에서 그런 이와 적이 된다면 기쁘게 받아들이는 사람이다."라는 말이 있다. 이처럼 사무라이 정신을 포함하여 동양의 무사도가 강조하는 가장 중요한 무사의 자질은 '용勇'이다. 이는 결국 사람의 성정인 '인仁'과 통한다.

시기 : 19세기
인물 : 야마모토 쓰네토모

일본의 무사도, 사무라이 정신의 역사

일본 역사에서 무사도 정신이 특히 강조되기 시작한 시기를 되짚어 보면 에도 바쿠후 시대인 18세기로 거슬러 올라간다. 당시에는 일본의 무사도 정신을 '하가쿠레葉隱'라고 표현했다. 이는 원래 일본 사가佐賀 지역의 사무라이였던 야마모토 쓰네토모山本常朝가 사무라이 정신과 언행, 수행하는 마음가짐 등에 대해 남긴 책의 제목이다. 당시 야마모토 쓰네토모가 같은

한눈에 보는 세계사

1848년 : 독일 마르크스,
공산당 선언 발표 / 영국, 차티스트 운동
1853년 : 크림 전쟁 (~1856)
1858년 : 중국, 2차 아편 전쟁
1861년 : 미국, 남북 전쟁 (~1865)

1867년 : 오스트리아–헝가리 제국의 성립 /
노벨, 다이너마이트 발명
1869년 : 수에즈 운하 개통
1870년 : 프랑스·프로이센 전쟁(~1871)
1896년 : 제1회 올림픽 개최

사가 사무라이인 다시로 쓰라모토田代陳基에게 여러 가지 이야기를 들려주었는데, 다시로가 그 방대한 이야기를 받아 적어 두었다가 내용을 정리하여 서적으로 간행했다. 원래 제목은 《하가쿠레분쇼葉隱聞書》였으나 줄여서 '하가쿠레' 또는 '하가쿠레슈'라고 불렸다. 하가쿠레라는 제목을 말 그대로 풀어 보면 나뭇잎 그늘을 뜻하는데, 이는 즉, 보이지 않는 곳에서도 주군을 위해 충성을 다하는 사무라이를 빗댄 표현이다. 이 책의 본문은 문답 형식이며, 전체 분량은 11권 1,200여 절 정도로 아주 방대하다.

이 책에서는 사무라이에 관한 많은 이야기를 들려주고 있다. 그중에는 목숨을 걸고 주군을 모시며 명예와 사무라이 정신을 지켰던 사무라이의

1931년 일본 화보에 게재된 고바야카와 슈세이(小早川秋聲)의 작품 〈무사(武士)〉

1867년 무렵의 사무라이

이야기도 있고, 심지가 약해 사무라이 정신을 지키지 못한 사무라이의 이야기도 있다. 야마모토 쓰네토모는 이야기 속에 나타난 수많은 삶에 비추어 인간의 욕심이 얼마나 덧없고 허무한 것인지 역설하고, 어떤 삶이 진정한 무사도를 추구하는 삶인지, 또 무사라면 죽음을 어떻게 받아들여야 하는지에 대해 말했다. 무사로서 도리를 다하며 심신 수행을 게을리하지 말고 자긍심을 지니고 살아야 한다는 내용이 주가 되는 일종의 수행 지침서인 셈이다.

일본 역사의 발전 과정 중 처음 사무라이 정신이 엄격히 요구되기 시작한 시기는 후지와라 가문이 정권을 잡은 시기와 일치한다. 원래 고대 일본의 정치는 덴노를 중심으로 하는 중앙 집권 정치 체제였으나, 후지와라 가문이 정권을 장악하면서 점차 그 질서가 와해되었다. 그리고 9세기에 들어서면서 일본의 군사 제도에 큰 변화가 생겼다. 간무 덴노桓武天皇 시대에 기존의 징병 제도를 개정하여 덴노의 친위대 성격을 띠는 곤데세健兒制라는 군사 제도를 만든 것이다. 그러나 이를 통해 양성된 군대가 귀족 계층의 사사로운 이익을 위한 단체로 변질되면서 중앙 정권의 군사력이 급격히 약해졌다. 이 틈을 타 일본 각지에는 일종의 장원莊園과 같은 체제가 우후죽순으로 생겨났다. 권력의 분산이 이루어진 것이다. 지주는 영지를 지키기 위해 사적인 군대가 필요했고, 영지 내 농민 중 일부를 뽑아 군사 훈련을 시키고 군역을 담당하게 했다. 이들은 나중에 정식으로 가록家祿을 받으면서 영주를 위해 일하는 직업 무사 집단이 되었다.

영주들의 세력이 점차 강해질수록 영주를 위해 일하는 무사 집단의 세력 또한 점차 힘을 키워 나갔다. 11세기에 이르러서는 그전까지 각 장원 단위로 형성되었던 사무라이 집단이 점차 장원의 경계를 넘어서는 무장 집단으로 변질되기 시작했다. 그리고 이들 내에 다시 계급이 생기고 서열이 정해지면서 상하 관계가 뚜렷해졌다. 계급이 낮은 자는 계급이 높은 자에게 절대적으로 복종해야 했고, 점차 무사도에 입각한 엄격한 주종 관계가 확립되었다.

조직의 기초가 단단해진 무사 집단은 사회적 지위를 획득하면서 그들만의 규율과 법도, 사상 등을 구체화해 결속력을 다져나갔다. 이렇게 무사 계급이 발전함에 따라 일본은 기존의 율령 사회에서 벗어나 차츰 귀족 사회로 진입했다. 그러자 정치 체제는 자연스럽게 봉건주의로 정착되었고, 이러한 시대적 변화는 수많은 지방 영주와 무사를 권력 다툼의 한가운데로 몰아넣었다. 그리고 도쿠가와 바쿠후 시대에 이르러 사무라이 정신, 혹은 무사도 정신이라는 표현이 일상적으로 사용되었다.

무사 계급의 발전

11세기 무렵, 무사 집단은 이미 하나의 사회 조직으로서 발전한 형태를 띠고 역사의 무대 위로 올라왔다. 기존의 체제를 위협할 정도로 성장한 이 집단은 내부적으로 더욱 엄격한 체계와 법규, 충성심을 강조하며 질서를 유지했다. 이는 무사도 정신으로 집약되어 무사들의 사고체계를 지배하는 사상적 뿌리가 되었다. 무사들이 권력을 잡아 일본을 통치하는 바쿠한 체제를 형성하고 유지하는 동안 무사도 정신은 더욱 더 많은 이들의 뇌리에 뿌리를 내렸다. 하지만 19세기 말엽에 이르자 무사들의 입지는 허공에 붕 뜬 신세가 되었다. 처음에 바쿠한 체제를 확립하는 데 기여했던 무사 집단이 이번에는 바쿠후 통치 체제를 무너뜨리고 메이지 정부를 구성하는 역사적 대업에 참여했지만 정작 새로운 시대는 그들을 필요로 하지 않았던 것이다. 오히려 그들은 새 시대 건설에서 소외되었다. 무사 집단 역시 덩치가 방대해질 만큼 방대해져서 내부적으로도 이미 한계에 다다라 있었을 뿐더러 그들의 힘으로 세워진 메이지 정부는 그들의 안정적인 삶을 보장해 줄 만큼 재정이 탄탄하지 못했기 때문이다. 결국 역사의 흐름을 이기지 못한 무사 집단이 쓰러지면서 무사도 정신 또한 과거의 잔재로 남게 되었다.

메이지 유신 초기만 하더라도 일본 전체 인구의 1/16이 무사 계층이었다는 통계가 있다. 특히 메이지 유신을 이끈 일등공신인 사쓰마의 경우 당시 총 인구 중 무려 1/4이 무사의 신분이었다고 한다. 봉건주의 사회에서 무사들은 쇼군과 다이묘들로부터 받는 녹봉으로 가족을 부양했다. 하지만 메이지 시대에 들어서서 판적봉환과 폐번치현 같은 정책이 시행되자 가장 먼저 다이묘들이 영주 신분을 잃었다. 영주가 몰락하자 그 아래에서 먹고 살던 무사들의 생계 역시 자연히 위태로워졌다. 메이지 정부는 바쿠후 체제를 타도하고 새로운 정부를 수립하는 과정에서 도움을 준 이들을 완전히 무시하고 내버려둘 수는 없기에 일단은 질록秩禄을 지급하여 생계를 지원했다.

그러나 메이지 정부가 언제까지나 이들의 생계를 책임져줄 수도 없는 노릇이었다. 당시 화족華族과 사족士族에게 주는 질록이 정부 예산의 30%에 이르자 오오쿠보 도시미치, 기도 다카요시, 이와쿠라 도모미 등 정부 주요 인사들은 논의 끝에 가록봉환家禄奉還을 실시하고 또한 그들이 다른 직업을 찾아 생계를 이어갈 수 있도록 정책적으로 방법을 모색했다. 하지만 이러한 노력들은 별로 큰 효과를 보지 못했다.

정부의 재정 형편상 계속 질록을 지급하기 어렵다고 판단한 그들은

1875년 새로운 대안을 제시했다. 우선 가록과 상전록賞典祿 지급을 중지하고, 이전까지는 쌀로 지급하던 가록 대신 화폐로 지급하는 금록金祿으로 전환했다.

당시 사가 출신의 정치가 오오쿠마 시게노부大畏重信가 화폐로 전환된 봉록을 국채에 해당하는 금록공채증서金祿公債證書 형식으로 지급하는 방안을 적극 주장하고 오오쿠보 도시미치 등 정부 주요 인사들이 이 제안에 찬성하여 1876년 8월 5일《금록공채증서발행조례金祿公債證書發行條例》가 공포되었다. 조례 내용을 살펴보면 금록이 1,000엔 이상이면 이율을 연 5%로 정하여 6~7년분에 해당하는 공책 증서를 받고, 금록이 100~1,000엔 사이이면 연 이율 6%로 7~10년분에 해당하는 공책 증서를 받으며, 금록이 10~100엔 사이이면 연 이율 7%로 10~13년분에 해당하는 공책 증서를 받게 되었다. 또한 공채는 단 한 번만 지급하며, 추가 지급하지 않는다는 단서가 포함되었다. 공채의 이자를 제외한 원금 상환은 공채 발행일에서 6년 이후에 시작되며, 30년 안에 모두 상환을 마치기로 했다.

일본 대장성의 기록에 따르면, 당시의 질록 처분 결과 일본 정부의 재정

19세기 일본 사무라이를 그린 석판

을 위협하고 사회 불안을 조장하던 무사들의 거취 문제가 원만히 해결되었고 사족들은 기존에 누리던 계급 특권을 모두 빼앗긴 채 평민 신분으로 편입되었다.

무사도 정신의 몰락과 부활

무사 계급이 사라지면서 무사도 정신 또한 과거의 유물이 된 것처럼 보였다. 하지만 오랜 역사 속에서 일본인의 정신문화를 이루는 근간이 되어 온 사무라이의 혼은 쉽게 사라질 성격의 것이 아니었다. 무사도 정신은 오늘날에도 일본이 위기에 부딪힐 때마다 생생하게 되살아났다.

일본은 매우 현명한 방식으로 일본 특유의 사무라이 정신과 그 전통을 보존해 나가고 있다. 비록 일본 땅에서 사무라이는 없어졌지만 세계적으로 사무라이 정신이 일본의 가장 대표적인 정신문화로 자리 잡은 것이 좋은 예이다. 이는 일본이 국가 차원에서 정책적으로 사무라이 정신을 현대 사회에 맞게 해석하고 적용하고, 국가 이미지와 연결해 적극 홍보하는 등 끊임없이 노력한 덕분에 결국 그것이 일본 특유의 국민성인 것처럼 승화되었기 때문이다.

일본은 지금까지도 일본만의 독특한 사회 현상을 설명할 때나 국민 정서를 고양시킬 때 '사무라이 정신'을 자주 이용한다. 그러나 사무라이 정신은 무조건 긍정적으로만 보기는 어렵다. 그 예로, 요즘 일본 학자 중에서도 지나치게 완고한 성향을 띠는 일본의 집단 이기주의, 개인의 몰개성화 등 부정적인 사회 현상의 원인을 연구하거나 설명할 때 일본 사회에 깔려 있는 사무라이 정신 강박증에서 부작용의 근본 원인을 찾는 사례가 늘고 있다.

10 대일본 제국헌법의 탄생

JAPAN

1889년 메이지 정부는 일본 최초의 헌법인 대일본 제국헌법을 공포하면서 일본이 입헌 군주제 국가임을 세상에 알렸다. 이 일본 최초의 헌법은 프러시아 헌법에서 내용이나 구성을 상당 부분 빌려왔다. 입헌 군주제로서 국가의 정체성을 확립하는 데 크게 공헌한 이 헌법에는 덴노가 일본의 실질적인 통치자이며 그의 정치적 권력을 헌법으로 보장한다는 내용이 명시되어 있다. 이 헌법 내용에는 메이지 정부가 일본식 입헌 군주제와 천황 제도를 확립해 국정을 안정시키는 동시에, 일본 내 자본주의의 발전을 앞당기고자 했던 정책 의지가 잘 나타나있다.

시기 : 1889년
인물 : 이토 히로부미

군주 제도의 존속

오랜 기간 정치에서 소외되었던 일본 왕실은 1867년 반바쿠후 세력의 노력에 힘입어 약 700년 만에 다시 정권을 탈환했다. 그 후 일본 사회가 일련의 개혁 과정을 거치면서 자본주의 세력이 힘을 얻었다. 자본주의가 급속히 발전함에 따라 일본 경제 구조는 뿌리부터 변하기 시작했고, 점차 정치계에도 그에 상응하는 변화가 시작되었다. 그러나 국가 권력의 상징이자 일본 사회의 정신적 구심점으로서 존재했던 일본 왕실만큼은 존속할 수 있었다. 만약 과도한 개혁에 의해 군주 제도가 일방적으로 폐지되어 덴노가

한눈에 보는 세계사
1884년 : 갑신정변   1894년 : 동학 농민 운동, 갑오개혁 / 청일 전쟁

폐위되었다면 일본 사회는 분열과 큰 혼란을 겪는 것은 물론 다시 한 번 극심한 내전을 치렀을 가능성도 있다. 일본에서 덴노란 권력의 상징인 동시에 당시 일본인들을 하나로 뭉칠 수 있는 상징적 존재로서 아주 특별한 의미가 있었기 때문이다. 게다가 덴노가 반바쿠후 세력과 유신 세력을 공개적으로 지지함으로써 그들에게 정치적으로 힘을 실어 주었으므로 왕실과 유신 세력의 소위 말하는 윈-윈Win-Win 관계였다. 유신 세력은 이런 정황들을 고려하여 군주 제도를 유지해야 한다고 결론을 내렸다. 그렇다면 새로운 자본주의 경제 체제와 정치 체제에서 덴노의 역할을 어떻게 할 것인가 하는 것이 새로운 과제였다. 이는 유신 세력의 앞날에 매우 중요한 사항이었다. 그 문제를 미루어 두면 자칫 바쿠후 시대의 쇼군 체제가 부활할 가능성도 있었기 때문이다. 게다가 그들은 강력한 중앙 집권 국가야말로 진보적인 정치 체제라고 확신했기에 군주 제도를 존속시키는 것은 당연한 선택이었다.

이를 위해 메이지 정부는 우선 이토 히로부미를 유럽에 파견하여 서양에도 일본과 비슷한 체제로 운영되는 나라가 있는지 살펴보도록 했다. 다만 영국, 미국, 프랑스처럼 민주의식이 너무 높은 국가나 공화국은 후보에서 제외되었다. 그럼, 군주 제도

메이지 덴노

유소년 시기의 궁호(宮號)는 사치노미야(祐宮). 에도 바쿠후 말엽부터 메이지 시대에 걸쳐 재위했다. 진무 덴노 이래로 122번째 덴노로 알려져 있으며, 선대 왕인 고메이 덴노의 차남

196

를 존속하면서도 정권의 안정성이 보장된 나라는 어디일까? 이토 히로부미의 답은 독일을 비롯한 입헌 군주제 국가들이었다. 한편, 일본의 유신 세력들은 성공적인 개혁을 위해 몇 가지 준비 작업에 들어갔다. 그들은 천황의 권위를 세우기 위해 필요한 경제 기반을 확립하고 황실 재산을 확충했으며 군대의 직접 통솔권을 강화하는 한편, 화족 제도를 정비하여 천황 제도를 강화했다. 또한 그동안 정권을 장악했던 태정대신, 좌우대신, 참의 등 3품 이상의 관직을 없애고, 대신 총리대신 휘하의 각 각료로 구성된 내각을 중심으로 하는 새로운 의정 체계를 세웠다. 아울러 궁내대신 직을 마련하고 추밀원 등을 설치하여 천황을 보좌하고 옥새를 관리하거나 궁내 사무를 관장하도록 했으며, 정사를 의논하면서 과도기적 정치 체계의 단점을 보완하고 헌법 제정 이후의 체제에 대한 청사진을 계획했다.

1883년에 이토 히로부미가 독일 유학을 마치고 돌아온 직후 화족령이 선포되면서 귀족 제도가 재정비되었고, 내각을 구성하기 위한 일련의 과정이 진행되었다. 이로써 헌정을 위한 모든 준비가 끝났다.

메이지 헌법

이토 히로부미를 따라 함께 유학길에 올랐던 사람들은 입헌 군주 국가에서 생활하며 쌓은 경험이 풍부하고 국제 정세, 외교 방면에 비교적 해박한 지식을 갖춘 최고의 인재들이었다. 그들은 일본 최초의 헌법을 제정하는 데에 투입되거나 추밀원에 배정되어 실질적으로 정치에서 중요한 역할을 맡았다.

1889년 2월 11일, 일본 제국은 메이지 덴노의 이름으로 입헌 군주제 국가임을 공식 선포했다. 그리고 그 이듬해인 1890년 제1회 제국회의가 열리던 11월 29일부터 대일본 제국헌법이 정식 헌법으로서 법적 효력을 갖추었다.

1889년 일본 제국헌법
반포도

대일본 제국헌법은 군주가 공식적으로 선포했다는 점에서 흠정헌법欽定
憲法에 속한다. 이 헌법에는 일본 제국 내에서 광범위한 권한을 가진 군주
로서 덴노의 일본 통치권을 보장하며, 일본 제국의 신민은 영원히 덴노의
통치 아래에 있음을 분명히 하고 있다.

이 헌법 초안을 작성할 때 이토 히로부미가 모델로 삼은 것은 독일의 프
러시아 헌법이었다. 프러시아 헌법에서 내용과 형식을 대부분 베낀 일본
의 헌법은 전부 7장 76조로 이루어져 있으며, 덴노와 그 신민의 의무와 권
리를 포함하여 제국 의회와 국무대신, 추밀 고문, 사법, 회계 등 각 부문의
기능을 규정하고 있다.

메이지 헌법이라고도 부르는 이 헌법은 일본 제국이 덴노의 통치하에 있
으며 덴노의 권력과 신성성은 불가침하다는 점을 강조하고, 천황을 보필하
는 국무대신의 인사권은 제국 의회가 아닌 덴노에게 있다는 점과 제국 의

회를 이루는 양원의 기능과 기준을 제시했다. 그 밖에도 입법, 군사 통솔권, 재정, 외교권 등 국가 주요 업무의 결정권은 모두 덴노에게 집중되어 있다는 점을 주요 골자로 했다.

즉, 메이지 헌법의 가장 큰 특징은 일본 덴노는 신성하며 그 지위는 군건하고 권력 또한 무한하다는 점을 제국 신민에게 다시 한 번 강조하는 흠정 헌법이라는 점이다. 또한 새 정부에서 행정권의 비중이 큰 편이고 의회를 구성하는 중의원衆議院의 권한은 사실 미미한 수준이라는 점과 신민에게 보장하는 권리는 법률에 근거하여 제약할 수 있는 제한적 권리로 인정한 다는 점을 알 수 있다.

유신 세력이 주도하여 제정한 메이지 헌법에는 차후 그들이 진행할 각 분야의 개혁이 헌법에 근거한다는 점과 입헌 군주제 형식을 표방하는 근대 군주 제도를 최종적으로 확립했다는 점이 명확하게 드러나 있다.

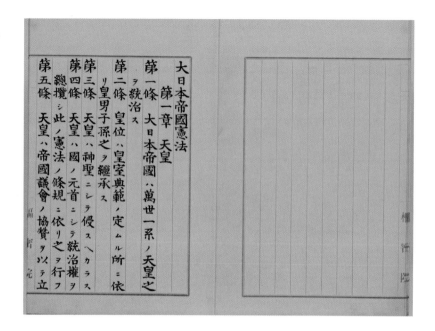

헌법의 본질

메이지 헌법의 정식 명칭은 대일본 제국헌법으로, 이를 줄여서 제국헌법이라고 부르기도 한다. 이로써 일본은 아시아에서 터키의 오스만 제국 이후 두 번째로 헌법을 제정·공포한 나라가 되었다.

메이지 유신과 서구 사회의 법제도를 연구한 결과 탄생한 이 헌법은 구시대의 봉건주의적 요소를 제거하고 새 정부가 계획한 근대화 정책을 실행하는 데 큰 도움이 되었다. 하지만 헌법에서 규정하는 근대 천황 제도의 실상은 번벌 정치의 연장선에 불과했다. 이 헌법의 본질은 '천황 대권'이란 미명하에 새로운 권력자들의 특권과 이익을 보호하는 데 있었다. 결국 소수 군벌과 귀족들에 의해 좌지우지되는 전제 정치를 그럴듯하게 포장한 것에 지나지 않았다.

메이지 헌법에 신민의 민주와 자유의 권리가 명시되었다고는 하지만 그

범위가 매우 제한되었다는 점에서도 흠정헌법의 현실적 한계가 드러난다. 군권, 정치, 외교 등 국정 전반을 아우르는 강력하고도 절대적 대권이 오직 덴노 한 사람에게 집중된 형태는 사실 구시대의 봉건적 쇼군 제도와 다를 것이 없다. 메이지 유신을 통해 일본 사회가 겪게 된 변화를 보면 그들의 개혁은 표면적으로 성공한 듯 보인다. 하지만 자세히 살펴보면 그 알맹이는 과거와 크게 다르지 않다. 그들은 여전히 봉건적 군국주의에 사로잡혀 있었다. 이런 점에서 메이지 유신을 절반의 성공으로 보는 관점도 있다.

유신 개혁 이후 점차 발전해 나가는 사회의 이면에 뿌리 깊이 박혀 있던 이 구시대의 잔재는 결국 일본이 독선적인 군국주의의 길로 잘못 들도록 이끌었으며, 일본은 이내 파시즘 전쟁의 핵심이 되었다.

Japan

맥을 잡아주는 세계사

The flow of The World History

제3장 │ 제국주의로의 질주

청일 전쟁

JAPAN　1

메이지 유신 이후 일본 경제는 급격히 성장했다. 경제 발전은 곧 군사력 발전으로 이어졌다. 그러자 일본은 주변의 낙후된 아시아 국가들에 대한 침략 야욕을 노골적으로 드러내기 시작했다. 가장 먼저 희생된 나라는 지리적으로 일본에 가까운 한반도와 중국 대륙이었다. 결국 1894년, 일본과 청나라 사이에는 아시아 역사의 새로운 전개를 열게 될 청일 전쟁이 터졌다.

시기 : 1894~1895년
인물 : 이토 히로부미, 정세창

전쟁의 배경

1870년 중국과 일본은 '중·일 수호 조약'을 체결했다. 두 나라가 협상을 시작한 무렵만 해도 비교적 대등한 입장으로 협상하고 있었다. 그러던 중 중국령 타이완에서 류큐 어민 학살 사건이 발생하면서 분위기가 달라졌다. 이 사건을 빌미로 일본 정부가 청나라 정부에 압력을 가했고 이 수호 조약은 결국 불평등 조약의 성격을 띠게 되었다.

일본 정부는 류큐 어민 학살 사건에 대처하는 청나라 조정의 자세를 보고 그들의 정치 상황을 쉽게 파악할 수 있었다. 그리고 1874년 5월, 일본

한눈에 보는 세계사

1894년 : 동학 농민 운동, 갑오개혁　　　　1896년 : 제1회 올림픽 개최
1895년 : 을미사변

군대가 타이완에 상륙했다. 류큐 어민 학살 사건을 핑계 삼아 타이완을 점령해서 앞으로 시작될 태평양 전쟁의 전략적 요충지로 삼으려고 한 것이다. 하지만 이번 군사 행동에서 일본이 이익을 본 것은 별로 없었다. 선전 포고 없이 무단으로 타국 영토를 무력 침공한 일본의 태도를 비난하는 국제 여론이 형성된 데다가 일을 저지르고 보니 자국의 군사적 역량이 예상에 못 미친 것이다. 약 3개월 만에 이 전쟁의 승산이 매우 낮다고 판단한 일본 측은 형식적으로나마 체면을 차리고자 평화 회담을 요구했다. 같은해 9월, 일본 공사가 청나라에 도착하여 청나라 조정에 전쟁 종결을 알리고 전쟁의 책임은 청나라에 있으니 이번 전쟁에 지출한 일본 측의 군사비용을 보상하라고 요구했다. 일본 측의 요구에 과한 면이 있음에도 청나라 조정은 순순히 학살 사건으로 목숨을 잃거나 그 밖의 피해를 입은 사람들을 위해 배상할 의사가 있다고 답했다.

산둥 웨이하이의 류궁다오(劉公島)에 있는 청일 전쟁 박물관 내부. 관람객의 이해를 돕도록 역사의 현장을 재현하는 밀랍 인형들을 전시하고 있다.

이 사건을 통해 외교 능력의 차이를 여실히 드러낸 두 나라는 1874년 10월 31일에 '베이징 전약北京專約'을 맺었다. 이 조약의 내용에서 가장 눈여겨봐야 할 것은 일본이 학살 사건의 피해자인 류큐 어민을 일본인으로 규정했다는 사실이다. 그리고 청나라는 배상 요구를 순순히 받아들임으로써 본의 아니게 일본의 류큐 침략에 결정적인 도움을 준 것이다. 이에 따라 일본은 타이완 침공에 대해 '자국민 보호를 위한 정당한 무력 행동'이라는 대외적 명분을 얻게 되어 가해자인 청나라에 피해 보상금으로 은 50만 냥을 당당히 요구했다. 일본은 이렇게 청나라에서 막대한 배상금을 챙기는 한편, 이 조약을 근거로 류큐 영토에 대한 영속권을 주장할 발판을 마련했다. 이로부터 5년 후, 류큐 왕국은 공식적으로 일본에 편입되어 명칭도 오키나와 현으로 바뀌었다. 일본은 그야말로 한 번에 두 마리 토끼를 잡은 셈이었다. 이뿐만 아니라 청나라는 당시 외교 협상 과정에서 일본 측에 허술해 보인 바람에 20년 후 중국 대륙을 침략한 일본과의 전쟁에서 뼈아픈 패배를 경험하게 되었다.

청나라의 역량을 시험하고 막대한 이익까

청일 전쟁 중 황해 해전. 1894년 일본은 조선에서 일어난 동학 농민 운동으로부터 자국 대사관과 국민을 보호한다는 핑계로 조선 땅에 일본 병력을 주둔시키고 있었다. 그리고 9월 17일, 청나라의 북양 함대가 조선에 지원군을 후송하는 임무를 마치고 뤼순으로 돌아가던 길에 압록강 입구에서 일본과 격전이 벌어졌다.

지 챙긴 일본은 곧바로 이웃 나라인 조선을 무력 침략하기로 했다. 19세기 조선은 강력한 통상 수교 거부 정책을 고수하고 있었다. 특히 이 무렵은 왕이 자주 교체되고 60년간 지속된 세도정치로 인해 조선 역사상 왕권이 가장 불안정한 시기였다. 침략 시기를 호시탐탐 노리던 일본은 조선의 내정이 불안한 틈을 타 차츰 조선 내에서의 세력을 넓혀 갔다. 그리고 먼저 조선을 청나라의 속국이란 지위에서 해방시켜 독립국의 지위를 갖도록 하기 위해 모든 외교적 수단을 동원하여 조선 왕실을 설득했다. 하지만 그리 녹록한 작업은 아니었다. 그러던 중 이 시기에 청나라와 프랑스 사이에 전쟁이 발발했고, 프랑스군에 맞서 싸우느라 여념이 없던 청나라는 조선의 변화에 민감하게 대처할 시기를 놓치고 말았다.

그러나 청나라는 프랑스와의 전쟁을 통해 군사 수준이 현저히 향상되었고, 이를 크게 의식한 일본은 다시 자국의 군사력을 더욱 끌어올리기 위해 사력을 다했다. 일본이 군사력 향상을 위한 10년 계획을 시작한 1885년부터 중국과 일본 양국 간에는 본격적으로 군사력 경쟁의 불이 붙었다. 그러나 일본은 10년이 되기도 전 1892년에 이미 목표를 달성해 냈다. 1894년 일본의 육군 병력은 현역 군인 6만 3,000명과 예비역 23만 명에 이르렀으며, 해군 병력은 선박의 배수량을 기준으로 7만 2,000톤에 이르렀다. 이는 청나라 해군 북양수사北洋水師의 역량을 웃도는 수준이었다. 이로써 일본은 청나라와의 전면전에도 어느 정도 자신감이 붙었다.

이 무렵 조선에서는 동학 농민 운동이 일어났다. 이를 진압하기 위해 조선 조정이 청나라에 군사 파병을 요청하자 일본 역시 자국 대사관과 국민을 보호한다는 명목으로 조선에 군사를 보냈다. 그리고 1894년 7월 25일, 조선에 파견된 일본 군함이 서해 아산만에 정박하고 있던 청나라의 북양 함대를 급습했다. 이를 계기로 청일 전쟁의 막이 올랐다.

청일 전쟁의 전개

일본 군대가 조선에 정박 중이던 청나라의 북양 함대를 습격했다는 소식은 그다음 달에야 청나라 조정에 알려졌다. 그렇지 않아도 뒤숭숭한 분위기였던 청나라 조정은 한순간에 벌집이라도 쑤신 듯 소란스러워졌다. 1894년은 공교롭게도 내정 불안과 외세의 압력 속에서 청나라 왕실의 자희 태후慈禧太后가 환갑을 맞이한 해였다. 서태후로 더 잘 알려진 자희 태후는 오랫동안 청나라의 숨은 황제로서 무소불위의 권력을 휘두르고 있었다. 이 소식이 전해진 것은 마침 그녀의 환갑을 축하하는 제전 준비가 한창일 무렵이었다. 당시 관례나 법도로 볼 때 이 제전은 국가적인 큰 행사였다. 그래서 자희 태후와 그녀의 측근들은 큰 의식을 앞두고 벌어진 이 불미스러운 일을 최대한 신속하고 조용하게 처리하고자 했다. 하지만 평소 광서제光緒帝를 따르며 자희 태후의 권력을 견제하던 세력들이 가만있지 않았다. 그들은 일본의 발칙한 도발을 응징해야 한다고 주장하고 나섰고, 이들의 논리가 힘을 얻자 자희 태후는 한 발 물러나 사태를 지켜보기로 했다.

광서제파의 주장은 다년간 서구 열강의 협박과 침입, 무력 행동을 겪으면서 이제는 청의 군사력도 크게 진보했다는 믿음에 근거했다. 그들은 근대적 해군인 북양수사를 볼 때마다 예전보다 눈부시게 성장한 자국 군대에 자부심을 느꼈다. 게다가 일본이 아무리 서구 열강 국가를 모방했다고 해도 서구 열강의 군사력까지 따라잡지는 못했을 것이라는 계산도 그러한 자신감을 끌어올렸다. 결국 그들은 조선 반도와 서해를 전쟁터로 삼아 일본과 격렬한 전쟁을 벌였다.

당시 조선 반도에서 지상전의 주요 거점으로 떠오른 곳은 평양 지역이었다. 그때까지 청나라와 일본 양국은 서로 육군 전투력 수준이 엇비슷하다고 믿고 있었으므로 제각기 초반에 기선을 제압하기 위해 신중을 기해 작전을 세웠다. 9월 15일 새벽 3시에 대동강 남쪽 기슭과 현무문 밖, 평양성

이홍장과 이토 히로부미의 교섭 장면을 묘사한 그림. 1895년에 일본의 총리대신 이토 히로부미는 이홍장을 청나라 교섭단 대표로 지명했다. 당시 일흔두 살이었던 이홍장은 일본의 시모노세키까지 건너가 이토 히로부미와 협상을 진행하고 시모노세키 조약을 체결했다.

서남쪽에서 격렬한 전투가 시작되었다. 막상 전투가 시작되고 보니 일본의 군사력이 청나라를 크게 웃돌았다. 청나라군은 후퇴에 후퇴를 거듭하여 6일 만인 9월 21일에 압록강을 건너 본국으로 돌아갔다. '양 교전 이후 청나라를 물리치고 조선을 점령한 일본은 조선의 내정에 ˸ 사건건 간섭하기 시작했다.

　황해에서 발발한 양국의 전투에서는 각기 자국이 자랑하는 해군의 역량을 최대한 쏟아 부었다. 9월 17일 정오에 북양 함대의 군함 10척과 일본 해군 함대 12척이 압록강 어귀에서 맞붙었다. 양쪽 해군이 결사적으로 싸운 이 전쟁에서 초반에는 청의 북양 함대가 신속한 공격을 펼쳐 일본의 순양함 사이쿄마루西京丸, 히에이比叡, 아카기赤城 등이 대파되었으나 북양 함대를 이끄는 사령관 정세창鄭世昌이 이끄는 치위안致遠도 요시노吉野의 어뢰 공격을 받아 200여 명이 희생되고 함선도 크게 손상되었다. 당일 오후 5시 30분에 다시 벌어진 전투에서는 청나라 함대의 결사적인 저항을 못 이기고 일본의 함대가 결국 물러났다. 이때 청나라 측 피해는 네 척 격침, 두

척 파손으로 피해 규모가 컸으며 이 밖에 두 척은 도피했다. 철갑함인 딩위안定遠, 쩐위안鎭遠만이 무사했다. 이와 비교하면 일본 해군은 격침된 함선은 없고 순양함 3척과 기함 마쓰시마松島가 파손된 정도에 그쳤다. 결과만 보아도 일본 측의 대승이었다. 평양전과 황해 해전에서 대승리를 거둔 일본은 득의양양해서 침략 전쟁을 확대하고 더 많은 영지를 확보하겠다는 야심을 키워 나갔다. 1894년 9월 17일에서 11월 22일까지 두 달 동안 일본인은 랴오둥 반도, 압록강 부근, 진뤼金旅 일대를 대대적으로 공격했다. 10월 24일에 일본군은 압록강과 진뤼 일대를 나누어 공격하며 청일 전쟁의 2막을 열었다. 그중 압록강 전투는 일본이 청나라로 진입하는 것을 막아낼지, 침입을 허락할지 결정되는 중요한 전투였다. 일본군은 당시 압록강 북쪽에 주둔하고 있던 청나라 군사 2만 8,000명의 경계가 느슨해진 틈을 타하룻밤 동안 부교를 설치했는데, 청나라 군사들은 이를 전혀 눈치 채지 못했다. 덕분에 일본군은 압록강 전투에서 순조롭게 승리했고 중국 대륙으로 들어서는 둥베이 지역의 문을 넘어섰다.

압록강 전투의 신호탄이 올라가는 것과 동시에 진뤼에서도 전쟁을 알리

일본 신문에 게재되었던 청일 전쟁을 묘사한 그림

는 포성이 울려 퍼졌다. 진뤼는 청일 전쟁의 승패를 결정할 가장 중요한 전쟁터였다. 그런데 청나라는 대체 무슨 속셈인지 이번 전쟁에서 일본의 상륙을 그냥 두고 보고 있었다. 굳이 따지자면 청나라가 이렇게 일본의 상륙을 대수롭지 않게 생각해 제때 대처하지 않은 태만함이 더욱 큰 패배를 불러일으킨 셈이다. 청나라 군사들의 태만함 덕분에 일본은 뤼순 전쟁 직전까지 총탄 한 발도 쓸데없이 허비할 일이 없었다. 거침없이 나아간 일본군은 둥베이 지역의 전략적 거점지인 뤼순을 손쉽게 점령했다.

　일본이 뤼순을 점령하고 나서 일본 군대와 청나라 군대는 또다시 웨이하이와 랴오둥에서 격전을 치렀다. 오오야마 이와오大山巖가 지휘하는 일본군 2만 5,000명이 진저우金州에 상륙하면서 일본 육군과 해군은 웨이하이웨이威海衛 항구에 정박 중이던 북양 함대의 군함 26척을 동시에 공격했고, 전투는 3주 동안 이어졌다. 결국 이 전투는 북양 함대를 전멸시킨 일본군의 일방적인 승리로 끝을 맺었고 웨이하이웨이 요새도 일본의 수중에 떨어졌다. 웨이하이웨이라는 지역명은 중화 인민 공화국 수립 이후 웨이하이威海로 바뀌었다.

　청나라 군대가 연전연패를 거듭하던 이 무렵, 청나라 조정에서는 주전파가 힘을 잃고 평화로운 해결을 주장하는 주화파가 득세했다. 특히 웨이하이에서의 패배는 주화파에 더욱 힘을 실어 주는 결정적 계기가 되었다. 유약한 청나라 조정이 갈팡질팡하는 사이 일본군은 더욱 강하게 몰아붙여 청나라의 요새들을 하나하나 점령해 갔다. 청 조정이 뒤늦게 6만 대군을 다시 파견했지만 형세는 이미 되돌릴 수 없을 정도로 기울어 있었다. 결국 랴오둥 반도 일대는 전부 일본의 손아귀에 들어갔다. 청나라 조정은 평화 회담을 열기로 하고 1895년 2월 11일 이홍장李鴻章을 전권 대사로 임명했다. 협상을 위해 일본으로 건너간 이홍장은 시모노세키에서 당시 일본의 내각 총리대신인 이토 히로부미, 외무성대신 무쓰 무네미쓰陸奧宗光와 함께 굴욕적인 시모노세키 조약을 체결했다.

시모노세키 조약을 체결하다

시모노세키 조약 내용에는 청나라가 조선과 기존의 종속 관계를 포기하고 조선을 자주 독립국으로 인정하며, 일본에 둥베이 지역의 랴오둥 반도와 남쪽의 타이완, 펑후澎湖 군도를 할양하기로 되어 있다. 또 청나라가 이 전쟁의 책임을 지고 일본에 배상금 2억 냥을 지급하며, 일본에 충칭重慶, 사스沙市, 쑤저우蘇州, 항저우杭州를 개방해 청나라 내에서 일본이 자유롭게 상업 행위를 하도록 통상 특권을 인정해 주기로 했다. 이처럼 일본은 시모노세키 조약을 통해 막대한 이익을 약속받았으며, 이는 그동안 일본이 맺은 모든 외교 협상 가운데 가장 큰 성과를 올린 협상이었다. 조약 체결 후 이 내용에 불만을 품은 러시아, 독일, 프랑스 삼국이 반발하자 결국 랴오둥 반도는 청나라에 반환하기로 하고 대신에 은 3,000냥을 받아냈다.

청일 전쟁에서 패배한 뒤 청나라 왕실의 위엄과 국가 기강은 통째로 흔들렸다. 게다가 청나라는 전쟁 배상금을 물어 주느라 엄청난 재정 적자에 시달려야 했다. 특히 시모노세키 조약 이후 서양 열강도 이를 모방하여 중국에 거액의 배상금을 요구하는 사례가 급증했다. 즉, 시모노세키 조약은 국가와 국가 간의 마찰을 해결하는 협상 테이블에서 거액의 배상금을 요구하는 악습을 탄생시킨 주범이었다. 이 피해를 가장 많이 입은 나라도 역시 중국이었다. 일본과 청의 전쟁을 지켜본 많은 서구 열강은 거대한 종이호랑이에 불과한 청나라의 실체를 파악하자 침략 야욕을 더욱 노골적으로 드러냈다. 너도나도 몰려드는 서양 열강에 여러 차례 막대한 배상금을 물고, 영토를 할양하고, 통상에 관한 특권을 인정해 주면서 청나라는 빠르게 몰락했다.

2 러일 전쟁

청일 전쟁 이후 체결된 시모노세키 조약의 규정에 따라 중국 대륙 동북 지역인 랴오둥 반도는 일본의 식민지가 되었다. 1년 내내 물이 얼지 않는 항구를 확보하기 위해 중국 동북부와 조선 반도에 눈독 들이고 있던 러시아로서는 일본의 행태를 더 이상 두고 볼 수 없었다. 두 나라는 1904년 2월부터 1905년 9월까지 약 1년 반 동안 중국 대륙의 둥베이 지역과 소선 반노에 대한 권리를 두고 치열한 전투를 벌였다.

시기 : 1904~1905년
인물 : 이토 히로부미

랴오둥 반도의 이권 투쟁

19세기 말 근대화에 성공해 국력이 강해진 일본이 아직도 낙후된 과거의 틀에서 벗어나지 못하는 중국 대륙을 먼저 침략했다. 그리고 이 무렵 개혁에 성공한 러시아 역시 서구 열강의 치열한 식민지 침탈 전쟁에 뛰어들었다. 하지만 청일 전쟁 이후 체결된 시모노세키 조약으로 일본이 랴오둥 반도 식민 지배권을 얻게 되자 평소 랴오둥 지역을 노리던 러시아는 닭 쫓던 개 신세가 되었다. 제정 러시아의 황제인 차르는 겨울에도 물이 얼지 않는 항구, 즉 부동항을 확보해 자국의 이익을 끌어올리고자 오래전부터 만주

한눈에 보는 세계사
1903년 : 라이트 형제, 최초로 비행 성공

러일 전쟁 당시 일본군이 실제로 사용했던 초대형 유탄포(榴彈砲). 야스쿠니(靖國) 신사에 전시되어 있다.

지역에 눈독을 들이고 있었던 것이다. 다급해진 러시아는 적극적으로 나서기로 했다. 우선 프랑스, 독일을 끌어들여 연합 관계를 맺고, 일본 정부에 랴오둥 반도에 대한 지배권을 포기하고 청나라 조정에 반환하도록 압력을 가했다. 그리고 청나라 왕실에는 랴오둥 반도를 도로 돌려받는 대신 일본 정부에는 금전적으로 보상하도록 주선하기도 했다. 이 사건을 '삼국 간섭'이라고 한다.

러시아가 간섭하는 바람에 중국 대륙에서 얻어낼 수 있었던 이익이 반토막 나는 것을 보는 일본 정부의 속내가 어땠을지는 말할 필요도 없다. 하지만 일본 정부는 자신들이 아직 러시아와 싸우기에는 군사력이 부족하다고 여겼으므로 당장의 불이익을 감수하더라도 물러날 수밖에 없었다. 이후 일본은 대대적으로 군사력을 높이는 데 온 힘을 기울였다. 군수 물자를 최대한 확보하고 병력을 늘려서 러시아를 밀어내고 동북아시아의 패권을 쥐리라 단단히 결심했다.

일본이 랴오둥 반도에서 철수한 지 얼마 지나지 않아 러시아가 다시 청나라 조정에 접근했다. 그들은 일본이 랴오둥 반도를 반환하기까지 러시아가 얼마나 애썼는지를 언급하면서 힘을 모아 일본을 제압하자는 솔깃한 제안을 했다. 청나라로서는 러시아의 제안을 거절할 이유가 없었다. 두 나라 사이에 밀약이 맺어졌고, 그 대가로 러시아는 만주 지역의 철도 부설권을 손에 넣었다. 그 이듬해인 1898년에는 청나라 조정에서 뤼순과 다롄의 항구를 추가로 조차하여 하얼빈과 다롄을 잇는 철도 부설권도 얻어냈다. 이렇게 러시아는 중국 대륙의 둥베이 지역을 독점하려는 야망을 차근차근 실현해 나갔다.

1900년, 중국 대륙에서 의화단 운동의 불꽃이 거세게 피어올랐다. 그러자 일본, 영국, 미국, 독일, 프랑스, 오스트리아, 이탈리아, 러시아가 이 과격한 외세 배척 운동으로부터 자국민을 보호한다는 명분으로 8국 연합군을 조직해 베이징에 파병했다. 더욱이 러시아는 격앙된 의화단의 폭력에서 러시아가 건설한 철도와 재산을 보호한다는 명분을 내세워 둥베이 지역에도 군사를 파병했다. 하지만 의화단 사건이 마무리되고 나서도 러시아는 둥베이 지역에 주둔시킨 병력을 철수하지 않았고, 심지어 조선으로 남하하려는 의지를 드러내기 시작했다.

이런 러시아의 야욕이 드러나자 조선과 청나라가 크게 반발했고 국제여론도 러시아를 거세게 비판했다. 러시아는 이러지도 저러지도 못하는 진퇴양난의 상황에 빠졌고, 일본은 이 틈을 놓치지 않고 러시아를 견제하기 위해 영국과 동맹을 맺었다. 영일 동맹으로 아군이 생기자 한껏 든든해진 일본이 러시아를 향해 둥베이 지역 무단 점령을 중단하고 철수할 것을 요구했으나 러시아는 그 요구를 무시했다. 일본 정부는 영국과 다른 열강의 도움을 받아 러시아와 전쟁을 벌이기로 하고 1904년 2월 4일에 러시아와 일본 간의 협상이 중지되었음을 공식 선언했다. 랴오둥 반도의 이권을 둘러싼 두 열강의 치열한 전쟁은 이렇게 막이 올랐다.

뤼순 항구의 깊은 밤

러시아가 의화단 운동을 빌미로 구렁이 담 넘어가듯 중국 대륙의 둥베이 지역을 점령한 사실이 전해지자 일본은 크게 분노했다. 러시아 때문에 일본이 경제적으로 큰 피해를 입고 조선 침략의 계획마저 물거품이 될지도 모른다는 불안감이 고조되었기 때문이다. 게다가 러시아 측은 교섭에서조차 불성실한 자세를 보였다. 청일 전쟁 이후 러시아의 방해로 대륙 진출의 꿈이 좌절되는 경험을 한 일본은 그 후 10년 동안 군사력을 증강하는 데

노력을 쏟아 왔다. 군사력에 자신이 붙은 일본은 더 이상 러시아의 횡포를 그냥 넘기지 않기로 했다. 1904년 2월 8일 밤, 일본은 뤼순 항구에 정박해 있던 러시아의 제1 태평양 함대를 불시에 습격했다. 이는 일본이 러시아에 정식으로 선전포고를 하기 이틀 전에 발생한 일이었다.

일본이 아무리 놀라운 발전을 이루었다고 해도 설마 강대국인 러시아의 적수가 될 것이라고는 그 당시 누구도 예상하지 못했다. 물론 러시아 역시 일본을 위협적인 존재로 받아들이지 않았다. 일본 역시 그렇게 생각했으므로 불시에 기습을 감행했을 것이다. 그 이튿날인 2월 9일, 일본은 조선의 인천 제물포에 정박 중이던 러시아 함대 2척을 또 습격했다. 기습 공격에 당황한 러시아 함대는 부랴부랴 뤼순 항으로 도피했다. 일본은 이를 지켜보면서 러시아와 전쟁을 하려면 뤼순 항구를 먼저 점령하는 편이 유리하다는 점을 확인했다.

뤼순은 청나라 북양 함대와 러시아 해군이 심혈을 기울여 함께 건설한 요새로, 유사 시 방어에 유리하도록 아주 견고하게 구축되었으며, 우수한 화력을 자랑하는 최신식 무기를 다양하게 갖추고 있었다. 이를 상대로 정면 승부를 하는 것은 승산이 없다고 판단한 일본군은 우선 뤼순 요새를 포위했다. 이어서 일본 군함을 이용해 랴오둥 반도에 상륙한 일본 육군 제2군과 제3군 병력이 빠른 속도로 다롄을 점령하고, 뤼순과 선양을 잇는 이동로를 차단해 러시아군의 보급로를 차단했다. 이로써 뤼순 요새는 완벽히 고립되었다. 순순히 뤼순 요새를 뺏길 수 없는 러시아는 이 열악한 상황에도 일본과 결전을 치러야만 했다.

러시아 해군 사령관은 뤼순 항구에 대기 중이던 함대들을 모두 모아 포위망을 뚫고 항구를 빠져나간다는 계획을 세웠다. 하지만 일본 측 지휘부가 그 작전을 미리 읽고 포위를 강화하는 바람에 작전은 실패했다. 1904년 말까지 일본군이 속속 승리를 거두었고, 1905년 새해 벽두에는 결국 러시아가 일본에 무릎을 꿇고 뤼순을 넘겨주었다.

뤼순이 일본의 손에 떨어지자 러일
전쟁의 판세는 일본 쪽으로 크게 기울
었다. 일본은 뤼순 함락 이후 더욱 박
차를 가해 러시아군을 바짝 옭아맸고
마침내 펑톈奉天에서 다시 30만 러시
아군과 마주했다. 1905년 2월 중순에
는 사할린 지역에서 일본군 25만 명이
집결해 러시아와의 결전을 준비했다.
2월 20일에 일본이 선제공격을 가하자
러시아는 후퇴에 후퇴를 거듭했다.

사실 러시아가 일본에 맥없이 당했
던 이유 중 하나는 바로 내전 발발이
었다. 뒤숭숭한 고국 분위기를 전해

들은 러시아 군사들은 전의를 상실했고, 일본 역시 이 전쟁을 최대한 빨
리 끝내기로 했다. 이때 미국이 나서서 일본과 러시아를 중재하기로 했다.
1905년 9월 5일, 러시아 대표 세르게이 율리예비치 비테Sergei Yulievich Vitte와
일본 대표 고무라 주타로小村壽太郎가 미국 포츠머스에서 만나 포츠머스 강
화 조약을 맺고 전쟁을 마무리했다. 일본은 포츠머스 조약을 통해 그동안
러시아와 신경전을 벌이던 한반도에 대한 지배권을 공식적으로 인정받았
으며, 기존에 러시아가 청나라 조정을 구슬려 받아 낸 둥베이 지역에 대한
권리도 획득했다. 이렇듯 포츠머스 강화 조약은 일본에 일방적인 승리를
안겨 주었다. 한편, 이 전쟁의 최대 피해자는 패자인 러시아가 아니라 자국
영토를 타국의 전쟁터로 내줄 수밖에 없었던 조선과 청나라였다.

20세기 초의 만화. 당시 미국 대통령 시어도어 루스벨트(Theodore Roosevelt)와 제정 러시아의 차르 니콜라이 2세(Aleksandrovich Nikolai II), 일본의 메이지 덴노가 전쟁 종결을 위한 회담을 진행하는 장면이다.

전쟁의 영향

러시아와 일본이 이권을 두고 다툴 때 그 전쟁의 피해를 고스란히 떠안은 청나라와 조선의 입장을 헤아리는 이는 아무도 없었다. 두 제국주의 국가는 청나라와 조선이 중립을 선언한 것에는 아랑곳하지 않고 자신들만의 이권 다툼에만 혈안이 되어 있었고, 다른 나라들도 전쟁의 결과에만 관심이 있었다. 이렇듯 조선과 청나라의 주권을 완벽히 무시하는 강대국들의 횡포를 그대로 반영한 것이 바로 포츠머스 조약이다.

일본은 러일 전쟁의 승리를 통해 경제적으로 막대한 이익을 얻었다. 러일 전쟁 1년 후, 덴노의 칙령에 따라 중국 둥베이 지역에는 일본의 남만주 철도 주식회사가 들어섰다. 일본은 남만주 철도 주식회사를 통해 둥베이 지역의 철도 운송 시스템을 장악했으며, 철도 관련 사업을 포함해 광산, 항구 관련 사업을 추진하고 행정 구역과 문화 연구 기관 및 기타 정보 조직까지 전부 세웠다. 또한 전쟁 직전에 랴오둥 반도의 명칭을 관둥저우關東州로 개명했으며, 전쟁 후에 이곳에 식민 통치 기관을 설치했다. 둥베이 지역에 설치된 일본 군정과 남만주 철도 사업은 이후 일본이 대륙을 식민지로 만드는 데 가장 결정적 역할을 한 재앙의 씨앗이었다.

포츠머스 강화 조약의 내용

러일 전쟁에서 러시아가 일본에 패한 후 미국의 중재로 전쟁을 끝내기 위해 개최한 강화 회담이 열린 장소가 뉴햄프셔 포츠머스였다. 이때 맺은 조약을 개최지의 지명을 그대로 따서 포츠머스 강화 조약이라고 부른다.

러시아는 일본의 조선 지배권을 인정하고 또한 청나라의 허가를 전제로 뤼순 등 중국 대륙의 둥베이 지역 조차권을 일본에 넘기면, 일본은 러시아가 그동안 조차지 내에서 행사했던 모든 권리와 경제적 이익 행위를 그대로 이어받기로 했다. 아울러 러시아는 창춘에서 뤼순을 잇는 구간의 철도와 그 지선支線 및 관련 이권, 탄광을 무상으로 일본에 양도하고 동해, 오호츠크 해, 베링 해에서의 어업권도 일본에 양도하며 사할린 섬 남쪽 영토를 일본에 할양하게 되었다.

이 밖에도 둥베이 지역의 철로에는 1km마다 열다섯 명씩 보초를 두고 일본과 러시아 양국의 세력 범위로 지정하는 데 합의했다. 포츠머스 조약이 체결된 이후 일본은 청나라 조정을 위협하여 조약 내용 이행에 대한 청 조정의 승인 및 창춘에서 지린 사이를 잇는 철도의 건설권, 압록강 유역의 벌목권 등 경제적 이익을 위한 다양한 사업권을 받아냈다.

3 일본 자본주의의 아버지, 시부사와 에이이치

JAPAN

메이지 유신 이후 일본 경제에는 커다란 변화가 일어났다. 그 무렵 가장 주목할 만한 인물로는 일본의 상업계에 불현듯 나타나 새로운 바람을 불러일으킨 시부사와 에이이치澁澤榮一를 꼽을 수 있다. 메이지 유신 이후 일본 경제사에 그의 이름이 등장하지 않았다면 오늘날 일본은 지금과는 전혀 다른 모습으로 남아 있을지도 모른다. 근대 일본의 산업과 경제를 이끈 최고의 지도자 시부사와 에이이치. 일본 내에서 그는 '일본 자본주의의 아버지' 혹은 '일본 현대 기업의 아버지'로 통한다.

시기 : 1840~1931년
인물 : 시부사와 에이이치

급변하는 정국 속 파란만장한 성장 과정

1840년 서구 열강 사이에서는 낙후된 아시아 국가들을 놓고 누가 먼저, 얼마나 차지하는가 하는 경쟁이 본격화되었다. 그들은 새로운 땅에서 한몫 잡기 위해 너 나 할 것 없이 몰려들었고, 돈이 되는 일이라면 수단과 방법을 가리지 않았다. 아시아 국가들은 하나둘씩 서양 열강의 먹이가 되어 허덕이고 있었다. 일본은 아직 본격적으로 침략을 받지 않았지만, 일본의 지리적 장점과 상업적 가치를 눈여겨본 나라들이 하나둘 접근해 오기 시작

한눈에 보는 세계사

1840년 : 아편 전쟁 발발
1848년 : 독일 마르크스, 공산당 선언 발표
1861년 : 미국, 남북 전쟁
1870년 : 프랑스·프로이센 전쟁

1910년 : 국권 피탈
1911년 : 중국, 신해혁명(중화민국 건국)
1914년 : 제1차 세계대전
1929년 : 세계 대공황

했다. 여기에 바쿠후의 부패와 무능함이 드러나는 사건이 계속되자, 일본 각지에서는 바쿠후에 대한 불만이 수그러들 줄 몰랐다. 마치 겉으로 보기에는 조용하고 평화로운 호수의 수면과 같았지만, 그 잔잔한 수면 아래에는 이미 거대한 개혁의 소용돌이가 시작된 것이다.

시부사와 에이이치

시부사와 에이이치는 본격적으로 혼란한 시대가 시작되기 직전, 사이타마 지역의 부농 겸 부상富商 가문에서 태어났다. 어려서부터 사서오경과 중국의 고전을 좋아해 열심히 익혔는데, 유복한 가정 형편 덕분에 좋은 교육을 받을 수 있었다. 어려서부터 배우고 익히며 생각하는 것을 좋아한 성격이 훗날 그를 일본 경제를 선도하는 기업가로 성장하도록 이끌었다.

1853년 미국은 쿠로후네를 앞세우고 일본을 협박해 강제로 문호를 개방시켰다. 일본과 외국 상인들 간에 통상의 문이 열리자 일본 내에서는 바쿠후의 무능함을 비난하는 존왕양이 세력들이 뭉치기 시작했다. 당시 열혈 청년이었던 시부사와 에이이치도 당시 여느 젊은이들과 마찬가지로 이에 적극적으로 가담했다가 1863년부터는 뜻이 맞는 몇몇 젊은이들과 함께 무력 도바쿠 운동을 준비하기 시작했다. 그러나 그 계획이 바쿠후 쪽에 새어 나가는 바람에 요주의 인물이 되어 도망 다니는 신세가 되고 말았다.

하지만 사람의 인생이란 언제 어떻게 될지 모르는 법이다. 시부사와 에이이치가 한참 도피 생활을 하던 중에 친구의 소개로 우연히 만난 한 사람이 그의 인생을 단숨에 바꿔 놓았다. 바로 당시까지만 해도 바쿠후의 쇼군 계승자 후보였던 히토쓰바시 요시노부, 훗날 도쿠가와 요시노부라는 이름으로 바쿠후의 마지막 쇼군이 된 인물이었다. 이 인연으로 시부사와 에이이치는 히토쓰바시 요시노부의 가신이 되고 동시에 무사의 신분도 얻었다.

1865년 에히토쓰바시 요시노부가 도쿠가와 바쿠후의 15대 쇼군 직을 물려받고, 오래 지나지 않아 프랑스에서 파리 만국 박람회(EXPO 1867)가 열렸다. 그는 동생인 아키타케昭武를 쇼군 대리인으로 임명해 바쿠후 대표로 참석하게 했다. 시부사와 에이이치도 요시노부의 가신 자격으로 프랑스 정부의 초청을 받아 떠나는 파리행 사절단에 참석하게 되었다. 당시만 해도 다른 일본인들과 마찬가지로 우물 안 개구리에 불과했던 시부사와 에이이치는 파리 만국 박람회 견학 이후 전혀 다른 사람이 되었다. 공업화와 산업화에 성공해서 발전가도를 달리는 서양 선진국들의 훌쩍 앞선 현실을 확인하고 그의 내부에 변화가 일어난 것이다. 그러면서 그동안 상인에 대해 품었던 편견도 씻은 듯이 사라졌다. 부유한 상인의 집에서 태어났으면서도 상인이란 원래 이익이 되는 일 외에는 관심조차 없는 족속이라고 생각하고 경멸해 왔는데 외국의 공예품과 기계제품을 직접 본 후 충격을 받은 것이다.

그 후 시부사와 에이이치는 벨기에로 향했다. 바쿠후 사절단이 벨기에의 국왕을 알현할 때 벨기에 국왕 레오폴드 2세Leopold II는 이제는 공업화를 통해 국가 경쟁력 향상을 도모해야 하는 시대임을 강조했다. 특히 공업화의 근간이 되는 철강 산업의 중요성을 설명하면서 일본에 벨기에의 철강 산업을 소개해 주었다. 서구의 선진 문명에 크게 감명한 시부사와 에이이치는 새로운 시대에 국가가 번영하고 더욱 강해지는 데 공업화와 산업화가 얼마나 중요한지, 그리고 그를 뒷받침할 상인의 역할이 얼마나 중요한지를 다시 한 번 깊이 생각했다. 결국 그는 귀국을 미루고 혼자 유럽에 남아 유럽 각 국가의 산업 발전 현황과 경제 발전 정책을 연구하기로 했다.

1867년 1월에서 1868년 11월까지 약 2년에 가까운 시간 동안 시부사와 에이이치는 서구 사회를 꼼꼼히 관찰했다. 특히 산업 발전 양상, 각국의 경제 발전 정책과 추세를 중점적으로 보았고 은행, 철도 사업, 국채와 주식 사업과 채권 사업 등 금융 부문에도 관심을 가졌다. 그중에서도 그가 가장 눈여겨본 것은 프랑스의 기업 투자 방식인 주식회사 제도와 유동적인 신분 제도였다. 정부 관료와 상업계 인사가 대등한 위치에 설 수 있는 프랑스의 문화 의식이 그에게 깊은 인상을 남긴 것이다. 시부사와 에이이치는 2년간의 유학을 통해 자본주의 사회의 정신과 제도를 면밀하게 파악하고 습득해 나갔다. 한편, 이 시기에 일본 내 사정은 그야말로 혼란의 도가니였다. 오랜만에 귀국한 그를 기다리는 것은 이미 새로운 역사의 한 페이지로 들어서서 새로운 모습으로 거듭나고 있는 일본 제국이었다. 도쿠가와 바쿠후는 그가 돌아오기 전인 1868년 보신 전쟁에서 패해 이미 역사의 뒤안길로 사라진 것이다.

정계를 떠나 실업가로 변신하다

1868년 11월 일본에 돌아온 시부사와 에이이치는 바쿠후 몰락 이후 시즈오카로 거주지를 옮긴 도쿠가와 요시노부를 찾아갔다. 당시 도쿠가와 요시노부의 경제적 상황은 몹시 곤란한 지경이었다. 그래서 시부사와 에이이치는 2년 동안의 유학 생활에서 익힌 지식을 바탕으로 우선 프랑스에서 배운 주식회사 제도를 도입해서 자본을 끌어모으고 이윤을 창출해 도쿠가와 요시노부가 재정적으로 궁핍한 상황에서 벗어나도록 했다. 이때부터 그의 상업적 재능은 점점 꽃을 피우기 시작했다.

　　한편, 당시 대대적으로 사회 개혁을 추진하고 있던 메이지 정부는 인재가 부족해 곤란을 겪는 상황이었다. 그러던 중 재능 있는 청년 실업가에 대한 소문을 들은 메이지 정부는 곧바로 그를 불러들였다.

일본 사이타마현 후카
야에 있는 시부사와 에
이이치 기념관

정부 관료로 일하기 시작했을 무렵, 시부사와 에이이치는 쇼군의 가신
이었던 과거 때문에 사방에서 압력을 받았다. 하지만 일단 꽃을 피운 그
의 탁월한 재능은 아무도 막을 수 없었다. 정부 일을 맡은 지 약 6개월 만
에 그는 뛰어난 업무 수행 능력을 인정받고 대장성大藏省 내의 중요한 인재
로 자리 잡았다. 대장성은 2001년에 행정 체계 개편으로 사라지기까지 100
년 이상 일본의 국가 예산에서 조세, 금융 행정 정책 등 국가 재정 정책을
담당하던 정부 주요 부서였다. 이때 그는 워낙 강직한 성격 탓에 적을 많이
만들기도 했다. 1873년에는 당시 대장성의 수뇌로 대장경大藏卿 직을 맡고
있던 오오쿠보 도시미치와 첨예하게 대립하면서 대장성의 관료 자리를 걷
어차고 나와 공상업 계통의 일을 시작했다.

시부사와 에이이치는 대장성에서 일할 때 폐번치현, 화폐 제도 개혁, 국
채 발행 등 새 정부의 국가 부양 정책과 핵심적인 경제 정책 방침을 세우는
일에 직접적으로 관여했다. 그 덕분에 메이지 정부가 추진하는 경제 정책
은 손바닥 들여다보듯 훤했고, 이는 그가 실업가로 전향한 뒤에도 매우 유

리하게 작용했다. 1873년에 서른세 살이 된 시부사와 에이이치는 일본의 민간 자본을 모아 주주제 은행인 제1 국립 은행을 세웠다. 참고로 오늘날 한국과 중국, 일본이 모두 사용하는 '은행銀行'이라는 단어를 만들어 낸 장본인이 바로 시부사와 에이이치였다. 제1 국립은행의 창업은 그의 인생에 새로운 전환점이 되었다.

또한 시부사와 에이이치는 일본의 공업과 상업이 발달하려면 우선 자기 자신 한 사람만의 노력으로는 어림없으며 협력해 줄 인재가 많이 필요하다는 사실을 진작부터 깨닫고 있었다. 제1 국립은행이 큰 성공을 거두자 그는 미쓰이三井, 오노小野 가문을 찾아가 공동 출자 방식으로 오우지 제지 주식회사王子製紙株式會社를 창립하자고 설득하는 한편, 모리 아리노리森有禮를 도와 상법 강습소商法講習所를 열었다. 상법 강습소는 훗날 도쿄 상업학교로 개명했는데, 이 학교가 바로 오늘 날의 히토쓰바시 대학이다. 그 밖에도 도쿄 해상 화재 보험 회사나 시멘트 회사 등을 설립하는 등 계속해서 안정적인 국가 산업 발전을 위해 필요한 기반 산업을 닦았다.

1880년대에 들어서면서 일본 사회에 노동자와 자본가 간의 계층 대립과 갈등이 심화되었다. 시부사와 에이이치는 상호 간에 이해와 양보가 필요하다며 자본가와 노동자 간의 균형과 화합이 가장 중요하다고 강조했다. 이 무렵 그는 도덕적 기업가로서 존경받았고, 사업 또한 전성기를 맞이했다. 그는 해운, 조선, 철도, 호텔(제국호텔), 방직, 맥주(기린, 삿포로), 화학 비료, 광산, 증권 등 다양한 업종을 시도했다. 특히 1880년에는 해운업 부문에서 미쓰비시 MITSUBISHI 의 독주를 견제하고자 도쿄 후우한센 회사 東京風帆船會社 를 창립하여 당시 업계에서 부동의 1위였던 미쓰비시사와 극심한 경쟁을 벌이며 회사를 성장시켜 갔다. 그러다 20세기에 들어설 무렵부터 건강 악화를 이유로 회사 일을 하나씩 정리했고 1916년에는 은퇴를 결심했다. 은퇴 후 시부사와 에이이치는 사회사업에 열중하고 《논어》를 연구하며 세월을 보냈다. 그의 대표적 경제 철학인 경제 도덕 합일론은 은퇴 후 탄생했다. 1931년 11월 11일, 천수를 누린 그는 91세의 나이로 세상을 떠났다. 이때 그의 사망 소식을 듣고 찾아온 조문객이 무려 3만 명에 이르렀다고 한다.

소설 같은 삶, 그가 이룬 것들

시부사와 에이이치는 서른셋에 사업가가 되어 아흔한 살에 이르기까지 지속적으로 왕성한 활동을 펼쳤다. 그는 평생 세 명의 바쿠후 쇼군과 메이지, 다이쇼, 쇼와昭和에 이르기까지 다섯 번에 걸쳐 최고 집권자가 교체되는 것을 지켜봤으며, 조국이 봉건 사회를 벗어나 근대화를 이루는 역사의 큰 물결을 온몸으로 마주하며 살다 갔다. 혼란한 시대를 이끌 운명을 타고난 이들이 그렇듯이 시부사와 에이이치 역시 파란만장한 삶을 살았다. 그가 창업한 회사가 500곳이 넘고, 자국 산업을 보호하는 데 평생을 바치며 이룬 그의 업적이 일본 사회에 미치는 영향은 매우 크다. 특히 그의 회사는 대부분 전쟁 후에도 살아남아 오늘날까지 활발하게 경제 활동을 지속해 일본 사회의 경제 발전을 안정적으로 떠받치고 있다. 그러나 시부사와 에이이치가 오늘날까지 기억되는 이유는 그의 천부적인 비즈니스 재능과 이익보다도 사회를 우선적으로 생각하던 그의 기업 정신에 있다.

시부사와 에이이치는 근대 일본 초기에 자본주의를 뿌리내리고 확산시키며 기업을 성장시키기 위한 방향을 제시하고 모범적인 성공 사례를 남긴 선구적 인물이다. 또한 그는 인재 양성의 중요성을 강조했으며, 수익을 일본 국민에게 돌려주기 위한 사회사업을 육성하는 데도 크게 기여했다.

그가 남긴 유산 중에는 위에서 열거한 업적과 막대한 재산도 있지만, 가장 중요한 것은 그가 후대에 반드시 전하고자 했던 정신적 유산이다. 그는 말년에 사회사업에 매진하면서 〈경제·도덕 합일설〉이나 〈의리 합일론義利

合一論〉과 같은 논문을 발표해 사회 통합을 위한 실업가의 자세를 강조하고 아울러 실업가의 사회적 역할을 제시했다.

　시부사와 에이이치는 일본의 상공업 발전을 위해 서구 사회의 제도와 발전 모델을 도입했으나 기업가로서 사회를 대하는 그의 마음 자세는 전통 유교에서 제시하는 이상적인 군자에 가까웠다. 서양의 가치와 동양의 정신문화가 조화롭게 내재한 그의 삶은 지금까지도 수많은 일본인이 존경하는 사회적 기업가로 기억되고 있다.

시부사와 에이이치와 모리 아리노리가 함께 세운 상법 강습소는 오늘날의 히토쓰바시(一橋) 대학의 전신이다.

4 지시마 열도 전투

JAPAN

지시마千島 열도는 서태평양의 북부에 길게 늘어선 군도 지역으로 일본에서 부르는 명칭이다. 이 열도는 러시아의 행정 구역에 속하므로 쿠릴 열도Kuril Islands라고 불리며, 우리나라에서는 이 이름으로 더 잘 알려져 있다. 길게 늘어선 지시마 열도의 섬들이 오호츠크 해와 태평양을 나누는 기준선이 되므로 이 일대는 군사적으로 매우 중요한 전략 지역이다. 이곳의 중요성을 일찌감치 깨달은 일본과 러시아는 이곳을 차지해 태평양에서 우위를 점하기 위해 길고 긴 전쟁을 벌였다.

지역 : 지시마 열도

지시마 열도의 전략적 의의

지시마 열도의 섬 중 남부에 위치한 이투루프択捉島, Iturup, 쿠나시르国後島, Kunashir, 시코탄色丹, Shikotan, 하보마이齒舞諸島, Khabomai 등은 서태평양의 한류와 난류가 만나는 지점이다. 그래서 1년 내내 어획량이 풍부해 세계 3대 어장으로 손꼽힌다. 특히 쿠나시리 섬은 대게, 해삼 등 값비싼 해산물이 풍부하고, 이투루프 섬은 포경업과 풍부한 지하자원이 매력적이다. 이러한 천혜의 환경 요인 외에도 군사적 요충지로서 지닌 매력 때문에 일본과 러시아는 더욱 지시마 열도를 서로 차지하려고 오늘날까지도 끊임없이 대립하고 있다. 슈무슈占守, Shumshu 섬, 바라무시루幌筵島, Paramushir 섬 등 총 40여 개에 이르는 섬으로 구성되는 지시마 열도는 동쪽으로 태평양이 펼쳐지고 서쪽으로는 태평양의 중요한 해상 통로인 오호츠크 해와 닿아 있

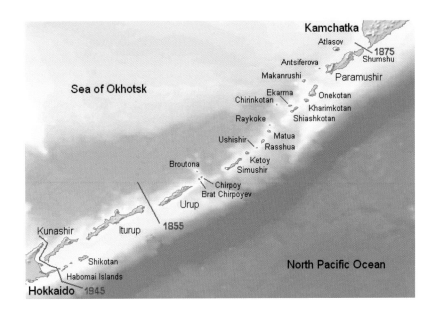

지시마 열도에 대한 일본과 러시아의 국경 변화. 일본은 1855년부터 1945년까지 자국 영토였던 지시마 열도 4개 섬의 영유권을 주장하고 있다.

다. 섬들의 해안선 길이를 모두 더하면 약 1,200km에 이르며, 총 면적은 1만 5,600㎢에 달한다. 섬에는 화산이 있고 지형도 험하며 해안선이 복잡해서 방어하기는 쉽고 공격하기는 어려워 군사요새로는 안성맞춤이다. 섬과 섬 사이 여러 군데에 해협이 있는데 그중에서도 수심이 가장 깊은 곳은 1만 542m나 된다. 지시마 열도의 섬 중 면적이 가장 넓은 이투루프 섬은 대형 선박을 정박할 수 있는 해만海灣이 열 군데가 넘어 군사 요새로 최적의 조건을 갖추었다.

러시아 선박이 북태평양으로 나갈 때에는 지시마 열도 근방의 수역을 지나야만 한다. 캄차카 반도와 추코트Chukot 반도, 북미 지역의 각 항구 도시를 오고 갈 때에는 반드시 이곳을 통하게 되므로 전략적으로도 중요한 의미가 있다. 즉, 지시마 열도를 차지하는 나라가 태평양 전쟁 중 가장 유리한 고지를 점령할 수 있는 것이다. 이러한 지리적 특성 때문에 태평양 지역에서 세력을 넓히고자 한 강대국들은 그동안 호시탐탐 지시마 열도를 노렸다.

러시아 대(對) 일본

일본 역사에서 홋카이도를 개척하기 시작한 시기는 전국 시대 후반이었다. 일본 정치의 중심이 에도로 옮겨진 후 홋카이도는 점차 일본의 영토로 편입되었다. 이렇게 홋카이도까지 세력을 확장한 일본은 그 위쪽에 있는 지시마 열도의 지리적 중요성을 훤히 꿰뚫어 보고 있었다. 하지만 17세기 제정 러시아의 차르인 표트르 1세가 실시한 개혁의 영향으로 러시아 인들이 남하해 일본보다 먼저 지시마와 사할린까지 세력을 확장한 상황이었다. 러시아의 남하 정책과 일본의 북상 정책이 지시마 열도를 사이에 두고 첨예하게 대립했다. 이 영토 분쟁을 해결하기 위해 러시아와 일본은 1855년 시모다 조약下田條約을 체결했다. 시모다 조약에서 양국은 지시마 열도를 남북으로 나누어 남부는 일본에, 북쪽은 러시아에 종속되도록 하고 사할린에 관한 문제는 결정을 보류하기로 했다. 훗날 일본과 러시아는 다시 사할린, 지시마 열도 북부 호환 조약을 맺어 일본이 점령하던 사할린 남부의 영토와 러시아가 점령하던 지시마 열도 북부를 서로 교환했다.

1905년 러시아에서 내전이 발발하면서 차르의 권위는 큰 타격을 입었다. 동시에 신흥 무산 계급이 들고일어나는 바람에 러시아는 더 이상 일본과 밀고 당기기를 지속할 수 없었다. 우선 국내의 급한 불부터 꺼야 했기에 러시아는 울며 겨자 먹기로 포츠머스 강화 회담에 나가 일본과 조약을 체결하고 러일 전쟁을 대충 끝맺을 수밖에 없었다. 포츠머스 강화 회담에서 러시아는 일본에 지시마 열도와 사할린 남부 지역에 대한 지배권을 넘겨주었다. 이로써 러시아가 극동아시아에서 취했던 이익 대부분이 일본에 넘어가 이후 러시아와 일본 간의 마찰이 더욱 격화되었다.

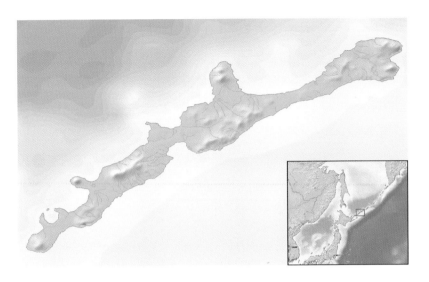

시시각각 급변하는 지시마 열도의 정세

1945년 8월 소비에트 연방(이하 소련)은 일본에 선전 포고를 하고 8월 18일에 지시마 열도를 공격했다. 당시 지시마 열도에 주둔하고 있던 일본군 병력은 8만이었고, 섬 내에 전투기 600대를 수용할 수 있는 비행장이 아홉 곳이나 있었다. 또한 방어에 가장 유리한 슈무슈 섬과 바라무시루 섬에는 견고한 해군 기지가 세워져 있었다. 하지만 제2차 세계대전 중 일본군의 병력 소모가 워낙 심했기에 당시 지시마 지역에 배치할 수 있는 군사력은 아무리 쥐어짜도 소형 군함 1척과 전투기 8대에 불과했다.

소련군은 먼저 지시마에 주둔하는 일본군 병력 규모를 상세히 파악하고 8월 18일에 슈무슈 섬의 기지를 먼저 공격했다. 당시 일본군은 슈무슈 섬 전체에 철근 콘크리트를 이용한 지하 갱도와 참호를 파고 포대를 설치하는 등 전쟁에 대비하는 공사를 하는 동시에 추가로 병력 8,000명과 탱크 64대를 파견했다.

18일 오후, 소련군 함대가 전투를 개시했다. 약 12km 떨어진 캄차카 반도에서 슈무슈 섬을 공격하자 일본군은 강하게 저항했다. 특히 소련군이 슈무슈에 상륙을 시도하자 일본군은 소련 함대를 여러 척 격침시키며 선전했다. 그러나 격렬한 전투가 계속되며 시간을 끌수록 불리한 것은 병력과 물자가 부족한 일본군이었다.

　　오후 5시를 넘기면서 일본과 소련 양국은 슈무슈 섬에서도 가장 중요한 지점을 두고 격전을 벌였다. 일본군이 수차례 공격을 시도했으나 번번이 소련군에 막혔다. 오후 8시에는 가차 없이 쏟아지는 소련군의 공격에 일본군은 결국 지시마 열도 북부를 내주고 후퇴했다. 이로써 소련군은 지시마 열도에 대해 예전의 지배권을 되찾았다. 상승세를 탄 러시아군은 그 여세를 몰아 지시마 남쪽을 향해 다시 진격했다. 9월 1일, 소련군이 구나시리 섬과 시코탄 섬 점령에 성공하면서 지시마 상륙 작전이 성공했고, 지시마 열도 지배권이 다시 소련에게 돌아왔음을 국제 사회에 알렸다. 이튿날인 2일에는 일본이 무조건 투항 의사를 밝혔고, 다시 사흘 뒤인 9월 5일 하보마이 군도가 추가로 소련 영토에 편입되었다. 이 지역은 후에 소비에트 연방이 해체되자 러시아에 종속되었으며, 이 지역의 영속권을 놓고 일본과 러시아의 외교 분쟁이 지금도 계속되고 있다.

일본 소설계의 대문호
가와바타 야스나리(川端康成)

일본 현대 문학사를 이야기할 때 절대 빠지지 않고 반드시 등장하는 이름이 있다. 바로 노벨 문학상 수상자 가와바타 야스나리다. 그의 작품을 감명 깊게 읽어 본 사람이라면 가와바타 야스나리라는 이름을 듣는 것만으로 작품 전반에 흐르는 잔잔한 고독과 허무, 시간이 지나도 아물지 않는 인간 내면의 상처에서 때때로 느끼는 아릿한 아픔을 떠올릴 수 있을 것이다. 그의 문학적 세계 저변에는 이처럼 일관된 분위기가 깔려 있다. 어린 시절에 혼자 남은 그가 평생 안고 살아가야 했던 아픔과 벗어날 수 없는 삶의 적막함은 작품을 통해 활자로 나타났다. 눈 덮인 산 아래 자리 잡은 이즈伊豆를 바탕으로 펼쳐지는 이야기에서는 가와바타 야스나리 특유의 애상적인 허무주의가 짙게 배어 있다.

오사카의 고아 소년

1899년 6월 24일, 훗날 노벨 문학상을 받으며 일본의 대문호가 될 사내아이가 태어났다. 그의 아버지는 일본 오사카 지역의 한 부유한 집안 출신인 젊은 의사였다. 새로 태어난 사내아이는 온 가족의 축복 속에서 태어나 조부모와 부모의 따뜻한 사랑을 받으며 행복한 삶을 시작했다. 아기의 할아버지는 손자가 태어나던 날 아기의 할머니가 갓 태어난 아기를 안고 다가와

"건강한 아기예요. 당신 손자인 이 작은 아기를 만져 보세요."라고 말하자 기쁨을 감추지 못하고 떨리는 손으로 아기를 만져보고 안아 들면서 어린 아이처럼 좋아했다고 한다. 아기의 할아버지는 건강하고 튼튼하게 자라나라는 염원을 담아 아기에게 편안할 강康, 이룰 성成이라는 한자를 써서 야스나리라는 이름을 붙여 주었다.

하지만 소박한 행복은 계속되지 않았다. 야스나리가 태어나고 얼마 지나지 않아 가세가 기울면서 온 가족이 도쿄로 이사하게 되었는데, 이를 시작으로 불행한 일들이 꼬리를 물고 생겨나기 시작했다. 도쿄로 이사한 지 2년이 채 지나지 않은 1901년에 야스나리의 아버지가 죽고, 그 충격으로 실의에 빠진 어머니마저 뒤따르듯 1902년에 세상을 떠났다. 겨우 세 살에 양친을 차례로 잃고 고아가 된 것을 기점으로 야스나리의 순탄치 않은 삶이 시작되었다.

고등학교 시절의 가와바타 야스나리

다행히 야스나리의 조부모가 모두 건재하여 아들 내외가 남기고 간 혈육들을 돌봐 주기로 해 야스나리는 다시 오사카로 돌아왔고 야스나리의 누나는 숙부의 집에서 자랐다. 너무 어린 나이에 부모를 잃은 탓에 부모에 대한 기억 자체가 희미했던 야스나리는 결국 부모의 애정을 전혀 알지 못한 채 불운한 어린 시절을 보내야 했다. 부모를 일찍 잃은 손자를 가엾게 여기며 조심스럽게 대한 조부모의 태도는 또래보다 감수성이 훨씬 예민한 어린 아이에게 긍정적인 영향을 미치지 못해 야스나리는 어느새 우울하고 비뚤어진 성격의 아이가 되었다. 그의 작품에 일관되게 흐르는 우울함은 이렇듯 아주 어린 시절부터 그를 둘러싼 불운한 환경의 영향이 크다.

학교에 다니기 시작하면서 그의 성격은 조금씩 바뀌기 시작했다. 하지만 불행은 또다시 연이어 찾아왔다. 여덟 살에는 할머니가, 열두 살에는 누나가, 열여섯 살에는 할아버지마저 차례로 세상을 떠났다. 이렇게 연달아 가족을 떠나보내고 혼자 남은 그에게 신경쇠약 증세가 나타났고, 모든 걸 자포자기하는 태도를 보였다. 이후 그는 고독함과 비애로 가득 찬 시선으로 세상을 바라보았고, 이러한 마음 자세는 그의 문학에 그대로 드러났다.

문학의 길

가와바타 야스나리는 어린 시절부터 매우 총명했고, 문학에 큰 관심을 보였다. 훗날 일본을 대표하는 작가로 우뚝 설 가와바타 야스나리를 처음 문학의 길로 안내해 준 것은 헤이안 시대의 여류작가 무라사키 시키부의 작품인 《겐지모노가타리源氏物語》, 즉 '겐지 이야기'였다. 그리고 그가 일본 문학계의 거장으로 성장할 수 있었던 것은 우수한 문학 작품을 즐겨 읽는 것 외에도 평소 늘 글을 쓰는 습관이 있었기 때문이다. 그가 열여섯 살이 되었을 무렵, 할아버지의 건강이 많이 좋지 않아 세상을 떠나실 날이 머지않았다는 것을 직감적으로 눈치 채고 각오하고 있었다고 한다. 할아버지

가 돌아가실 때까지 병상을 지키기로 마음먹은 그는 할아버지의 병상 일기를 써 나갔고, 이때의 기록들은 나중에 발표하여 호평을 받은 그의 소설 《열여섯 살의 일기十六の日記》의 바탕이 되었다. 《열여섯 살의 일기》는 당시 작가가 얼마나 힘든 시간을 보냈는지를 솔직하게 고백한 글로, 소년의 예민한 감성과 불안한 심리를 독자들에게 생생하게 전달한 문장력이 크게 돋보인다.

오사카에서 이바라키 중학교에 다니던 시절 그를 사로잡은 문학 작품은 위에서 말한 《겐지모노가타리》였다. 일본 헤이안 시대에 궁중의 여관女官 무라사키 시노부가 지은 《겐지모노가타리》는 내용 전체에 흐르는 우아함과 일본적인 음률의 고색창연한 아름다움으로 더욱 사랑받는 작품이다. 그가 자신의 문학 세계에서 지향하고자 하는 미학을 세우는 데에도 《겐지모노가타리》로부터 큰 영향을 받았다. 본격적으로 글 쓰는 일에 빠져든 가와바타 야스나리는 자신의 글을 신문사나 문예 잡지사에 투고하기 시작했다. 하지만 세상이 처음부터 그의 재능을 알아봐 준 것은 아니었다. 아무도 자신의 글을 인정해 주지 않는 시간이 길어지자 그는 자신의 재능에 회의를 느끼기 시작했고, 계속 글을 써야 할지 심각하게 고민했다고 한다. 슬럼프가 길어지면서 결국 문학가의 길을 완전히 포기하려고도 했지만, 그의 천부적인 재능은 다시 한 번 가와바타 야스나리를 문학의 길로 안내했다.

1916년, 중학 4학년 과정에 있던 가와바타 야스나리는 오사카의 한 잡지사에 자신의 습작 원고 한 편을 다시 투고했다. 다행히 이번에는 그의

만년의 가와바타 야스나리. 얼굴에 친근한 미소를 띠고 있다.

원고가 선택되어 잡지에 실렸다. 계속되는 불운으로 자신감을 잃고 좌절하던 그에게 이번 일은 매우 고무적이었다. 이후 그는 더욱 열심히 에세이와 소설 등을 투고해 〈분쇼세카이文章世界〉에서 뽑은 문예 수재 열두 명 가운데 한 명으로 이름을 올렸다.

1920년 9월, 가와바타 야스나리는 도쿄 제국 대학 영문과에 입학했다. 하지만 2학년 때 전공을 바꾸어 국문과로 전과했다. 이후 그는 국문과 재학 중에 만난 문학 애호가들과 함께 문학 자유 사단을 조직해 문예 개혁을 꿈꾸며 문학계를 향해 한 발 더 내디뎠다. 그리고 1921년 폐간된 문예 잡지인 〈신사조新思潮〉가 가와바타 야스나리와 그의 동료들이 힘으로 다시 간행되었다. 다시 출간하게 된 〈신사조〉에 그는 자신의 공식적인 처녀작 《초혼제일경招魂祭一景》을 게재했다. 《초혼제일경》은 곡마단의 한 여성 배우가 살아가는 고통을 생생하게 표현해 내 당시 권위 있는 문학가이자 저널리스트로 활동하던 기쿠치 칸菊池寬으로부터 호평을 받았다. 이를 계기로 가와바타 야스나리라는 이름이 《문예연감文藝年鑒》에 올랐고, 작가로서 정식으로 문단에 데뷔하게 되었다.

그 후 가와바타 야스나리의 삶은 비교적 순탄하게 풀리는 듯 보였다. 《명인名人》, 《고원高原》, 《이즈의 여로伊豆の旅》, 《이즈의 무희伊豆の踊子》, 《아사쿠사쿠레나이단浅草紅団》, 《수정 환상水晶幻想》, 《금수禽獣》, 《설국雪國》, 《산소리山の音》, 《고도古都》, 《천우학千羽鶴》, 《무희舞姫》 등 그의 대표작들이 연이어 발표되었다. 그의 저서 중에 가장 유명한 《이즈의 무희》와 《설국》은 게이샤가 지닌 삶의 애환을 그려 내 가장 일본적인 정서를 담아낸 수작으로 평가받는다.

그는 대학 졸업 후에도 한동안 요코미쓰 리이치橫光利一 등과 함께 신감각파 문학 운동을 주도했다. 이 시기에는 당시의 문예 사조에 대한 연구 논문인 '신진 작가의 신경향 해설'을 발표하기도 했다. 그 밖에도 《감정 장식感情裝飾》, 《봄날의 경치春景色》와 같이 신감각파의 특성이 묻어나는 작품들을 발표했는데, 당시의 문예 사조에 큰 영향을 미치지는 못했고 오히려 '신감각파 무리의 이단아'라는 혹평을 받기도 했다. 훗날 가와바타 야스나리는 문예 사조에 따라 글 쓰는 것을 포기하고, 시대의 흐름과 상관없이 자신만의 개성을 살려 자유로운 문학 활동을 하고자 신감각파에서 탈퇴했다. 《이즈의 무희》, 《설국》이 바로 탈脫문예 사조를 결심한 시기에 창작한 작품들이다.

1968년, 가와바타 야스나리는 《설국》, 《고도》, 《천우학》 세 작품으로 노벨 문학상을 받았다. 그는 일본의 고전 문학에서 자신의 문학적 근원을 찾았으며, 가장 일본적인 정서를 글로 표현할 줄 아는 문학가였다. 노벨 문학상을 받음으로써 일본만의 미학을 문학으로 풀어내 보편적 공감대를 형성한 공로를 인정받은 것이다.

그가 이룬 모든 것

노벨상을 받은 가와바타 야스나리는 세계적인 작가로 역사에 이름을 남겼다. 약 50년에 이르는 그의 창작 인생에서 수많은 작품이 태어났다. 그가 평생 창작한 장편 소설과 중편 소설은 약 100여 편에 이르며 그 밖에도 산문, 평론을 발표하면서 다방면으로 왕성한 활동을 펼쳤다.

가와바타 야스나리의 소설은 그만의 독특한 분위기가 있다. 그의 작품은 대부분 시종일관 우울한 듯 가라앉은 분위기 속에서 피어나는 독특한 예술적 품격을 담고, 그만이 그려낼 수 있는 감성 세계를 창조한다. 고독한 감정의 색채와 우울함, 아릿한 상흔과 상실감, 그리고 허무주의 등 그가 살면서 느낀 모든 감정이 그대로 작품 속에 스며들어 있다. 가와바타 특유의 정서는 대표작인 《설국》을 포함하여 《수정 환상》과 같은 작품에서 더욱 두드러진다. 그 후 발표한 《명인》, 《고도》, 《무희》와 같은 후기 작품에서는 등장인물들의 예술에 대한 열정과 생활 및 전통에 대한 집착 등을 실감 나고 구체적으로 묘사하는 데 치중했다.

가와바타 야스나리의 작품 속 인물들은 우연히 만나 서로 사랑하게 되는 경우가 많으며, 그들은 각자 외로움의 그늘 아래서 끊임없이 다른 존재의 온기를 갈망하며 살아가는 사람들이다. 부모 자식이나 형제자매 간의 감정, 친구나 그 밖의 지인 등 등장인물 간의 관계에서 나타나는 미세한 심리 변화가 섬세하고 우아한 문체로 묘사된다. 또한 그의 작품은 애상적인 아름다움을 선명히 느낄 수 있을 정도로 심상이 뛰어나다는 것이 큰 특징이다. 이런 문학적 특성은 시공간을 뛰어넘어 전 세계 독자들에게 전해졌으며, 지금도 여전히 사랑받고 있다.

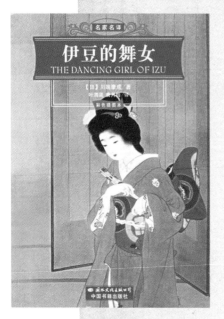

가와바타 야스나리의 소설
《이즈의 무희》 표지

5 자오저우 만 점령

JAPAN

강대국 간의 치열한 경쟁이 벌어지는 중국 대륙에 일본도 질세라 끼어들면서 식민지를 조금이라도 더 확보하려는 열강의 경쟁이 심화되었다. 중국이라는 거대한 먹이에 뒤늦게 달려들어 경쟁국 중 하나가 된 일본은 다른 나라들보다 시작이 늦은 것을 만회하려는 듯 엄청난 기세로 덤벼들었다. 대륙 진출 프로젝트의 첫 번째 과제는 중국 대륙까지 뱃길로 가장 가까운 거리에 있는 자오저우 만膠州灣을 점령하는 것이었다. 그러나 당시 자오저우 만 일대는 독일의 지배하에 있었으므로 일본이 이 지역을 원하는 한 두 나라의 충돌은 피할 수 없었다.

시기 : 1914년
인물 : 에른스트 오토 폰 디데리히스

자오저우 만의 유래

자오저우 만은 현재 중국 산둥 성 산둥 반도 남부 안쪽에 자리한 해만으로, 자오아오膠澳라고도 불린다. 한겨울에도 바닷물이 얼지 않고 수심이 깊으며 대륙 안쪽으로 넓고 깊게 파인 해만의 지형은 대형 선박들이 정박하기 좋아 항구 도시로서 필요한 조건을 모두 갖춘 최적의 지형이었다. 자오저우 만 입구에 있는 칭다오靑島는 황해 연안의 운송 거점 지역이었고, 청나라의 3대 수출입 전용 부두 중 하나가 자오저우 만 입구 남서쪽에 있으므로, 이 지역은 전략적으로 아주 중요한 의의가 있는 곳이다. 19세기 말

한눈에 보는 세계사

1911년 : 중국, 신해혁명(중화민국 건국)   1914년 : 제1차 세계대전(~1918)

중국 대륙을 침략한 서구 열강들도 모두 이곳을 주목했다.

그러던 중 1897년 11월에 이 지역에서 독일인 선교사가 청나라 사람에게
피살되는 사건이 발생했다. 독일은 청나라 조정에 자국인이 피살된 책임을
물어 그동안 눈독 들였던 자오저우 만을 손에 넣었다.

1897년 11월 7일 밤, 독일 황제 빌헬름 2세Friedrich Wilhelm Viktor Albert von
Preuben는 동양 함대 수사제독 디데리히스Ernst Otto von Diederichs에게 전령을
보내 제대로 준비를 갖추라고 지시했다. 그리고 10일, 디데리히스는 독일
함대를 이끌고 자오저우 만으로 진입했다. 당시 청나라 조정은 계속되는
배상금 문제에 시달리느라 재정 곤란에 허덕이던 상태였으므로 해상 방비
에 지출할 예산이 턱없이 부족한 상황이었다. 때문에 자오저우 만의 해안
가 포대는 손질도 되지 않은 채 방치되어 있었다. 청나라 해군은 11월 13일
에 독일 함대가 자오저우 만에 나타난 것을 일찍 발견하고도 진입을 저지

하기는커녕 독일군이 상륙할 때까지 두 손 놓고 바라볼 수밖에 없었다.

당시 자오저우 만 일대의 행정을 담당했던 관료 장가오위안章高元 총병總兵은 독일 함대가 나타났다는 보고를 받고 즉시 독일 함대로 사람을 파견하여 내항한 목적을 알아보라고 지시했다. 이 질문에 대해 독일 군함 측은 "군사 훈련 중 잠시 휴식을 취하느라 임시로 정박했을 뿐이니 금방 떠날 것"이라고 대답했다. 실제로 그동안 해마다 겨울이면 러시아 함대가 청나라 항구를 빌려 배를 임시로 정박하는 일이 잦았던 데다. 일본이 랴오둥 반도를 침략했을 때 독일이 러시아, 프랑스와 함께 3국 간섭으로 일본을 압박해 랴오둥을 돌려받도록 도와준 기억도 있기에 장가오위안은 경계를 늦추었다. 그러나 이러한 안일한 태도는 돌이킬 수 없는 결과를 초래했다. 그 이튿날 바로 독일군이 습격해 왔고, 재빨리 대응할 시기를 놓친 청나라는 금세 불리한 처지에 놓였다.

11월 14일 정오, 약 여섯 시간에 걸친 전투 끝에 관아의 대문 위에 걸려 있던 장가오위안의 총병기旗가 내려졌고 칭다오 만에 정박하고 있던 독일 군함은 승리를 자축하는 의미로 축포 21발 쏘아 올렸다. 오후 3시경 독일은 장가오위안의 총병기가 있던 자리에 독일 국기를 게양하여 독일의 임시 정부가 들어섰음을 알리는 동시에 독일 황제를 향해 만세 삼창을 외치는 등 승전 의식을 거행했다. 승전 의식 중에 디데리히스는 관아의 본당에 서서 독일 제국이 자오저우 만과 그 일대를 점령하게 되었음을 공식 선포했다.

이 시각, 자오저우 만 전투에 관한 소식이 청나라 조정에도 알려졌다. 청나라 왕실은 내심 이번 사태도 다른 강대국의 도움으로 해결할 수 있기를 기대했다. 이미 수많은 서구 강대국의 침략 행위에 오랫동안 시달려온 터라 이제 청나라 조정은 완전히 지쳐 있었던 것이다. 당시 청나라 조정의 외교 대신 이홍장은 자오저우 만 사건의 전말을 전해 듣고 바로 러시아에 연락을 넣어 중재를 요청했다. 그러나 러시아 역시 둥베이 지역을 호시탐탐 노리던 중이었기에 청나라 조정의 구원 요청을 들어주지 않았다. 오히려 독일이 자오저우 만을 점령한 사실을 듣고 자극받아 둥베이 지역을 점령하려는 침략 계획에 박차를 가했다.

청나라 조정이 우물쭈물하는 사이, 독일은 칭다오를 기점으로 식민 지배를 위한 작업을 착착 진행해 나갔다. 뾰족한 수를 찾지 못한 청나라 조정은 결국 독일과 불평등 조약을 맺었다. 독일의 강압적인 자세에 위축된 청나라 조정은 이후 99년이나 되는 긴 시간 동안 자오저우 만을 조차한다는 독일의 요구를 마지못해 승인했다.

일본 대(對) 독일

자오저우 만 전투와 사후 처리 과정에서 독일군은 완벽한 승리를 거두었다. 이는 중국 대륙을 침략하고자 하는 다른 열강에 일종의 모범 답안을 제시한 꼴이 되었다. 특히 독일이 자오저우 만 일대를 점령한 것에 자극받아 러시아, 영국, 프랑스가 중국 대륙 침략 계획을 실행하는 데 박차를 가했고, 이들 국가보다 지리적으로 좀 더 유리한 위치에 있는 일본도 대륙 진출 방법을 모색했다. 하지만 일본은 다른 열강보다 뒤늦게 식민지 쟁탈전

독일군이 칭다오를 점령했던 시기에 건축한 총독부 건물 전경

에 뛰어들었기 때문에 좋은 기회를 잡기가 쉽지 않았다. 그러던 중 1914년 8월에 유럽 전체가 전쟁에 휘말린 제1차 세계대전이 발발했다. 6월에 일어난 사라예보 사건이 도화선이 되어 벌어진 이 대대적인 전쟁으로 유럽 국가들은 바빠졌다. 이는 평소 아시아, 태평양 쪽으로 세력을 넓혀가고자 하던 일본 입장에서 보면 그야말로 절호의 기회였다. 오스트리아 제국이 세르비아에 전쟁을 선포한 것을 시작으로 러시아는 세르비아를, 프랑스는 오스트리아를 지원하기로 했고 벨기에는 중립을 선언했다. 하지만 독일이 벨기에를 침공하자 영국이 벨기에를 도와 독일군과 맞서 싸웠다. 유럽 강대국들이 자기들끼리 물어뜯기 시작하면서 득을 본 것은 일본뿐만이 아니었다. 청나라 역시 한숨 돌릴 여유가 생겨 일전에 독일에 빼앗긴 자오저우만 일대를 되돌려 받으려고 하기 시작했다. 당시 독일은 제1차 세계대전에 참전해서 격렬한 전쟁을 치르고 있던 터라 머나먼 아시아의 조계지에 신경 쓸 여유가 없었다.

이러한 상황들을 종합해 볼 때 이 기회를 가장 유리하게 활용할 수 있는 나라는 일본이었다. 일본은 우선 영일 동맹의 내용에 근거하여 8월 15일 독일에 최후통첩을 보내 9월 15일까지 한 달 안에 청나라와 일본의 바다에서 독일군이 완전히 철수할 것과 청나라 내 독일 조계지를 일본에 넘길 것을 요구했다. 이에 대해 독일은 일본이 청나라에서 할양받은 타이완을 반환한다면 독일도 칭다오를 반환할 용의가 있다고 대답했다. 이는 일본이 타이완을 반환하지 않을 것임을 뻔히 알고 내건 조건이므로 자신들도 자오저우를 내놓을 의사가 없다며 딱 잘라 거절한 셈이다. 물론 일본은 독일의 조건을 수락하지 않았고, 8월 23일에 정식으로 독일에 선전포고를 하고 신속히 자오저우 만 일대를 포위했다.

일장기로 뒤덮인 자오저우 만

교토 아라시야마 공원에 세워져 있는 석비. 일중불재전(日中不再戰), 즉 일본과 청나라 간에 다시는 전쟁을 하지 않는다는 내용이 새겨져 있다.

1914년 8월 하순, 일본은 유럽 국가들이 제1차 세계대전에 대거 참전한 틈을 타 아시아·태평양 지역에서 세력을 확대하기로 하고 먼저 자오저우 만 일대를 포위했다. 9월 2일, 일본 육군은 산둥 반도에 상륙했다. 그리고 바로 철길을 따라 서쪽으로 진군하여 자오저우 지역의 운송 통로를 완벽히 장악했다. 또 일본은 이번 기회에 자오저우 만을 완전히 수중에 넣기 위한 책략을 구상했다. 당시 계속되는 승전으로 사기가 오른 일본군은 칭다오에 주둔하는 독일군을 향해 공격의 고삐를 늦추지 않았다. 11월 7일, 일본군은 칭다오를 공격하여 독일이 그동안 중국 대륙을 침략하기 위해 열심히 건설한 기반 시설들과 거점 기지를 빼앗는 데 성공했다. 이로써 칭다오 관아에는 다시 독일 제국의 기가 내려지고 일장기가 올라갔다.

독일과 일본 간의 전쟁은 이보다 10여 년 전에 있었던 러일 전쟁과 마찬가지로 제국주의 강대국들이 벌인 중국 대륙 쟁탈전이다. 또 하나 공통점을 꼽는다면, 서양의 주요 강대국인 러시아와 독일이 모두 아시아의 늑대 일본 앞에서 무릎을 꿇었다는 것이다. 일본은 이로써 명실 공히 세계의 강대국 반열에 올랐고, 중국 대륙과 아시아에서 일본 제국의 세력권을 거침없이 늘려 갔다.

6 일본의 중국 대륙 진출 야욕, 21개조 요구

JAPAN

제국주의 일본은 자오저우 만을 무력으로 찬탈하고 나서 중국 대륙을 침략하려는 야욕을 더 노골적으로 드러냈다. 독일군이 자오저우 만 일대에서 철수한 뒤에도 일본군은 철수하지 않고 남아 있었던 것이 그 증거이다. 철군은커녕 오히려 청나라 조정에 위협적인 태도를 보이며 일본에 21가지 특혜를 인정하라고 요구했다. 일본은 이 특혜를 통해 중국 대륙 내에 일본의 세력을 넓혀가는 동시에 세력 기반을 공고히 다지고자 했다.

시기 : 1915년
인물 : 히오키 마스, 위안스카이, 루정샹(陸徵祥)

일본, '대륙 정책'을 펼치다

1914년 11월부터 일본군은 자오저우 만 일대의 실질적 지배권을 손에 넣었다. 이 무렵 유럽에서는 제1차 세계대전의 발발로 뜨겁게 들끓고 있었다. 독일, 프랑스, 영국 등 유럽의 주요 강대국에서 변방 소국들에 이르기까지 모두 전쟁의 포화에 휩싸여 발등에 불이 떨어진 상황이었다. 그래서 아시아 진출을 계획했던 여러 유럽 국가 중에 실제로 실행에 옮길 여력이 있는 나라는 없었다. 이는 일본이 다른 아시아 국가들을 침략한다고 해도 그것을 저지할 제3의 세력이 없다는 의미였다. 한편, 이 무렵 중국 대륙은 내부

한눈에 보는 세계사

1911년 : 중국, 신해혁명(중화민국 건국)　　　1914년 : 제1차 세계대전(~1918)

적으로 극심한 혼란기를 겪고 있었다. 전국 각지에서 저마다 군벌 세력이 들고일어나 뒤숭숭한 분위기가 조성되었고 민심은 뿔뿔이 흩어졌다. 일본으로서는 이렇게까지 좋은 기회는 두 번 다시없다고 생각할 만큼 모든 상황이 일본에 유리하게 돌아갔다.

섬나라인 일본은 국토의 한계를 깨달았을 때부터 줄곧 대륙 진출에 대한 열망을 품었다. 근대화에 성공해 힘을 키운 일본은 이 기회에 거대한 중국 대륙을 자국의 식민지로 삼는다면 언젠가 찾아올 경제, 군사 방면의 한계를 극복할 수 있을 것이라고 굳게 믿었다. 이런 계산이 더해져 일본 국내에는 자국의 미래를 위해 대륙에 진출해야 한다는 목소리가 힘을 얻었고, 일본 정부가 마침내 '대륙 정책'을 실시하기에 이르렀다. 대륙 정책의 첫 단계인 자오저우 만을 손에 넣은 그해 겨울, 일본 외무경外務卿 가토 다카아키加藤高明는 주駐 중국 공사인 히오키 마스日置益를 일본으로 불러들여 청나라 조정에 요구할 21개 조약에 관해 상세히 논의했다.

일본 정부는 우선 청나라 내 사정을 상세히 조사한 뒤 일을 진행했다. 일본의 계획은 중국의 경제 수준과 의식 수준을 계속 낙후된 상태로 머물도록 하는 동시에 친일 세력을 양성하여 종국에는 일본의 괴뢰국으로 삼는 것이 가장 좋다고 결정하고, 대륙 진출 정책을 수행할 때 도움이 될 만한 중국인으로 위안스카이袁世凱를 골랐다. 신해혁명으로 청 왕조가 물러나고 수립된 정부의 대총통 위안스카이는 통치 능력이 부족하면서 권력에 대한 집착만 강한 인물이었다. 그가 자기 욕심만 앞세운 탓에 척박한 황무지에 꽃을 피워내듯 어렵사리 일궈낸 신해혁명이 이 무렵에는 점차 수포로 돌아가고 있었다. 따라서 위안스카이를 고른 것은 일본 정부의 탁월한 선택이었다.

앞으로의 대對중국 방침에 대해 상세히 논의한 히오키는 중국으로 돌아가자마자 곧바로 위안스카이를 찾아갔다. 1915년 1월 18일, 일본 대사 자격으로 위안스카이를 찾아간 히오키 마스는 일본 정부가 그를 새로운 중국의 대총통으로 인정한다는 문서를 전달했다. 그리고 대총통인 위안스카이가 일본 제국과 우호 관계를 쌓아가는 데 성의를 보인다면 앞으로도 일본은 그가 원하는 만큼 권력을 누리도록 돕겠다는 달콤한 말로 유혹했다. 이는 위안스카이에게 그가 일본과 손을 잡는다면 중국 최고의 권력을 잡게 해 줄 수도 있다는 암시를 준 것이었다. 그 대가로 히오키 마스가 위안스카이에게 제시한 조건이 바로 일본에서 가토 다카아키와 함께 논의하고 구성한 21개조 요구안의 승인이었다.

일본으로부터 '21개조 요구안'을 건네받았을 때 위안스카이는 중국을 집어삼키려는 일본의 야욕을 눈치 챘다.

당시 위안스카이는 히오키 마스에게 받아본 21개조 요구안을 읽는 순간 모골이 송연해졌다고 한다. 그 요구안의 내용은 바보가 아닌 이상 누구라도 일본의 의도를 바로 알 수 있을 정도로 노골적이었기 때문이다. 실제로 모든 조항이 일본의 의지대로 중국을 조종할 수 있어야 한다는 점을 전제로 하고 있다. 일본이 내놓은 21개조 요구안을 앞에 둔 중국이 선택할 수 있는 것은 거절 혹은 승인 두 가지였다. 하지만 어느 쪽을 선택해도 결국 결과는 크게 달라지지 않는 절망적인 상황에 놓인 것이다. 당시 중국의 정치와 군사적 상황은 도저히 일본에 대항할 수 없는 상태였기에 이런 모욕적인 상황에서도 섣불리 화를 낼 수조차 없었다. 그래서 위안스카이는 일본 공사에게 이 문건을 중국 외교부에 올리라고 했을 뿐 말을 아꼈다고 한다. 당시의 국제관례에 따르면, 한 나라의 주재 외교관이 해당 국가에 외교적 교섭을 희망할 경우 주재국 외교부를 통해야 했다. 즉 최고 권력자에게 직접적으로 접근하여 외교 담판을 짓는 것은 외교 관례에 어긋나는 행위였으므로 위안스카이는 그 관례를 이용해 가장 무난한 방법으로 상황을 잠시 모면해 시간을 번 것이었다. 중국의 대총통 위안스카이와 일본 외교 공사의 짧은 만남 이후, 중국을 나락으로 떨어뜨릴 21개조 요구안이 국제 관례에 따라 중국 외교부로 전달되었다.

조약 체결

위안스카이는 히오키 마스와 만나 21개조 요구안을 건네받았을 때 중국을 통째로 집어삼키려는 일본의 야욕을 바로 눈치 챘다. 그러나 유럽 국가들이 제1차 세계대전으로 바빠 아시아에 대한 관심이 옅어진 틈을 타 일본이 중국을 자국의 괴뢰 국가로 만들려는 계획을 미리 알았다고 해도, 당시 중국으로서는 딱히 어떤 방도가 없었다.

히오키 마스와 회견을 마치고 나서 위안스카이는 다시 한 번 문제의 21개조 요구안을 꼼꼼히 살펴보았다. 그리고 이튿날에는 외교부 장·차관과 비서관 등 정부 주요 인사를 총통부로 불러들여 이에 대한 대책 회의를 열었다. 회의를 거듭한 결과, 위안스카이와 외교부는 결국 일본과 협상하는 자리를 피할 수 없다는 데 동의했다. 대책 회의는 결국 일본이 요구하는 내용들을 조건부로 받아들인다는 결론을 내렸다.

1915년 2월 2일 오후 3시, 중국과 일본 대표가 중국 정부의 외교부에 모여 제1차 교섭 회의를 열었다. 이때 중국 교섭인단과 일본 교섭인단은 21개조 요구안의 항목을 하나하나 상세히 짚어가며 회의를 진행했다. 특히 위안스카이는 이 교섭의 주도권을 선점하기 위해 일본 정부의 내부 상황을 살피는 등 여러 방법을 모색하기도 했다. 이 무렵 일본 정부는 새로운 총리 선거를 진행하는 중이어서 국내 정치가 혼란스러운 국면에 봉착해 있었다. 특히 오오쿠마 시게노부를 중심으로 하는 내각 세력이 당시 다른 내각 의

원에게 탄핵을 받으면서 일본 정치계 내의 상황은 긴박하게 돌아갔다. 시간이 별로 없다고 판단한 오오쿠마 내각은 위안스카이 정부에 최후통첩을 보내 5월 9일 오후 6시 전에는 결정을 내려달라고 재촉했다. 계속되는 일본 정부의 강요에 못 이긴 위안스카이와 중국 정부가 결국 5월 9일 일본 측에 21개조 요구안의 최종 수정본을 전달함으로써 중국과 일본 간의 밀고 당기기가 마무리되었다. 중국인들은 21개조 요구안이라는 일본의 터무니없는 억지 요구를 수용한 국가의 굴욕에 크게 분노했다. 중국인들은 오오쿠마 내각이 위안스카이 측에 최후통첩을 보낸 5월 7일을 5·7국치일五七國恥日로 부르며 힘없이 당해야 했던 과거의 수치를 지금도 잊지 않고 반성의 거울로 삼는다.

1915년 5월 25일 21개조 요구안을 정식 승인한 순간을 기념하여 촬영한 양측 교섭인단의 단체 사진. 사진 왼쪽은 중국 대표. 오른쪽은 일본 대표이다.

21개조 요구안 승인 이후

일본 정부는 중국을 위협하고 일방적으로 강요하여 21개조 요구안을 통과시켰다. 이 요구안을 받아들인다는 것은 중국이 앞으로 정치, 군사, 재정 및 영토 문제까지 국가의 중대 사안을 결정할 때마다 항상 일본의 허락을 받아야 한다는 것을 의미했다. 다시 말해, 5월 9일은 중국이 통째로 일본의 식민지가 된 날이었다.

21개조 요구안 들여다보기

21개조 요구안은 5호 21개조 형식으로 작성되었으며 자세한 내용은 아래와 같다.

제1호는 4개조이다. 독일이 기존에 얻었던 산둥 성 철도, 광산에 대한 모든 권리와 이익을 일본이 가지며, 만약 산둥 성을 다른 외국에 할양하거나 조차해야 할 때도 해당 지역의 철도 부설권은 역시 일본에 있다는 점을 명확히 했다.

제2호는 총 7개조이다. 만주와 내몽고 동부 지역에 대한 일본의 특수 권익을 보장하고, 일본인이 자유롭게 거주하거나 왕래하고 경제 활동을 할 수 있도록 조차지를 설정하며, 뤼순과 다롄 지역의 조차 기한과 만주, 안펑 지역의 철도 관리 기한을 최대 99년까지 인정할 것을 규정했다.

제3호는 2개조이다. 중국 중부에 있는 한예핑漢冶萍 광산을 중국과 일본 양국이 공동으로 관리하며, 중국은 사업에 대해 독단적으로 결정할 수 없고 광산 주변 탄광의 채굴권을 다른 업자에게 인정하지 않는다는 내용을 강조했다.

제4호는 1개 조항이다. 중국 연안의 섬, 항구, 만 등을 다른 나라에 조차할 수 없다는 원칙을 세우고 중국의 영토를 지킬 것을 요구했다. 이는 중국 연안의 주요 지역을 일본이 독점하려는 속셈이었다.

마지막인 제5호는 총 7개조이다. 중국 정부가 정치, 군사, 재정 등 각 부분에 전부 일본인 고문을 초빙하고, 경찰 및 치안 문제, 군수물자 제조 공장 등을 중국과 일본이 공동으로 관리하며, 중국의 주요 도시 간 철도 부설권을 일본에 넘길 것을 요구했다. 이 밖에 푸젠 성에서 탄광을 개발하고 항구를 세우고 조선소와 도로 공사를 하는 일체의 권리를 일본에 맡길 것과 일본인이 중국 내에서 포교 활동을 할 권리를 인정할 것을 함께 요구했다.

중국 정부가 일본의 21개조 요구안을 승인했다는 소식이 알려지자 중국 국민은 물론이고, 아시아와 유럽 지역까지 크게 동요했다. 중국 내에서는 각계각층의 인사들이 일본을 침략자로 규정하고 이에 반대하며 분연히 일어섰고 위안스카이 정부를 반대하고 요구안 승인 결정 철회를 외치는 성명이 잇달아 발표되는 등 격렬한 항일 감정이 전국적으로 퍼져 나갔다. 또 위안스카이 정부는 중국 인민의 강한 반발에 부딪혀 민심을 잃었다. 이 밖에도 영국과 미국 등 서구 강대국들은 이 사선의 전말을 파악한 뒤 일본이 그동안 자신들과 맺은 국제 조약을 위반한 것으로 판단했다. 서구 강대국들은 이 사건에 대해 일본에 항의하며 압력을 가하기 시작했고, 특히 미국과 일본 관계는 이때부터 급격히 악화되었다. 이 사건은 전 세계를 전쟁의 불꽃 속으로 몰아넣은 태평양 전쟁의 씨앗이 되었다.

7 쌀 폭동

제1차 세계대전과 메이지 유신을 거치면서 일본은 빠르게 산업화 사회로 진입했다. 하지만 일본 내 상황이 모두 순조롭기만 한 것은 아니었다. 산업은 빠른 속도로 발전해 나가는 반면에 농업은 시대 변화를 따르지 못하고 여전히 전통적인 옛 봉건 시대에 머물러 있었다. 그 바람에 사회가 분열하는 부작용이 발생했다. 결국 이는 생계를 위협받은 민중이 폭동을 일으키는 극단적 형태로 표출되었다. 폭동은 1918년 7월 말, 도야마富山 우오즈마치魚津町에서 어부의 아내들이 도야마 현에서 생산한 쌀을 현 외부로 보내는 것을 강력히 반대한 사건을 시작으로 점차 전국적으로 번져나갔다.

시기 : 1918년
발단 : 쌀값의 폭등

이중고에 시달린 일본 국민의 분노

메이지 유신 이후 일본은 빠른 속도로 산업화 사회에 진입했다. 그러나 새로운 사회로 전환되는 시점에서 메이지 유신 정부 초기에 시행했던 미숙한 개혁 정책들이 하나 둘 한계를 드러냈고 자본주의 산업 사회와 전통 농업 사회 간의 균열이 가시화되기 시작했다.

메이지 유신 이후로 이미 수십 년이 지났지만 일본 농촌 사회에는 여전히 봉건제 사회의 잔재가 짙게 남아 있었다. 그 무렵 일본의 지주층이 소유한 농지는 일본 전체 농지의 약 50%로, 전체 농민의 약 70%는 자신의 토

한눈에 보는 세계사

1917년 : 러시아, 10월 혁명   1919년 : 3·1운동 / 베르사유 조약 체결

지를 소유하지 못하고 지주에게 땅을 세내어 농사를 짓는 소작농이었다. 정부가 공업과 산업 발전에 치중하느라 농업 부분에 대한 연구나 국가의 원조, 관심이 상대적으로 소홀했던 탓에 소작농들은 여전히 전통적인 방식으로 농사를 짓고 있었다. 고단한 노동량에 비해 쌀 수확량은 턱없이 적었고, 쌀 수확량에 비해 농민이 부담해야 할 세금은 막중했다. 한편, 이 무렵에는 무서운 속도로 성장한 일본 산업의 화려한 겉모습을 뒤에서 힘껏 지탱하던 노동자들의 인내심도 한계에 다다르고 있었다. 당시까지만 해도 봉건 사회의 잔재인 노역 상환 채무 제도가 그대로 유지되고 노동자들의 임금을 화폐가 아닌 실물로 대신 지급하는 등 노동자 계층에 대한 일본의 고용 상황과 대우가 몹시 열악했기 때문이다. 특히 메이지 유신 이후의 자본가들도 전통 사회의 노예 제도나 가난한 집 아이들을 사고팔던 악습을 여전히 되풀이했으므로 어린 아이들과 여성 노동력에 대한 인권 유린, 노동력 착취는 심각한 지경이었다. 생계를 위해 부모가 돈 몇 푼에 팔아넘긴 아이들은 광산이나 공장으로 끌려가 정당한 임금도 받지 못하고 고된 육체노동을 견뎌야 했다.

산업 사회와 전통 사회가 마찰을 일으키는 원인의 중심에는 여전히 건재하게 버티고 있는 일본의 군주 제도가 있었다. 군주제 국가의 수직적인 사회 구조는 자본주의나 산업화가 발전하는 데 여러 가지로 맞지 않는 부분이 있기 때문이다. 그중에서도 가장 시급한 문제는 전통 농업 사회와 산업화 사회가 대립하는 사각 지대에서 가장 큰 피해를 보는 하층민들의 삶이었다. 노동자들은 걸핏하면 임금을 제대로 받지 못했는데 쌀값은 천정부지로 치솟았다. 그러자 기본적인 생활마저 영위할 수 없는 빈곤층이 급속히 확산됐다. 무엇보다 쌀값의 폭등은 다른 산업에도 영향을 미쳤다. 쌀을 사지 못해 생계를 잇기조차 어려운 이들이 늘어나면서 공산 제품도 팔리지 않아 창고에는 재고가 쌓여 갔다. 이런 현상은 아직 자리를 제대로 잡지 못한 일본의 산업화를 뿌리부터 흔드는 크나큰 위기를 초래했다. 국가 발전을 떠받치는 노동자와 농민들이 기아에 허덕여 불만이 쌓이자 사회 분위기도 뒤숭숭해졌다. 그러던 중 1918년에 러시아에서 분노가 폭발한 노동자들이 사회주의 혁명을 일으켰다는 소식이 일본에 전해졌다. 이 일을 계기로 일본의 노동자 계층에서도 자신의 삶은 자신이 지켜야 한다는 의식이 싹트며 노동자와 농민의 권익을 지키려면 스스로 쟁취해야 한다고 믿는 사람들이 늘기 시작했다.

작은 어촌 마을에서 시작된 혁명의 불씨가 전국을 뒤덮다

20세기 초 일본은 매우 빠른 속도로 강대국의 반열에 올랐다. 그러나 일본 정부는 이에 만족하지 않고 대외로 영토를 확장한다는 방침을 확고히 하는 이른바 '대륙 정책'을 실시했다. 1917년 12월에는 그동안 제1차 세계대전에서 중립의 입장을 취했던 미국이 러시아에 선전포고를 했다. 일본 정부는 일본 국내에서 점점 커지고 있는 혁명의 바람을 잠재우고 시선을 국외로 돌리기 위해 시베리아 파병을 결정했다. 그리고 이를 위해 《대일본제국 정부고지》를 발령하여 징병을 시작하고 농산품을 모아 군비를 충당했다.

일본이 참전하기로 했다는 소식이 전해지자 일본 자본가들 사이에서는 전쟁 특수를 기대하는 바람이 불었다. 물자를 쟁여 놓고 값이 오르기를 기다리는 자본가들 탓에 물가가 폭등했고, 그중에서도 쌀의 품귀 현상이 두드러졌다. 특히 이 무렵에는 일본 경제가 발전하고 인구도 큰 폭으로 늘어났기에 이에 따라 쌀 소비량도 급격히 증가했다. 그러므로 전쟁에 관한 소문이 돌기 한참 전부터 이미 일본 내에서는 식량 부족 현상이 자주 발생했었다. 이런 상황에 전쟁 준비로 쌀이 더더욱 귀해지자 서민들은 식량을 구하지 못해 생계를 위협받는 지경에 이르렀다. 이러한 상황을 더 이상 견디지 못하고 가장 먼저 불만을 표출한 지역이 도야마였다.

　도야마는 일본 혼슈 중부의 북쪽 해안가에 있는 곳으로, 이곳 주민들은 대부분 고기잡이를 해서 생계를 꾸려가는 어민이었다. 1918년 여름, 남자들이 모두 배를 타고 홋카이도로 고기를 잡으러 떠나고 부녀자들만 남아 집을 지키고 있었다. 하지만 홋카이도에서도 어획량이 많지 않았던 데다 쌀값은 하루가 다르게 올라 앞으로 살아야 할 일이 막막했다. 7월 중순 무렵에는 참다못한 어부의 아내들이 쌀값 폭등에 불만을 품고 도야마 현 정부를 찾아가 이 지역에서 생산한 쌀을 외지로 내보내지 않도록 호소했다. 그러나 이 요구는 무시되었다.

　8월 3일 작열하던 태양이 서서히 수평선 아래로 내려갈 무렵, 도야마의 한 어촌 마을인 미즈하시마치水橋町에서 어민의 아내 300여 명이 그 지역 쌀 도매상을 둘러싸고 거세게 항의하는 일이 벌어졌다. 이 사건이 바로 일본 전국을 들었다 놓은 쌀 폭동의 효시였다.

　미즈하시마치에서 발생한 이 사건의 소식은 근방의 나마리카와마치滑

川町 주민들에게도 금세 전해졌다. 그 즉시 이 마을 부녀자들도 힘을 모았다. 그녀들은 창고에 가득 쌓인 쌀에 정당한 가격을 매겨 시중에 판매할 것을 요구했고, 그 요구가 관철될 때까지 쌀 도매상 앞을 점거하겠다고 밝혔다. 그리고 6일부터는 남자들도 이 항의 운동에 동참하면서 시위 인원이 2,000~3,000명 정도에 달해 급기야는 사태를 진정시키기 위해 경찰이 투입되었다.

농성 사태에 대한 소식이 퍼지면서 순식간에 연쇄 반응이 폭발적으로 일어나 근방의 농어촌 마을 부녀자들도 점차 항의 대열에 합류했다. 모여든 농민과 어민들은 쌀값을 내리라는 구호를 외치며 함께 각 지역의 쌀 도매상으로 향했다. 쌀값 폭등을 반대하며 일어난 소요 사태는 도야마를 들끓게 한 지 얼마 지나지 않아 일본 전체의 참여를 이끌어 냈다.

8월 15일에는 오사카, 고베, 교토, 나라, 와카야마를 포함한 간사이 지역과 다카마쓰, 마쓰야마, 고치를 포함한 시코쿠 지방, 그리고 가네자와,

후쿠이, 마이쓰루를 포함한 토우카이 지방과 도쿄, 요코하마, 후쿠시마, 센다이 등 전국의 크고 작은 도시들이 전부 도야마 폭동의 영향을 받았다. 도시 중심가에서 참가자가 수만 명에 이르는 집회가 열리거나 시위를 벌이는 모습이 종종 눈에 띄었고, 군경들과 옥신각신하는 모습도 곳곳에서 볼 수 있었다. 처음에는 쌀값에 불만을 품고 시작된 소요 사태는 점차 고조되어 어느새 덴노를 중심으로 하는 일본 정부에 대한 항의 시위로 발전했다.

폭동의 열기가 식을 줄 모르고 계속될 조짐을 보이자 일본 정부는 도시를 중심으로 진압해 나가기 시작했다. 정부가 본격적으로 폭동 진압에 나섰으나 한 번 불붙은 폭동의 광풍은 쉽사리 가라앉지 않았다. '쌀 폭동'으로 시작된 저항 운동은 8월 16일 이후 탄광촌, 농촌 및 지방 소도시까지 빠르게 번져 나갔다. 특히 이 기간에 일본의 모든 광업 회사 노동자들까지 총파업에 돌입했고, 군경과 시위 참가자들 간에는 유혈 사태가 벌어지기도 했다. 일본 정부는 폭동 사태를 신속히 해결하기 위해 덴노와 내각 대신들의 명의로 외국에서 '빈민 구제 기금' 차관을 도입하는 한편, 무장 병력을 투입하여 폭동이 가장 거센 지역부터 차례로 진압해 나갔다. 당시의 기록에 따르면 이때 일본 정부가 폭동을 진압하는 과정에서 수만 명이 체포되었고 진압 현장에서 사망한 인원을 제외하고도 재판에서 사형이나 무기징역, 징역형을 선고받은 인원이 7,813명에 이르렀다.

얻은 것과 잃은 것

도야마의 작은 어촌에서 시작된 쌀 폭동은 약 두 달 만에 일본의 도쿄, 오사카, 교토 등의 대도시까지 빠르게 퍼져 나가 약 1,000만 명 이상이 참여하는 대규모 시위로 확대되었다. 이는 일본 역사에서 중세 이래에 발생했던 폭동 가운데 최대 규모였으며, 저항 기간도 가장 긴 것으로 기록되었다.

폭동의 계기는 말도 안 되게 치솟는 쌀값 때문이었다. 이는 당시 일본 사회가 안고 있던 정부의 미숙함과 정책적 모순을 반영한 것으로, 일본 국민이 스스로 인권을 각성하는 기회가 되었고 일본사에서는 현대 혁명 운동의 시발점으로 기록된다.

일본의 역사가들은 이때의 쌀 폭동은 일본 역사상 발생한 몇 차례의 농민 운동과는 다른 성격을 가진 것으로 본다. 쌀 폭동 중 시위대가 일본 국민 대부분과 공감대를 형성해 대대적 참여를 이끌어 내는 데 성공한 것에서 의식 수준의 진화를 엿볼 수 있다. 투쟁을 이끌어 간 계층이 주로 노동자였다는 점에서 일본의 쌀 폭동이 이보다 앞서 발생한 러시아의 사회주의 혁명에서 영향을 받았다는 사실 역시 쉽게 알 수 있다.

그리고 쌀 폭동의 실패를 겪으면서 일본 국민은 민중 운동이 성공하려면 민중을 체계적으로 이끌어 줄 지도자가 필요하다는 점을 깨달았다. 대중의 이러한 자각은 일본 내에 공산주의 사상이 움트는 밑바탕이 되었고, 1922년 일본 공산당의 창당으로 이어졌다.

8 워싱턴 회의

JAPAN

1914년 유럽을 중심으로 제1차 세계대전이 발발했다. 전례가 없는 대전쟁에 휘말린 유럽 강대국들은 태평양 한쪽에 있는 섬나라 일본을 신경 쓸 여유가 전혀 없었다. 대륙 진출의 기회가 있을 때마다 번번이 서구 열강의 벽에 막혀 좌절한 경험이 있는 일본은 이번이야말로 오랜 꿈을 이룰 좋은 기회라고 생각했다. 하지만 일본의 이러한 야심은 아시아 내 미국의 권리와 이익에 큰 타격을 입힐 수밖에 없었다. 한편 미국은 제1차 세계대전이 끝난 뒤 아시아 태평양 지역의 식민지 문제에 관해 다시 논의하는 회의를 개최할 것을 국제 사회에 건의했다.

시기 : 1921~1922년
회의 장소 : 미국 워싱턴 D. C.

미국과 일본의 교전

1918년 11월, 독일군이 항복을 선언하면서 제1차 세계대전은 연합군의 승리로 막을 내렸다. 승전국들은 식민지 분배 문제를 논의하기 위해 1919년 1월 프랑스 파리의 베르사유에서 평화 회담을 열었다. 총 31개국이 참가한 가운데 미국, 영국, 프랑스 등이 회의를 주도했고, 이 회담에서 패전국 독일의 처분이 결정되어 베르사유 조약을 체결했다. 또한 독일의 동맹국인 오스트리아, 불가리아, 헝가리, 터키에도 전쟁에 대한 책임을 물어 조약을 체결했다. 이러한 일련의 강화 조약들에 기초하여 국제 질서가 개편되었

한눈에 보는 세계사

1920년 : 국제 연맹 창립   1922년 : 이탈리아, 무솔리니 집권
1921년 : 중국, 공산당 성립

고, 이 새로운 질서를 '베르사유 체제'라고 한다. 베르사유 체제 안에서 일본은 승전국에 포함되어 기득권을 보호받게 되었다.

한편, 1917년 10월 사회주의 혁명에 성공한 러시아는 주변 소국들과 함께 광대한 연합국을 건설했다. 사회주의 국가인 소비에트 연방국, 소련의 탄생에 가장 긴장한 것은 영국과 미국이었다. 이 두 나라는 그 세력이 유럽까지 확장되는 것을 막기 위해 다시 국제 회담을 열어 소련을 경제적으로 고립시키기로 했다. 미국은 아시아 지역에 소련을 견제할 전략적 기지를 설치해야 한다고 생각했고, 거기에 가장 적절한 첫 번째 후보지는 중국이었다. 그런데 미국이 아시아 기지를 건설하려는 계획을 구상 중일 때 일본 역시 대륙 정책을 착실히 실행에 옮기고 있었다. 일본의 대륙 정책이 성공한다면 미국과 영국이 아시아에서 얻게 될 권익에 막대한 손해를 가져올 것

1919년 1월 프랑스 파리에서는 제1차 세계대전의 뒷마무리를 하기 위한 회의가 열렸다. 사진은 회의 장소였던 베르사유 궁전으로, 이곳에서 체결된 조약은 이곳의 이름을 따서 베르사유 조약으로 불린다.

이 분명한 상황이었다. 특히 그 당시 미국은 제1차 세계대전 참전국을 상대로 무기를 판매하면서 큰 부를 축적했다. 전후 피폐해진 다른 유럽 국가들과 달리 경제적 기반을 탄탄하게 다져 놓은 것이다. 1차 대전 발생 전에는 세계 최대의 채무 국가였으나 전쟁 특수를 잘 이용해 전쟁이 끝난 후에는 세계 최대의 채권 국가로 거듭났으니, 1차 대전의 최혜국은 미국이라고 볼 수 있다.

아시아·태평양 지역에서 식민지를 확장하는 데 더욱 유리한 조건을 얻고자 미국, 영국, 일본 세 나라는 경쟁적으로 해군 군비 확보에 열을 올렸다. 1919년 미국 정부는 해군 확충 계획을 실시했다. 5년 후까지 미국의 주력 함대 수를 영국의 32척 이상인 38척까지 늘린다는 계획이었다.

1920년경 일본은 미국이 서둘러 군비를 증강하는 분위기를 감지했다. 이에 질세라 재정 상황이 불안정한 상태임에도 만사 제쳐 두고 해군력 증강에 총력을 기울였다. 일본은 자국 해군 수준을 적어도 미국의 70% 정도까지는 유지하려고 노력했다. 세 나라 사이에 보이지 않 물밑 경쟁이 계속되면서 미국과 영국, 일본 간의 갈등 구조는 더욱 골이 깊어졌고, 영국과 일본의 동맹은 자연스럽게 깨졌다. 그 와중에 미국은 아시아·태평양 지역에서 새로이 권익을 확보하기 위해 다시 한 번 국제회의를 소집할 것을 건의하여 여러 국가의 동의를 얻어 냈다.

워싱턴 회의를 개최하다

미국의 건의에 따라 1921년 11월 12일 미국의 워싱턴 D. C.에서 다시 한 번 국제회의가 개최되었다. 미국, 영국, 프랑스, 이탈리아, 일본, 벨기에, 네덜란드, 포르투갈, 중국 등 주요 국가의 대표들이 미국의 수도로 모여들었다.

이번 회의의 기본적인 목적은 2년 전 프랑스 베르사유에서 진행된 회의

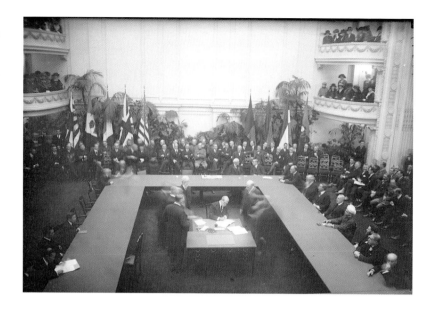

에서 해결되지 않은 의제인 동아시아 문제와 제1차 세계대전 이후 끝없이 계속되는 각국의 해군력 증강 경쟁 문제 해결이었다. 동아시아에서 가장 쟁점이 된 지역은 물론 중국이었다.

이 회의에 앞서 영국과 미국 등 강대국은 비밀 외교를 추방할 것을 강력히 주장했다. 그러나 실제로 중대 안건에 대한 토론은 전부 군사 강국인 미국, 영국, 프랑스, 일본 4개국 대표단 혹은 그중 프랑스를 제외한 미국, 영국, 일본 3개국 대표단에 의해 결정되었다. 일본은 워싱턴 회의에서 세계적 강국으로 공식 인정을 받은 셈이었다. 이 회의에서 9개국 조약, 4개국 조약, 5개국 워싱턴 해군 군축 조약을 비롯한 일곱 개 조약이 체결되었다.

그중 1921년 12월 13일에 체결된 4개국 조약은 정식 명칭이 '태평양 지역의 도서 지역 식민지 및 영토에 관한 미국, 영국, 프랑스, 일본 4개국 조약'으로, 4개국이 태평양 지역 내 지배권에 관해 상호 존중할 것과 구성국 사이에서 문제가 발생할 시 4개국이 회의를 소집하여 토론을 통해 평화적으로 해결할 것을 약속했다. 또한 구성국 가운데 다른 국가로부터 태평양 지역에서의 권리를 부당하게 위협받는 국가가 있으면 조약을 체결한 나머지 국가들이 도와준다는 조항도 있었다.

1922년 2월 6일 워싱턴 회의의 마지막 날에는 미국과 영국의 주도하에 5개국 워싱턴 해군 군축 조약이 체결되었다. 이 조약의 정식 명칭은 '해군 군비 제한에 관한 미국, 영국, 프랑스, 이탈리아, 일본 5개국 조약'으로 미국과 영국, 일본, 프랑스, 이탈리아 간에 과열된 해군 군비 증강 경쟁을 제한하기 위한 것이다. 그러나 이 조약은 사실 일본이 더 힘을 기르지 못하도록 군비 증강을 제한하여 일본의 군사력 확장을 조금이라도 막아 보려는 미국의 책략이었다.

워싱턴 회의 참가국들은 중국에 관한 문제를 논의한 끝에 중국에 관한 9개국 조약을 체결했다. 이 조약에 합의한 9개국은 미국, 영국, 프랑스, 이탈리아, 일본, 벨기에, 네덜란드, 포르투갈, 중국이다. 9개국 조약은 독립 국가인 중국의 주권을 존중하고 중국 영토를 보존하는 데 9개국이 함께 힘쓰는 것으로, 구성국에 대해 중국 전 지역에서 이익을 얻을 기회의 균등을 보장했다. 이 조약은 중국의 자오저우 만 일대를 손에 넣은 일본이 중국에서 세력을 확장해 가는 것을 저지하는 한편, 중국이 문호를 개방할 때 조약을 체결한 9개국에 균등한 기회 제공을 보장하는 안정적 식민지를 건설하고자 하는 목적이 있었다.

이번 워싱턴 회의에서 일본은 특별히 실질적인 이익을 얻지는 못했다. 오히려 미국의 견제로 제재나 의무 조항만 늘어나고 말았다. 다만 베르사유 조약에서 보장된 기득권을 다시 한 번 확인하고 세계적 강대국으로서 위상을 높였다는 점이 수확이라면 수확이었다. 워싱턴 회의 결과, 강대국들 사이에는 '워싱턴 체제'라고 부르는 새로운 질서가 성립되었으며, 워싱

턴 체제는 그보다 2년 전쯤 성립된 베르사유 체제와 함께 새로운 국제 질
서를 형성하는 근거가 되었다.

워싱턴 회의의 궁극적인 목표는 아시아·태평양 지역에서 제국주의 열강
의 입지를 다시 한 번 확인하고 베르사유 체제를 보완하기 위한 것이었다.
그러나 이 회의에서 결정된 내용들은 이후 미국과 일본의 관계에 커다란
영향을 끼쳤다. 아시아·태평양 지역의 이권을 사이에 두고 불꽃 튀는 경쟁
을 벌인 두 나라의 관계는 결국 제2차 세계대전으로 확산되는 결과를 낳
았다.

일본의 우키요에

우키요에浮世繪는 에도 시대 때 시작되어 근대 일본에 유행한 민간의 판화 예술로, 세계적으로 유명한 유럽 근대의 예술가들에게 영감을 주기도 했다. 시사성 짙은 풍자화, 민간의 전설이나 고전의 내용을 담은 그림, 연극의 한 장면을 담거나, 부녀자들의 생활, 자연 풍경을 담아내는 그림 등 우키요에 작품의 주제는 매우 폭넓다.

17세기에 풍속화가 히시카와 모로노부菱川師宣가 목판화로 완성된 그림을 처음으로 선보이면서 목판화도 하나의 독립된 기법으로 인정받아 근대 목판화의 시대가 열렸다. 우키요에 작품은 주로 작가가 표현하고자 하는 내용이 그림 한 장에 담긴 이치마이에一枚繪와 특정 주제와 연관 있는 그림들을 책으로 묶은 에혼繪本의 두 가지 형식으로 볼 수 있다.

우키요에가 유행하기 전의 일본 목판화는 중국 목판화를 많이 모방했다. 중국의 목판 화가들이 생계를 위해 일본으로 건너간 것을 일본 목판화의 유래로 보는데, 그러한 영향으로 초기 일본 목판화에는 오늘날 우리가 알고 있는 우키요에와는 달리 일본적 특성이 많이 묻어나는 작품이 드물었다. 우키요에는 기본적으로 야마토에大和繪의 특성을 계승하며 그 위에 외국에서 배운 작화 기법을 접목하여 독특한 개성이 있는 회화의 한 장르로 자리 잡았다.

〈미타테유우가오(見立夕顔)〉의 일부인 〈부채를 쥐고 담장 밖에 선 미인(垣外扇持美人)〉. 스즈키 하루노부 작

왼쪽 그림은 일본 우키요에 초기의 대표적 화가 스즈키 하루노부鈴木春信의 유명한 작품 중 하나인 〈미타테유우가오見立夕顔〉의 일부이다. 그의 작품 세계에서 가장 주요한 소재는 여성이다. 이 그림 속 여성은 대나무를 촘촘히 엮어 만든 울타리와 조롱박 넝쿨이 올라간 사립문 밖에 부채를 들고 서 있다. 작은 나무다리 아래로 흐르는 물줄기와 연한 덩굴손을 뻗어나가는 조롱박 덩굴을 올린 초가집의 소박한 울타리 정경, 그 안에 나른한 표정으로 서 있는 미인의 모습이 어우러져 봄의 기운이 그대로 전해지는 듯하다. 우아하고 부드러운 분위기를 자아내는 이 그림에는 놀라운 비밀이 있다. 바로 사용된 색상이 검정색, 옅은 황색, 붉은색의 단 세 가지뿐이라는 점이다. 겨우 세 가지 색상으로 이루어진 이 배경이 소박하지만 전혀 단순한 느낌을 주지 않는 것은 작가가 그림 속의 대나무 울타리, 냇물, 조롱박의 잎사귀 하나하나 세심히 묘사하여 생명력을 불어넣은 덕분이다. 그리고 그림 속의 소박한 모든 풍경 요소는 부채를 들고 선 미인을 더욱 돋보이게 하는 중요한 배경이다. 스

즈키 하루노부는 이렇게 배경을 이용해 인물을 강조하는 방식을 주로 사용했기에 우키요에서는 이런 표현 방식을 하루노부春信가 즐겨 사용하던 방식이라고 하여 '춘신식春信式'이라고 표현하기도 한다.

오른쪽 그림에서는 전통 에도 시대의 정겨운 한여름 밤의 풍경을 만날 수 있다. 까만 하늘 위를 점점이 수놓아 반짝이는 반딧불과 반딧불이를 향해 열심히 작은 손을 뻗어 보는 어린 사내아이의 모습, 옆에서 나긋나긋한 손놀림으로 부채질하며 그 모습을 구경하느라 고개를 돌린 아름다운 여성이 한데 어우러져 한여름 밤의 정서를 생생하게 담아냈다. 어두운 밤하늘과 그 아래 펼쳐진 수풀을 배경으로 한적하게 반딧불이의 모습을 즐기는 이 그림을 보면 마치 여름날에 찌는 듯 더운 낮이 지나고 밤이 되었을 때 불어오는 바람의 청량감이 느껴지는 듯하다. 그림의 어두운 배경과 대조되게 여성의 존재를 부각시키는 표현 방식이 두드러진다. 화가의 이름은 에이쇼사이 초키로 간세이寬政 시대에 활동했다는 것 외에는 생애에 대해 밝혀진 바가 거의 없다.

에이쇼사이 초키 작 〈반딧불이 잡기(狩り)〉

기타가와 우타마로 작 〈간세이의 세 미인(寛政三美人)〉

기타가와 우타마로喜多川歌麿는 에도 시대 말기에 활동한 우키요에 미인도의 대가이다. 기타가와 우타마로의 작품은 표현력이 섬세하고 선의 표현이 매우 유려하여 그만의 특징이 뚜렷하다. 특히 그림 속 여성이 취한 다양한 자태와 여성스러움이 잘 드러나는 표정, 하얗고 윤기 있는 살결의 부드러운 질감을 그만큼 섬세하게 표현해 낼 수 있는 우키요에 화가는 찾아보기 어렵다. 기타가와 우타마로는 자신의 장기를 살려 인물의 상반신이나 얼굴을 그리는 그림인 오오쿠비에大首絵를 많이 남겼다. 그의 재능이 최고로 꽃을 피운 시기에 그려진 작품들은 다색 판화인 니시키에錦絵 기법을 이용하여 우키요에 표현력의 한계를 뛰어넘었다. 특히

〈간세이의 세 미인〉은 그야말로 기타가와 우타마로의 표현 방식이 집약된 작품이다. 그림의 색상은 전반적으로 부드러운 인상을 주며, 눈을 가늘게 뜬 채 보일 듯 말 듯 미소를 짓는 세 미녀의 표정이 신비감을 더한다. 그림 속 세 여인은 간세이 시대의 유명한 3대 미인으로 모두 당시 실존했던 인물이다. 맨 위의 여인이 도미모토 도미히나富本豊雛, 아래 오른쪽이 난바야 오키타難波屋おきた, 아래 왼쪽이 다카시마야 오히사高島屋おひさ이다.

9 간토 대지진

20세기 초반 일본에서 도쿄를 중심으로 대규모 지진이 발생했다. 지진이 발생하기 한참 전에 진원을 예측한 이가 있었으나 아무도 그의 경고를 심각하게 받아들이지 않았다. 그리고 지진이 일어난 후 자연재해의 절대적인 위력을 겪고 극심한 공포에 사로잡힌 일본 국민은 이성을 잃고 집단적 광기에 사로잡혀 과격한 행동을 보이기 시작했다. 이때 발생한 지진이 유명한 간토 대지진(관동 대지진)이다. 이 사건은 이후 일본의 경제와 과학 기술 및 정치 방면에 큰 영향을 미쳤다는 점에서 일본 발전사에서도 중요한 의의가 있다.

시기 : 1923년
인물 : 오오모리 후사키치, 이마무라 쓰네아키

지진 예측 경쟁

사면이 바다로 둘러싸인 섬나라 일본은 지각이 불안정한 환태평양 조산대에 자리해서 예로부터 지진, 해일, 화산 폭발과 같은 자연재해가 자주 발생했다. 이러한 이유로 일본 정부는 지진과 해일 등 자연재해를 사전에 정확히 예측하여 피해를 최소화하도록 적절한 대비책을 마련하기 위해 노력해서, 메이지 13년인 1880년에는 도쿄 제국 대학의 이학부 교수들로 구성된 '일본 지진 학회'가 정식으로 설립되기에 이르렀다. 이 학회는 주로 지진의 발생이나 진행, 예측 방법 등을 다방면으로 연구하고 기록했다. 당시 일

한눈에 보는 세계사

1922년 : 이탈리아, 무솔리니 집권

1924년 : 소비에트 연방 성립

본 지진 학회의 핵심 인물은 도쿄 제국 대학에서 교편을 잡고 있던 오오모리 후사키치大森房吉 교수와 이마무라 쓰네아키今村恒明 부교수였다. 이마무라 쓰네아키는 간사 대리 신분으로 평소 지진 재해 예방 조사회의 회장 업무를 대행했다. 지각 운동에 대한 연구와 기존에 일본에서 지진이 발생했던 기록에 대한 조사를 병행하던 중에 그는 몇 년 안에 도쿄 근방을 중심으로 대지진이 발생할 확률이 매우 높다는 사실을 알게 되었다. 그래서 1906년과 1915년 두 번에 걸쳐 자신이 예측한 대지진 발생 가능성을 피력했으나 당시 담당자였던 오오모리 후사키치가 불확실한 재해 예측은 민심을 혼란케 할 수 있다는 이유를 들어가며 대규모 지진 발생 가능성을 전면 부정했다.

20세기 초반에는 과학 기술의 발전 정도가 미숙하여 자연 현상을 설명할 수 있는 이론도 없었고, 실제로 발생하는 자연재해를 예방하거나 피해를 최소화할 방법에 대한 연구도 제대로 이루어진 것이 없었다. 지금으로부터 불과 수십 년 전이지만, 당시만 해도 일반 대중은 정보와 지식에 어두

19세기 일본의 거리 풍경

워 지진이 발생하기 직전에 나타나는 일반적인 전조 증상에 대해 전혀 아는 바가 없었다. 당시 이마무라는 도쿄가 대지진의 위험 앞에 무방비하게 노출되어 있다고 확신하고 수년 안에 대규모 지진이 발생할 것이라고 주장했지만, 불행히도 그의 윗사람인 오오모리 후사키치 교수의 생각은 그와 달랐다. 그는 일본의 수도로서 도쿄의 중요성을 생각할 때 실제로 일어날지 일어나지 않을지 확실하지 않은 일을 떠벌여서 민심을 불안하게 할 필요는 없다고 판단했다. 그가 이렇게 판단한 사고의 밑바탕에는 '자연재해란 인간이 예측할 수 없다.'라는 생각과 '불가항력의 자연재해에 대해 미리 걱정해 봤자 소용없다.'라는 의식이 깔려 있었다. 그래서 오오모리 후사키치는 도쿄 대지진의 발생 가능성에 대한 이마무라의 주장을 부정했다.

이마무라는 지진이 발생할 것이라는 자신의 판단을 확신했으나 오오모리 교수와의 논쟁에서 자신의 생각을 입증할 만한 객관적인 근거가 턱없이 부족했다. 당시 지진에 대해서라면 일본 내에서 양대 최고 권위자라고 할 수 있는 두 학자가 1906~1923년까지 지진 발생 가능성을 두고 오랜 세월 언쟁을 계속했지만, 정작 도쿄를 삶의 터전으로 삼고 있는 서민들은 아무것도 모른 채 하루하루를 열심히 살아갈 뿐이었다. 시간은 빠르게 흘러 어느덧 1923년 9월 1일이 밝았다. 이때 오오모리 교수는 마침 오스트레일리아의 시드니 천문대를 방문하고 있었다. 시드니 천문대의 지진 관측실에 들어가 지진계 앞에 섰을 때, 그는 무언가 이상하다고 느꼈다. 지진계가 미친 듯이 지진 반응을 나타냈던 것이다. 오오모리 교수는 지진계를 보고 즉시 태평양 지역 어딘가에서 대규모 지진이 발생했다는 사실을 알아차렸다. 지진이 어디서 발생했는지 정확한 지점을 알아내기 위해 분석하던 중, '설마' 하는 불길한 예감이 그의 뇌리를 번개처럼 스쳐 지나갔다. 그리고 순간 그의 머릿속에서 모든 사고가 정지되었다.

모든 것을 잿더미로 뒤덮은 대재앙

1921년 9월 1일, 일본 제1의 도시 도쿄와 제1의 항구 도시 요코하마는 아무도 상상하지 못했던 대재앙에 휩싸였다. 지진 당일 아침까지도 사람들은 여느 날처럼 평범한 일상을 보내고 있었다.

9월 1일, 어린 하지메의 엄마는 점심시간을 앞두고 평소와 마찬가지로 가족을 위해 점심 식사를 준비하고 있었다. 그녀는 먼저 아들에게 점심을 먹이고 준비한 음식을 남편에게 가져가기로 하고 바지런히 움직였다. 점심 식사를 준비하던 중에 문득 신기한 일에 대한 생각이 떠올랐다. 이 며칠 동안 도쿄 하늘에 선명한 무지개가 종종 눈에 띄었던 것이다. 동네 사람들은 모두 좋은 징조라며 크게 기뻐했다. 하지만 하지메의 엄마는 어딘가 불길한 예감이 들어 견딜 수가 없었다. 마음 한구석에서 그 무지개가 정말로 좋은 징조인 걸까 하는 의심이 든 것은 바로 이틀 전 하지메를 안고 산책을 나갔을 때 우연히 이상한 광경을 보았기 때문이다. 엄청나게 많은 개미와 지렁이들이 무리를 지어 일사불란하게 이동하는 모습을 보며 무언가 이상하다고 생각했다. 그녀는 집에 돌아온 이후에도 이 신기한 광경이 계속 마음에 걸렸다. 점심 식사를 마친 아들의 식기를 치우면서도 그녀의 머릿속은 여전히 무지개에 대한 생각으로 가득 차 있었다. 그릇 정리가 끝나자 마침 남편에게 식사와 함께 가져갈 미소시루가 다 끓었다. 그녀는 미소시루를 국그릇에 옮겨 담고 냄비를 올려놓은 화로의 불을 껐다. 바로 그 순간, 갑자기 바닥이 격렬하게 진동하기 시작했다. 순식간에 화로가 뒤집히는가 싶더니 집의 벽이 무너져 내리고 화로에서 불똥이 튀어 어지럽게 흩날렸다. 그녀는 즉시 아들을 안고 집 밖으로 뛰쳐나갔다. 도쿄에서 오래 산 그녀의 생각이 틀림없다면, 지금 도쿄에 지진이 난 것이 분명했다! 그것도 자신이 살면서 한 번도 겪어 보지 못한 대규모의 지진!

지진이 발생한 현장에서 침착하게 대응한 하지메의 엄마와 달리 머나먼

화재가 일어난 도쿄 마
루노우치

이국땅 위치한 시드니 천문대
에서는 한 일본인이 넋을 잃
고 멍하니 주저앉아 있었다.

"이럴 수가……. 이 지진이
설마, 정말로 도쿄 부근에서
일어났다는 것인가!" 너무 큰
충격에 그는 머릿속이 하얘졌
다. 다른 생각을 할 여유가 없
는 그의 머릿속에 번화한 도
쿄 시내의 풍경이 떠올랐다 사라지기를 반복했다. 곧 도쿄에 사는 570만
명의 생명과 재산은 어찌 되는가 하는 문제에 생각이 미치자 그의 머릿속
은 다시 백지 상태가 되었다. 하지만 오스트레일리아에 있는 그가 당장 할
수 있는 일은 아무것도 없었다. 단지 피해가 크지 않기를 기도할 수밖에.

하지만 그의 기도는 아무런 소용이 없었다. 지진이 발생한 시간, 도쿄
주민들은 대부분 점심 식사를 준비하고 있었다. 하필이면 집마다 불을 사
용하는 시간대에 격렬한 진동이 도쿄를 뒤흔든 것이다. 경황 중에 불을 제
대로 끄지 못하고 집을 뛰쳐나온 사람이 많았다. 당시 서민들이 살던 집은
대부분 목조 주택으로 화재에 약했다. 게다가 지진의 여파로 불어닥친 강
풍에 불길이 이리저리 날리며 옮겨 붙어 온 거리가 순식간에 불바다가 되
고 말았다. 불길은 시뻘건 혀를 날름거리며 골목 구석구석으로 빠르게 옮
겨갔다. 종종 무언가가 폭발하는 소리나 완전히 타버린 집이 우르르 무너
지는 소리도 들렸다. 불과 몇 분 전까지만 해도 모든 사람이 여느 때와 같
은 일상을 보내던 거리는 한순간에 재앙으로 뒤덮였다. 모든 것이 무너져
내렸고 그 속에서 들려오는 어린 아이들의 울음소리와 다친 사람들의 신
음이 한데 뒤섞여 아비규환이 따로 없었다. 맹렬한 화염 속에 갇혀 있다가

운 좋게 탈출한 사람들도 무너진 건물들과 쩍 갈라진 길거리를 보고 망연자실했고, 수도관은 전부 뒤틀렸다. 완전히 무너져 내린 삶의 터전을 뒤로 하고 한곳에 모인 사람들은 그제야 모든 것을 잃었다는 사실을 깨달았다.

재해로 집을 잃고 갈 곳이 없어진 이재민들은 일단 지진에도 무너지지 않은 군용 피복 공장으로 향했다. 공장은 앞으로 있을지도 모를 여진을 피해 사방팔방에서 모여든 피난민들로 북새통을 이루었다. 수만 명이나 되는 사람이 모여든 탓에 좁은 공간이 몹시 북적였지만, 그래도 이들은 무사히 목숨을 건진 것만으로도 자신은 운이 좋았다고 여기기로 했다. 모두 같은 생각을 했는지 여기저기서 안도의 한숨이 터져 나왔다. 그러나 잠시의 평화는 이것으로 끝이었다. 지진의 영향으로 거세게 불어닥치는 광풍을 따라온 불길이 어느새 피복 공장까지 옮겨 붙은 것이다. 공장 내 원단에 옮겨 붙은 불길은 공장 건물을 빠르게 먹어치우기 시작했다. 안전한 곳으로 피신했다고 믿던 사람들은 돌발 사태에 우왕좌왕했으나 공장 안에 워낙 많은 사람이 모여 있어서 신속하게 탈출할 수가 없었다. 게다가 먼저 탈출한 사람들이 공장 외부를 둘러싼 거센 불길에 놀라 다시 공장 건물 안으로 들어오려고 하는 바람에 혼란은 더욱 가중되었다. 결국 순식간에 불바다로 변한 이 피복 공장에서 수많은 사람이 미처 손 쓸 새도 없이 죽어갔다. 이때 피복 공장에 모여들었던 피난민은 모두 4만 명 정도였으나 불길 속에서 목숨을 잃은 이가 무려 3만 8,000명에 이르렀다. 훗날 조사한 결과, 간토 대지진에서 가장 많은 사망자를 낸 최악의 사건이 바로 피복 공장 화재였다.

요코하마의 상황 역시 도쿄와 다르지 않았다. 지진이 발생한 시각은 두 지역이 거의 비슷해서 요코하마 사람들도 도쿄 사람들과 마찬가지로 점심 식사를 준비하다가 날벼락을 맞았다. 약 200여 군데에서 동시에 불길이 치솟았고, 수도나 하수도는 모두 뒤틀려 파손되었다. 사람들은 삶의 터전이

모두 불에 타 재가 되어 사라지는 모습을 멀거니 바라볼 수밖에 없었다.
요코하마에서는 전체의 60%에 이르는 가옥이 화재로 소실되었다.

엎친 데 덮친 격으로, 도쿄와 요코하마를 중심으로 간토 지역 지진이 발
생한 시각 근방 해안 도시들은 또 다른 거대한 재앙의 습격을 받았다. 지
진으로 발생한 거대한 해일이 마을을 삼키고 배를 쓸어간 것이다. 이때 파
도에 휩쓸려 사망한 사람은 무려 5만 명이 넘었고, 파손된 배는 8,000척
이상이었다. 해일 피해가 가장 컸던 도쿄, 요코하마, 요코스카横須賀 지역
은 재해 이후 도시 경제를 회복하는 데 아주 긴 시간이 걸렸다.

아픈 기억을 딛고

간토 대지진과 함께 발생한 화재는 무려 3일 동안 계속되었다. 도시 곳곳
에서 치솟은 불길은 태울 수 있는 모든 것을 다 태우고 나서야 겨우 수그러
들었다. 간토 대지진으로 발생한 화재를 진압하는 데 걸린 시간과 불꽃이
쓸고 간 현장의 총 면적, 그리고 재난으로 말미암은 총 사망자 수 등 이번
지진이 일으킨 피해 규모는 세계의 재해 및 그 피해 상황에 관한 기록 어디

에서도 찾아볼 수 없을 만큼 어마어마했다.

그런데 일본 정부는 이 재해를 이용하여 정부의 권위에 도전하거나 조금이라도 위협이 될 소지가 있는 반대 세력을 제거하는 기회로 삼으려 했다. 도쿄와 주변 도시 사람들의 피폐해진 마음에 깃든 공포를 자극해 분노로 돌리는 것은 어렵지 않은 일이었다.

일본 정부가 선택한 희생양은 재일 조선인이었다. 우선 "일본에 앙심을 품은 재일 조선인이 혼란을 틈타 방화와 약탈을 일삼고 있다."라는 내용의 유언비어를 퍼뜨렸다. 그리고 "재일 조선인이 조만간 폭동을 일으킬 것이다."라거나 "대지진이 조만간 다시 일어날 것이다."라는 등 사회 불안감을 극대화하는 유언비어를 퍼뜨렸고, 일본 신문들은 이를 제대로 확인해 보지도 않고 앞다투어 보도했다. 거짓 소문은 점점 눈덩이처럼 불어나 곧 "조선인들이 우물에 독을 풀어 넣고 일본인을 습격해서 방화·약탈을 하고 있다."라는 소문까지 돌았다. 공포와 절망 때문에 이미 이성을 잃은 일본인들이 이러한 근거 없는 소문을 듣고 집단적 광기에 휩싸인 것은 순식간이었다.

공포와 증오심으로 가득 찬 일본인들은 조선인을 색출하는 데 혈안이 되었다. 조선인을 보면 즉시 죽이고, 일본인으로 위장한 조선인을 색출하기 위해 길 가던 사람을 무작위로 붙들고는 '十五円五十錢じゅうごえんごじっせん, 쥬고엔고짓센'이라고 발음해 보도록 시킨 뒤 발음이 이상하면 그 자리에서 살해했다. 이 단어는 조선어에 없는 발음과 조선인들이 취약한 장음 발음이 있으므로 일본인인지 아닌지 구분하기에 적합하다고 생각했기

일본 정부는 간토 대지진의 공포를 불안감으로 바꾸려 재일조선인을 희생양으로 삼았다.

때문이다.

　하지만 이런 주먹구구식 학살 행위의 피해자는 조선인뿐만이 아니었다. 당시 간토 지역에 살던 수많은 중국인과 도쿄 근방으로 올라온 지 얼마 되지 않은 타 지역 출신 일본인들까지 모두 집단 광기의 희생자가 되었다. 조선인 학살이 자행되던 이 무렵에는 특히 일본 정부의 권위를 위협하던 사회 저명인사들이 살해된 일도 있었다. 당시 저명한 아나키스트였던 오오스기 사카에大杉栄가 대표적 인물이다. 그래서 일각에는 일본 정부가 조선인 학살을 주도한 진정한 이유는 사회적으로 만연하던 정부에 대한 불만을 잠식시키고 혼란을 틈타 정치적 반대파를 제거하는 일석이조의 효과를 노린 것이었다고 보는 시각도 있다.

　간토 대지진의 피해 정도는 일본 근현대사에서뿐만 아니라, 20세기에 발생한 전 세계의 자연재해 중에서도 손꼽힐 정도로 규모가 큰 사건이다. 간토 대지진 이후 지진과 화재에 대한 공포가 뼛속 깊이까지 새겨진 것인지, 자연재해를 최대한 예방하려는 일본의 노력은 오늘날까지도 계속 이어지고 있다. 이러한 일본인들의 자세는 대지진 이후 일본 사회를 새로 건설하는 데도 큰 영향을 미쳤다. 덕분에 일본은 오늘날 지진에 강한 건축물을 짓는 기술이 가장 발달했으며, 소방 시스템이 매우 우수한 나라가 되었다. 그리고 일본 정부는 1961년에 발표한 《재해 대책 기본법》 중 지진에 대한 재해 대책 기본법 초안을 작성할 때 간토 대지진에 관한 보고서를 참고했다.

10 동방 회의

JAPAN

1927년 일본 제국 경제가 파탄 위기에 놓이자 다나카 내각은 서둘러 회의를 소집했다. 일본 도쿄에서 개최된 이 회의가 바로 이번 장에서 다룰 동방 회의다. 이 회의의 목적은 심각한 경제 파탄 위기를 목전에 둔 다나카 내각이 중국 침략의 기본 방침과 정책을 정하는 것이었다. 이후 일본 정부는 이 회의에서 결정된 기본 방침과 정책을 적극적으로 실행에 옮겨 이웃 나라인 중국 정복 활동에 박차를 가했다. 이 회의의 결과는 이후 일본과 중국의 관계에 큰 영향을 미쳤다.

| **시기** : 1927년
| **인물** : 다나카 기이치

동방 회의 개최 전 일본의 정황

일본인들은 17세기 무렵부터 이미 섬나라 일본이 지닌 한계를 절감했다. 한정된 영토 안에서는 아무리 노력해도 얻을 수 있는 자원이 한정되어 있으므로 이 상황을 돌파하려면 대륙을 침략하여 식민지를 확보하는 수밖에 없다고 생각했다. 당시 일본 정부와 국민은 하나같이 식민지를 확보하여 부족한 노동력과 자원을 충당한다는 팽창주의야말로 일본 경제를 발전시키는 가장 빠른 방법이라고 굳게 믿었다. 국제 정세나 지리적으로 볼 때 일본에 가장 이상적인 식민지는 바로 이웃인 중국과 조선이었다. 특히 중

한눈에 보는 세계사
1929년 : 세계 대공황

당시 일본 정부에서 유포한 포스터. 전쟁을 미화하여 홍보하고 있다.

국을 지배한다는 것은 중국의 넓은 땅과 풍부한 자원을 차지한다는 실질적인 이점도 있지만, 정신적으로도 큰 의미가 있었다. 수천 년 동안 아시아의 중심으로서 깊이 있는 문화와 역사를 쌓아온 황제의 나라를 무릎 꿇게 한다는 것은 아시아의 질서를 새로 쓰는 데에 꼭 필요한 일이었다. 그래서 당시 일본 정부의 수뇌부는 중국을 손에 넣어야만 제국주의 일본의 앞날에 날개를 달 수 있다고 믿었다.

20세기 초반 중국 대륙에서는 청나라가 몰락하고 공화민주제 국가인 중화민국이 새로이 발족했다. 정권이 교체되는 시기였으므로 사회적으로는 극심한 혼란이 계속되고 있었다. 정치상황이 불안정할 뿐만 아니라 군사와 경제 분야는 여전히 낙후되어 있었으므로 일본이 대륙 침략 정책을 실행하기에는 가장 적절한 시기였다. 일본의 대륙 정책은 중국 대륙의 둥베이 지역을 점령하는 것부터 시작되었다. 중국에서 둥베이 지역이 차지하는 중요성과 다른 열강을 제치고 이 지역을 선점해야 할 필요성을 느낀 하라 다카시原敬 내각은 1921년에 중국 점령 정책에 대한 의지를 다지며 먼저 만주, 내몽고와 관련된 '대對 만·몽 정책'을 제정했다. 하라 다카시 내각은 만주와 내몽고 지역에서 일본의 기득권을 더욱 확고히 하고, 나아가 국력 신장을 위해 노력하며 동시에 일본 국민의 권익을 보호한다는 정책적 취지를 강조하면서 논의를 마무리했다.

제1차 세계대전 기간에 미국의 세력이 점차 강해지는 모습을 보면서 일본 정부는 어마어마한 압박감을 느꼈다. 미국이 강해지면 강해질수록 향후 일본의 대륙 정책이 더욱 큰 타격을 받을 것이었기 때문이다. 얼마 전까지 일본의 힘에 기대어 권력을 유지하려던 중국의 군벌 세력가들이 하나둘씩 일본을 등지고 미국 쪽에 붙기 시작했다. 게다가 이 무렵 중국 인민들 사이에서는 혁명에 대한 열망이 뜨겁게 타오르고 있었다. 돌변하는 국제 정세와 중국 내의 혼란스러운 상황 때문에 상황은 점차 일본 정부가 계획한 것과 다른 방향으로 흘러갔다. 특히 일본과 긴밀한 관계를 유지하던 북양 군벌 세력이 통치력을 잃고 추락하는 상황에서 당시 둥베이 3성 지역을 지배하던 군벌 세력의 핵심 인물 장쭤린張作霖마저 점차 심해지는 일본의 간섭을 참지 못하고 일본의 영향력에서 벗어나려고 해 일본을 궁지로 몰아넣었다. 그리고 이 무렵에는 20세기 초 서양의 자본주의 사회를 덮친 경제 위기의 여파가 일본에까지 상륙하는 바람에 일본 정부는 국내외의 정치, 경제 분야에서 다시 곤란을 겪었다. 이때 일본 정부에는 중국을 무력으로 정벌해야 한다고 주장하는 군국주의 성향의 다나카 내각이 출범했다. 그 직전까지 입헌정우회立憲政友會 회장을 맡았던 다나카 기이치田中義一가 새로운 내각 총리대신이 되자 그를 중심으로 하는 일명 '정우회政友會 내각'이 득세하면서 군부, 일본 우익 단체와 긴밀한 관계를 유지하던 모리 가쿠森恪가 외무 차관에 취임했다. 다나카 내각이 성립되고 나서 일본은 그나마 비교적 온순하다고 할 수 있는 기존의 외교 방식을 모두 철회하고 군사 침략, 무력 침탈 방식을 통한 영토 확장에 주력했다. 아시아의 늑대가 드디어 날카로운 이와 발톱을 공공연히 드러낸 것이다.

동방 회의를 소집하다

다나카 기이치 일파는 일본이 앞으로 강대국으로 살아남으려면 중국 대륙을 완전히 장악해야 한다고 믿었다. 그들의 주장이 힘을 얻자 1927년 6월 그들은 주駐 중국 공사인 요시자와 겐키치芳澤謙吉와 상하이, 톈진, 선양

동방 회의 현장

등 지역에 주재하는 총영사들을 급히 불러들여 회의를 열었다. 다나카 내각의 주도로 진행된 이 회의에서 앞으로 일본이 추진할 새로운 대륙 정책의 방향이 정해졌다. 군부의 수뇌부 인사들과 외교계 주요 인사들도 이 회의에 참여하여 중국 정세에 대해 꼼꼼히 파악하고 만주와 몽골 지역에 대한 정책을 중점적으로 논의했다. 회의 분위기가 점차 무르익어 가던 중에 다나카 기이치는 새로운 대륙 정책을 내놓아 그동안 침체되어 있던 일본인의 정복욕을 자극했다. 바로 '대화정책강령'이었다. 이 강령의 주 내용은 만몽 정책으로, 강령의 첫 부분에서 볼 수 있듯이 일본인은 중국의 전체 영토를 본토와 만몽 지역으로 따로 나누어 인식할 정도로 이 지역에 강한 집착을 보였다. 이렇듯 이 회의를 소집한 주된 이유는 동방 정벌 정책에 관한 논의였으므로 회의의 명칭을 '동방 회의'라고 붙였다.

동방 회의가 끝나고 7월 25일에는 다나카 기이치가 상소 형식을 빌어 덴노에게 '만·몽 지역에 대한 제국의 정책 기본'이라는 비밀문서를 올렸다. 이것이 바로 '다나카 상주문田中上奏文' 사건이다. 상주문은 임금에게 아뢰는 글이다. 이 상주문에서 다나카는 대외 팽창을 위한 총체적 전략을 설명하며 침략 전쟁에 대한 의지를 노골적으로 드러냈다. 주 내용은 일본이 생존하려면 반드시 중국을 정복해야 하며, 중국을 정복하려면 가장 먼저 만주와 내몽고 지역을 확실히 정복해야 한다는 것이었다. 그는 중국이 무릎을 꿇으면 아시아의 다른 국가들과 인도에까지 영향을 미칠 것이고, 이는 결국 아시아에서 일본이 세력을 확장해 나가는 데 결정적 도움이 될 것이라고 예상했다. 타이완과 조선 반도는 손에 넣었으니 이제 만주와 몽골을 점령해 중국 영토 전체를 점령할 때가 왔음을 강조했다. 그리고 일단 중국 대륙을 점령하면 아시아 전체를 일본의 통치하에 두는 대업을 이루는 것은 식은 죽 먹기라고 덧붙였다. 다나카 기이치는 중국 둥베이 지역과 내몽고 지

위만(僞滿) 시기 뤼순 지역에 있었던 간토 장관 고다마 히데오(兒玉秀雄)의 관저. 1927년 8월 일본 외무성이 이곳에서 다렌 회의를 개최하여 만주와 내몽고 문제를 논의하고 동방 회의의 방침을 관철했다.

역에 군사를 보내 무력으로 완전히 정복해야 한다고 주장하는 전쟁론자였다. 동방 회의에서 다나카 기이치가 강경하게 밀어붙인 결과 일본의 중국 침략 정책 방침은 무력 정벌 쪽으로 결정되었다.

동방 회의가 중국에 미친 영향

동방 회의에서 결정된 사항은 이후 일본의 근현대사뿐만 아니라 중국 근현대사에서도 중대한 의의가 있다. 일본에서는 중국 침략이 중요한 국책 사업이라며 밀어붙였고, 대륙 진출의 꿈은 어느새 일본의 생존을 위해 반드시 완수해야 할 사명으로 탈바꿈해 있었다. 본격적인 대륙 진출 정책의 첫 걸음인 만·몽 정복과 둥베이 지역 점령에 성공하고자 일본은 수단과 방법을 가리지 않았다.

일본의 중국 침략 과정에서 동방 회의는 중요한 전환점이다. 회의 중에 나온 '만·몽 특수론'에 근거하여 일본이 중국을 지배하고 또 중국을 넘어 아시아 전체를 무릎 꿇게 할 몽상에 젖어 과격한 침탈 행위를 자기 합리화하며 실천하도록 부추긴 것이 바로 동방 회의였다.

Japan

맥을 잡아주는 세계사
The flow of The World History

제4장 | 파시즘과 파시스트

1 파시즘의 문을 연 기타 잇키

20세기를 살았던 일본인이라면 누구나 기타 잇키北一輝라는 이름을 들어봤다고 해도 과언이 아니다. 여러 가지 놀랄 만한 사건을 벌인 인물이라서 유명하기도 하지만, 기타 잇키라고 하면 가장 먼저 생각나는 것은 파시즘 사상이다. 그는 평생 무력을 숭상하여 만사를 전쟁으로 해결하려는 호전적 자세를 고수했고, 대외 확장의 필요성을 역설하며 일본이 벌이는 침략 전쟁을 합리화했다. 일본의 대표적 파시스트인 기타 잇키가 어떤 인물이었는지, 그의 내면에 파시즘 사상이 확고하게 자리 잡기까지 어떤 경험을 했는지 그의 삶을 들여다보자.

시기 : 1883~1937년
인물 : 기타 잇키

사도가시마의 소년

1883년 4월 3일, 일본 니이가타新潟 현의 사도가시마佐渡島에 있는 어느 양조장에서 사내아이가 태어났다. 장남으로 태어났지만 부모는 아기의 액운을 막기 위해 '두 번째'라는 의미의 한자 '次'를 사용해 아이의 이름을 데루지로北輝次라고 지었다. 데루지로가 태어난 고향 사도가시마 주민들은 대부분 고기잡이나 농사일을 해서 생계를 유지하는 빈민들이었는데, 이 지역은 일본 역사상 죄인들이 유배를 오는 곳으로 유명하기도 했다. 양조장

한눈에 보는 세계사

1882년 : 삼국 동맹 성립(독일, 오스트리아, 이탈리아)
1896년 : 제1회 올림픽 개최
1903년 : 라이트 형제, 최초로 비행 성공
1914년 : 제1차 세계대전(~1918)

1919년 : 베르사유 조약 체결
1920년 : 국제 연맹 창립
1929년 : 세계 대공황
1933년 : 독일 히틀러 집권 / 미국, 뉴딜 정책 실시

을 운영하던 데루지로의 아버지는 마을의 촌장을 맡고 있
었지만, 그의 집안 형편도 남들과 다를 바 없었다.

데루지로는 어린 시절 몸이 약해서 잔병치레가 많은 편
이었는데, 특히 심각한 안질환에 계속 시달렸다. 비록 몸은
약했지만 데루지로는 머리가 아주 좋고 생각이 많은 아이
였으며 일찍부터 중국 문화에 깊은 흥미를 느꼈다고 한다.
총명한 아들에게 가장 좋은 교육을 받게 해 주고 싶었던
데루지로의 아버지는 그 지역에서 가장 유명한 유학자에게

기타 잇키

아들을 보내 한문학과 중국 문화를 배우게 했다. 평소 중
국에 관심이 많던 데루지로는 그곳에서 《대학》, 《중용》, 《논
어》, 《맹자》, 《사기》 등 수준 높은 한문 고전을 배웠다. 명망 있는 유학자에
게 한문학을 배우는 동안 데루지로는 자연스럽게 자신이 태어난 사도가시
마의 역사를 이해했다. 이런 성장 과정이 그의 인생에 어떤 영향을 주었을
까?

도쿠가와 이에야스가 에도 바쿠후 시대를 열어 일본의 통치권을 손에
넣었을 무렵부터, 바쿠후는 사도가시마에서 금광과 은광을 대대적으로
채굴했다. 당시 사도가시마의 지방 관리는 폭정을 일삼고 주민들의 노동
력을 착취해 주민들은 누구나 바쿠후와 지방 관리들에게 강한 반발심을
갖고 있었다. 그러던 중에 메이지 유신이 일어나고 전 일본에 빠르게 번진
'민권'이라는 개념이 이곳 사도가시마까지 흘러들어 왔다. 그 영향으로 이
작은 섬은 자유 민권 운동에 대한 열정으로 들떴다. 데루지로는 이런 분
위기 속에서 어린 시절을 보내며 성장했다. 그의 마음속에는 바쿠후 시대
를 끝내고 민권을 인정해 준 덴노에게 진정으로 충심이 우러나 깊이 뿌리
내렸다.

데루지로의 총명함이 본격적으로 빛을 발한 것은 중학교 시절부터였

다. 성적이 특별히 우수해서 월반할 정도였으며 친구들과 교사들 사이에서 인기도 많은 편이었다. 하지만 하늘은 그에게 총명함을 주는 대신 건강한 신체를 주지 않았던 모양이다. 데루지로는 체력이 약하고 몸이 허약해 늘 건강 문제로 고생했다. 그중에서도 그를 가장 괴롭게 한 것은 앞서 말한 것처럼 안질환이었다. 나이를 먹으면서 눈의 불편함이 점차 심해져 결국에는 도쿄에 있는 큰 병원까지 치료를 받으러 가야 할 정도로 상태가 악화되었다. 치료를 받는 동안 그는 체육과 화학 과목에서 낙제점을 받아 유급되었다. 그의 인생에 불행의 그림자가 드리우기 시작한 것은 이 무렵부터였다.

소년 데루지로에서 어른 기타 잇키로 성장하기까지

도쿄에 있는 병원에 다니는 동안 수차례 눈을 치료받았으나 결국 그는 실명 위기라는 최종 진단을 받았다. 하지만 언제 실명하게 될지는 정확히 알수 없어 데루지로는 어느 순간 갑자기 실명할지 모른다는 불안감에 떨며 지내야 했다. 실명에 대한 불안감에 익숙해질 무렵, 이번에는 집안 문제가 그를 곤란에 빠뜨렸다. 1901년에 민주주의의 바람이 사도가시마를 강타했고 저항 기질이 강한 주민들이 모여 사는 이 작은 섬은 마치 벌집을 쑤셔 놓은 듯 들끓기 시작했다. 특히 민주주의에 크게 감명한 데루지로의 아버지는 부당한 지배 권력에 격렬하게 저항해야 한다는 신념으로 매일 군중 집회나 토론에 참가하는 등 왕성한 사회 활동을 펼쳤다. 하지만 민주주의 사상에 깊이 빠져드는 것과 비례하여 양조장과 가정을 제대로 돌보는 시간이 줄어들었다. 이런 상황으로 집안 사정은 어느덧 거의 파산 지경에 이르렀고 장남 데루지로는 열여덟 살 때부터 학업을 중단하고 생계를 돌봐야 했다. 이 무렵 데루지로는 다른 양조장의 딸과 풋풋한 사랑을 키워 나가고 있었으나 집안의 반대와 점점 기울어가는 가정 형편 때문에 어쩔 수 없이 헤어졌고, 스무 살이 되던 해에는 한쪽 눈의 시력을 영영 잃고 말았다. 이렇게 연이어 찾아온 여러 가지 불행은 그를 절망 속으로 떠밀었다. 힘겹게 보낸 청춘 시절의 기억은 데루지로의 인생관과 세계관에 큰 영향을 미쳤다.

어렸을 때부터 사회 현상과 사상에 깊은 관심을 보이는 특이한 아이였던 데루지로는 성인이 되고 나서 정치 쪽에 몸을 담았다. 1903년에는 〈헤이민 신문平民新聞〉을 통해 처음으로 사회주의를 접하고 그 매력에 빠르게 빠져들었다. 1904년, 그는 청강생 자격으로 도쿄 와세다 대학에서 6개월 동안 사회주의 관련 강의를 들었다. 그는 이곳에서 아루가 나가오有賀長雄, 호즈미 야쓰카穗積八束, 아베 이소오安部磯雄, 이노우에 데쓰지로井上哲次郞 등 당시 많은 유명 인사의 학문을 접했다. 그리고 이 무렵 '국체론 및 순정 사회주의國體論及び純正社會主義'를 저술하고 있었으나 아직까지는 사회주의에 관한 이해와 사상이 충분히 성숙하지 못했다.

그 밖에 중국을 두 번 방문했는데, 이 경험은 데루지로의 사상에 중대한 영향을 미쳤다. 어려서부터 중국 고전 문화에 깊은 관심을 보였던 그는 1911년과 1916년에 중국으로 건너갔다. 이름을 기타 데루지로에서 기타 잇키로 바꾼 것도 중국에 갔을 때의 일이며, 새로운 이름에서 풍기는 중국적인 분위기만 보더라도 그가 중국 문화에 얼마나 심취했는지 알 수 있다. 20세기 초반, 자본주의 혁명의 거센 물결이 중국 대륙을 휩쓸었다. 기타 잇키는 운 좋게도 처음 중국을 방문했을 때 중국의 자산 계급 혁명을 직접 지켜볼 수 있었다. 게다가 쑨원孫文, 쑹자오런宋敎仁 등 당시 중국의 민주화를 이끈 주요 인물들과도 알게 되었다. 그는 지대한 관심을 보이며 중국의 혁명을 끝까지 지켜보려 했으나 1919년에 벌어진 5.4운동이 실패하는 것을 보고 혁명에 대한 희망을 놓아버렸다.

두 번째로 중국에 갔을 때는 그의 사상이 조금씩 바뀌어 가고 있었다.

기타 잇키는 두 차례
중국에 건너가 쑨원,
쑹자오런 등의 인사와
교류했다. 사진은 중국
의 민주화를 이끈 쑨원

사회주의자였던 기타 잇키의 사상이 점차 과격한 빛을 띠면서 파시즘으로 변질되어 간 것이다. 1916년에 기타 잇키는 저서 《지나 혁명 외사支那革命外史》에서 일본이 반드시 만주와 시베리아를 손에 넣어야 한다고 주장했다. 이때부터 그의 내면에 이미 파시즘 사상의 싹이 자라고 있다는 것을 설명할 수 있는 사례다. 1919년에 일본에 돌아와서 저술한 《일본 개조 법안 대강日本改造法案大綱》에서는 자신이 생각하는 이상적인 국가의 모습을 그리고 한층 더 확고해진 파시즘의 관점에서 일본이 국가 개조를 이루기 위해 나아가야 할 길을 제시했다.

파시즘의 논리

1919년 8월, 일본의 첫 번째 파시스트 조직인 유존샤猶存社가 결성되었다. 당시 저명한 민족주의 파시스트 오오카와 슈메이大川周明는 상하이에 체재하던 기타 잇키를 만나러 중국으로 건너갔다. 두 사람은 여관에서 만나 이틀에 걸쳐 긴 이야기를 나누었고, 사흘째 되는 날 오오카와 슈메이는《일본 개조 법안 대강》 중 이미 완성된 제7장까지의 원고를 받아 일본으로 돌아왔다. 기타 잇키가 쓴《일본 개조 법안 대강》 내용은 공개되자마자 일본의 학생, 청년 계층에 커다란 반향을 일으켰다.

1920년에는 기타 잇키도 일본으로 귀국하여 유존샤에 가입했다. 그가 저술한《일본 개조 법안 대강》은 날이 갈수록 청년들 사이에서 인기를 얻었고, 심지어 기타 잇키와 그의 파시즘 사상을 신봉하는 청년 무리가 일본의 중요한 정치가를 암살하는 사건까지 발생했다. 1921년 9월 28일, 기타 잇키의 파시즘 사상에 깊이 빠졌던 아사히 헤이고朝日平吾가 당시 일본의 4대 재벌 가문인 야스다 가의 총수 야스다 젠지로 安田善次郎를 살해했다. 그리고 이 사건의 영향으로 같은 해 11월 24일에 유존샤에서 발간하는 기관 잡지 〈오타케비雄叫び〉의 열렬한 독자 나카오카 곤이치中岡艮一가 하라 다케시 총리을 암살하는 사건이 또 일어났다. 이 사건들을 지켜보면서 일본 청년들의 열정을 느낀 기타 잇키는 1926년에 《유신혁명론維新革命論》을 저술했다. 저서에서 그는 일본의 청년 장교들에게 유신정변이라는 막중한 임무가 있음을 강조했다. 이후 민간의 파시즘 운동과 일본군 청년 장교 계층은 더욱 긴밀한 관계로 발전했다. 그에 따라 기타 잇키의 사상에 동조하는 청년 장교의 수가 점차 늘어나 파시스트 운동은 무시할 수 없을 만큼 막강한 힘을 갖추었다.

기타 잇키 저작집

그리고 1936년 2월 26일, 기타 잇키의 사상을 신봉하던 일본 육군 청년 장교들이 '쇼와 유신을 단행昭和維新行하고 덴노를 받들어 간신을 토벌한다尊皇討奸'라는 구호를 외치며 쿠데타를 일으켰다. 당시 청년 장교들은 약 1,500명 정도 되는 병력을 이끌고 정부 수뇌의 관저와 사택을 습격했고, 육군성과 참모 본부, 국회와 총리대신 관저, 경찰청 등지를 점거하고 육군 수뇌부가 앞장서서 국가 개조를 단행할 것을 요구했다. 갑작스럽게 일어난 군사 쿠데타에 일본 정부는 공황 상태에 빠졌다. 그러나 쿠데타가 발생한 지 사흘 후인 2월 29일에 육군 수뇌부에서는 반란군을 진압하라는 명령이 공식 하달되었고, 쿠데타 주모자들이 체포되면서 청년 파시즘 운동은 실패로 끝을 맺었다.

1937년 8월 19일, 기타 잇키와 함께 이번 사태의 주모자로 지목되어 체포된 청년 군관이자 기타 잇키의 애제자 니시다 미쓰기西田税를 비롯한 청

년 장교들의 사형이 집행되면서 일본 근현대사의 대표적 파시즘 군사 쿠데타인 2·26 사건이 막을 내렸다. 하지만 기타 잇키가 사망하고 나서 오히려 그의 파시즘 사상이 일본 내에서 더 크게 유행하는 모순적인 현상이 나타났다.

기타 잇키의 일생을 지배한 사상의 저변에는 국가의 모든 권력은 군주인 덴노에게 집중되어야 한다는 충성의 신념이 깔려 있었다. 그는 대외 영토 확장을 통해 일본의 국력을 끊임없이 키워야 함을 강조하는 한편, 메이지 유신 이후 군주에게 넘어갔어야 할 통치권을 정부가 가로챘다고 생각해 당시의 정권 제도를 전면 부정했다. 기타 잇키의 사상에 수많은 민간인이 동조했다는 점을 보면 정부에 대한 당시 사회의 인식 또한 별반 다르지 않았으리라는 점을 어렵지 않게 짐작할 수 있다.

당시 기타 잇키가 주장한 파시즘은 유럽에서 발생한 파시즘과는 성격이 다른 '일본식 파시즘' 사상이었다. 일본식 파시즘이 유행하게 된 데는 일본 특유의 사회, 정치 구조가 미친 영향이 컸고, 이는 결국 근대 일본에서 반

反현대화 사조를 이끌어 내는 데 중요한 역할을 했다. 기타 잇키는 처형당했지만 일본은 결국 그가 주장한 바에 따라 대외 침략 전쟁을 활발히 펼치며 파시즘 국가의 길을 걸었다.

기타 잇키의 덴노 숭배

기타 잇키가 태어나고 자란 고향 사도가시마는 일본 역사상 84대 덴노인 쥰토쿠 덴노順德天皇가 유배 생활을 하다가 생을 마친 곳으로 유명하다. 사도가시마의 이 역사가 기타 잇키의 사상이 확립되는 데 큰 영향을 미쳤다는 증거는 그의 중학 시절 작문에서도 나타나고 있다. 그는 글에서 쥰토쿠 덴노를 유배 보낸 가마쿠라 바쿠후의 집권 세력 호죠北條 씨를 통렬히 꾸짖었다. 여기에서 기타 잇키의 사상을 평생 지배한 덴노 숭배 정신의 뿌리를 찾아볼 수 있다.

2 황구툰에서 울려 퍼진 폭발음

중국 근현대에 벌어진 불행한 사건들을 생생히 기억하는 사람들에게 황구툰皇姑屯은 결코 잊을 수 없는 안타까운 역사의 현장이다. 황구툰에서 울려 퍼진 폭발음은 일본 제국군의 군화에 처참하게 짓밟히게 될 중국 대륙의 앞날을 알리는 신호탄과도 같았다. 당시 만주 철도를 지나다가 폭발한 열차의 파편은 수많은 중국인의 가슴속으로 날아들어 깊이 박힌 채 지금까지도 남아 있다.

시기 : 1928년
인물 : 장쭤린, 하야시 규지로

어둠 속에서 은밀히 진행된 음모

일본은 1868년 메이지 유신 이후 곧바로 대외 영토 확장 노선을 걷기 시작했다. 국토 면적과 자원이 한정된 섬나라여서 국력을 신장하고 산업화하는 데 한계가 금방 드러났기 때문이다. 이 시점에서 일본이 자국의 생존을 위해 선택한 가장 빠른 길은 식민지 확장이었다. 제국주의 일본은 이를 위해 치른 청일 전쟁과 러일 전쟁에서 연이어 이기고, 그동안 염원하던 대륙 정복의 첫 관문인 중국 둥베이 지역과 조선 반도를 손에 넣었다. 그리고 다음 단계로 중국 대륙 전체를 자국의 통치하에 두기 위해 전열을 다듬기 시

한눈에 보는 세계사

1929년 : 세계 대공황(~1932)

작했다.

　일본의 대륙 점령 계획이 구체적으로 드러난 것은 뤼순, 다롄 지역의 조차권을 얻어 내면서였다. 이 두 지역을 손에 넣은 일본은 창춘에서 뤼순을 잇는 철도와 그 부속 시설을 점령했다. 그리고 '남만주 철도 주식회사'를 설립해 중국 둥베이 지역 내 철도 노선과 그에 따른 이익을 전부 장악했다. 일본의 대외 영토 확장 정책이 강경해질수록 둥베이 지역에 대한 일본의 간섭도 심해졌고, 식민지로 만들겠다는 계획 역시 더욱 노골적으로 진행되었다. 1915년에 유럽의 제국주의 열강 국가들이 제1차 세계대전으로 정신없는 틈을 타 일본은 위안스카이에게 접근했다. 그가 중국 내에서 절대 권력을 쥐도록 일본이 돕는 대신 '21개조 요구안'을 받아들일 것을 제안하며 중국 전체에 대한 일본의 지배권을 얻어 내려 한 것이다. 결국 위안스카이 정부가 일본의 21개조 요구안을 받아들여 일본은 만주에서 내몽고 동부 지역에 대한 토지 조차권과 시설에 대한 소유권, 광산 채굴권, 건설권 등 각종 이권을 독점하게 되었다.

　1920년대에 들어서면서 일본은 다시 한 번 대륙 정책을 강화하는 동시에 중국과 조선에 대한 통치를 강화했다. 한편, 이 무렵 중국 내에서는 국민당이 군벌 세력을 타파하기 위한 북벌 전쟁을 시작했다. 이는 그동안 각 지역의 군벌 세력과 손을 잡고 중국 내에서 큰 이익을 얻고 있던 제국주의 열강들에 위협적인 도전이었다. 특히 영국군이 우한武漢 지역에서 철수하는 일이 벌어지자 일본은 큰 불안감을 느꼈다. 하지만 이런 불안감을 지우려는 듯 일본군은 둥베이 지역에 대한 통제를 더욱 강화했

북양 정부 펑텐군을 지휘한 장쭤린

제국주의 일본의 지지 하에 둥베이 지역 최강의 군벌 세력으로 성장했으나 결국 일본군의 손에 암살되었다.

다. 당시 북벌군을 지휘하던 국민당 총사령관 장제스蔣介石는 일본 측에 둥베이 지역은 토벌 대상 지역에 들어가지 않을 것이라고 넌지시 암시했다. 그러나 국민당 내 급진 좌파 세력은 장제스와 달리 둥베이 지역만 북벌 전쟁의 대상에서 제외할 수는 없다고 강경하게 주장했다. 이에 대해 일본 정부의 강경파는 강한 불만을 품었다. 상황이 복잡하게 돌아가는 가운데, 당시 내각 총리대신 다나카 기이치는 중국 국민당과 대립할 친일 성향의 정부를 키우기로 마음먹었다. 일본이 조차한 둥베이 지역에서 안정적으로 권익을 도모하도록 도울 친일파 정부를 이끌 인물로 장쭤린張作霖이 최종 낙점되었다.

장쭤린은 예전에 일본군을 위해 일하며 둥베이 지역을 기반으로 힘을 키운 군벌 세력이었다. 일본이 그를 선택한 것은 둥베이 지방에 장쭤린이 미치는 영향력과 지난날의 그가 일본에 안겨준 공적을 친일 경력으로 인정한 것이 가장 큰 이유였다. 일본을 배후 세력으로 두게 된 장쭤린은 무섭게 세력이 성장하여 어느덧 '만주의 제왕'이라고 불릴 정도로 막강한 힘을 자랑하게 되었다. 한편, 장쭤린도 일본이 자신의 배후를 자처했을 때 이미 대륙을 지배하려는 일본의 강한 욕망을 눈치 채고 있었다. 가난한 농가 출신인 장쭤린은 제대로 된 교육을 받은 적도 없었고, 일본을 이용해 출세한 인물이지만 마음속으로는 국가와 민족을 지켜야 한다고 생각했던 것 같다. 그는 일본이 내민 손을 잡는 척하면서 뒤로는 일본의 영토 확장 정책을 저지했다. 다퉁大通, 선양의 철도와 후루다오葫芦島 항구 건설을 미국에 의뢰하여 철도와 항구 건설권이 일본에 넘어가지 않게 하고, 그 밖에 광산을 개척하거나 공장을 설립하도록 했으며, 일본인이 만주로 이주하는 것을 제재하여 일본의 야욕을 막아낸 것이다. 믿었던 장쭤린에게 뒤통수를 호되게 얻어맞은 일본은 그에게 강한 불만을 품었다. 둥베이 지역을 확실히 지배하기 위한 비장의 카드라고 여겼던 장쭤린이 사실은 부도 수표였음을 뒤늦게 깨달은 것이다. 이로써 둥베이 지역을 완전히 지배한다는 일본의 계획은 다시 한 번 주춤했다.

폭파 사건의 진상

1928년 장제스를 필두로 하는 국민당이 북벌 전쟁을 전개했다. 4월 5일, 장제스는 쉬저우徐州에서 출정을 앞둔 열병식을 거행하며 장쭤린을 중심으로 하는 북방의 구 군벌 세력을 소탕하는 제2차 북벌 전쟁을 선개하겠다는 의지를 선언했다. 4월 말, 국민당은 지난에 총공격을 퍼붓기 시작해 5월 말에는 톈진과 베이징 근처까지 밀고 올라갔다. 당시 베이징까지 진출해서 대원수로 있던 장쭤린은 지금 대세는 국민당에 있고 자신이 국민당군의 기세를 꺾기에는 역부족이라고 판단해 근거지인 둥베이 지역으로 물러나기로 했다. 6월 2일, 베이징을 완전히 포기하고 둥베이로 돌아오기로 한 장쭤린에게 일본은 예전에 한 번 거절당한 '21개조 요구안'을 다시 내밀었다. 그러면서 일본군이 장쭤린의 안전을 보장한다는 것을 조건으로 내걸었다. 이는 장쭤린이 일본의 요구

북벌 전쟁을 진두 지휘한 중국 국민당의 장제스

안을 거절할 경우 무슨 짓을 할지도 모른다는 명백한 협박이었다. 그러나 장쭤린은 이번에도 완강히 거부했고, 크게 분노한 일본은 바로 장쭤린 암살 명령을 내렸다. 일본군은 장쭤린이 펑톈奉天으로 돌아오는 것을 절호의 기회로 보고 비밀리에 치밀한 암

1928년 6월 4일, 장쭤린
이 타고 가던 전용 열차
가 황구툰 근방에서 폭
발한 당시의 현장 사진.
열차가 사진에 나타난
산둥차오를 지나는 순
간, 땅에 묻어두었던 폭
탄이 폭발했다.

살 계획을 전개했다.

평소 일본의 수법이 어떠했는지 이미 잘 알고 있던 장쭤린은 21개조 요
구안 수용을 거절한 순간부터 자신의 목숨이 위험에 처했다는 것을 감지
했다. 그러나 중국 인민과 자신이 자라난 고향을 차마 버릴 수 없었던 그
는 일본의 협박에 무릎 꿇지 않았다. 장쭤린은 펑톈으로 돌아오는 노선과
시간을 정할 때 세 차례나 결정을 번복하는 등 신중을 기했다. 6월 3일, 장
쭤린은 귀향 노선을 최종 확정하여 저녁 6시 베이징의 대원수부를 출발해
베이징 역으로 향했다. 그가 타고 갈 전용 열차는 영국제 방탄 열차였다.
이번 행로가 얼마나 위험한지 그 자신도 잘 알고 있었으나 장쭤린은 줄곧
자신을 수행하는 이들과 웃으며 이야기를 주고받는 등 의연한 모습을 잃
지 않으려 애썼다.

장쭤린이 이용한 전용 열차는 과거에 청 왕실의 서태후가 이용했던 '화차花車'였던 것으로 알려졌으며, 총 22칸이었다. 원래 주인인 서태후의 화려한 취향이 그대로 반영된 이 열차는 이번에는 장쭤린을 태우고 저녁 8시에 베이징 역을 출발해 북으로 달렸다. 장쭤린의 자리는 열차 중간이었고, 그 앞 칸에는 그를 수행하는 심복들이 타고 있었다.

6월 4일 새벽, 장쭤린을 태우고 하룻밤을 꼬박 달린 기차는 드디어 징-펑京·奉 철도와 남만주 철도가 만나는 교차점에 도달했다. 열차가 드디어 자신의 근거지에 진입하자 장쭤린은 이제 안전하다고 생각했는지 수행원들과 농담을 주고받으며 긴장이 풀린 모습을 보였다. 한편, 당시 펑톈에 설치된 일본 영사관의 총영사 하야시 규지로林久治郎는 그 시각에 관저 꼭대기에서 망원경으로 산둥차오三洞橋를 지켜보고 있었다. 산둥차오는 베이징에서 펑톈으로 오는 길에 반드시 지나야 하는 지점으로, 일본군이 암살 계획의 무대로 삼은 유일한 장소인 동시에 최적의 장소였다. 만약 이 기회를 놓쳐 장쭤린이 무사히 근거지에 도착한다면 일본의 둥베이 지역 점령은 다시 한 번 좌절할지도 몰랐다. 산둥차오를 지켜보던 하야시 규지로는 긴장으로 땀이 밴 손을 다시 한 번 꽉 쥐고 망원경에서 눈을 떼지 않았다.

새벽 5시 23분, 하늘이 밝아오기 시작했다. 맑은 하루가 될 것만 같은, 유독 초여름의 기운이 물씬 풍기는 맑은 새벽 날씨였다. 장쭤린이 탄 열차가 드디어 교차 지점인 산둥차오로 진입했다. 그 순간, '펑'하는 커다란 폭발음과 함께 그가 탄 기차에서 검은 연기가 뭉게뭉게 피어올라 푸른 하늘을 가리기 시작했다. 잘 달리던 열차가 갑자기 원인을 알 수 없는 폭발을 일으킨 것이었다. 산둥차오 주변에는 사방으로 튄 열차 파편이 어지럽게 흩어져 있었고, 철도 위에 가로 놓인 교각도 폭발의 영향으로 부서졌다. 화강암으로 만든 교각 아래 부분 역시 심하게 파손되었고, 철도의 레일은 화기에 녹아 엿가락처럼 휘었다. 그때까지도 망원경에서 눈을 떼지 않고 폭

제4장 파시즘과 파시스트 **301**

발 현장을 노려보던 하야시 규지로는 망원경을 내던지고 등을 돌려 서둘러 뛰어 내려갔다.

하야시 규지로는 망원경을 통해 산둥차오 부근을 바라보면서 열차를 폭파하는 데 성공한 것까지는 직접 눈으로 확인했지만 자세한 결과는 알지 못했다. 한편, 열차가 폭발을 일으켰을 때 장쮀린은 중상을 입긴 했으나 아직 살아 있었다. 장쮀린과 함께 열차에 탔던 수행원들은 장쮀린을 신속히 선양으로 보내고, 사건 지점 부근에 경계를 세워 사건 현장을 그대로 보존하도록 조치했다. 하지만 서둘러 병원에 옮긴 보람도 없이 장쮀린은 6월 4일 오전 10시에 향년 55세로 세상을 떠나고 말았다. 일본군이 장쮀린을 암살한 이 사건이 바로 만주 사변의 도화선이 된 '황구툰 열차 폭파 사건'이다.

장쮀린을 암살하기 위해 열차 폭파 사건을 일으킨 일본은 연이어 펑톈 군 군용 열차 탈선 사건과 펑톈 폭탄 사건을 조작하는 등 사회적 혼란을 불러일으킴으로써 황구툰 열차 폭파 사건의 진상을 묻어 버리려 했다. 하지만 둥베이 지역을 점령하려는 일본의 야욕을 일찌감치 눈치 채고 있던 펑톈 당국은 이 기회를 역이용하여 일본군에 대항하고자 장쮀린의 사망 사실을 철저히 비밀에 부쳤다. 그래서 대외적으로는 열차 사고 이후로 한동안 장쮀린은 부상을 입어 자택에서 요양 중이며 다행히 목숨에는 지장이 없다고 알렸다. 일본군을 속이기 위해 장쮀린의 관저에 매일 밤 환하게 불을 켜 두었고 굴뚝에도 연기를 피워 올렸으며 장쮀린의 주치의가 매일 일정한 시간에 관저를 방문하도록 했다. 또 장쮀린의 아내들은 병문안을 가장하여 장쮀린의 생존 여부를 정탐하러 온 일본 관리의 아내들을 맞이하여 감쪽같이 속였다. 그녀들은 상복을 입지 않고 평소처럼 화장하고 화려하게 치장한 채 손님을 접대하여 가장의 사망 사실이 외부로 새어 나가지 않게 했다. 펑톈 당국과 장씨 가문의 다섯 부인이 철두철미하게 속인

덕분에 일본은 이러지도 저러지도 못한 채 장쭤린의 사망 진위 여부를 놓고 골머리를 앓았다. 이렇게 일본이 망설이는 동안 장쭤린의 맏아들인 장쉐량張學良이 일본의 눈을 피해 선양에 돌아왔고, 그제야 장쭤린의 사망이 공식적으로 선포되었다.

라오닝 선양에 있는 장쭤린의 저택. 내부가 보존된 저택 안으로 들어가면 장쭤린의 모습을 본뜬 밀랍 인형이 관람객을 맞이한다.

정반대의 결말, 실패한 음모

일본은 원래 장쭤린을 암살하고 나서 우두머리를 잃고 혼란에 빠진 둥베이군을 상대로 전투를 벌여 쉽게 승리를 얻을 계획이었다. 하지만 애당초 일본이 생각했던 계획과 달리 장쭤린의 측근들이 그의 사망 사실을 숨기고 장쉐량이 돌아와 아버지의 대업을 물려받을 때까지 침착하게 대응하는 바람에 때를 놓치고 말았다. 일본군이 발이 묶여 있는 동안 장쉐량은 수수하게 변장하고 일반 기차를 이용해 베이징에서 선양으로 돌아왔다. 그가 돌아오는 날까지 장쭤린의 시신은 온통 붕대로 감긴 채 침대 위에 눕혀 두었다고 한다. 또 침대 옆에는 그가 좋아하던 음식과 과일, 아편 등을 놓아두었다. 매일 같이 상황을 살피려 들이닥친 일본인들은 병실 문 밖에서 그 모습을 살펴보고는 그가 살아 있다고 믿을 수밖에 없었다.

한편, 장쉐량은 선양에 돌아온 뒤 가장 먼저 장쭤린의 필적을 베껴 모든 권력과 재산을 맏아들인 장쉐량에게 물려준다는 내용의 유언장을 작성했다. 그리고 이 가짜 유서에 근거하여 아버지를 대신해 실질적으로 펑톈군을 통솔하는 사령관 대리를 맡았다. 그는 즉시 펑톈군의 본부대가 선양으로 진군하도록 지시하여 간토 군에게 빈틈을 보이지 않았다.

간토 군이 장쭤린을 암살하기 위해 열차를 폭파한 일은 사실 일본 정부의 의지와 상관없이 진행된 일이었다. 실제로 사건 발생 소식이 일본에 전해졌을 때 당시 일본 총리대신이었던 다나카는 무척 실망했다고 한다. 그 사건으로 둥베이 지역에서 반일 감정이 짚더미에 불붙듯 거세게 일어나고 그동안 일본이 수년에 걸쳐 만·몽 지역을 완벽하게 일본의 것으로 하기 위해 들인 공이 수포로 돌아갔다고 생각한 것이다. 다나카의 염려는 장쉐량의 동북역치東北易幟로 증명되었다. 동북역치란 장쭤린 암살 사건으로 장쉐량이 마음을 바꾸어 북양 정부의 정통성을 포기하고 장제스가 이끄는 국민당 정부에 합류하여 함께 일본에 맞서기로 한 일을 가리킨다. 이후 중국 내 정세는 급변하여 일본은 대 중국 정책 노선을 변경하는 것이 불가피하게 되었다.

3 간토군

1905년 러일 전쟁이 발발한 이후, 일본은 랴오둥 반도와 남만주 철도를 손에 넣었다. 그리고 랴오둥 반도에서 얻는 권익을 보호하기 위해 1919년에 31개 보병 사단과 11개 탱크여단, 그리고 1개 결사대 여단과 2개 항공군, 위만주국 부대까지 포함하여 전체 120만 명에 이르는 병력을 보유한 군대를 주둔 시켰다. 이것이 바로 '간토군關東軍(관동군)'의 창설 배경이다. 간토군 창설은 중국 침략의 야욕에 불타던 일본근대사에 새로이 한 획을 크게 그은 사건으로, 이후 일본의 행보는 호랑이가 날개를 얻은 것처럼 거침이 없었다.

| **시기** : 1919~1945년
| **인물** : 야마다 오토조, 주코프, 다치바나 고이치로

중국에 주둔하는 일본 '간토군'의 창설

1904년, 거침없이 영토를 확장해 나가던 러시아가 이번에는 중국의 둥베이 지역에 눈독을 들였다. 그러나 중국을 집어삼킬 야욕을 품은 일본 역시 둥베이 지역을 중국 침략의 첫 번째 관문으로 여기고 호시탐탐 기회를 노리고 있었다. 이 지역을 두고 서로 눈치를 살피던 두 나라는 일본군이 선전포고도 하지 않고 먼저 러시아 함대를 습격하면서 드디어 정면충돌했다. 이 사건이 발단이 되어 러일 전쟁이 발발했고 1년 넘게 지속된 이 전쟁은 두

한눈에 보는 세계사

1919년 : 베르사유 조약 체결
1920년 : 국제 연맹 창립
1929년 : 세계 대공황
1933년 : 독일, 히틀러 집권 / 미국, 뉴딜 정책 실시

1934년 : 중국, 공산당 대장정
1936년 : 에스파냐 내전
1939년 : 제2차 세계대전 발발
1945년 : 국제연합 성립

나라가 포츠머스 강화 조약을 맺으면서 사실상 일본의 승리나 다름없는 형태로 끝을 맺었다. 그 결과, 러시아는 청나라 조정에서 조차한 랴오둥 반도 내 모든 권리를 일본에 넘겨주게 되었다. 이때부터 일본은 랴오둥 반도에 대한 권리를 국제적으로 인정받았고, 남만주 철도의 경영권도 일본의 손으로 넘어갔다.

랴오둥 반도에서 발생하는 이익을 모두 차지하게 된 일본 정부는 기쁨을 감출 수 없었다. 랴오둥 반도를 손에 넣은 것 자체도 기쁜 일이지만 일본의 원대한 포부인 대륙 침탈의 첫 관문을 멋지게 통과했다는 점에서도 들떠 있었다. 일본은 대외 영토 확장 계획의 다음 단계를 위해 남만주 철도의 권익을 보호한다는 명분으로 '만철滿鐵' 수비대를 조직하고, 그 밖에 남만주에 1개 사단을 추가로 주둔시켰다. 또한 랴오둥 반도를 간토슈關東州로 개명하고 뤼순에 간토 도독부를 설치했으며, 그 아래에 다시 민간부와 육군부를 두었다. 만철 수비대와 남만주 주둔군 1개 사단을 합친 병력은 총 2만 명에 이르는 규모로, 간토 도독부가 설치되면서 바로 도독부의 직속 군대로 편입되었다. 이것이 바로 간토군 역사의 시작이다.

1930년대에 중국 침략을 준비 중인 일본 간토군이 출정 전에 식사하는 모습

1919년에 중국 내에서 제국주의와 봉건주의에 반대하는 목소리가 커져 갔고, 그것이 결국에는 5·4운동이라는 형태로 폭발했다. 뒤숭숭한 분위기가 퍼져 나가자 일본은 더욱 강압적인 자세로 랴오둥 반도를 지배하기 시작했다. 이 무렵에는 서구 열강

도 중국 내에서 세력을 확장하려는 움직임을 활발하게 펼쳤다. 초반에 그런 분위기를 감지한 일본은 이미 자리 잡은 기반을 더욱 확실히 다지고자 중국 내에 최강 전투력을 자랑하는 정예 부대를 두어야 할 필요성을 느꼈다. 그래서 그해에 간토 도독부를 폐지하고 도독부보다 권한이 축소된 간토 청을 새로이 세우면서, 기존의 육군부를 따로 분리해서 간토군 사령부로 독립시켰다. 뤼순에 설치된 간토 사령부는 중국 둥베이 지역에 주둔하는 일본 군사를 통솔했으며, 초임 사령관 다치바나 고이치로立花小一가 덴노에게서 직접 명령을 하달받는 왕의 직속 기관이었다. 덴노 외에는 정부 내 인사 누구의 간섭도 받지 않는다는 점은 간토군이 본국 정부에서조차 독립적이라는 것을 의미한다. 이때 창설된 간토군은 20년 이상 중국 둥베이 지역에 주둔하며 대륙 침략 행위에 앞장섰다.

1926년에 다이쇼 덴노의 아들 히로히토裕仁 황태자가 왕좌를 물려받으면서 일본 역사는 쇼와 시대로 접어들었다. 이 무렵 정부에서는 다나카 기이치를 필두로 새로운 내각이 정권을 잡았다. 과격한 성향을 띠는 다나카 내각이 집권하면서 일본은 빠르게 군국주의의 길을 걸었다. 그들은 무력 행사도 불사하며 대외 영토 확장 정책을 더욱 거세게 밀어붙였다. 그 영향으로 이 시기에는 간토군이 사건을 일으키는 일도 연이어 발생했다. 특히 1928년에는 일본의 의도대로 움직여주지 않아 눈엣가시이던 펑텐 군벌들에게 쓴맛을 보여 주겠다며 황구툰 폭파 사건을 일으켜 펑텐군 최고 사령관 장쭤린을 암살하기도 했다. 그리고 3년 후인 1931년 9월 18일에는 또 한 번 열차를 폭파하여 류탸오후柳條湖 사건을 일으켰다. 선양 류탸오후 근처를 지나는 남만주 철도의 노선을 폭파하고는 이를 장쉐량과 그 휘하의 중국 군대가 저지른 소행이라고 덮어씌운 것이다. 이 자작극을 계기로 둥베이 지역 하늘에는 다시 한 번 전쟁의 포성이 울려 퍼졌다. 이 사건은 먼저 발생한 황구툰 열차 폭파 사건과 더불어 '9·18 만주 사변'을 일으킨 직접적인 계기가 되었다.

태평양 전쟁에서 참패, 쓴맛을 보다

'9·18 만주 사변'을 일으킨 간토군은 남만南滿 철도가 지나가는 선양, 창춘, 랴오양 등지를 단 하루 만에 모두 점령하고 마침내 그동안 염원하던 둥베이 지역 전체를 손에 넣었다. 그리고 둥베이 지역에 대한 통치권을 더욱 공고히 다지고자 1932년 괴뢰 정부를 내세워 창춘을 수도로 하는 만주국滿洲國을 세우고, 창춘의 지명을 신징新京으로 바꿔 간토군 사령부의 근거지를 이곳으로 삼았다. 이와 동시에 간토군 사령부 최고 사령관이 일본의 주만駐滿 특명 전권 대사와 간토 장관關東長官을 겸임하며 만주국의 군사와 정치 대권을 장악했다. 이렇게 일본은 중국 대륙에서 영토 확장 계획을 펼치는 데 중요한 전초 기지를 착착 확보해 나갔다. 덕분에 이후 현지 광산과 노동력 등을 이용하여 중국에 주둔하는 일본군의 식량과 에너지 자원 조달 등 중요한 문제를 해결할 수 있었다. 이는 중국 둥베이 지역 주민들에게 있어 잔혹한 식민 지배를 받는 고난과 굴욕의 역사가 시작된 순간이었다.

간토군이 중국 둥베이 지역에 만주국을 세우고 냉혹한 식민 정치를 시작하자 중국 내 항일군의 움직임이 눈에 띄게 활발해졌다. 사태를 지켜보던 간토군은 서둘러 병력을 증강해 항일 운동을 진압해야겠다고 판단했다. 이는 앞으로 전개될 식민지 확보 전쟁에서 서구 제국주의 열강과 본격적으로 맞서기 전에 반드시 해결해야 하는 문제였다.

1939년 5월, 만주와 몽골의 접경 지역인 노몬한 Nomonhan에서 만주군과 몽골군 사이에 소규모 충돌 사태가 발생했다. 이것이 소련과 일본 양측의 권익에 영향을 미치는 사안이었으므로 소련군과 일본군이

각각 몽골군과 만주군에 붙어 소동에 끼어들면서 사태는 본격적인 전쟁의 형태를 띠기 시작했다. 작은 소란이 결국 일본의 간토군과 소련의 적군赤軍 간 정면 대결로 확대된 것이다. 당시 소련의 유명한 군사 지도자였던 주코프Georgii Konstantinovich Zhukov가 기계화 부대 6개 여단의 7만 병력을 이끌고 첨단 무기로 중무장한 채 전쟁에 참여해 간토군 2개 사단 4만 병력을 대파했다. 이 일로 소련군은 1905년의 러일 전쟁에서 일본에 랴오둥 반도를 빼앗겼던 굴욕적인 과거사의 빚을 깨끗이 갚아 주었다. 한편, 일본은 이 전쟁으로 간토군 내에서만 1만 8,000명에 이르는 사상자가 나오는 등 소련에 맥없이 당했고, 이 소식을 들은 일본은 충격에 빠졌다.

1939년에는 제2차 세계대전이 발발했다. 영국과 프랑스 등이 연이어 독일에 대항하는 반파시즘 전쟁에 참전한 이 무렵, 일본 내에 불어닥친 군국주의 바람은 최고조에 달했다. 1941년에 독일이 소련 침공을 강행하자 다시 한 번 소련과 싸울 준비로 바쁘게 돌아가던 일본 사회는 주춤하며 술렁이기 시작했다. 결국 일본은 소련과의 전쟁을 포기하고, 대신 영국과 프랑스를 노리기 시작했다. 당시 영국과 프랑스는 유럽과 아프리카에서 발생한 전쟁에 정신이 팔려 아시아는 잠시 뒷전이었다. 마침 좋은 기회라고 판단한 일본은 간토군을 남하시켜 아시아·태평양 지역을 전쟁 무대로 삼았다. 이것이 바로 제2차 세계대전 중에서도 가장 격렬했던 태평양 전쟁의 시작이었다.

일본군은 면밀한 검토 끝에 1941년 12월 7일, 미군이 방심한 틈을 타 진주만을 습격했다. 진주만 습격을 시작으로 태평양 전쟁이 본격적으로 전개되어 제2차 세계대전은 걷잡을 수 없이 확대되었고, 결국 간토군의 주력 부대까지 태평양 전쟁에 참전했다. 하지만 작은 섬나라에 불과한 일본이 반파시즘을 외치는 전 세계 국가를 상대로 장기간 전쟁을 벌인 것은 처음부터 승산이 없었다. 이성을 잃은 일본 외에 일본의 승리를 믿는 이는 없었다. 1942년 6월, 일본군은 미국과 치른 미드웨이Midway 해전에서 참패를 당해 전세가 불리해졌다. 결국 미드웨이 해전 이후로 일본은 공격할 여유도 없이 수비에만 급급했고, 그러면서 간토군 역시 군사 도발을 자제하며 잠잠해졌다.

1943년 후반, 일본은 태평양 전쟁 중에 미드웨이 해전에서 패배해 미국에 빼앗긴 우위를 되찾고자 일본 군대의 최정예 부대인 간토군의 병력을 계속 차출해 부족한 일본군 병력을 보충했다. 하지만 기대와 달리 간토군을 참전시켜도 전세를 역전시키는 데는 별다른 효과가 없었다. 반면에 당시 최첨단 설비를 갖춘 미군은 일본군을 강하게 압박해 왔다. 1945년 4월 초에는 일본령 오키나와를 점령한 미군이 곧바로 일본 본토를 공격할 태세를 갖추자 간토군도 이에 맞설 준비에 들어갔다. 그러던 중 1945년 5월, 소련에 진 독일이 무조건 항복을 결정하자 소련은 다시 일본으로 관심을 돌렸다. 소련은 일본이 줄곧 소련을 칠 기회를 노린다는 것을 잘 알고 있었다. 한편, 이 무렵 중국 둥베이 지역에서도 항일 무장 단체들이 들고 일어나 일본의 군사력에 큰 타격을 주었다. 일본은 이때 미국과의 대결에 모자란 병력을 보충하기 위해 이미 제대한 군인 25만 명을 다시 징집해 8개 사단, 7개 여단, 1개 탱크 부대, 5개 포병 연대를 임시로 편성했다. 이렇게 새로 보충한 병력까지 더한 간토군은 총 70만 병력을 보유한 대규모 부대가 되었다. 하지만 이때의 간토군은 이미 예전의 간토군이 아니었다. 사실 태평양 전쟁 초반까지만 해도 간토군은 보유 무기나 군사 훈련 수준이 높은 일본군 최정예 부대였으나, 이 무렵에는 덩치만 클 뿐 예전의 위력을 찾아볼 수 없는 오합지졸 군대로 전락했다. 병력이 늘어 수치상으로는 24개 사단으로 증가했다고는 해도 실질적인 전투력은 오히려 기존의 8개 사단이던 시절에 훨씬 못 미쳤던 것이다.

**중국 팔로군의 전리품.
일본군의 철모**

벗어날 수 없는 운명의 끈

제2차 세계대전 중에 유럽 지역의 전쟁은 독일군이 무조건 항복을 선언하면서 종결되었다. 그러자 소련은 재빨리 중국과 합의를 하고 일본에 선전포고를 했다. 한편, 일본은 소련이 참전한 유럽 전쟁에서 이렇게 빨리 전쟁을 끝내리라고는 예상하지 못했기에 곤란한 상황이 되었다. 비록

**중국 팔로군의 전리품.
일본군의 칼**

미군의 P-51D 머스탱
(Mustang). 장거리 단좌
프롭 전투기이다.

간토군이 소련과의 전쟁에 대비해 왔다고는 하지만, 상황이 예상보다 좋지 않아서 일본은 고립무원인 상태로 힘겨운 싸움을 계속해야 했다.

1945년 8월 8일, 소련이 일본에 공식 선전포고를 했다. 소련군 사령관 알렉산드르 바실렙스키 Aleksandr Mikhailovich Vasilievskii는 150만 명에 이르는 병사들을 지휘하며 일본과의 전쟁을 앞두고 철저하게 준비했다. 9일 새벽 소련군은 세 갈래 방향에서 일본군에 접근해 동시에 무자비한 공격을 퍼부었다. 일본군이 놀라 허둥대는 사이 소련군은 신속하게 국경을 건너 중국 둥베이 지역으로 진입하는 데 성공했다. 둥베이 지역으로 들어온 소련군은 일본 간토군과 전면전을 각오했으나 간토군은 손 써볼 틈도 없이 당하고 말았다. 이때 중국 공산당은 '침략자 일본과 최후 일전對日寇的最后一戰'이라는 제목으로 성명을 발표해 일본과 결전을 치르겠다는 의지를 분명히 밝혔다. 중국과 소련의 맹렬한 합동 공격에 간토군의 진영은 빠르게 무너졌고, 결국 창춘의 간토군 사령부를 버리고 400km 정도 떨어진 통화通化까지 퇴각했다. 통화는 산이 많아서 지세가 험준한지라 이곳 지형을 이용하면 소련군을 이길 승산이 크다고 판단한 것이었다. 하지만 사방팔방에서 끝도 없이 계속 퍼부어 대는 공격에 이미 전의를 잃은 일본군은 제대로 싸워 보지도 못한 채 퇴각을 거듭했다. 반면에 소련군은 매 전투에 승리하며 계속해서 순조롭게 전진해 나갔다. 그리고 일주일도 채 되지 않아 둥베이 중부 지역을 점령하여 간토군에 재기불능의 타격을 입혔다.

1945년 8월 15일, 일본은 결국 전 세계 반파시즘 동맹 국가들의 강력한 압박을 견디지 못하고 무조건 투항을 선언했다. 하지만 본국으로부터 투항 소식을 듣지 못한 간토군은 그 후로 이틀 동안 선생을 계속했다. 17일, 군사 대부분이 전의를 완전히 상실하자 간토군의 마지막 총사령관인 야마다 오토조山田乙三는 이제는 정말 끝났다는 것을 직감하고 소련군에 교섭을 요청했다.

19일, 창춘 비행장에서 일본군과 소련군 대표가 만나 교섭 회의를 진행했다. 야마다 오토조는 당시 형세가 일본에 매우 불리했으므로 계속 저항

간토군

간토군은 1919년에 창설되어 1945년 해체될 때까지 줄곧 일본군의 최정예를 자처했다. 참모부, 군의부, 정보부, 특수 정보부 등 20여 종류로 구성되었고 그중 참모부는 4개 과로 분류되었다. 일본군국주의 역사에서 유명한 731부대 역시 간토군의 중요한 임무를 담당한 한 축이었다. 간토군의 전투 부대 중에는 공군 부대와 통신 부대. 그 밖에 다양한 목적의 부대가 편제되어 한때 총 병력이 120만 명에 이르렀다.

역대 간토군 사령관이나 참모장 중에는 오늘날 일본보다 피해 국가에 더 널리 알려져 있을 정도로 악명을 떨친 인물이 많다. 사령관으로는 다치바나 고이치로, 가와이 미사오河合操, 무토 노부요시武藤信義, 무라오카 조타로村岡長太郎, 미나미지로南次郎, 우에다 겐키치植田謙吉, 우메즈 요시지로梅津美治郎 등이 취임했고, 참모부 인물에는 도죠 히데키東條英機, 오카무라 야스지岡村寧次, 마쓰이 나나오松井七夫 등이 유명하다.

하며 전쟁을 질질 끌수록 오히려 완벽한 패배가 기다릴 뿐이라는 것을 잘 알고 있었다. 이런 상황이 심한 압박감으로 작용해 그는 소련군 교섭 대표에게 간토군의 지휘권을 상징하는 군도를 건네며 자기 자신과 간토군 최고 사령관으로서 자신이 관리하던 모든 것을 소련에 넘긴다고 공식적으로 선언했다. 과거 수십 년 동안 중국 둥베이 지역을 수탈한 간토군은 이날을 기준으로 공식 해산했다.

4 2·26 쿠데타 사건

JAPAN

일본 파시즘 사상은 젊은 층을 중심으로 인기를 얻었으며, 점차 일본 사회에 뿌리내린 일본 정치에도 큰 영향력을 미쳤다. 1936년, 파시즘 사상에 깊이 빠진 일본 군대의 청년 장교 중에는 이제 일본 제국이 다음 단계로 나아가려면 군사 개혁이라는 과제를 해결해야 한다고 믿는 사람이 많았다. 그해 2월 26일 새벽, 그들은 결국 젊은 혈기를 주체하지 못하고 분연히 나서서 군사 쿠데타를 일으켰다. 이 사건이 바로 일본 군국주의 역사의 단상을 보여 준 2·26 쿠데타 사건이다.

시기 : 1936년
인물 : 아라키 사다오, 히로타 고우키, 마사키 진자부로

파시즘 사상의 영향

제1차 세계대전이 끝나고 프랑스 베르사유에서 독일, 이탈리아, 오스트리아 등 패전국에 대한 처분이 결정되는 과정을 지켜본 세계 각국은 군사력 강화의 필요성을 절실히 느꼈다. 그리고 다음에 전쟁이 일어날 것에 대비해 각국 정부가 군사나 군비를 증강하는 등 서로 군사적 우위에 서기 위해 치열하게 경쟁을 벌이기 시작했고, 군국주의 성격을 띤 국가들이 하나 둘 늘어갔다. 파시즘은 이런 환경 속에서 발생해서 빠르게 성장했다. 이 무렵부터 미국과 소련 양국의 치열한 군사력 강화 경쟁에 말려든 일본 정부 역

한눈에 보는 세계사
1936년 : 에스파냐 내전

시 군사력으로 국제 문제를 해결하려는 쪽으로 노선을 굳혀 갔다. 최강 군사력을 보유한 나라가 곧 최강국이라는 사고방식이 일본 고유의 사무라이 정신과 만나 일본의 역사는 생각지 못한 방향으로 전개되었다. 특히 일본 청년들의 머릿속에는 군국주의 사상이 강하게 뿌리를 내렸다.

기타 잇키, 오오카와 슈메이 등 일본의 초기 파시즘 사상가들이 가장 염려한 것은 일본 내에서 사회주의가 힘을 얻으면 사회주의 혁명에 성공한 이후 러시아의 전철을 밟게 될지도 모른다는 점이었다. 그들은 사방팔방 뛰어다니며 뜻을 함께하는 인사들, 젊은 장교들을 만나 반드시 일본을 개조해야 한다고 설득했다. 이러한 과정에서 가슴 깊은 곳에 뜨거운 열정과 애국심이 들끓는 수많은 청년 장교가 그들의 주장에 설득되어 일본 개조 방안에 동의했다. 마침내 파시즘 사상이 행동으로 실천되면서 수많은 정부 요직 인사가 사직하거나 혹은 암살되었다. 먼저 1932년에 일본 내각 총리대신 이누카이 쓰요시犬養毅가 재임 중에 암살당했고(5·15 사건), 1934년에는 아라키 사다오荒木貞夫가 건강 문제를 핑계로 육군대신 직을 사임했다. 그리고 1935년에는 황도파皇道派의 중요 인물 마사키 진자부로眞崎甚三郎가 교육총감 자리에서 물러났다.

이후 파시즘 사상을 신봉하는 일본 청년 장교들은 파시즘의 핵심 세력으로 급부상했다. 당시 이들은 정부가 군비를 확장하는 데 게으르다고 생각했다. 더 신속하게 군비를 증강하지 않는 정부의 태도에 불만이 쌓인 청년들은 급기야 파시즘 정권이 들어서야 한다는 의견을 강하게 주장하고 나섰다. 당시 일본 군부에서는 무력에 기대어 무의미하게 피 흘리게 될 군사 행동을 반대하는 통제파 세력과 위에서부터의 개혁을 이루고 국가를 가장 신속히 부강하게 만드는 길은 오직 군사 독재밖에 없다고 주장하는 황도파 세력이 첨예하게 대립하고 있었다.

젊은 장교들의 열정과 소망

1936년 고위급 장교들 위주로 구성된 통제파와 청년 장교들로 구성된 황도파 사이에 대립이 점차 심해지면서 무력 충돌까지 빈번하게 일어났다. 그러던 중에 도쿄 전 지역이 아직 깊은 잠에 빠져 있던 새벽, 겨울의 끝이라고는 생각할 수 없을 정도로 여전히 흰 눈이 소복이 쌓인 2월 26일 새벽에 드디어 사건이 발생했다. 도쿄 전 지역이 아직 잠에서 취해 있는 새벽 거리에 섬뜩한 군화 소리와 함께 "쇼와 유신을 단행하고 덴노를 받들어 간신을 토벌한다."는 구호가 울려 퍼지기 시작한 것이다.

갑작스러운 소란에 놀라 잠을 깬 사람들은 대체 무슨 일이 일어났는지 어리둥절했다. 그러나 시간이 지나고 총소리가 들려오면서 사태의 심각성을 짐작할 수 있었다. 황도파의 핵심 인물 아라키 사다오가 마사키 진자부로와 함께 당시 신진 재벌인 구하라 가의 경제적 원조를 받아 안도 데루조安藤輝三와 장교들이 통솔하는 1,400명에 이르는 사병을 이끌고 도쿄에서 군사 쿠데타를 일으켰다는 소식이 날개 돋친 듯 빠르게 퍼져 나갔다.

2·26 군사 쿠데타 기간 중 도쿄의 계엄 사령부

청년 장교들의 행동은 젊은 만큼 신속했고, 잘 교육받은 군인답게 정확했다. 우선 그들은 내각 총리대신과 그 밖의 고위급 정부 인사들의 관저를 습격했다. 그 와중에 내대신內大臣 사이토 마코토齋藤實, 대장대신大藏大臣 다카하시 고레키요高橋是淸, 육군교육총감 와타나베 조타로渡錠太郞가 살해당했다. 그들은 총리대신 관저와 육군성을 점거하고 경시청과 부근 지역을 점령했다. 이러한 성과에 한껏 사기가

2·26 쿠데타 기간 중 본
부로 사용된 총리 관저

오른 청년들은 큰 목소리로 "군부의 통제파를 즉각 파면, 체포하라.", "국가 개조를 시행하라."라고 요구했다.

쿠데타 세력은 군 당국이 혼란에 빠져 반란 행위에 즉각 대응하지 못하는 상황을 이용하여 빠르게 도쿄 지역을 탈취하고 왕궁을 포위하고 총리대신 관저를 본부로 삼았다. 주도권을 손에 쥔 쿠데타 세력은 도쿄 주변에 경계선을 치고 전국으로 전보를 보내 반란 세력이 수도를 점령한 사실을 알렸다. 이 소식에 많은 지방 군대가 호응했으며, 전 일본이 혼란 정국에 빠져들었다. 이것이 바로 파시즘 사상에 심취한 일본 육군 청년 장교들이 대거 참여한 것으로 유명한 '2·26 군사 쿠데타 사건'이다.

삼일천하, 실패한 쿠데타

당시 청년 장교들이 일으킨 군사 쿠데타는 빠른 속도로 정권을 탈취했다. 하지만 당시 일본 천황이었던 히로히토裕仁, 즉 쇼와 덴노가 육군성에 공식적으로 반란군 진압 명령을 내리면서 쿠데타는 실패로 막을 내렸다. 진압 명령이 떨어진 날은 쿠데타가 발생한 날로부터 겨우 사흘 후인 2월 29일이었다. 이번 쿠데타에 직접 참여한 장교 80여 명이 재판에 회부되었고, 그중에서도 주요 인물인 18명은 사형을 언도받았다. 아라키 사다오는 면직 처분되었고 마사키 진자부로는 구금되었다. 이어서 육군 당국은 기강을 바로잡겠다는 명분으로 황도파 세력을 철저하게 분쇄했다. 그리고 도죠 히데키東條英機를 중심으로 하는 통제파가 군대 내 실권을 장악하면서 일본은 본격적인 군부 정권 시대로 들어섰다.

1936년 3월에는 통제파의 지지하에 히로타 고우키廣田弘毅를 총리로 하는 새로운 내각이 출범했다. 히로타 내각은 출범하면서 '군부대신 현역 무관제軍部大臣現役武官制'를 부활시켰다. 군부대신 현역 무관제는 말 그대로 군부대신의 자격을 현역 군인에 한해서만 인정하는 제도이다. 이 기준대로라면 문관이나 이미 전역한 무관, 예비역 장교도 군부대신이 될 자격을 잃는다. 그러면서 이에 힘입은 군부가 정부를 휘어잡아 일본을 통치하게 되었다. 과격한 파시스트 세력이 쿠데타를 일으켰다가 실패했지만, 쿠데타 이후에 오히려 일본 정부가 파시즘 사상을 수용하면서 일본은 확실한 군국주의 노선을 걷기 시작했다.

결국 2·26 군사 쿠데타는 실패했지만, 결과적으로는 일본 군국주의의 제도적 확립을 앞당겼다는 점에서 쿠데타의 본래 목적은 일정 부분 성공을 거두었다고 볼 수 있겠다.

5 중국 침략 전쟁

19세기 후반부터 중국이 독점해 온 아시아 최강국의 위상이 흔들리기 시작했고, 20세기에 들어서면서 찬란했던 과거의 영광은 산산이 부서지고 말았다. 서구자본주의 열강이 중국에서 조금이라도 더 이익을 얻으려 하이에나처럼 달려들었고 일본마저 중국 대륙을 침략할 기회를 노리며 눈을 번뜩였다. 19세기 말엽부터 일본의 대륙 침략 정책이 서서히 진행되더니 9·18 만주 사변을 계기로 장장 14년에 걸친 중국 침략 전쟁의 막이 올랐다.

시기 : 1931~1945년
중요 사건 : 9·18 만주 사변, 루거우차오 사건

지배권을 탈취하다

1868년에 일본의 메이지 덴노는 신흥 자본주의의 강렬한 요구로 몇몇 개혁 활동을 펼쳤다. 그 결과, 제국주의 노선을 걷게 된 일본은 이내 아시아 최강국으로 급부상했다. 그리고 1900년 무렵에는 영국, 프랑스, 미국과 같은 서구 선진국을 따라 중국에 진출해 막대한 이익을 얻었다. 이때 중국에서 제대로 단맛을 본 일본은 이후 중국 침략에 대한 열망이 들끓기 시작했다. 그로부터 약 20여 년간 일본은 그때의 '차이나 드림'에서 벗어나지 못

한눈에 보는 세계사

1932년 : 이봉창, 윤봉길 의거
1933년 : 독일, 히틀러 집권 / 미국, 뉴딜 정책 실시
1934년 : 중국, 공산당 대장정

1936년 : 에스파냐 내전
1939년 : 제2차 세계대전 발발
1945년 : 국제연합 성립

하고 여러 가지 방법으로 중국 침략을 시도했다. 그러나 다나카 기이치를 총리대신으로 하는 다나카 내각이 정권을 잡은 1927년까지는 별다른 효과를 보지 못했다. 다나카 기이치는 예전부터 대륙을 침략할 가장 효과적인 방법으로 군국주의 노선을 제시한 인물이었다. 그런 다나카 내각이 출범하고 6월에는 도쿄에서 '동방 회의'가 개최되었다. 다나카 내각의 주최로 개최된 이 회의의 목적은 향후 일본과 중국의 관계에 심각한 영향을 끼칠 중요한 사안을 논의하는 것이었다. 특히 만주족과 몽골족이 주로 거주하는 중국 둥베이 지역을 중국 본토와 분리한다는 내용의 '만·몽滿蒙 정책' 역시 이 회의에서 논의된 안건이었다.

1931년 일본의 다나카 내각은 기다리고 기다리던 절호의 기회가 온 것을 감지했다. 육군성 참모 본부에서 장기간에 걸친 탐색 끝에 중국 전역이 각지에서 일어난 군벌들로 혼란스러운 정황을 포착한 것이다. 이런 혼란 속에서라면 중국 둥베이 지역에 친일 정부를 세우거나 아예 독립 국가를 세우는 것도 가능하리라 여긴 일본군은 이런 절호의 기회를 놓치지 않고 재빠르게 계획을 실행에 옮겼다. 만약 이 계획이 성공하면 중국 대륙, 나아가 소련까지 진출하는 것도 가능하다고 생각한 것이다. 일본이 꿈을 실현할 수 있을 것인가를 가르는 첫 과제인 셈이었다.

1931년 9월 18일 오전 10시, 간토군 사령관은 은밀히 명령을 내려 남만 철도 선상에 폭발 사고가 일어나도록 조

일본군은 침략 전쟁 중에 비무장 일반인도 무차별 학살했다.

장쉐량. 랴오닝의 하이청 출신. 펑톈 군벌의 수뇌로, 장쭤린의 장남이다. 나중에 장제스의 국민당으로 들어가지만 시안 사변을 꾸민 이후 오랫동안 구금되었다. 사진은 중국 밀랍 인형관에 전시된 장쉐량의 밀랍 인형이다.

작했다. 폭발 사고 지점은 선양 북쪽의 류탸오후를 지나는 선로였다. 간토군은 조작한 사건의 책임을 중국 측에 덮어씌우고 둥베이군을 습격했다. 그러나 당시 둥베이군의 사령관은 장쭤린의 아들 장쉐량이었다. 그는 일본의 도발에 넘어가면 더 큰 전쟁으로 이어지리란 것을 알고 무대응, 무저항으로 일관할 것을 명령했다. 결국 둥베이군은 맞서 싸우지 않고 퇴각하여 둥베이군 사령부와 선양 지역을 고스란히 간토군에 빼앗기고 말았다.

당시 둥베이 지역 군대가 무대응, 무저항 방침으로 일관한 덕분에 일본군은 손쉽게 둥베이 지역을 손에 넣었다. 9월 19일에는 선양과 랴오양 등 주요 도시 스무 곳 이상이 간토군의 수중에 떨어졌고, 9월 21일에는 1개 여단을 이끌고 압록강을 건넌 일본의 조선 주둔군 사령관 하야시 센주로林銑十郎가 지린吉林 성을 공격하여 랴오닝과 지린을 점령했다. 류탸오후 폭파 사건이 발생한 지 채 일주일도 지나기 전에 지린 성과 랴오닝 성 대부분이 이미 일본군의 수중에 떨어졌다. 일본군은 10월에도 계속 북진해 11월 19일, 결국 헤이룽장黑龍江의 중심부를 점령했다. 그 후 일본군은 또다시 침략 행위에 박차를 가하여 산하이관山海關에까지 이르는가 싶더니 1932년 2월 5일에는 하얼빈을 손에 넣었다.

9·18 사변은 처음 폭발 사고를 일으킨 날부터 약 2개월에 이르는 동안 간토군이 저지른 일들을 전부 가리키며, 그 기간에 일본은 둥베이에서 123만 ㎢에 달하는 광활한 지역을 손에 넣었다.

허베이 진격

둥베이 3성을 거저먹다시피 얻어 낸 일본의 사기는 끝 갈 데 없이 높아졌다. 쇠뿔도 단김에 뺀다고, 일본 정부는 그 여세를 몰아 화베이 지역까지 밀고 나갔다. 1933년 1월 3일, 지금의 청더承德 지역에 해당하는 러허熱河도 일본의 수중에 떨어졌다. 장제스의 무대응, 무저항 방침에 따라 1월 초에는 일본 세력이 만주 북쪽 도시까지 거의 점령했다. 이에 따라 장제스가 이끄는 국민당 정부는 일본의 계속되는 진격과 아울러 중국 내 여론의 강한 압력을 받았다. 그리고 결국은 같은 해 5월 31일에 일본과 진토 협정秦土協定을 맺고 화베이 성의 문호를 개방했다. 일본에서는 진토 협정을 '도이바라·신토쿠준 협정'이라고 부른다.

비록 중국인들은 완강히 저항하고자 했더라도, 무기의 수준 차이가 크고 군사 한 명, 한 명의 전투 능력도 장기간 정식 군사 훈련을 받은 일본군과 큰 차이가 있었기에 계속해서 저항하여 싸우는 것은 현실적으로 큰 무리가 따르는 일이었다. 그래서 중국의 저항 방식은 정식으로 전쟁을 치르기보다는 곳곳에서 유격대들이 불시에 습격하는 것이 대부분이었고, 이런 게릴라전 방식이 오히려 더 효과적이었다. 그러자 당시 중국 내 공산당과 국민당 간에는 같은 중국인끼리 대립하는 것보다 일본에 저항하는 것을 우선시해야 한다는 공감대가 형성되었다. 그리고 1936년 12월 12일 '시안西安 사변'을 계기로 중국 항일 민족 통일 전선이 결성되었다.

중국 침략을 향한 전면전

둥베이 지역과 화베이 지역이 전부 일본의 지배를 받게 되자 일본 정부는 북진 계획의 성공이 눈앞에 다가왔다고 믿었다. 그리고 이제 최후의 한 방으로 둥베이 지역을 완전히 제압할 수 있다고 생각했다. 일본은 마지막 박차를 가하고자 남은 전투를 속전속결로 끝내겠다는 전략을 세웠다. 먼저

루거우차오에서 일본
군에 맹렬히 저항하는
중국군

화베이에서는 2주 안에 다
퉁을 탈취하고 한 달 안에
산시山西 성 전체를 점령할
계획을 세우는 한편, 둥난東
南 지역에서는 열흘 안에 상
하이를 점령하고 3주 안에
난징, 한 달 안에는 우한까
지 진격하기로 하고, 그 밖
에 화난華南 지역에서는 먼
저 광저우를 휩쓸어 총 3개
월 안에 중국 침략 전쟁을 끝낸다는 것이 계획이었다.

1937년 7월 7일, 일본은 '루거우차오盧溝橋 사건'을 일으켜 중국 침략을
전면적으로 전개했다. 사건 발생 당시 루거우차오 부근에 주둔하고 있던
중국의 29군은 일본에 격렬히 저항했다. 양국 군대가 루거우차오를 두고
격렬한 전투를 전개했으나 일본군이 계속해서 군사를 투입하자 열세에 몰
린 중국군은 결국 3개월 만에 패배하고 말았다.

이 무렵 정작 일본군과 맞서 싸우며 중국을 지켜야 할 국민당 정부는 단
순한 방어 중심의 대응 방침을 고집하며 항전을 계속 미뤘다. 덕분에 일본
군은 별다른 방해를 받지 않고 중국 대륙을 차례차례 점령해 나갔다. 1938
년 10월에는 오늘날 베이징으로 이름이 바뀐 베이핑北平, 톈진, 상하이, 난
징 등 주요 도시와 장쑤 성, 안후이 성 내 대부분 지역이 일본의 수중에 떨
어져 중국 내에서 일본 세력은 더욱 확장되었다. 이렇게 일본의 중국 침략
계획이 순조롭게 전개되고 일본군 내에 자축하는 분위기가 무르익어갈 무
렵, 중국 공산당이 이끄는 항일 무장 부대 팔로군이 궐기했다. 당시 외적
인 일본군에 맞서 싸우기보다 오히려 내부적으로 중국 공산당 세력을 제

거하는 데 열을 올리던 국민당과 대조적으로 안으로는 국민당과 싸우면서도 항일 활동을 동시에 진행하며 힘겨운 싸움을 하는 공산당 쪽으로 점차 중국 민심이 집중되었다. 팔로군이 펼친 게릴라전으로 일본군의 후방 전장이 큰 타격을 입자 일본은 팔로군의 항일 근거지

를 우선 공격하는 방향으로 즉각 전략을 바꿨다. 1938년 일본은 중국 항일 게릴라군의 근거지를 차례로 공격하는 작전을 세워 실행에 옮겼다. 작은 화근 하나도 남기지 않고 쓸어버리겠다는 의미의 진메쓰 작전燼滅作戰. 이 작전명 아래 수많은 중국인이 희생되었다. 진메쓰 작전은 삼광 작전三光作戰이라고도 불렸는데, 여기서 삼광三光이란 죽이고殺光, 모조리 빼앗은 후搶光, 모조리 불태우는燒光 것을 의미한다. 이 작전의 목적은 게릴라전을 펼치는 팔로군의 배후에 있는 마을을 철저히 파괴하는 것이었다. 하지만 일본이 강압적이고 잔혹하게 나올수록 중국 내 반일 감정은 더 고조되었고, 이에 따라 항일 운동도 더욱 거세게 불타올랐다.

한편, 1943년에 소련은 당시 스탈린그라드Stalingrad라고 불리던 볼고그라드Volgograd에서 독일과 싸워 이긴 후로는 태도를 바꾸었다. 세계적으로 벌어지는 반파시즘 전쟁 속에서 그동안 고집했던 방어 위주의 소극적인 전략을 버리고 공격 위주의 적극적인 전략을 펴는 쪽으로 전향한 것이다. 소련의 태도 변화는 이후 태평양 전쟁 결과에도 직접적인 영향을 끼쳤다. 1943년 2월, 미군이 과달카날Guadalcanal 섬을 공격해 일본 병력에 커다란 타격을 입힌 것을 계기로 일본군의 전략도 수정되었다. 그동안 보여 준 과감하

다 못해 무모할 정도로 공격적인 태도를 버리고 방어 위주로 노선을 바꾼 것이다. 또한 전장에서 일본군의 패배와 후퇴 소식이 연이어 들려오고 군비 지출 규모가 더 감당하기 어려운 지경에 이르자 일본 내에서도 여론이

야스쿠니 신사(靖國神社)

메이지 2년 6월 29일(1869년 8월 6일)에 보신 전쟁에서 바쿠후군과 싸우다 전사한 정부 군사의 넋을 기리고자 '도쿄 쇼콘샤'라는 신사가 지어졌다. 그 후 1879년에 '야스쿠니'로 개명했다.

야스쿠니 신사 입구

도쿄의 중심가인 치요다 구에 자리하고 있으며, 현재 일본 왕실이 실제 거주하는 곳에 가깝다. 제2차 세계대전 당시에는 일본 육군성이 야스쿠니 신사를 관리했다. 이 점에서도 알 수 있듯이 야스쿠니 신사는 일본 내 많은 보통 신사와 달리 종교적 색채보다는 정치성이 강한 곳이다. 정문에 해당하는 거대한 도리이鳥居는 높이가 무려 23m에 이르는 웅장한 조형물이고, 곳곳에서 메이지 이하 덴노의 자필과 일본 왕실 문장인 국화 문양을 발견할 수 있다. 이 점만 보더라도 야스쿠니 신사가 다른 곳들과는 달리 특수한 성격을 띤다는 것을 알 수 있다.

지금 야스쿠니 신사에는 전사자 250만 명의 위패가 있고, 1978년에는 제2차 세계대전의 A급 전범 도조 히데키東條英機, 도이하라 겐지土肥原賢二, 마쓰이 이와네松井石根, 기무라 헤타로木村兵太郎, 히로타 고우키廣田弘毅, 이타가키 세이시로板垣征四郎, 무토 아키라武藤章, 마쓰오카 요스케松岡洋右, 나가노 오사미永野修身, 시라토리 도시오白鳥敏夫, 히라누마 기이치로平沼騏一郎, 고이소 구니아키小磯國昭, 우메즈 요시지로梅津美治郎, 도고 시게노리東郷茂德의 14명과 그 밖에 B급, C급 전범 2,000명도 이곳에서 제사를 지낸다.

1945년 8월 15일 일본이 패전한 뒤에도 일본 정치인들은 계속해서 이곳에 참배했다. 이에 일본 군국주의의 부활을 염려하는 아시아 각국이 거세게 일본 정치권 인사들의 야스쿠니 참배 중지를 요구했으나 여전히 받아들여지지 않고 있다.

분열되어 전쟁을 반대하는 목소리가 점차 높아갔다. 이 모든 상황은 일본의 군사 정부를 진퇴양난의 상황으로 몰고 가 일본은 결국 이러지도 저러지도 못하는 상황에 빠져들었다.

　일본 정부는 어떻게든 열세를 뒤집고자 당시 중국 땅에서 침략 전쟁에 매진하던 간토군 병력을 태평양으로 남하시키기로 했다. 또 중국 내 친일 정부인 왕징웨이汪精衛 난징 국민 정부를 더욱 강화하려고 해 장제스에게 압박을 주었다. 일본은 장제스 정권이 왕징웨이의 정권에 합류하면 중국인을 이용해 중국을 다스리는 가장 이상적인 형태로 중국을 지배할 수 있을 것이라고 믿었다. 이후 일본의 대對중국 전략은 중요 자원이 있는 지역과 중심 도시, 주요 교통선의 안전을 지키며 그동안 점령한 땅을 수비하는 쪽에 치중했다. 이로써 한숨 돌린 일본은 태평양 전쟁에 더 많은 병력을 투입할 수 있었다.

쑹루(淞滬) 항일 열사 기념비

한편, 당시 국제 형세는 일본이 세운 수많은 침략 계획을 수포로 돌리는 방향으로 흘러갔다. 1945년 8월 6일과 9일, 미국은 일본의 히로시마와 나가사키에 각각 원자폭탄을 투하하여 일본 열도를 충격에 빠트렸다. 그리고 8월 8일 소련 정부가 대일 선전포고를 하면서 일본은 궁지에 몰렸다. 소련군 150만이 중국 둥베이 지역으로 파병되어 동, 서, 북쪽 3면에서 간토군을 포위하고 압박해 들어왔다. 같은 날, 중국 공산당도 '침략자 일본과 최후 일전對日寇的最后一戰'이라는 제목으로 성명을 발표하고 일본 점령지 해방을 위해 전면적으로 대반격에 나서겠다고 선언했다. 중국과 소련, 미국 외에도 다른 아시아 국가들과 연합국 군대가 가세하여 마지막 파시즘 국가인 일본을 옭아매자 일본의 전선은 빠르게 붕괴했다.

8월 15일, 일본은 결국 무조건 투항을 선언하며 14년에 걸친 중국 침략 정책에도 종지부를 찍었다.

맥을 잡아 주는 **일본사 중요 키워드**

시안 사변(西安事變)

1936년 일본이 중국 침략의 광기에 사로잡혀 있을 때, 중국 내에서 일본군에 제대로 대항할 만한 군사력을 갖춘 인물은 국민당 총사령관 장제스뿐이었다. 그런데 그는 "안을 먼저 평정하고 나서 밖과 싸운다."라는 신념을 굽히지 않고 일본군의 중국 침략에 대한 대응은 미뤄 둔 채 공산주의 세력을 척결하는 데만 열을 올렸다. 이러한 상황을 보다 못한 장쉐량 장군이 12월 12일 장제스가 비행기를 타고 시안을 방문할 때를 노려 일을 도모했다. 장제스를 체포하는 데 성공한 장쉐량은 내전을 중지할 것과 항일 투쟁 정치범을 석방할 것, 국공國共 합작 등 여덟 가지 항목을 요구했다.

시안 사변의 결과, 국민당과 공산당은 잠정적으로 화해하고 항일 민족 통일 전선을 형성했다.

6 일본의 괴벨스, 오오카와 슈메이

JAPAN

괴벨스 Paul Joseph Goebbels는 독일 나치 정권의 선전을 담당한 인물로 히틀러의 최측근이었다. 당시 독일에 괴벨스가 있었다면 일본에는 오오카와 슈메이大川周明가 있었다. 오오카와 슈메이는 1911년 도쿄 제국 대학을 졸업한 뒤 남만 철도 주식회사에서 일하는 한편 유존샤, 고우치샤行地社, 진무카이 神武會와 같은 사회단체의 핵심 인물로 활동하면서 일본의 정치 개혁과 강력한 파시즘 국가 건설을 주장했다. 전쟁 후 A급 전범으로 기소되었으나 정신 이상 판정을 받고 불기소 입건되어 정신 병원에 강제 입원당했다.

시기 : 1886~1957년
인물 : 오오카와 슈메이

니시 아라세무라의 파시스트 사무라이

1886년 12월 6일 야마가타의 해안가 마을 니시 아라세무라西荒瀬村에서 오오카와 슈메이가 태어났다. 유명한 의사 집안 출신답게 그는 어린 시절부터 총명하고 눈치가 빨랐다. 여덟 살이 되던 해 구마모토 시의 제5고등학교 입시에 합격할 정도로 총명했던 그는 특히 어학에 큰 재능을 보였다고 한다. 구마모토 제5고등학교 시절부터 오오카와 슈메이는 "반드시 최고를

한눈에 보는 세계사

1896년 : 제1회 올림픽 개최
1911년 : 중국, 신해혁명(중화민국 건국)
1914년 : 제1차 세계대전
1917년 : 러시아, 10월 혁명
1929년 : 세계 대공황
1933년 : 독일, 히틀러 집권 / 미국, 뉴딜 정책 실시

1936년 : 에스파냐 내전
1939년 : 제2차 세계대전 발발
1949년 : 중화인민공화국 성립
1950년 : 6·25 전쟁 발발
1957년 : 소련, 인공위성 발사

지향할 것이다."라는 신조를 가슴에 품고 성장했다. 높은 곳을 향해 맹목적으로 달려가는 그의 성격과 타고난 냉정함 위에 이 신조가 어우러져 오오카와 슈메이라는 인물을 형성했다.

학창 시절부터 사무라이 정신을 가슴에 새기며 성장한 니시 아라세무라의 소년은 고등학교를 졸업하고 도쿄 제국 대학에 입학해 인도 철학을 공부했다. 이 기간에 그는 영국 서적인 《신新 인도》를 읽으면서 영국의 식민지 역사와 정책에 대한 연구에 몰두한 동시에 통치와 억압의 쾌락을 간접적으로 경험했다. 그 후로도 오오카와 슈메이는 약육강식의 파시즘 철학에 심취하여 그것을 더욱 깊이 연구하는 데 몰두했다.

1911년에 도쿄 제국 대학을 졸업한 오오카와 슈메이는 당시에 이미 고대 인도 바라문교의 경전인 베다Veda에 일가견이 있었으며, 그 밖에도 독일어, 프랑스 어, 영어, 산스크리트 어 등 다양한 언어를 습득했다. 그는 자신이 습득한 언어권의 문화에 대한 지식을 바탕으로 각국의 식민 통치에 대해 비교적 상세하게 연구했다. 그러면서 자신의 조국 일본도 파시즘 국가의 길로 나아가야 한다고 믿기 시작했다. 오오카와 슈메이는 1918년에 남만 철도 주식회사에 들어갔고, 이듬해에는 유존샤를 조직하는 한편, 기타 잇키의 파시즘 사상을 깊이 연구했다. 하지만 이후 유존샤의 다른 회원들과 의견 차이를 빚어 유존샤에서 탈퇴했다.

1920년부터 오오카와 슈메이는 다쿠쇼쿠 대학拓殖大學의 교단에 섰다. 그는 학생들을 가르치면서 민족주의 사상을 전파했다. 이때 다쿠쇼쿠 대학에서 젊은이들에게 민족주의 사상을 고취시킨 경험은 훗날 오오카와 슈메이가 파시즘 사상을 전파할 때 큰 도움이 되었다. 그 이듬해인 1921년 다이쇼 덴노가 왕궁 동쪽에 있는 구舊 기상대에 '니혼 다이가쿠료日本大學寮'를 설치했다. 다이가쿠료는 전문적으로 관리를 양성하는 기관으로, 다이가쿠료 학감으로 오오카와 슈메이가 임명되었다. 그는 이곳에서 황권

이론과 무사도 정신, 무기의 발전과 파시즘의 관점에서
보는 정치학 등 다양한 분야의 강의를 하며 미래의 관리
들에게 파시즘 사상을 불어넣었다. 이때 오오카와 슈메이
는 강의에 필요하다면 도죠 히데키와 같은 고급 관료에서
기생집 포주에 이르기까지 각계각층의 다양한 인사들을
가리지 않고 초청했다. 자신의 강의를 통해 학생들이 사
회의 여러 가지 면을 배울 수 있도록 하기 위해서였다.
이는 당시로서는 상상하기 어려운 파격적인 수업이었다.

오오카와 슈메이

　1924년 오오카와 슈메이는 다시 고우치샤行地社라는
단체를 조직하고 〈닛폰日本〉이라는 월간 기관지를 발행했
다. 또한 고우치샤에서 안면을 익히거나 친분을 쌓은 군
대 고위급 막료들과 국내 정치 개혁이나 파시즘 정권 수립에 대한 주제로
토론하기도 했다. 1929년에는 만철 경제 조사국 이사장에 임명되어 안으
로는 군부에 의한 강력한 파시즘 체제를 세우고 대외적으로는 대아시아주
의를 고취했다. 범汎아시아주의라고도 불리는 대아시아주의는 아시아 인
들은 공통된 특성을 자각하고 단결하여 서양의 제국주의적 식민 지배에서
벗어나 대등하게 마주할 수 있도록 새로운 아시아를 건설해야 한다는 사
상이다. 중국의 쑨원과 인도의 네루, 일본이 주장하는 대아시아주의가 유
명한데, 그중 일본의 대아시아주의는 점차 왜곡되고 변질되어 훗날 대동
아공영권의 핵심 사상이 되었다.

　오오카와 슈메이는 1932년에 다시 진무카이를 조직하여 파시즘 사상을
더욱 강하게 홍보하는 데 열을 올렸다. 하지만 같은 해 5월, 해군 청년 장
교들이 중심이 되어 일으킨 5·15 암살 사건에 연루되어 5년 동안 구금되었
다. 출옥하고 나서는 호세이法政 대학의 대륙부장으로 임명되어 또다시 자
신의 정치 이념을 홍보하고 전쟁을 미화하는 데 몰두했다.

도쿄 재판정에 서다

오오카와 슈메이는 파시즘 사상을 홍보하는 일을 평생의 업으로 삼은 사람이다. 1945년 8월 15일 일본이 투항을 공식 선언하고 고노에 후미마로近衛文麿가 자살하기에 이르자 일본의 패망을 도저히 인정할 수 없었던 오오카와 슈메이는 헛것을 보거나 환청을 듣는 등 정신 이상 증세를 보이기 시작했다.

제2차 세계대전 이후 전쟁 처리 과정 중 일본 도쿄의 이치가야 법원에서 열린 '극동 국제 군사 재판International Military Tribunal for the Far East', 통칭 '도쿄 재판'에서 민간인으로서는 유일하게 오오카와 슈메이가 A급 전범으로서 심판대에 섰다. 당시 재판정에서는 엄숙한 분위기 속에 모든 사람이 숨을 죽이고 전범들에게 어떤 처결이 내려질지 재판장의 판결을 기다리고 있었다.

재판정 내의 모든 이가 판결을 경청하고 재판장이 도죠 히데키 및 전범으로 기소된 그 밖의 인물들이 저지른 죄행을 하나하나 읊던 도중에 A급 전범이 나란히 앉아 있던 제일 앞줄에서 갑자기 소란이 일어났다. 오오카와 슈메이가 갑자기 발작을 일으켜 주먹으로 도죠 히데키의 머리를 툭툭 치며 "인도인이여, 오라!"라는 등 의미불명의 소리를 지르기 시작한 것이다. 법정 내 경비가 제재하여 일시적으로 소동이 가라앉기는 했으나 잠시 후 그는 다시 갑자기 괴성을 지르고 옷을 훌훌 벗기 시작했다. 그리고 도죠 히데키를 꾸짖고 독일어와 영어를 뒤섞어가며 미국을 욕하고 재판을 모독하는 발언을 했다. 이 소란으로 더 이상 재판이 진행될 수 없자 재판장은 부득이하게 휴정을 선언했다. 그 후 법원이 지정한 의학 전문가에게 정신 감정을 받은 오오카와 슈메이는 정신질환이라는 진단을 받아 사형이나 무기징역과 같은 중벌은 면하게 되었다.

정신질환을 핑계로 중형을 피한 오오카와 슈메이는 이후 미군 병원에

강제로 입원되었다가 도쿄 대학 병원, 도쿄 도립 마쓰자와 병원에 차례로
강제 입원되었다. 입원 기간에 그는 평소 염원하던 이슬람 경전《코란》의
번역 작업에 매달려 마침내 최초로《코란》을 완역한 일본인이 되었다.

파란 많은 삶을 맺으며

오오카와 슈메이는 죽는 날까지 파시즘 사상의 충실한 신봉자였다. 그는
일본의 대표적 파시스트 학자로서 파시즘을 전파하는 데 매우 열광적으로
일생을 바친 파시즘 전도사였다. 오오카와 슈메이야말로 파시즘 사상에
기초한 대일본주의 사상, 대동아공영권大東亞共榮圈과 같은 변질된 대아시
아주의를 일본 청년들의 뇌리에 심어 전쟁을 위한 도구로 이용한 장본인이
다. 그 점 때문에 그는 A급 전범으로 기소되었다. 이 밖에도 유존샤 및 그
밖에 그가 관여하여 조직한 각종 파시즘 단체는 당시 일본 사회를 파시즘
으로 물들이는 데 적지 않은 영향력을 미쳤다.

　오오카와 슈메이는 평생 저술 활동을 게을리하지 않았는데, 이는 나중

에 그가 파시즘 사상의 이론 체계를 정비하는 데 매우 결정적인 역할을 했다. 그는 항상 자신의 파시즘 사상을 맹신하며 확고한 자신감을 보였다고 한다. 그 예로 강의나 저서에서 '일본의 정신'에 대해 자주 언급했다. 오오카와 슈메이의 유명한 저서인《일본 정신 연구日本精神硏究》를 보면, 그가 존왕양이와 사무라이 정신을 기반으로 하는 민족주의 정신에 사로잡혀 일본이야말로 세계에서 정신적으로 가장 우월한 민족이라고 확신하고 있음을 알 수 있다. 그러나 오오카와 슈메이가 아무리 언어 구사 능력이 뛰어난 천재라고 해도, 그러한 그가 온갖 미사여구를 가져다 붙이며 일본을 찬양해도, 그 아래에 깔려 있는 전쟁광의 추한 욕망은 숨길 수 없다. 그는 죽는 날까지 파시즘 국가의 꿈, 만주를 중심으로 하는 중국과 일본이 하나의 파시즘 체제 안에서 강력한 아시아 경제권을 형성하고 인도와 중앙아시아까지 아우르는 거대한 공동체를 이뤄야 한다는 망상에 집착했다. 그리고 이 허황된 꿈은 아시아의 수많은 국가에 지금까지도 지워지지 않는 전쟁의 상처를 깊이 남겼다.

7 전쟁광 오카무라 야스지

오카무라 야스지岡村寧次라는 이름은 일본에서는 제2차 세계대전 기간에 가장 먼저 무조건 투항을 선언한 장군으로, 중국에서는 중국 침략 전쟁을 일으켜 이루 말할 수 없이 잔혹한 악행을 자행한 일본군의 최고 사령관으로 널리 알려져 있다. 전쟁광 오카무라 야스지는 전쟁이라는 상황을 이용하여 셀 수 없을 만큼 많은 생명을 죽음으로 몰고 갔다. 우리나라 역사에서 일본의 침략 행위를 상징하는 이름이 이토 히로부미라면, 중국 역사에서는 오카무라 야스지를 꼽는다. 그의 이름은 수많은 중국인의 목숨을 빼앗은 전쟁광으로서, 또한 일본의 잔악한 침략 행위 그 자체를 상징하는 하나의 고유 명사로 자리 잡았다.

시기 : 1884~1966년
인물 : 오카무라 야스지

사무라이 정신

1884년 5월 15일, 옛 사무라이 가문인 오카무라 가의 젊은 마님이 허리에 오비(띠)를 묶고 있었다.

"너무 꽉 묶지 않는 게 좋겠어요."

임신한 지 7개월 정도 된 그녀는 불룩 솟아오른 배를 어루만지면서 고개를 돌려 오비를 묶어 주는 나이 든 하녀를 바라보았다. 그러자 그녀도 머리

한눈에 보는 세계사

1896년 : 제1회 올림픽 개최	1939년 : 제2차 세계대전 발발
1911년 : 중국, 신해혁명(중화민국 건국)	1949년 : 중화인민공화국 성립
1914년 : 제1차 세계대전	1957년 : 소련, 인공위성 발사
1929년 : 세계 대공황	1961년 : 베를린 장벽 건설
1933년 : 독일, 히틀러 집권 / 미국, 뉴딜 정책 실시	1964년 : 베트남전 발발
1936년 : 에스파냐 내전	1966년 : 중국, 문화대혁명

를 끄덕이고 웃으며 대답했다.

"제 생각에도 너무 단단히 동여매는 건 아기 씨에게 좋지 않을 것 같으니 조금 느슨하게 매드릴게요."

옷을 입고 마당에 내려선 오카무라의 젊은 마님 눈에 언제 피었는지도 모르게 벌써 만개한 벚꽃이 한가득 들어왔다. 그녀는 눈앞의 아름다운 풍경에 푹 빠져들었다.

한편, 벚나무 아래에서 검술을 연마하고 있던 그녀의 남편 오카무라 야스나가岡村寧永는 힘겹게 걸음을 옮기는 아내의 모습을 보았다. 아내가 임신한 것은 이번이 처음이 아니었다. 첫 번째 출산에 실패하고 장남을 잃었을 때의 경험에 비추어 보면 이 시기에는 다소 힘이 들더라도 조금씩 운동을 하는 편이 좋다는 것을 그도 알고 있었다. 검을 거두고 아내에게 다가가던 그는 순간적으로 뭔가 잘못된 것을 느꼈다. 아내의 얼굴이 갑작스럽게 찾아온 산통 때문에 고통스럽게 변해 있었다. 창백하게 질린 아내의 얼굴이 금세 땀으로 흥건해진 것을 보고 그는 아내에게 뛰어가면서 집안을 향해 어서 의사를 불러오라고 외쳤다.

의사가 오고 반나절이 지나도록 그는 방 밖에서 초조하게 기다려야 했다. 그리고 아내가 조산했다는 의사의 말에 장남을 잃은 기억이 그를 괴롭히기 시작했다. 그가 할 수 있는 일은 이번 아이만큼은 지켜 달라고 하늘에 기도하는 것뿐이었다. 오랜 기다림 끝에 드디어 아기 울음소리가 들렸다. 열 달을 채우지 못하고 일곱 달 만에 세상에 나온 아기는 작고 허약해 보였지만 그는 일단 모자 모두 생명에 이상이 없다는 사실만으로 감사할 따름이었다.

우여곡절 끝에 세상에 태어난 이 허약한 칠삭둥이 아들이 바로 오카무라 야스지였다. 그는 조산아로 태어나 몸이 허약해서 부모를 불안하게 만들었다. 그들은 장남을 잃었을 때처럼 또다시 자식의 죽음을 지켜보고 싶지는 않았기에 손에 쥐면 꺼질까, 불면 날아갈까 노심초사하며 그를 키웠다. 야스지가 네 살이 되던 해부터 부모는 한자를 가르치기 시작했는데, 매일 공부 시간과 휴식 시간을 정해 주고 일과에 따라 정확히 생활하도록 했다. 야스지는 사카마치 소학교를 졸업하고 1898년에 유명한 도쿄의 전문학교에 진학했다. 이 학교는 훗날 와세다 대학 부속 중학교로 이름을 바꾸었는데, 이 당시부터 이미 명문학교로 유명했다. 하지만 학비가 너무 비싼 탓에 야스지는 약 1년 후에 학교를 자퇴하고 일본 도쿄 육군 유년학교에 다시 입학했다. 도쿄 육군 유년학교는 평범한 다른 학교들과 달리 대부분 학생이 옛 사무라이 가문의 후예 또는 현

오카무라 야스지

직 군인의 자제들이었다. 도쿄 육군 유년학교를 거쳐 육군 중앙 유년학교를 졸업할 무렵 오카무라 야스지는 이미 무사도 정신으로 철저히 무장된 군인이 되어 있었고, 오랫동안 염원했던 일본 육군 사관학교에 진학했다. 육군 사관학교에 재학하는 동안 그는 일본의 전통적인 무사도 정신과 주군에 대한 충성심, 군국주의 사상에 세뇌되어 제국주의 일본이 원하는 완벽한 군인으로 거듭났다. 그의 성장 배경과 사관학교 교육이 맞물려 오카무라 야스지라는 또 한 명의 전쟁 숭배자가 만들어진 것이다.

전쟁의 소용돌이 속으로 뛰어들다

1904년, 우수한 성적으로 육군 사관학교를 졸업한 오카무라 야스지는 그해 2월에 발발한 러일 전쟁에 참전했다. 보병 제1연대의 보충 부대 소대부에 배치된 그의 첫 번째 임무는 보잘것없는 잡무 보조였다. 피 끓는 전쟁 신봉자 청년 장교에게 이런 후방 임무는 지루할 뿐이었다. 임무에 불만을 품은 그는 상부에 최전선으로 보내달라고 요청했다. 1905년 4월, 그는 마

침내 보충 부대에서 벗어나 보병 제49연대로 발령받고 제13사단 내 소대장으로 임명되어 사할린 전투에 참전했다.

러일 전쟁이 끝난 뒤 1907년에 오카무라 야스지는 육군 사관학교로 돌아와 중국인 유학생들의 중위 부장을 맡았다. 이 경험은 이후 그가 군인으로서 보낸 삶 전체에 큰 영향을 미쳤다. 이곳에서 3년 동안 사관학교 학생들을 가르치면서 오카무라 야스지는 훗날 중국 대륙에서 이름을 날린 옌시산閻錫山, 쑨촨팡孫傳芳, 허잉친何應欽 등 여러 인물을 만났으며, 그가 이곳에서 중국 유학생을 가르친 경험은 이후 일본의 중국 침략 전쟁에도 큰 도움이 되었다.

1914년 7월, 제1차 세계대전이 발발했다. 일본은 이 기회를 틈 타 중국 산둥 지역의 칭다오를 중심으로 주둔 중이던 독일군을 몰아내는 데 성공했다. 그리고는 곧바로 이번 전쟁의 작전사作戰史를 편찬하고자 오카무라

랴오닝 선양 시에 있는
9·18 만주 사변 기념관

야스지를 칭다오로 파견해 자료를 모으게 했다. 이때 칭다오를 방문한 것이 야스지의 첫 중국행이었다.

막 중국에 도착한 오카무라 야스지는 광활한 중국 대륙에 매료되었다. 그는 직감적으로 중국이야말로 자신이 일생의 대업을 이룰 곳이라는 걸 깨달았다. 임무를 완수하고 귀국한 그는 일본 내에서 다방면으로 손을 쓴 결과, 마침내 1923년에 바라 마지않던 중국행이 결정되었다. 그는 상하이 지역에 머물며 이 무렵부터 전략가로서 비상한 재능을 유감없이 발휘했다. 중일 전쟁 기간에 오카무라 야스지는 중국과 조선의 독립 운동에 관한 다양한 정보를 수집하는 한편 양쯔 揚子 강 유역에 대해 상세한 연구를 진행했다. 이때의 연구는 이후 그가 우한과 난창으로 진격할 때 큰 도움이 되었다.

1927년 일본은 중국을 점령하려는 '대륙 정책'을 본격적으로 실행에 옮겼다. 이 단계에서 적임자로 떠오른 인물이 바로 오카무라 야스지였다. 사령관으로 임명된 그는 육군 제3사단 제6연대 연대장으로 임명되면서 대좌大佐로 계급이 상승했다. 대좌는 구 일본 육해군 내 계급 명칭의 하나로 우리나라 군대 계급으로 치면 대령에 해당한다. 이 무렵 오카무라 야스지는 침략 전쟁을 더욱 유리하게 끌고 가고자 다양한 계략을 고안했다. 이 시기에 그가 직접적으로 개입한 사건 중에는 '지난 사건', '황구툰 폭파 사건', '9·18 사변' 등이 특히 유명하다. 그러나 이 사건들은 나중에 그가 중국에서 일으킬 수많은 악행을 알리는 서막에 불과했다.

침략자의 악행

오카무라 야스지는 인생의 반 이상을 중국 침략에 바친 인물이다. 중국에 대한 그의 집착 때문에 수만 명이 목숨을 잃었건만, 그는 중국 침략 행위의 결과를 자신의 '성취'라고 여겼다. 1933년 5월 30일, 오카무라 야스지는 간토군 대표로 탕구 정전 협정塘沽停戰協定을 체결했다. 이때 중국 정부의 전권 대표로 나온 인물은 바로 한때 오카무라 야스지의 제자였던 허잉친이었다. 당시 일본군에 일방적으로 유리했던 이 불평등 조약에는 만리장성을 일본군의 군사 경계로 삼아 화베이의 베이징, 톈진 지역을 중심으로 제2의 만주국을 세우겠다는 그의 야욕이 노골적으로 드러나 있었다. 이렇듯 오카무라 야스지는 공훈을 세우겠다는 일념으로 중국 대륙을 짓밟아 나갔다. 1945년에 쇼와 덴노가 무조건 투항을 외치자 오카무라 야스지도 주군을 따라 즉시 중국 정부에 무조건 투항했다. 그리고 9월 9일, 난징에서 항복을 인정하는 항복 조인서에 서명했다.

그런데 1949년 1월 26일, 상하이에서 열린 전범 재판에서 국민당 정부 군사 법정은 중국 침략으로 기소된 전범 오카무라 야스지와 그 밖의 일본군 260명에게 '무죄'를 선언했다. 이 전범들에게 내려진 판결은 단지 '일본으로 돌아갈 것'이었다. 이리하여 오카무라 야스지는 무사히 일본에 돌아

맥을 잡아 주는 **일본사 중요 키워드**

일본 육군 사관학교에 대해

일본 육군 사관학교의 근원은 메이지 유신 무렵 유명했던 교토 군사학교로, 전문적으로 군사 지도자를 양성하는 학교이다. 육군 사관학교이므로 교과 과정에 일반적인 군사 과정도 포함되어 있었다. 그러나 점차 봉건적 충의 사상과 군국주의 등을 주입하는 사상 교육도 함께 이루어져 피도, 눈물도 없이 냉혹한 '인간 병기'를 양산하는 기관으로 변질되었다.

일본 육군 사관학교 제16기 졸업생인 오카무라 야스지 역시 이곳에서 만들어 낸 '성공적인 인간 병기'였다. 그는 육사 재학 시절 16기 생도 중에 교관들이 인정하는 최우수 생도 세 명에 꼽혔으며, 그의 동기 이타가키 세이시로板垣征四郎, 도이하라 겐지土肥原賢二, 안도 리키치安藤利吉 등도 제2차 세계대전 중의 대표적인 전범들이다.

왔고, 1966년에 병사함으로써 그가 지은 죄에 비해 너무나도 평화로운 최후를 맞았다.

하지만 2000년 12월, 군대 위안부 동원죄 혐의로 여성 국제 전범 법정에 다시 기소되는 등 그의 이름은 사후 수십 년이 지나도록 여전히 전범의 꼬리표를 달고 끌려나와 세상의 주목을 받았다.

1948년 일본 육군 대장 오카무라 야스지가 중국 난징에서 진행된 군사 재판 피고인석에서 심리를 받는 모습

8 일본의 파시스트 독재자 도죠 히데키

일본 파시즘 정권의 거물 도죠 히데키東條英機는 아시아 식민지 정책과 태평양 전쟁의 핵심 인물로 전쟁이 끝난 뒤 A급 전범으로 기소되었다. 대동아공영권을 외치며 전 아시아를 고통과 혼란에 빠뜨린 침략 전쟁을 정당화한 군국주의 일본의 최정점에 서 있던 그는, 1948년 도쿄에서 열린 극동 국제 군사 재판에서 사형을 언도받고 교수형에 처해졌다.

> 시기 : 1884~1948년
> 인물 : 도죠 히데키

무사 집안의 맏아들로 태어나다

1884년 12월 30일, 도죠 히데키는 도쿄의 어느 무사 집안에서 태어났다. 그의 아버지 도죠 히데노리東條英敎는 일본 제국 육군 중장 출신의 유명한 인물로, '일본 제국군 건립의 아버지'라고 불리는 독일인 군사 고문 맥켈 Klemens Wilhelm Jacob Meckel 로부터 초기 서양식 군사 교육을 받고 독일 유학까지 다녀온 엘리트 군인이다.

도죠 히데키는 도죠 히데노리의 세 번째 아들로 태어났다. 하지만 그의

한눈에 보는 세계사

1896년 : 제1회 올림픽 개최	1933년 : 독일, 히틀러 집권 / 미국, 뉴딜 정책 실시
1911년 : 중국, 신해혁명(중화민국 건국)	1936년 : 에스파냐 내전
1914년 : 제1차 세계대전	1939년 : 제2차 세계대전 발발
1929년 : 세계 대공황	1949년 : 중화인민공화국 성립

두 형이 모두 요절하는 바람에 셋째 아들인 히데키가 장남으로서 가문을 잇게 되었다. 도죠 히데키는 어려서부터 영민했으나 고집이 아주 셌다고 한다. 두뇌 회전이 빨라 머리가 좋았지만 공부에는 영 흥미가 없어 학업 성적은 그다지 좋지 않았고, 노는 것을 무척 좋아해서 때로는 밥 먹는 것조차 잊을 정도로 놀이에 열중하기도 했다. 도죠 히데노리는 놀기 좋아하는 아들의 성격과 나쁜 습관을 일찌감치 고쳐 주어야겠다는 생각에 어려서부터 군국주의 교육을 시작했다. 엄격한 고위급 장교를 아버지로 둔 덕분에 도죠 히데키는 일곱 살 무렵에 이미 군인이 되기 위한 교육을 받았다. 매일 도죠 히데노리가 아들에게 어떤 임무를 한 가지씩 주고, 아들 히데키는 그날 안에 임무를 완수해야 했다. 이것이 엘리트 군인 도죠 히데노리의 교육 방식이었다.

일본 내각의 40대 내각 총리대신 도죠 히데키

한 번은 도죠 히데노리가 히데키에게 하루 안에 정원의 잡초를 모두 정리해 놓으라는 임무를 주고 외출했다. 하지만 친구들과 놀다가 임무를 까맣게 잊어버린 히데키는 날이 어두워지고 배고픔을 느꼈을 때야 겨우 집에 돌아왔다. 결국 정원 잡초에는 손가락 하나 대지 않은 채 하루가 저물었다. 그날 저녁, 아버지에게 눈물이 쏙 빠지도록 꾸중을 들은 히데키는 그 후로 절대로 놀다가 임무를 잊는 일은 없었다고 한다. 도죠 히데노리는 아들에게 한 차원 높은 무사도 정신을 심어 주어야 할 때가 왔다고 생각하고 당시의 명망 있는 무가 출신의 히비노 라이후日比野雷風를 초빙해 아들에게 검무를 가르치게 했다. 히비노 라이후는 신토류神刀流라는 새로운 유파를 창시한 인물

1945년 9월 9일, 중·일 양국은 난징 육군 총사령부에서 항복 조인식을 거행했다.

로, 도쿄 히데노리는 아들이 그에게서 신토류 검무를 배우는 동시에 무사도의 '살신성인' 정신도 배우길 내심 바랐다. 다행히 그의 아들은 비장하면서도 위엄 있는 검무의 매력에 깊이 빠져들었고, 검무는 그가 평생을 두고 즐긴 취미가 되었다. 실제로 훗날 도쿄 히데키는 연회 중이라도 흥이 오르면 때때로 검무를 추기도 했다고 한다.

이 밖에 도쿄 히데키의 일생에 아버지 도쿄 히데노리만큼이나 큰 영향을 끼친 사람은 바로 그의 어머니였다. 규슈의 고쿠라小倉 출신인 그의 어머니 도쿄 치토세千歲는 몸집이 왜소하여 연약해 보였지만 엄격하고 심지가 굳은 사람이었다. 남편 히데노리가 출정 나가 몇 개월씩 돌아오지 않아도 혼자서 집을 돌보며 남편의 뜻을 받들어 아들의 교육도 게을리하지 않는 여장부였다.

1899년 9월, 열여섯 살이 된 도쿄 히데키는 도쿄 육군 유년 학교에 입학했다. 그동안 그가 부친 밑에서 군인의 마음가짐을 배웠다면, 이곳에 입학하면서는 정식 군사 교육을 받기 시작한 것이다. 이 학교는 학생 개개인의 사사로운 시간을 허락하지 않았으며, 모든 학생이 온종일 군호軍號, 군사 과학 등에만 매달리는 빡빡한 생활을 해야 했다. 도쿄 히데키는 이곳에서 성적은 평범했으나 싸움만큼은 일등이었다. 교장이었던 후카이 이치로深井一郎는 그에 대해 "당시 도쿄 히데키는 고집이 강하고 무척이나 지기 싫어하는 성격이었다. 동문수학하던 학생들이 도쿄의 이름만 들어도 피할 정도로 난폭했고 싸움 솜씨도 유명했다."라고 회상했다.

그러던 어느 날 교내에서 벌어진 어떤 사건으로 도쿄 히데키의 난폭한 성격이 바뀌었다. 그날도 여느 때처럼 시비가 붙어 싸움이 벌어졌는데, 이번에는 일대일 싸움이 아니라 7~8명 정도가 도쿄 히데키를 에워싸고 구타했다. 천하의 도쿄 히데키라 해도 일대 다수로는 이길 수가 없었다. 하지만 지기 싫어하고 고집 세기로는 당할 사람이 없던 그는 쓰러질 정도로 얻어맞아도 절대로 졌다는 말을 입에 담지 않았다. 그러나 이를 계기로 도쿄 히데키는 아무리 강하더라도 혼자서는 다수를 이길 수 없다는 간단한 이치를 뼈저리게 깨달았다. 그리고 이때부터 시시한 싸움질 같은 것으로 한 명, 두 명씩 때려눕히는 것은 아무 의미가 없으며, 진정한 승자가 되려면 사회적으로 높은 자리에 올라 모든 사람을 수족처럼 부리는 지배자가 되어야 한다고 생각하게 되었다. 그는 싸움을 그만두고 더 큰 목표를 이루는 데 매진했다.

졸업 후 도쿄 히데키는 육군 사관학교에 입학하여 고위급 군인의 길을 걸었다. 이 무렵, 러일 전쟁이 발발했다. 천성이 호전적인 도쿄 히데키는 아직 육군 사관학교 학생이면서도 군관 후보생 자격이 아닌 정식 군인 자격으로 러일 전쟁에 투입되었다. 전쟁은 러시아 차르군의 패배로 막을 내렸고, 도쿄 히데키는 이번 전쟁에서 세운 공을 인정받아 중위 계급을 달았다. 그리고 다시 육군 사관학교로 돌아와 무사히 공부를 마친 후 바로 육군성 부관으로 임명되어 이후 잇달아 독일 주재 대사관 경비대, 육군대학교 교관, 육군성 군무국 직원, 정비국 동원 과장 등 여러 가지 일을 거치며 점차 경험을 쌓아갔다.

독재 정치의 시작

1930년대에 들어서면서 세계 선진 자본주의 국가들은 심각한 경제 위기에 맞닥뜨렸다. 일본도 예외는 아니어서 서둘러 경제난을 타개할 방법을 모색했다. 1931년 일본의 경제 위기는 최고조에 이르렀고, 이를 벗어나기 위한 방법으로 중국에서 '9·18 사변'을 일으켰다. 중국과 일본의 관계에서 지울 수 없는 상처를 남긴 9·18 사변은 도죠 히데키를 포함한 군부 내 극우 파시즘 세력이 모두 참여하여 꾸민 일이었다.

평소 자신은 일본의 본질적인 정신인 '야마토 다마시大和魂'로 무장하고 있다며 자부해 오던 도죠 히데키는 1935년 9월 간토군 헌병 사령관으로 임명되어 중국으로 건너갔다. 중국 둥베이 지역에서 그는 특유의 책략가 기질을 발휘해 '만주국 건설', '치안 강화' 등 다양한 방법으로 중국의 항일 투쟁을 무력화하며 아울러 중국 둥베이 지역 내에서 일본의 통치 기반을 굳게 다졌다. 1937년 7월 7일을 기점으로 일본은 본격적으로 중국 침략 전쟁을 시작하는 방아쇠를 당겼다. 이때 도죠 히데키는 간토군 정예 부대를 이끌고 허베이와 산시山西 지역을 침공하고, 만리장성을 넘어 중국 내몽고 일대로 빠르게 진격해 '차난察南 괴뢰 정권'을 세웠다. 이 기간에 그가 진격한 길은 수많은 중국인이 흘린 선혈로 붉게 물들었지만, 그는 오히려 그것을 자신의 '공훈' 또는 '무훈'으로 자랑스럽게 여겼다. 수많은 목숨을 빼앗은 대가로 그는 육군 차관으로 진급했고, 얼마 지나지 않아 도죠 히데키는 육군 항공 본부 부장도 겸했다.

도죠 히데키는 전쟁 기간에 공훈을 세우느라 바쁜 시간을 보내는 한편, 독재 파시즘 통치 사상에 대한 홍보도 게을리하지 않았다. 1938년 11월에 열린 육군관리사주간담회陸軍管理事主懇談會에서 도죠 히데키는 동아시아의 새로운 질서를 확립해야 하는 이유를 강조하면서 소련, 중국 양국과 동시에 전쟁을 진행해야 한다고 주장해 군국주의를 맹신하는 군인의 완고한 고집을 그대로 드러냈다.

1940년 7월, 57세를 맞이한 도죠 히데키는 전 일본 육군의 최고 수장인 육군대신으로 임명되어 정식으로 정치계에 입문했다. 정치적 결정권을 손에 쥔 그는 곧바로 태평양 전쟁을 준비했다. 같은 해 8월에는 외무대신 마쓰오카 요스케松岡洋右가 공개적으로 대동아공영권이란 구호를 제창했다. 아시아 각국이 힘을 모아 서구의 식민 지배에 맞서 싸우고 '공존공영共存共榮'을 목표로 새로운 국제 질서를 세우자는 내용이었다. 이런 허울 좋은 구실을 전쟁의 명분으로 내세운 일본이 실제로 노린 것은 동남아시아와 인도 지역에 이르기까지 광대한 영역을 발 아래에 두고 지배 권력을 행사하는 것이었다. 즉, 아시아 전체와 인도를 일본의 식민지로 두어 대제국을 건설하겠다는 망상에 부푼 것이다. 게다가 하필이면 이 시기에 도죠 히데키가 육군대신과 내각 총리대신을 겸임해 당시 일본의 정치와 군사 권력이 모두 그에게 집중되어 있었다. 따라서 당시 일본 정부는 폭주를 막을 브레이크가 전혀 없는 상황이었다. 일본이 제2차 세계대전의 전범국으로 재판에 서게 될 날은 이제 코앞으로 다가왔다.

일본의 전쟁 전략의 주된 방침은 북으로는 중국과 소련을 타도하고, 남으로는 태평양 연안과 동남아 지역 국가로 진격하는 것이었다. 이 계획대로라면 아시아 지역 식민지에 기대 막대한 경제적 이익을 취하던 영국과 프랑스 등 서구 열강들이 큰 피해를 입게 되는데, 특히 제1차 세계대전 이후 긴장감이 점차 고조되어 가던 일본과 미국의 관계도 충돌할 것이 분명했다. 미국은 불필요한 마찰을 최대한 피하고자 우선 일본과 협상을 진행했다. 미국 정부는 필요하다면 중국 둥베이 지역을 희생시켜서라도 중국과

태평양 지역에서 자신들이 식민 통치로 얻는 권익을 보호할 생각이었다.
하지만 당시 도죠 히데키를 비롯한 골수 파시즘 신봉자들 일색이었던 일본
정부는 미국이 제안해 온 타협을 거부해 협상은 별다른 성과 없이 결렬되
었다. 그리고 1941년 12월, 일본군은 이른 새벽 시간을 틈 타 태평양 지역
에서 미국의 가장 큰 군사 기지인 진주만을 불시에 습격했다.

　도죠 히데키는 원래 진주만 습격과 동시에 동남아시아 각국과 서남태평
양의 각 섬에 일본 육군을 파병할 예정이었다. 이로써 중국 대륙을 넘어
태평양, 동남아시아 지역까지 식민지를 넓혀 가려 했으나, 미국과 영국이
함께 일본을 견제하고 오랫동안 계속된 전쟁으로 예전보다 전력이 떨어진
일본군 자체 내의 현실, 예상외로 격렬하게 전개된 침략 대상국들의 항일
운동 등 여러 가지 벽에 부딪혀 좌절되었다. 무모하게 광범위한 지역에서

침략 전쟁을 벌인 일본은 저지른 일을 수습하지 못한 채 결국 자멸의 길을 걸었다. 전쟁이 계속될수록 일본 정부 수뇌부에서도 의견 대립이 점차 심각해졌고, 상황이 돌이킬 수 없을 정도로 불리해지자 궁지에 몰린 도죠 히데키는 압박을 못 이겨 1944년 7월에 내각 총리대신 직에서 사퇴했다. 그러나 사태는 이미 전쟁광 지도자를 물러나게 한 것 정도로는 해결할 수 없는 지경에 이르러 있었다.

미수에 그친 자살 시도

1945년 8월, 일본을 제외한 전 세계가 한 목소리로 반파시즘 구호를 외쳤다. 제2차 세계대전 참전국 가운데 유럽의 파시즘 국가들은 이미 투항했고, 남은 것은 동아시아에 있는 섬나라 일본뿐이었다. 일본마저 결국 8월 15일 무조건 투항을 선언하면서 제2차 세계대전은 연합국의 승리로 막을 내렸다. 이에 따라 일본은 패전국으로서 전쟁의 책임을 져야 했다. 이러한 결과는 도죠 히데키를 더더욱 궁지로 몰고 갔고 일본 국내 여론의 혼란을 가중시켰다. 덴노가 라디오를 통해 육성으로 투항을 선언한 이후 도죠 히데키의 집에는 대중의 분노가 담긴 편지가 수없이 날아들었다고 한다. 편지는 대부분 무모한 전쟁을 고집하여 나라를 망하게 한 그를 비난하는 내용이었다. 이 전쟁이 양산한 피해자는 일본의 침략을 받은 피해국은 물론, 일본 내에도 수를 헤아릴 수 없을 만큼 많았다. 일본의 수많은 아들, 남편, 아버지가 전쟁터에서 덧없이 죽어 갔고 가정은 파괴되었으며, 전쟁 때 자식을 잃어 의지할 곳 없는 노인과 부모를 잃은 전쟁고아들이 양산되었다. 패전의 후유증과 가족을 잃은 대중들의 슬픔은 한순간에 도죠 히데키를 향한 분노로 바뀌었다.

패전 소식을 접한 도죠 히데키는 모든 의욕을 상실한 채 자살을 결심했다. 의학에 정통한 친구에게서 심장의 정확한 위치를 확인하고 언제라도

한 번에 죽을 수 있게 준비해 두었다. 1945년 9월, 도조 히데키는 A급 전범
신분이 되어 도쿄 이치가야 법원에서 열린 '극동 국제 군사 재판' 중 전쟁에
대한 책임을 묻는 재판을 받게 되었다. 9월 10일 아침, 도조 가문의 저택
앞에 고급 지프 두 대가 멈춰 섰다. 마침내 때가 왔다고 생각한 도조 히데
키는 소매에서 권총을 꺼내 자신의 심장 부위를 향해 가슴에 총구를 겨누
고 이윽고 방아쇠를 당겼다. 죽음을 각오한 그날부터 하루에도 몇 번씩 심
장의 위치를 기억하며 머릿속으로 수없이 방아쇠를 당기며 연습했던 대로
행동에 옮겼다.

　하지만 이마저도 뜻대로 되지 않아 그는 중상을 입고 목숨을 건졌다. 결
국 그는 병원에서 치료를 받고 몸 상태가 호전되고 나서 다시 재판을 받았
다. 1948년 12월 23일, 그에게 내려진 판결은 사형이었다. 한때 일본의 내

각 총리대신이자 육군대신을 지내며 최고 권력자로 군림했고 10년 이상 최전선을 누비며 수많은 생명을 빼앗고 발길 닿는 곳마다 아수라장으로 만들었던 전쟁광의 삶은 결국 사형으로 막을 내렸다.

Japan

맥을 잡아주는 세계사
The flow of The World History

제5장 | 전쟁에 광분하다

1 대동아공영권의 망상

대동아공영권이란 일본 외무대신이던 마쓰오카 요스케松岡洋右가 제2차 세계대전 기간에 처음으로 제창한 구호로, 일본과 만주, 중국을 중심으로 식민지 영토를 확장해 가려는 일본의 의지가 집약된 표현이다. 당시 군국주의 성향을 강하게 드러낸 일본 정부는 아시아, 오스트레일리아, 뉴질랜드, 서남 태평양 지역을 아우르는 광대한 식민지를 건설하겠다는 야욕에 불타오르고 있었다. 이렇게 식민 대제국을 꿈꾸는 일본의 대외 침략 정책은 일본 정부의 '황도외교皇道外交' 방침을 구체적으로 드러낸 전략이자 근대 일본 시기부터 시행한 여러 가지 아시아 정책의 산물이었다.

시기 : 1940~1945년
인물 : 마쓰오카 요스케, 도죠 히데키

대동아공영권의 구상과 공개

일본 내에 군국주의 파시즘 사상이 유행하면서 대외 영토 확장이야말로 나라의 장래를 위한 이 시대의 절대적 사명이라고 믿는 일본 청년들이 늘어갔다. 게다가 일본은 사방이 바다로 둘러싸인 섬나라여서 자원이 절대적으로 부족했기에 산업화와 경제 발전의 한계가 일찍 찾아왔다. 이 위기를 돌파하고자 일본이 선택한 방법은 식민지 확보를 통한 자원 확충이었다. 당시 강대국들이 가장 이상적으로 생각한 식민지의 조건은 자원이 풍부하면서도 생산력이나 생산 체계가 낙후된 아시아 국가였다.

한눈에 보는 세계사

1939년 : 제2차 세계대전 발발
1940년 : 한국광복군 창설

1941년 : 태평양 전쟁 시작
1945년 : 8·15 광복 / 국제연합 성립

사실 일본 군국주의 정부는 1936년에 이미 〈국책 기준〉을 제정하여 동아시아 대륙에서 일본의 통치권을 보호하는 동시에 남방 지역의 해양 발전을 도모한다는 기본 구상을 확립했다. 내용상으로 이것이 바로 대동아공영권의 초기 구상안이다. 1938년 11월 3일, 고노에 후미마로近衛文麿 내각은 "동아시아의 새로운 질서를 확립한다."라는 성명을 발표했다. 이는 사실상 일본이 대동아공영권을 핑계로 식민지 확대를 위한 침략 전쟁을 전개하는 데 대의명분을 내세우는 중요한 절차였다. 일본이 장기간 중국 둥베이 지역을 점령하고 그곳에서 통치 기반을 닦는 데 특히 공을 들인 것은 중국 둥베이 지역이 대동아공영권을 실현하는 데 중요한 전략적 기지였기 때문이다.

또한 당시 동남아시아는 지리적 요건이 좋을뿐더러 고무나 석유 같은 주요 자원이 풍부해 서양 제국주의 열강들도 군침을 삼키는 지역이었다. 특히 고무나 석유 등 중요한 자원을 전량 수입에 의존해야 했던 일본은 동남아시아 지역에 대한 욕심이 남달랐다. 그래서 우선 난양南洋 지역을 침략 전쟁

중국 지린 성 창춘 시에 있는 위만 황궁의 동덕전(同德殿) 전경

의 주요 기지로 삼고 아시아 태평양 지역을 손에 넣으려 했다. 하지만 자국의 몇 배 이상 강한 군사력을 갖춘 영국과 미국, 프랑스 등 선진 유럽 국가를 코앞에 두고 경솔하게 군사 행동을 할 수는 없었다. 그러던 1940년에 독일의 파시즘 정권 나치스가 유럽을 휩쓸

1943년 11월 5일 〈만주일일신문(滿洲日日新聞)〉의 호외. 일본 도쿄에서 대동아회의가 열렸다는 소식을 전하고 있다. 참가국 일본과 위만, 왕웨이(汪僞)를 포함해 그 밖의 일본 점령지 내 괴뢰 정권의 대표들(필리핀, 태국, 미얀마 등) 사진이 게재되었으며 6일에 "대동아 공동 선언을 발표"한다고 적혀 있다. 동시에 대동아 각국이 서로 힘을 합쳐 대동아 전쟁에 임하자며 호소한다.

며 폴란드, 네덜란드, 프랑스 등을 점령하며 제2차 세계대전의 시작을 알리는 유럽 전쟁을 일으켰고, 같은 시기에 일본도 남진 전략과 식민 침략 정책을 동시에 추진했다.

한편 고노에 내각은 1940년 〈국책 기준〉에 근거하여 정식으로 〈기본 국책 요강〉을 발표해 "황국이 핵심이 되어 일본, 만주, 중국이 굳게 힘을 합하고 대동아 신질서를 구축하자."라고 제안했다. 그리고 같은 해에 일본 외무대신 마쓰오카 요스케가 공식 석상에서 서구 열강의 식민지가 되어버린 아시아 각국의 처지를 성토하고 이제는 일본 제국이 중심이 되어 아시아 경제 공영을 꿈꿀 때라고 강조했다. 〈기본 국책 요강〉의 기본 방침을 다시 한 번 확인한 이 연설에서 최초로 대동아공영권이라는 표현이 사용되었고, 이후 일본의 침략 전쟁을 합리화하고 미화할 때마다 사용하는 대표적 표현이 되었다.

마쓰오카 요스케가 역설한 '대동아 신질서' 논리는 '공존공영'이라는 그럴 듯한 가치로 포장했지만 사실 그 밑바탕에는 당시 일본 사회에 만연했던 '황도주의皇道主義' 색채가 강하게 깔려 있었다. 인도를 포함해 오스트레

일리아, 뉴질랜드를 아우르는 광대한 식민 대국 건설이라는 실현 불가능한 야욕에 눈이 멀어 대동아공영권을 외치며 무모한 전쟁을 일으킨 일본 제국의 운명은 되돌릴 수 없는 길을 달리기 시작했다.

대동아 신질서를 부르짖은 마쓰오카 요스케

'대동아' 책략을 실행에 옮기다

일본이 대동아공영권을 실행하는 데 꼭 필요한 전제 조건이 두 가지 있었다. 동남아시아 지역을 식민지로 삼고 전쟁에 필요한 물자와 식량을 현지 조달할 것, 그리고 일본과 군사 사상이 비슷한 국가를 찾아내어 동맹 관계를 맺는 것이었다. 그중 두 번째 요건인 군사 동맹 문제는 1940년대 초 일본과 독일, 이탈리아가 3국 동맹을 맺는 것으로 순조롭게 해결되었다. 이후 일본의 대동아 책략은 식민지 확보라는 첫 번째 요건을 충족하기 위한 '남진'에 집중했다.

일본 당국은 남진 정책을 순조롭게 전개하기 위해 몇 가지 방안을 모색했다. 1941년 말, 일본군은 태평양 지역 내 미군 기지 가운데 최대 규모를 자랑하는 진주만을 습격하여 미군 전력에 타격을 주었다. 이것으로 일본군은 남진 정책의 최대 걸림돌을 밀어내는 데 성공하는 듯 보였다. 그 후 1942년 2월 16일, 당시 일본 내각 총리대신 도죠 히데키가 국회 연설에서 "대동아 전쟁의 목표는 아시아 각국이 대오각성大悟覺醒하여 황국을 중심으로 하는 도의적 공존공영의 길을 확립하고 새로운 질서를 구축하는 것"이라고 다시 한 번 강조하며 전쟁을 반대하는 일본 내 여론을 잠재웠다.

일본은 실제로 동남아시아 나라들을 점령하고 식민지 통치를 시작했다. 식민 통치를 위해 우선 해당 국가의 모국어 사용을 금지하고 일본어를 사용하게 하여 일본의 군국주의 사상을 주입했다. 언어 통제는 일본이 통치하는 대제국 건설의 첫 단계로, 이것이 바로 일본이 주장하는 대동아공영권의 실체였다. 이 밖에도 일본은 대동아공영권 구상 범위에 드는 각 국가에 예의 그 허울 좋은 '공존공영'의 기치를 들이밀며 인적, 물적 자원을 대가 없이 요구했다.

1930~1940년대까지 시행된 '대동아' 정책의 본질은 1941년 11월 20일에 일본이 발표한 〈남방 점령지 행정 실시 요령〉에서도 잘 드러난다. 일본은 단지 전쟁에 필요한 자원과 노동력을 자유롭게 이용할 권한을 얻으려 오랫동안 전쟁을 계속하고 있었다. 일본군은 앞으로 있을 전쟁에 대비하고 효과적으로 식민지를 통치하기 위해 동남아시아 각국의 일본 점령지에 철도와 군용 도로, 비행장 등 필요한 시설을 건설했다. 또 이렇게 기반 시설들을 건설하는 공사나 광산 채굴 작업에 현지인을 강제로 동원했다. 이러한 강제 행위와 수탈에서도 대동아공영권을 부르짖는 일본의 본래 의도가 실제로 어떠한 것인지 적나라하게 드러났다.

이 대동아 정책을 더욱 효과적으로 시행하기 위해 먼저 이 정책의 본질을 감춰야 했으므로, 일본 정부는 대동아공영권이라는 기치를 끊임없이 미화하고 선전하며 여론을 조장했다. 1943년 11월에 도죠 히데키는 도쿄에서 대동아회의를 소집했다. 하지만 이 회의에 출석한 참석자는 전부 위만주국, 왕징웨이 난징 국민 정부 정권, 태국, 필리핀, 미얀마 및 자유 인도 임시 정부 등 일본 통치하에 있는 괴뢰 정부의 대표들뿐이었다. 여기에서 일본은 회의 주최국 자격으로 '대동아 공동 선언'을 공식 선언했으며, 대동아의 범위에 속하는 정권들은 모두 상호 간에 '공존공영', '자주 독립', '상호 존중', '긴밀한 제휴' 등의 책임을 약속했다. 하지만 이 모든 조항은 허울 좋은 구실일 뿐 일본이 의미를 둔 것은 마지막 조항인 "전쟁에 필요한 자원을 개방하여 세계에 공헌한다." 정도였다. 이 선언은 6개 괴뢰 정부의 찬성표

를 모두 얻어 만장일치로 통과했으나, 이 부자연스러운 결과는 거꾸로 아
시아 침략을 통해 세계 패권을 노리는 일본의 욕망을 적나라하게 폭로하
는 것이기도 했다.

몽상의 끝

중국 둥베이 지역에 이어 동남아시아의 말레이시아, 싱가포르를 연이어 점
령한 일본군은 대동아공영권의 실현이 바로 눈앞에 다가왔다고 굳게 믿었
다. 그러나 이 무렵 일본의 동맹국인 독일군이 소련군과 격전을 치른 스탈
린그라드Stalingrad 전투에서 참패했는데, 이는 그때까지 꺾일 줄 모르고 승
승장구하던 일본의 기세에 찬물을 뿌리는 것과도 같았다. 독일군의 패배
로 유럽 전선의 승리는 반파시즘 진영으로 기울었고, 파시즘 진영 군사들
의 사기는 뚝 떨어졌다. 또한 이 시기에 중국 인민들은 공산당의 지도하에
강렬한 항일 운동을 전개하여 중국 내 일본의 영토 확장 정책도 벽에 부딪

했다.

　1945년 8월 초 미국이 히로시마와 나가사키에 원자폭탄을 투하했고, 이와 동시에 소련이 일본에 선전포고를 했다. 세계 강대국들의 견제 속에 일본은 경제적으로나 군사적으로 궁지에 몰렸다. 게다가 전쟁 기간 중 일본군이 이렇다 할 전승 기록을 내지 못하는 것에 초조해진 일본 국민 사이에서는 격렬한 반전 정서가 확대되었다. 일본은 결국 여러 방면에서 밀려오는 압력을 견디지 못했고 1945년 8월 15일 무조건 투항을 선언하는 쇼와 덴노의 목소리가 라디오 전파를 타고 일본 전역에 울려 퍼졌다. 이에 따라 대동아공영권의 망상도 그대로 연기가 되어 공기 중에 흩어졌다.

2 바다를 누비는 전쟁의 신 야마모토 이소로쿠

JAPAN

야마모토 이소로쿠山本五十六는 제2차 세계대전 중 일본 해군 사령관을 맡았던 인물이다. 제국주의 일본의 중국 침략에서 태평양 전쟁에 이르기까지 크고 작은 해상 전투에 적극적으로 참여했고, 특히 일본 해군이 미국의 진주만 기지를 습격할 때 아주 중요한 역할을 맡았다. 미국과 일본이 한창 날카롭게 대치하고 있던 1943년, 파푸아뉴기니령의 부건빌Bougainville 섬 상공을 선회하던 일본 국적 비행기가 미군의 공격을 받고 추락했고 여기에 탑승했던 야마모토 이소로쿠도 비행기와 운명을 함께했다.

시기 : 1884~1943년
인물 : 야마모토 이소로쿠

유년 군국주의 사상의 영향

야마모토 이소로쿠는 1884년 4월 4일 니이가타의 나가오카長岡 시에서 다카노 사다요시高野貞吉의 여섯째 아들로 태어났다. 다카노 집안은 대대로 에치젠 지역의 사무라이 가문이었다. 그가 여섯째 아들인 이소로쿠를 얻었을 때는 이미 쉰여섯이었다. 그래서 자신이 쉰여섯에 본 아이라는 의미로 여섯째 아들에게 이소로쿠五十六라는 이름을 붙여 주었다. 다카노 사다요시는 오랫동안 소학교 교장을 맡았기 때문인지 자식들의 성장과 교육

한눈에 보는 세계사

1896년 : 제1회 올림픽 개최
1911년 : 중국, 신해혁명(중화민국 건국)
1914년 : 제1차 세계대전
1929년 : 세계 대공황

1933년 : 독일, 히틀러 집권 / 미국, 뉴딜 정책 실시
1936년 : 에스파냐 내전
1939년 : 제2차 세계대전 발발

등 양육 문제에 유별난 관심을 보였다. 특히 아직 어린 아이들에게도 충의와 애국 사상을 주입하고 황국 신민으로서 국위를 선양해야 할 의무가 있다고 가르쳤다. 이런 환경에서 자란 이소로쿠는 대외적 영토 확장을 주장하는 일본의 군국주의 사상을 자연스럽게 받아들이는 청년이 되었다. 군국주의 사상의 영향을 받으며 성장한 다카노 이소로쿠의 장래 희망은 해군이 되는 것이었다. 진로를 확실히 정한 이소로쿠는 해군 병학교 입학시험을 준비하며 불철주야로 공부에 매진했다. 1901년에 열일곱 살이 된 그는 에타지마江田島에 있는 해군 병학교 입학시험에서 우수한 성적을 거두어 차석 합격자로 당당히 입학했다.

에타지마 해군 병학교 3학년으로 재학하던 어느 날, 여러 방면에서 탁월한 능력을 인정받던 그는 아직 학생 신분임에도 일본 해군 제9분대 분대장으로 발탁되었다. 다카노 이소로쿠는 이를 통해 타고난 군인의 자질을 인정받았다. 그는 재학 중에도 학교에서 준비하는 각종 모의 군사 훈련뿐만 아니라 황해 해전과 뤼순 점령 전쟁과 같은 실전에 적극적으로 참가해 높은 성적을 기록하기도 했다. 평소 그는 또래보다 과묵한 편이었으나 학교 내 교우 관계는 매우 좋은 편이었고, 신뢰할 수 있는 사람이라는 인상이 강해서 '나가오카 사무라이의 표본'이라는 별명도 있었다고 한다. 이렇게 에타지마 해군 병학교에서 다양한 경험을 쌓으며 이소로쿠는 점차 군국주의적 사무라이 정신으로 중무장한 군인으로 성장했다.

1904년 스물한 살에는 해군 병학교를 졸업

야마모토 이소로쿠는 미국 〈타임〉지의 커버 스토리를 장식하기도 했다.

하고 소위 후보생 자격으로 무장 순양 함선인 닛신日進호에 올라 러일 전쟁에 참전했다. 당시 다카노 이소로쿠는 연합 함대 사령관이던 도고 헤이하치로東鄕平八郎의 영향을 받아 러일 전쟁에서 두각을 나타내기 시작했다. 러일 전쟁 이후에는 일본 해전에도 참전했고, 전투 중에는 왼손 검지와 중지 두 개를 잃는 부상을 당하기도 했다.

한편, 그의 본가인 다카노 집안은 메이지 유신 시대가 시작된 후에도 바쿠후 시절 에치젠 한슈였던 마키노牧野 씨를 심겨온 가신 가문인 나가오카의 야마모토 집안과 긴밀한 관계를 유지했다. 그러던 중에 야마모토 집안의 유일한 후계자 야마모토 다테와키山本帶刀가 스물네 살의 젊은 나이에 요절해 가문의 대가 끊길 위기에 처했다. 그러자 이를 안타깝게 여긴 다카노 사다요시는 자신의 여섯째 아들 이소로쿠를 야마모토 집안의 양자로 들이는 것을 주선했다. 당시 해군 대학에 재학 중이던 이소로쿠는 아버지의 권고를 받아들여 1916년에 야마모토 집안의 양자로 입적하고 다카노 대신 야마모토라는 성을 사용했다. 그리고 명문가인 야마모토 집안의 명예를 지키고자 더욱 열심히 공부하고 실력을 갈고 닦았다.

해군 대학을 졸업하고 미국으로 건너간 야마모토 이소로쿠는 하버드 대학에서 유학하고, 연구를 위해 멕시코 석유 공업 지역에서도 잠시 거주했다. 그는 이 유학 경험을 통해 실천적 경험과 다양한 지식을 쌓아 현실적이고 객관적인 지도자가 될 자질을 갖춰 나갔다.

일본의 군신

천성이 부지런하고 성실한 야마모토 이소로쿠는 매사에 부단히 노력하는 인물이었다. 유학 생활을 하는 동안 그는 미국 사회의 경제와 군사 분야를 상세히 관찰했고, 미국에 관한 연구를 마친 다음에는 다른 구미 각국의 정황도 연구했다. 1930년대 들어서면서 그는 일본 내에서 손꼽히는 엘리트 장교로 인정받으며 일본 해군을 이끄는 핵심 인물로 급부상하는 등 순조로운 삶이 펼쳐졌다.

야마모토 이소로쿠는 여러 선진국의 군사력 수준을 상세히 관찰하며 연구한 바를 바탕으로 일본 해군의 허점을 금방 파악했다. 그중에서도 특히 일본 해군이 보유한 함대의 수가 너무 적다는 점을 우려하여 제일 먼저 해군 체계를 재정비하기로 했다. 1935년 12월 일본 해군 항공 본부장 직책을 맡았을 무렵, 야마모토 이소로쿠의 머릿속에는 이미 일본 해군 재정비에 대한 청사진이 그려져 있었다. 그는 앞으로 비행기가 군 전투력의 핵심으로 자리 잡는 시대가 될 것으로 내다보고, 이후로 군함의 주된 용도를 전투기의 보조 수단인 항공모함으로 사용하도록 자신의 임기 중에 체계를 확립했다. 그의 선견지명 덕분에 당시 일본은 세계 최강의 항공 부대를 보유하게 되었고, 그의 구상에 따라 체계를 확립한 일본 해군과 공군의 작전 수행 능력은 눈부신 발전을 보였다. 물론 야마모토 이소로쿠가 해군과 공군의 협동 작전을 추진하려 할 때 일본 내에서 반대 의견이 없었던 것은 아니다. 그중에서도 가장 강력하게 반대한 인물은 바로 그의 상관이었던 나카무라 료조中村良三였다. 그러나 야마모토 이소로쿠는 상관의 반대에도 아랑곳하지 않고 자신의 계획을 밀고 나가 결국 세계 최고 수준의 항공 부대를 키워 냈다. 최강의 항공 부대를 꿈꾼 그의 오랜 염원이 비로소 현실이 된 것은 그가 해군성 차관으로 있던 1936년에서 해군 항공부 부장을 겸임하던 1938년 무렵이었다.

야마모토 이소로쿠

한편, 일본은 1937년부터 중국 침략 정책을 전면적으로 추진했다. 야마모토 이소로쿠는 도조 히데키가 중심이 되어 추진하는 이 계획에 적극적으로 발을 맞추고자 '8·13 사변'을 획책했고, 항공모함 전투기로 중국 항저우와 안후이安徽 일대에 폭격을 가하기도 했다. 이 밖에도 그는 난징과 상하

야마모토 이소로쿠가
타던 전용기

이를 초토화하여 일본을 포함한 전 세계를 경악하게 한 사건들에 직접적으로 관여하는 등 여러 방면에서 활동했다. 이러한 과정을 거치며 야마모토의 항공대는 점차 일본군의 핵심 전력으로 자리를 잡아갔고, 야마모토는 차츰 자신의 신념에 더욱 자신감을 느끼고 자신의 판단을 확신하게 되었다. 야마모토 이소로쿠의 해군 정비를 통해 제국주의 일본의 해군은 근대적 체계를 초월해 혁신적인 변신에 성공한 셈이었다.

한편, 미국과의 실력 차이를 정확히 알고 있던 그는 미국을 상대로 한 무모한 전쟁만큼은 반대했으나 일본 정부는 판단력을 잃은 지 오래였다. 결국 그는 일본 해군을 지휘해 진주만을 기습 공격해 미군으로부터 승리를 거두었다. 세계 최강대국 미국을 상대로 승리했다는 소식이 일본 본토에 전해지자 일본의 모든 청년이 열광하고 일본 군국주의 사상의 열기는 최고조에 이르렀다. 특히 제2차 세계대전 기간에 야마모토 이소로쿠를 존경하게 된 몇몇 일본 청년이 그를 신격화하여 '군신'으로 부르는 등 일본 전체가 집단적 광기에 휩싸였다. 하지만 전투에서 이기기 위해 수단과 방법을 가리지 않는 야마모토 이소로쿠의 이름은 일본 정부의 야만적 행태와 파시즘 국가 특유의 잔혹하고 비열한 책략의 대명사가 되어 반파시즘 진영의 분노를 샀다.

야마모토 이소로쿠가
아내와 함께 찍은 사진

1943년 4월 18일, 야마모토가 비행기를 타고 일본군 진영을 시찰하러 나섰을 때 미군 전투기가 그 비행기를 공격해 격추시켰다. 이 사건으로 일본 군국주의자들이 숭배하던 전쟁의 신 야마모토가 숨졌고, 눈엣가시와도 같던 일본 해군의 수뇌를 제거하는 데 성공한 미국은 이후 태평양 전쟁의 판세를 장악했다.

전쟁도 결국 도박이다

야마모토 이소로쿠가 전쟁 중에 저지른 잔혹한 행위들을 보면 생명을 경시하는 그의 성격과 가치관이 그대로 드러난다. 이런 성격과 실제로 그가 생전에 도박을 무척이나 좋아했다는 사실을 연관 지어 추측했을 때, 야마모토 이소로쿠가 사람의 생명을 마치 장기판의 말이나 도박판의 판돈쯤으로 여겼을지도 모른다고 하는 것은 지나친 비약일까?

매사에 흥분하는 일 없이 항상 냉정하게 생각하고 객관적으로 현실을 바라보는 타고난 전략가 야마모토 이소로쿠는 성격이 비정하고 잔혹해 제2차 세계대전 당시 적국에서 무척 껄끄러워하던 인물이었다.

야마모토는 청년 시절 취미로 쇼기將棋, 즉 일본식 장기에 심취했다고 한다. 천성이 부지런하고 성실하긴 했으나 집요한 면이 있던 그는 목표에 이르기 전까지 쉬거나 노는 일이 거의 없었다. 그런 그가 해군 학교에 입학하고 미국에서 유학하는 동안에도 손에서 놓지 못한 취미가 바로 쇼기였다고 한다. 한 번은 그가 빵과 과일 등 먹을 것을 준비해서 자리에 앉아 기숙사 친구와 쇼기를 시작했다. 한쪽이 질 때까지 끝내지 않기로 하고 시작한 이 내기는 꼬박 이틀이 지나서야 승부가 났고, 이후 야마모토 이소로쿠는 학교 내에서 내기 도박을 좋아하기로 유명해졌다고 한다. 실제로 그는 평소 기발한 내기 게임을 수없이 생각해 냈고 브리지, 포커, 바둑 등 가리는 것 없이 다양한 방법으로 내기를 즐겼다고 한다.

야마모토 이소로쿠와 도박에 관해서는 또 한 가지 재미있는 일화가 있다. 유학 시절 모나코에 방문한 야마모토가 카지노에 들렀는데, 당시 그에게 도박 운이 크게 따랐는지 판돈을 거는 족족 이겨서 나중에는 카지노 측이 야마모토의 출입을 금지했다고 한다. 유서 깊은 모나코 카지노에서 카지노 경영에 막대한 피해를 입힌다는 이유로 출입 금지를 당한 것은 개관 이래 이소로쿠가 두 번째 인물이었다고 한다. 이 일에 대해 이야기할 때마다 야마모토 이소로쿠는 당시에 유럽을 돌아다닐 여유가 2년쯤 더 있었으면 아마 도박으로 군함 한 척을 살 정도의 돈을 벌었을지도 모른다며 농담인지 진담인지 모를 얼굴로 말했다고 한다. 이 이야기에서 그가 자신의 도박 실력을 얼마나 자신했는지 알 수 있다.

그는 평소에도 "전쟁은 도박과 같다."라는 말을 자주 입에 담았다. 그가 도박에서 어떤 삶의 진리를 발견했는지는 모르지만, 분명한 것은 야마모토 이소로쿠는 전쟁에서 이기고 지는 것을 마치 게임하듯 여긴 사람이었다는 점이다. 중국 대륙에서 벌어진 침략 전쟁과 수많은 살상을 포함해 진주만 기습까지, 그에게 전쟁은 도박과 다를 것이 없었다. 그래서 전투 과정에서 그가 중시한 가치는 생명과 삶이 아니라 오직 승리를 위한 전략이었다. 관점을 달리해 생각해 보면, 야마모토는 전쟁을 게임처럼 인식했기 때문에 오히려 잔학 행위도 그렇게 서슴없이 저지른 것일지 모른다. 차갑게 빛나는 그의 눈동자는 전쟁이라는 거대한 도박판 위에서 힘없이 쓰러져 가는 수많은 삶을 보지 못한 채 단지 승패의 열쇠만 찾고 있었던 것은 아닐까?

3 말레이시아를 향하여 진군

JAPAN

1941년 일본군이 소련군과의 전투에서 번번이 패하자 일본 정부가 적극적으로 추진하던 중국 침략 계획도 엉망진창이 되었다. 결국 일본의 침략 정책은 러시아의 철벽 수비 앞에 좌절되어 대대적으로 궤도를 수정해야 했다. '북진'을 포기하고 '남하'에만 힘을 집중하기로 한 일본 정부는 말레이 반도 일대에 주목했다. 말레이시아를 포함해 동남아시아 지역 내 교통의 요지로 중요한 의의가 있는 국가들은 모두 일본의 동남아시아 침략 정책에서 공격 목표 0순위가 되었다.

시기 : 1941년
인물 : 야마시타 도모유키, 쓰지 마사노부, 아서 E. 퍼시벌

영일 전쟁

말레이시아는 동남아시아 말레이 반도 남부에 있는 나라로, 동남아시아 국가 가운데 해상과 항공 교통의 최대 중심지이다. 동쪽으로는 바다를 접하고, 북쪽으로는 태국과 국경을 마주하며, 서쪽과 남쪽으로는 말라카 해협을 사이에 두고 동인도 제도의 수마트라 섬과 마주하고 있어 태평양과 인도양 사이를 잇는 해상로의 중요 거점 지역이다. 즉, 말레이시아를 장악하여 말라카 해협까지 손에 넣는다면 남쪽으로는 동인도 제도, 북쪽으로는 미얀마에 진출할 발판을 자연스럽게 마련하게 되는 것이었다. 그 밖에도

한눈에 보는 세계사

1940년 : 한국광복군 창설   1941년 : 태평양 전쟁 시작

일본의 폭격기가 미 해
군 항공모함을 향해 맹
렬히 공격을 퍼붓는
장면

말레이시아는 고무와 주석 등 천연 자원의 생산량도 풍부하여 전략적으로
나 경제적으로도 무척 중요한 지역이었다. 그러나 정작 이런 혜택 받은 환
경에서 살아가는 말레이 원주민들의 삶은 고단하기만 했다. 이 땅의 가치
를 탐내는 강대국들 사이에 불어닥친 식민지 확장 열풍에 휘말려 힘없이
수탈당하는 역사가 되풀이되고 있었다.

　말레이시아가 포르투갈과 네덜란드 등 서구 열강의 식민 지배를 받기
시작한 이래로 수백 년 동안 현지인들에게는 불행한 역사가 계속 이어졌
다. 19세기에 들어설 무렵, 당시 세계 최강국이었던 '해가 지지 않는 나라'
영국이 식민지 확보와 새로운 시장 개척을 위해 동남아시아 지역에 진출
했다. 영국이 싱가포르와 말레이시아를 점령하여 식민 통치를 시작하자
경제적으로나 전략적 요충지로서 아주 매력적인 말레이시아를 두고 강대

국 사이에 치열한 경쟁이 벌어졌다. 이 경쟁은 19세기를 지나 20세기에 들어와서 더욱 불이 붙었다.

한편, 1941년 초 일본은 소련과 중국의 강한 저항에 부딪혀 예상보다 긴 시간 전쟁을 치르고 있었다. 그 탓에 북진 전략은 지지부진한 상태가 계속되어 일본군은 전력만 낭비하고 있었다. 결국 일본은 전략을 바꿔 북진을 포기하고 남하 정책에 더욱 중점을 두기로 했다. 이에 따라 당시 영국과 프랑스가 유럽 전쟁으로 바쁜 틈을 타 중국 남부와 동남아시아를 점령하기

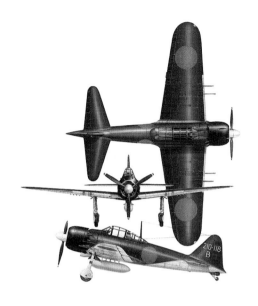

제2차 세계대전에서 중요한 역할을 한 일본의 영식(零式) 함상 전투기. 일본에서는 주로 제로센(零戰), 레이센(零戰) 등 별명으로 불린다.

위해 대륙 본토에 주둔하고 있던 간토군과 일본군의 주력 부대가 남하했다. 그러나 영국과 프랑스 등 동남아시아에 식민지를 보유한 서구 강대국들이 자국의 이권을 침탈하게 될 일본의 남하를 가만히 두고 볼 리 없었다. 유럽 각국은 각기 자국 식민지를 보호하기 위해 대대적으로 군대를 파병했다.

이 시기에 동남아시아 지역에서 태평양 지역 내 교통의 요지를 모두 점령하고 가장 큰 세력을 떨친 나라는 영국이었다. 영국은 그동안 동남아시아 식민 통치를 통해 자국의 경제 불균형을 해결하는 동시에 경제적 이익을 최대한 끌어올렸으므로 동남아시아 지역에서의 패권을 일본에 빼앗기지 않으려 필사적으로 노력했다. 특히 말레이시아와 싱가포르 일대를 지키고자 6,000만 파운드나 되는 막대한 예산을 쏟아 부어 근방 해역을 관장하는 아시아 함대를 조직했다. 그러고는 아시아 함대가 있는 한 일본이 절대 말레이 반도에 상륙할 수 없을 것이라고 굳게 믿었다.

그러나 영국이 자신만만하게 꺼내 든 비장의 카드인 아시아 함대는 안

타깝게도 일본의 남하를 저지하는 데 별다른 역할을 하지 못했다. 일본이 남하를 결정한 시기는 1940년 무렵으로, 이 시기 일본의 군사력은 이미 군함과 전투기를 이용하여 공중전과 해상전을 동시에 펼칠 수 있을 만큼 향상되어 있었다. 한편, 1941년에 영국 군대는 북아프리카의 사막 지대에서 독일군과 전쟁을 치르느라 여념이 없었다. 영국은 '사막의 여우'라는 별명으로 유명했던 나치스 군사 지도자 에르빈 롬멜Erwin Johannes Eugen Rommel이 이끄는 독일군을 상대로 고전하고 있었다. 또한 히틀러가 영국 본토를 침공하려고 군대를 재정비한다는 정보가 영국 측에 입수되면서 상황은 긴박하게 전개되었다. 본국이 위험에 처하자 동남아시아에 있는 식민지를 걱정할 여유 따윈 완전히 사라져 버린 것이다. 게다가 동남아시아에 식민지를 보유하고 있던 서양 강대국들은 1941년 10월 이전까지, 히틀러가 소련과의 전쟁에서 승리할 것이라고 확신하기 전까지는 일본도 경솔하게 전쟁을 시

맥을 잡아 주는 **일본사 중요 키워드**

집결 명령의 암호 해독

1941년 12월 2일 저녁 7시 반쯤 야마시타 도모유키가 통신병에게 전해 받은 데라우치 히사이치의 전령에는 단지 '수갑제오호위산형甲第五號爲山形'라고 적혀 있을 뿐이었다. 하지만 야마시타는 수수께끼 같은 이 한 구절에서 남방군 총사령관 데라우치 히사이치의 명령을 정확히 읽어 냈다. 이 구절은 일종의 암호문으로 제일 앞의 두 글자 '甲'은 데라우치 히사이치를 의미하고, '第五號'는 데라우치 히사이치가 내렸던 명령 중 제5호령을 의미하며, 마지막으로 '山形'은 남방군 총사령부가 작전 개시 날짜를 선택했다는 것을 의미하는 일기 암호였다. 남방군 사령관은 미리 12월 1일부터 10일 사이에 작전을 개시하기로 하고 각 날짜를 의미하는 암호를 설정했다. 날짜는 '히로시마島', '후쿠오카福岡', '미야자키宮崎', '요코하마浜', '고쿠라小倉', '무로란室蘭', '나고야名古屋', '야마가타山形', '구루메久留米', '도쿄東京' 순으로 이 가운데 여덟 번째인 야마가타는 8일을 의미한다. 다시 말해, 이 암호문은 '8일에 남방군 총사령관의 제5호 명령을 수행하라'라는 의미로 해석된다.

작하지 못할 것이라고 생각하고 일본에 대한 경계를 늦추었다. 하지만 일본은 이러한 상황을 역이용하여 1941년 말에 태평양 지역을 무대로 전 세계의 허를 찌르는 대범한 전략을 펼쳤다.

말레이시아의 재난

1939년 제2차 세계대전이 막 시작되었을 때 일본 정부는 미리 말레이시아로 사람을 파견하여 국가 내부 징황을 상세히 살피도록 지시했다. 하지만 공식 외교 사절 신분으로 말레이시아에 입국한 인물이 수집할 수 있는 정보의 수준에는 한계가 있었고, 정보의 종류 역시 일본에 필요한 군사 정보와는 거리가 멀었다. 이러한 상황에서 당시 대동아공영권이라는 기치를 맹목적으로 숭배하던 군인 쓰지 마사노부辻政信 중좌中佐와 그의 동료들이 조국을 위해 일어섰다. 1941년, 그들은 일본 민간 항공사의 여객기와 일본 해군의 해안 순찰대 보트를 이용해 말레이 반도 전체에 대한 정탐 활동을 전개했다. 같은 해 10월, 일본 정부는 쓰지 마사노부 중좌가 제출한 최신 정탐 기록들을 토대로 전쟁 계획을 최종적으로 검토했고, 말레이 반도에 불어닥칠 대재난의 서곡이 드디어 막을 올렸다.

　일본은 동남아시아 지역 침략 계획을 세운 즉시 부대를 편성했다. 일본 정부는 부대 편성 문제와 그 밖의 전쟁 준비에서 말레이시아와 싱가포르 등지에 상륙하기까지의 모든 과정을 최대한 빠르고 조용하게 해치우기를 바랐다. 실제로 일본군은 계획대로 싱가포르와 말레이시아에 조용히 상륙하는 데 성공했다. 당시 말레이시아에 주둔하고 있던 영국군 장교 아서 E. 퍼시벌Arthur Ernest Percival은 일본군이 말레이 반도에 상륙할 지점과 일본군이 싱가포르로 진격할 경로까지 정확히 예측했으나 안타깝게도 시기까지는 미처 예측하지 못했다. 기후 사정이 나쁜 것을 보고 당분간은 일본군이 상륙할 수 없으리라 단정하여 경계를 낮추고 대비를 소홀히 한 것이 그의 결정적 실수였다.

그의 예상과 달리, 일본군의 남하 일정은 기후 변화를 이유로 바뀌지 않았다. 12월 2일 말레이시아 공격을 담당한 주력 부대 육군 제25군을 통솔하던 야마시타 도모유키山下奉文 사령관은 중국 남단의 하이난다오海南島 산야三亞 항구에서 육·해군 협동 상륙 작전을 모의 실행했다. 이날 저녁 무렵, 제25군 소속 통신병 한 명이 긴급 전령을 전하기 위해 야마시타 도모유키의 방으로 뛰어왔다. 남방군 총사령관 데라우치 히사이치寺內壽一의 집결 명령이었다. 내용을 확인한 야마시타 도모유키는 군령에 따라 즉시 집결 명령을 하달했다. 그들은 군사 작전 지시에 따라 신속하게 움직여 태국 영토와 가까운 인도차이나의 국경선 일대에 집결했다.

1941년 말레이시아를 침공한 일본군이 임시 목교를 만들고 있다.

12월 8일, 야마시타 도모유키는 정해진 시간 안에 사전에 약속된 태국 상륙 지점에 무사히 도착했다. 그가 이끄는 군대는 태국과 말레이시아의 국경을 신속히 돌파하고 나서 그대로 계속 진격해 말레이시아의 코타바루 Kota Bharu에도 무사히 상륙했다. 하지만 행운은 계속되지 않았다. 코타바루에 상륙한 다음부터 전쟁의 혹독한 대가를 치른 것이다. 점령 목표인 코타바루 공군 기지로 향하는 길에는 이미 지뢰가 잔뜩 묻혀 있었다. 그러나 일본군 지도부는 최대한 빨리 말레이시아를 점령해야 한다는 전략을 수행하기 위해 지뢰밭인 것을 뻔히 알면서도 군사들에게 그대로 행군하도록 지시했다. 당시 그들은 지뢰를 제거할 만한 별다른 도구가 없었다. 그런 상황에서 지도부는 앞쪽에서 진격하는 군사들을 희생시켜 길을 뚫기를 고집했고, 그 결정으로 말미암아 수많은 일본 병사가 목숨을 잃었다. 8일 오후에는 인도차이나 반도 남부까지 날아든 일본 전투기가 눈코 뜰 새도 없이 폭격을 가하며 엄호해 주어 일본군은 코타바루 공군 기지를 손쉽게 빼앗았다. 그런 다음에도 일본군은 쉬지 않고 진격해 그날 밤에는 말레이 반도 북부의 다른 비행장까지 습격하여 결국 말레이시아의 제공권을 손에 넣었다.

　일본이 한창 말레이시아를 침략해 나가던 때, 야마시타 도모유키가 지휘하는 제25군은 말레이시아 제공권을 두고 영국군과 싸우는 한편, 영국이 자랑하는 강력한 해군인 아시아 함대를 견제하는 임무를 병행했다. 마침내 말레이시아 제공권을 완전히 손에 넣은 일본은 곧바로 영국의 아시아 함대에 커다란 타격을 줄 전투를 시작했다. 8일 저녁 해질 무렵, 영국의 아시아 함대는 일본 함대와 공군의 맹렬한 포화를 견디지 못하고 결국 패배했다. 이 일로 영국은 아주 곤란한 상황에 부딪혔다. 육군, 해군, 공군이 모두 일본 병력에 패해 더 이상 구원병을 파견할 여유가 없어졌고, 동남아 지역에 주둔 중인 영국군은 연전연패를 기록했다. 17일, 야마시타 도모유키의 참모 쓰지 마사노부 중좌가 영국군 방어 부대의 전투력이 현저히 약화되었다는 사실을 탐지해 냈다. 그 정보에 근거하여 전략을 수정한 일본군은 1942년 2월 11일에 싱가포르를 점령하기로 최종 결정을 내렸다.

12월 말, 영·미 양국 정상은 급히 회의를 열었다. 미국 워싱턴 D. C.에 모인 미국과 영국 대표는 다시 한 번 합심하여 일본군에 공동 대응한다는 전략 원칙을 세웠다. 미국은 영국군이 일본에 싱가포르를 빼앗기지 않고 반년만 버티면 조만간 구원군을 파병하겠다는 의중을 내비쳤다. 그러나 승리를 위해서라면 수단과 방법을 가리지 않고 인정사정 봐 주지 않는 일

일본군과 영국군의 군사력 대비

일본군이 말레이시아를 침략하기로 한 당시 최초로 파병한 주력 부대는 육군 제5군, 제8군, 그리고 근위 사단 및 부속 부대로 편성된 제25군으로, 총 병력은 병사 12만 5,400명, 군용 차량 7,320대, 군마 1만 1,500마리였다. 태국을 지나 말레이시아에 1차로 상륙한 병사의 수는 2만 6,600명이었는데, 그중 전투 부대 병사가 1만 7,200명이고, 전투기는 말레이시아 항공 작전을 수행할 육군이 보유한 459기와 제25군이 보유한 158기가 있었다. 그 밖에도 제25군은 각 작전을 수행하는 데 필요한 군함을 46척 보유했다.

이와 비교해 말레이시아, 싱가포르를 방어하던 수비 병력은 영국군을 중심으로 오스트레일리아의 제8군, 영국령 인도군 제8군, 말레이시아 의용군 등을 합쳐 8만 8,600명 정도였다. 숫자상으로만 보면 1차 상륙한 일본군보다 월등히 유리할 것처럼 보이나, 군사 장비나 훈련 등 실제로 전투의 승패에 큰 영향을 미치는 질적인 부분에서는 일본에 훨씬 못 미치는 수준이었다. 다시 말해, 말레이시아와 싱가포르 수비군은 최정예 부대로 밀어붙이는 일본보다 전투력이 많이 뒤떨어졌고, 군사 장비 역시 말레이시아 주둔군과 싱가포르 요새에 있는 구경 10cm 대포 외에는 내세울 만한 것이 없었다. 우선 탱크가 한 대도 없고 전투기는 미국의 구식 전투기를 보유했으나 고작 60기에 불과했으며, 그 밖에 소형 폭격기가 47기, 어뢰 공격이 가능한 전투기 24기, 허드슨 폭격기 24기, 카타리나 수상기 3기 등 총 158기가 있었다. 군함은 당시 싱가포르의 창이Changi 해군 기지에 주둔 중이던 영국 아시아 함대가 보유하고 있던 12척뿐이었다.

본군의 공격에 당시 말레이시아에 주둔하고 있던 영국군 총책임자 퍼시벌 사령관은 무조건 투항을 외칠 수밖에 없었다. 이렇게 채 두 달도 되지 않는 기간에 일본군이 말레이 반도와 싱가포르 점령에 성공하면서 일본의 남진 정책은 순조롭게 성공 가도를 달리는 듯했다. 또한 이번 전쟁에서 민첩함과 대담함, 냉정한 판단력 등을 인정받은 야마시타 도모유키는 '말레이의 호랑이'라는 별명을 새로 얻었다.

싱가포르를 점령한 야마시타 도모유키와 측근들은 효과적인 식민 지배를 위한 공포 정치의 일환으로 수칭 대학살肅淸大屠殺을 감행했다. 이는 당시 싱가포르에 거주하던 수많은 중국 화교들을 잔혹하게 학살한 사건으로, 화교 사회의 반일 감정을 고조시켰다..

일본군이 말레이시아 침략 전쟁에서 승리를 거둠으로써 앞으로 이 근방에서 전개할 태평양 전쟁에 필요한 군비를 현지에서 즉시 조달할 수 있는 식민 기지가 확보되었다. 말레이시아와 싱가포르를 점령한 일본은 쉬지 않고 더욱 격렬하게 동남아시아 침략 전쟁을 전개해 나갔다.

4 진주만 공습

진주만Pearl Harbor이라는 지명은 제2차 세계대전 때 발생한 참사를 계기로 전 세계의 이목을 끌었고, 종전 후 수십 년이 지난 지금까지도 세계 역사에 전쟁의 참담함을 상징하는 진한 흔적으로 기억되고 있다. 1941년 말, 일본은 당시 하와이 진주만에 주둔하고 있던 미군의 태평양 함대를 급습했다. 일본군의 진주만 공습은 태평양 전쟁을 일으킨 발단이자 중립을 취하며 관망하던 미국을 제2차 세계대전의 한가운데로 끌어들인 결정적 계기가 되었다.

시기 : 1941년
인물 : 야마모토 이소로쿠, 나구모 주이치, 후치다 미쓰오

더욱 거세진 전쟁의 불꽃

1937년부터 일본은 대대적인 중국 침략을 전개해 나갔다. 그들의 계획은 먼저 중국을 점령하고 이를 발판으로 소련을 쓰러뜨린 다음, 남하하여 동남아시아와 서남태평양 지역을 점령한다는 것이었다. 일본은 이러한 식민 지배에 대한 자국의 야욕을 대동아공영권이라는 허울 좋은 구실로 포장하여 대대적으로 선전하고 침략 전쟁을 합리화하려 했다. 하지만 중국 내 항일 투쟁이 예상보다 거세게 일어나고 중국 둥베이 지역 바로 뒤에 버티고 있는 소련의 군사력도 예상을 훨씬 웃도는 수준이어서 일본의 북진 전

한눈에 보는 세계사
1940년 : 한국광복군 창설

략은 정체된 상태에 놓여 있었다. 일본 정부는 여러 가지 상황을 고려한 끝에 남하에만 주력하기로 했다. 그 무렵, 영국과 프랑스는 유럽 전쟁의 포화 속에서 반反파시즘 진영의 한 축을 형성하며 격전을 벌이고 있었기에 아무리 아끼는 동남아시아 식민지라고 해도 신경 쓸 여유가 없었다.

1941년에 독일이 선전포고도 없이 소련을 급습했다. 덕분에 남하할 때 혹시 소련군이 뒤에서 공격할지도 모른다는 일본의 근심은 말끔히 사라졌다. 같은 해 7월, 일본 정부는 어전 회의를 소집해 동남아시아로 진격하여 식민지로 삼고 태평양 전쟁을 전개할 계획을 상세히 논의했다. 일본이 동남아시아 침략 계획을 구체화할수록 그때까지 동남아시아 지역에 식민지를 두고 막대한 이익을 챙겨온 서구 강대국들은 크게 긴장했고, 동남아시아 지역민들은 언제 또 전쟁이 발발할지 모른다는 불안에 떨었다. 미국도 일본의 식민지 확장 정책으로 태평양 지역 내 권익을 심각하게 위협받는 나라에 속했다.

미국은 아시아·태평양 지역에서 기존에 누려온 자국의 권익을 보호하기 위해 영국, 네덜란드 식민 정부와 손을 잡고 일본에 여러 가지 제재를 가했다. 우선 미국 내 일본 소유의 자산을 동결시키고, 전쟁에 가장 중요한 에너지원이자 군수물자 원료인 석유와 철광 자원을 일본에 수출하는 것을 전면 금지했다. 이렇게 되면 철광 자원은 조선과 만주국에서 어떻게든 충당한다고 해도 석유가 큰 문제였다. 미국이 일본에 석유 수출을 중단하자 그동안 석유 소비량의 대부분을 미국과 인도에서 수입하는 것에 의존했던 일본은 큰 타격을 입었다. 위협이 될 만한 일본의 군사 행위를 아예 원천 봉쇄하려는 미국의 외교적 압력이 노골적으로 드러나면서 미국과 일본 양국 간의 관계도 심각한 수준으로 악화되었다.

태평양 전쟁이 발발한 1941년, 국제 정세는 극도로 혼란했다. 이 무렵 미국은 일본의 남하를 저지하려는 군사 준비를 마쳤다. 하와이 제도의 오아

이탈리아의 전쟁 홍보 포스터. 일본의 전통 갑옷을 입은 거인이 발치의 미국과 영국 함대를 칼로 두 동강 내고 있는 그림

후 섬 남부에 자리해 태평양 교통의 요지로 불리는 진주만에는 태평양 지구에서 최대 규모를 자랑하는 미 해군 기지가 설치되어 있었다. 진주만은 괌이나 마닐라 만과 함께 서태평양을 향해 송곳과 같은 형세를 이루어 일본의 남하를 저지하는 데 견고한 장벽과 같은 역할을 하는 천혜의 요새였다.

이 무렵, 일본 정부 역시 미국과 영국이 자국에 무역 봉쇄를 가한 것에 대한 보복으로 진주만 공습을 감행하기로 했다. 앞서 말했듯이 진주만은 태평양 교통의 요지인 동시에 태평양 지구 내에서 가장 큰 미군의 해군 기지였다. 당시 일본의 연합 함대 사령관이던 야마모토 이소로쿠는 원래 미국을 무력으로 도발하는 것에 반대했다고 한다. 미국 유학 경험이 있는 그는 무기나 병력의 차이를 잘 알고 있었기 때문에 전쟁을 피하려 했던 것이다. 하지만 그의 뜻과 상관없이 윗선에서 전쟁이 결정되었고, 상명하복의 군대 규율에 따라 참전하는 수밖에 없었다. 한편, 야마모토 이소로쿠는 일본 정부가 진주만 공습에 성공해 미군의 해군 기지를 빼앗는다면 이 전쟁에서 약 1년 정도는 시간을 더 벌 수 있을 것으로 전망했다. 그런 이유로 야마모토 이소로쿠는 일본 정부에 진주만을 가장 먼저 공격할 것을 강력히 주장했다.

일본 정부가 진주만 공습을 실행에 옮기기 전에 야마모토 이소로쿠는 이미 진주만 공습에 대한 작전 계획을 세워놓고 작전 암호 'Z'를 설정해 둔

상태였다. 면밀한 검토와 수정을 거쳐 탄생한 이 계획안은 공군 전투기가 미군 태평양 함대의 주력 부대를 공격하면 해군이 바다 위에서 공군 전투기의 공격을 보조하고 엄호하는 해군, 공군의 연합 공격을 펼친다는 내용이었다. 일본군은 항공모함 6척에 전투기 300여 기, 전함 30여 척으로 구성된 돌격 함대 등으로 편성되어 있었다. 게다가 전투력 면에서도 고난도의 훈련을 몇 번이고 반복한 군사들로 편성되어 매우 우수한 정예 부대였다. 일본 정부는 이렇게 치밀하게 전쟁을 준비하는 한편, 대외적으로는 미국과의 악화된 관계를 협상을 통해 평화적으로 해결하길 원한다는 점을 적극 표명했다. 동시에 미국의 협조하에 유럽 전쟁의 불똥이 아시아에까지 튀는 것을 막고 싶다는 점을 거듭 강조하며 미국을 방심하게 했다. 결국 겉으로 화해 무드를 조장하는 일본의 태도에 방심한 미국은 이윽고 호되게 뒤통수를 얻어맞았다.

공습의 성공

일본은 약 반년에 걸쳐 전쟁 준비를 마쳤고 작전이 속속 진행되었다. 1941년 11월 23일, 일본 연합 함대 사령관 야마모토 이소로쿠는 진주만 공습 명령을 하달하고 기습 임무를 맡은 나구모 주이치南雲忠一 중좌와 그가 이끄는 항모 기동 부대에 쿠릴 열도 남단의 이투루프 섬에 은밀히 결집할 것을 지시했다. 사흘이 지난 26일 새벽, 나구모 항모 기동 부대의 지휘관 나구모 주이치 중좌는 항공모함 6척을 중심으로 구성된 함대를 이끌고 일본에서 출발했다. 잠수정 세 척을 앞세우고 출전한 일본의 항모 기동 부대는 긴장 속에 조용히 하와이를 향해 나아갔고, 세계 역사에 남을 진주만 폭격이 시작될 시간도 시시각각 다가왔다.

나구모 주이치 중좌가 이끄는 항모 기동 부대는 일본을 떠난 다음 상부의 작전 지시에 따라 알류샨Aleutian 열도와 미드웨이 섬 사이를 통과했다. 특수 기동 함대는 일본을 출발하고 나서 약 12일 동안 조용히 항해를 계속한 끝에 12월 7일 이른 새벽 무렵에 하와이 제도의 오아후 섬에서 북쪽으로 약 230해리 정도 떨어진 해역에 진입했다. 12월 7일은 마침 일요일이어서 출항 일정이 있는 항공모함 외의 선박들은 대부분 항구에 가지런히 정박해 있었다. 나구모 주이치 중좌는 망원경으로 미국 비행기들이 정렬해 있는 비행장의 사정을 샅샅이 살폈다. 주말을 맞아 생기가 넘치는 진주만의 휴일 풍경을 샅샅이 훑어보던 나구모의 입가에 잠시 의미 모를 흐릿한 미소가 나타났다가 사라졌다.

나구모 주이치 중좌가 공격 개시 명령을 하달하자 드디어 아침 6시 10분에 제1차 공격을 감행할 일본군 전투기 부대가 날아올랐다. 7시 15분에는 후치다 미쓰오淵田美津雄 중좌가 통솔하는 전투기 183기가 진주만 상공에 모습을 드러냈다. 그와 동시에 미군 기지의 관제탑에서도 일본군 전투기를 발견했으나 이 정보가 미군 사령부에 보고될 때는 미군 전투기가 연습 중

인 것으로 잘못 전달되는 안타까운 해프닝이 벌어졌다. 7시 49분, 휴일을
즐기던 미 해군은 마치 갑작스럽게 불어닥친 폭풍우처럼 쏟아 붓는 폭탄
세례를 받았고, 미국 측은 그제야 하늘 위를 날아다니는 것이 연습 중인
자국 부대의 전투기가 아니라는 사실을 깨달았다. 순식간에 불기둥이 하
늘로 치솟아 오르고 사방이 검은 연기에 휩싸였으며 곳곳에서 폭발음과
함께 비명이 터져 나왔다.

　일본의 공격이 시작된 지 채 한 시간도 지나지 않아 오아후 비행장에 서
있던 미군 전투기 수백여 기가 폭격으로 전부 부서졌고, 항구에 정박해 있
던 군함들도 크게 파손되었으며 개중에는 아예 격침된 것도 있었다. 이 무
렵 후치다 미쓰오는 200여 km 밖에 있는 항공모함에 공격 성공을 알리는
신호인 "토라 토라 토라トラトラトラ"를 타전했다. 그러자 일본군 측에서는 제
2차 폭격기 부대가 출격해 168기에 이르는 폭격기가 진주만 상공을 맴돌

며 비행장과 항구 쪽을 다시 한 번 집중적으로 폭격했다. 이와 동시에 진주만 내에 잠입해 있던 일본의 소형 잠수정이 어뢰를 발사하여 미 군함을 공격하고 항구를 봉쇄했다. 오전 9시 30분까지 계속된 이 두 번째 공격으로 미군은 돌이킬 수 없을 만큼 막대한 피해를 입었다.

약 100분 동안 계속된 공격 중에 일본군은 폭탄 100톤 이상과 어뢰 50발을 사용했고, 일본군의 피해는 전투기 29기에 불과했다. 반면에 미군은 격침되거나 파손된 군함이 40여 척에 이르고 대파된 전투기가 약 300기 정도였다. 또한 일본군은 사상자가 70명도 되지 않은 반면에 미국측 사상자는 군인과 민간인을 합해 5,000명 가까이 되었다. 일본의 진주만 공습은 세계 현대 전쟁 역사상 가장 성공적인 기습 공격 중 한 사례로 기록되었다. 한편, 이 대대적 공습을 겪은 미국의 태평양 함대가 재기하는 데는 반년 이상의 시간이 걸렸다. 하지만 일본군은 어째서인지 선박 수리 시설 및 중유 저장 탱크와 같은 중요 시설을 손도 대지 않고 남겨둔 채 퇴각했다. 미군 측으로서는 불행 중 다행이었다. 일본 정부는 약 두 시간에 걸친 진주만 공습 직후 미국에 선전포고를 했다.

중대한 영향

진주만 공습의 성공은 일본의 전략적 시각으로 볼 때 남하 전략에 화려하게 빛나는 첫 승리를 안겨 준 것이었다. 이번 습격으로 미국은 전력에 막대한 피해를 입어 적어도 반년 정도는 해전에 나설 수 없는 상황이 되었다. 이렇게 당분간 미국의 발을 묶어두어 시간을 벌었으므로 진주만을 공격한 본래 목적을 어느 정도 달성한 셈이었다. 이로써 일본은 누구의 방해도 받지 않고 동남아시아와 태평양 서남부, 인도양에 이르는 광범위한 지역을 점령할 수 있는 환경을 조성해 대동아공영권을 실현하기 위한 발판을 마련했다.

그러나 일본의 야비한 기습 공격은 미국 전체의 커다란 분노를 일으켰다. 이리하여 일본은 결국 세계적인 초강대국을 제2차 세계대전이라는 폭풍의 한가운데로 끌어들였을 뿐만 아니라 적국으로 삼는 어리석은 짓을 저지른 셈이 되었다. 미국이 참전하면서 결과적으로 제2차 세계대전의 종전 시기가 앞당겨졌으므로, 일본이 진주만을 공격한 것은 자멸 시기를 간접적으로 앞당긴 것이다. 또한 진주만 공습 이후 일본이 전선을 무리하게

영화 〈진주만〉

영화나 문학 작품에는 역사 속에서 실제로 일어났던 전쟁을 배경으로 하는 작품이 아주 많다. 제2차 세계대전 중에 발생한 유명한 진주만 공습 사건 역시 영화화되었다. 비교적 최근 작품 중에 유명한 것은 2001년에 미국 감독 마이클 베이Michael Benjamin Bay가 연출한 〈진주만Pearl Harbor〉으로 벤 에플렉Benjamin Geza Affleck, 조쉬 하트넷Joshua Daniel Hartnett, 케이트 베킨세일Kate Beckinsale 등이 열연했다. 이 영화는 어린 시절부터 친구였던 레이프와 대니가 제2차 세계 전쟁 중에 공군에 입대하고 그곳에서 종군 간호사 이블린을 만나 사랑을 키우면서 이야기가 시작된다.

약 1억 4,000만 달러가량을 들여 찍은 이 영화의 폭격 장면은 할리우드식 전쟁 영화 특유의 장대한 영상미를 자랑한다. 그 밖에도 진주만 사건을 주제로 한 영화 가운데 유명한 것으로는 1970년대에 미국과 일본이 합작하여 제작한 다큐멘터리풍 영화 〈토라, 토라, 토라(トラトラトラ)〉가 있다. 이 영화의 제목은 출정한 일본군이 본 진영에 공격의 성공을 알리기 위해 타전한 암호문을 그대로 따 온 것이다.

확장하여 전력을 분산한 것도 패전의 주요 원인 중 하나이다. 그러나 이 전쟁에서 기존의 군함 대신 항공모함을 해군의 주요 전력으로 활용하여 해상전과 공중전을 동시에 전개한 일본군의 새로운 전투 방식은 이후 세계의 전쟁 발전 양상에 새로운 패러다임을 제시했다.

5 미드웨이 해전

JAPAN

1942년 6월, 미국 해군 제16 기동 함대와 일본의 연합 함대가 태평양의 미드웨이 섬에서 유례없는 대규모 해전을 펼쳤다. 이 해전에 투입된 일본의 주요 병력은 항공모함과 전투기였다. 미국은 이 전투에서 항공모함 1대와 전투기 147기를 잃는 대신 일본 해군의 항공모함 카가加賀호, 소류蒼龍호, 히류飛龍호, 아카기赤城호 네 척을 전부 격침시켰고 전투기 322기를 격추시켰다. 진주만 공습으로 태평양 전쟁 초기에 잠시 유리한 고지를 차지했던 일본군은 미드웨이 해전 이후 전쟁의 주도권을 빼앗기고 빠르게 패배의 나락으로 떨어졌다.

| 시기 : 1942년
| 인물 : 야마모토 이소로쿠, 체스터 니미츠, 프랭크 플레처

진주만 후폭풍

1941년 12월에 일어난 일본군의 진주만 공습에 제때 대응하지 못한 미 해군은 사상 최악의 피해를 기록하며 참패했고 미국은 전력에 크나큰 손실을 입었다. 진주만 공습이 벌어진 다음 날, 당시 미국 대통령이던 프랭클린 루스벨트Franklin Delano Roosevelt는 공개 석상에서 "치욕의 날로 기억될 1941년 12월 7일, 미국은 일본 제국의 고의적인 기습 공격을 받았습니다."라는 문장으로 시작되는 연설문을 낭독하며 의회에 미국의 제2차 세계대전 참전을 승인할 것을 호소했다.

한눈에 보는 세계사
1940년 : 한국광복군 창설   1945년 : 8·15 광복 / 국제연합 성립

미국은 일본이 야비한 방식으로 용서할 수 없는 참사를 일으켰다며 매우 분노했다. 그 후 호시탐탐 보복의 기회를 노리며 1941년 이후로는 일본의 사소한 움직임까지 하나하나 감시했다. 일본은 진주만을 습격하기 전에 먼저 동남아시아의 말레이 반도와 싱가포르, 필리핀, 네덜란드령 동인도 제도, 미얀마 등지를 점령하는 등 태평양 전쟁에 필요한 기반을 다졌다. 그리고 동남아시아 일대를 식민지로 만든 일본의 광적인 팽창주의는 이윽고 오스트레일리아와 하와이까지 뻗어나갔다. 이렇게 일본은 먼저 동남아시아 국가들을 점령해서 식민지를 확보하고 이곳의 노동력과 풍부한 천연 자원을 취함으로써 전쟁에 필요한 군비를 확충하고 막대한 재정 문제를 동시에 해결하는 일거양득의 효과를 얻을 수 있었다. 그러나 단기간에 광대한 지역을 점령하고자 한 일본군의 무리한 침략 계획은 곧 현실에서 심각한 부작용을 초래했다. 기습 공격을 감행하여 일단 점령하는 데는 성공했지만 그 땅을 지속적으로 지킬 능력이 없었던 것이다. 따라서 일본이 잠시 반짝이는 승리를 거머쥐었다가 영국, 미국, 프랑스 등 탄탄한 군사력을 갖춘 서구 강대국들에 도로 밀려나는 것은 예정된 결과였다.

일본군 해군 중장 나구모 주이치 중좌. 미드웨이 해전에서는 일본군 총사령관이었다.

진주만과 동남아시아 지역 내 식민지를 빼앗긴 미국과 영국 등은 일본의 노골적인 도발 행위에 즉각 반응했다. 1942년 4월 18일에 미국의 제임스 둘리틀James Harold Doolittle 중령이 지휘하는 B-25 미첼 경폭격기 16기가 일본의 주요 도시들을 공격하는 임무를 띠고 항공모함 호네트Hornet호의 활주로 위로 날아올랐다. 이 폭격으로 일본이 치명적 피해를 입거나 물질적으로 막대한 손해를 입었다고는 할 수 없다. 하지만 야마토 정신을 부르짖으며 자신들은 신의 바람神風으로부터 보호받고 있다고 맹신하는 일본 사회의 집단 광기에 찬물을 끼얹기에는 충분한 효과가 있었다. 또한 일본 국민에게

일본군이 진주만 공습에서 완벽한 승리를 거
둔 것이 아니었다는 사실을 분명하게 확인시켜
주었다. 국민에게 승리를 장담하며 허세를 부
리던 일본 정부는 이때부터 조금씩 신용을 잃
기 시작했다고 볼 수 있다. 특히 미국은 일본이
진주만을 기습 공격할 때 소홀히 여기고 지나
친 바람에 무차별 폭격에서도 무사히 살아남은
선박 수리 시설과 태평양 함대 전체를 움직일
연료가 저장된 중유 저장 탱크 등 항공모함 체
계를 100% 활용한 역공을 펼쳐 일본의 자존심
에 상처를 입혔다. 둘리틀 폭격대의 공습 대상
은 도쿄, 요코하마, 요코스카, 가와사키, 나고
야, 고베, 와카야마, 오사카 등 일본의 주요 도
시였다. 이 공습으로 주요 도시들의 영공을 어

미드웨이 해전에서 미
해군이 잃은 유일한 항
공모함 요크타운호

이없이 빼앗긴 일본은 나라 전체가 공황 상태에 빠졌고, 미국으로서는 이
번 습격을 통해 미군의 사기를 회복시켰다. 이 도쿄 공습 이후 일본은 미
국의 항공모함을 궤멸시켜야 한다는 강박관념에 시달렸고, 이를 위해 미드
웨이 섬을 점령하겠다는 뜻을 굳혔다. 일본 정부가 이와 같은 뜻을 전하자
해군 대장 야마모토 이소로쿠는 곧바로 자신의 군대에 미드웨이 섬을 향
해 진격하도록 했다.

치열한 정보전

미드웨이 섬은 진주만과 마찬가지로 태평양 지구에 설치된 미국의 주요 해
군 기지였다. 미드웨이라는 이름이 나타내듯이 이 섬은 태평양 중부에 자
리하며 북아메리카와 아시아 대륙 사이를 잇는 항공로 겸 항해로로서 태

평양 교통 측면에서 중요한 의의가 있는 지점이다. 이 섬에 설치된 미국의 해군 기지는 하와이 제도 서북쪽을 지키는 기능을 담당했다. 길이 24km에 이르는 환초環礁와 그 안에 자리한 작은 섬 두 개로 구성되는 미드웨이 섬은 육지 면적이 불과 5.2㎢에 불과해 이곳 기지는 진주만 기지보다 공격하기에 어려운 점이 많았다. 하지만 일본은 남하 정책을 수행하려면 이 길을 뚫어야 했고, 미드웨이 섬 기지는 언제가 됐든 어차피 거쳐야 하는 관문이었다. 그래서 야마모토 이소로쿠는 망설임 없이 이번 작전을 받아들이고 이번에야말로 미국 해군을 격파하겠다는 각오를 다졌다. 그리고 곧바로 잠수함 부대와 항공대 등으로 구성된 기동 편대를 이끌고 미드웨이 섬을 향해 출병했다.

한편, 진주만 공습 이후 미국은 일본의 행동을 주의 깊게 감시했다. 그래서 일본이 조만간 군사 행동을 할 것이라는 점과 일본의 이번 공격 목표가 미드웨이 섬일 것이란 점도 어느 정도 예측하고 있었다. 단, 이번 공습만큼은 확실히 막아야 했기에 미군은 일본군에서 더욱 정확한 정보를 얻어 내고자 교묘한 함정을 마련했다. 1942년 5월, 미 해군은 영국과 네덜란드의 도움을 받아 일본 해군의 주요 통신 체계 암호를 해독하는 데 드디어 성공했다. 그리고 5월 초 미국이 일본의 통신 체계를 해독하면서 일본 해군이 진행 중인 공격 계획의 전모가 조금씩 밝혀졌다.

당시 일본군의 암호 체계 JN-25를 해독하던 미 해군 정보부 암호 해독반은 일본군의 이번 공격 목표가 'AF 방위'라는 것을 알아냈다. 그러자 미군 고위층 회의에서는 AF 방위가 정확히 어느 지역을 뜻하는지에 대해 의견이 분분했다. AF 방위가 미드웨이 섬이라고 보는 사람이 있는가 하면 알류샨 제도라고 생각하는 사람도 있었다. 사안의 성격상 의견 차이를 좁힐 수 있는 문제도 아니거니와 확실한 근거를 잡기 전까지는 결론이 날 수 없었다. 이때 젊은 장교 한 명이 AF 방위가 무엇을 가리키는지 정확히 알아낼 수 있는 묘안을 제시했다.

그는 우선 미드웨이 섬의 식수 공급과 관련된 시설이 고장 났다는 내용의 전문을 진주만 기지로 송신했다. 물론 거짓 정보였다. 그로부터 얼마 지나지 않아 미 해군 암호 해독반은 일본이 "AF 방위에 물 부족 문제 발생"이라는 내용의 보고를 올린 것을 확인했다. 이로써 문제의 'AF 방위'는 미드웨이 섬을 가리킨다는 것이 분명해졌다. 한 젊은 장교의 번뜩이는 재치 덕분에 미국은 태평양 전쟁의 판세를 결정하는 중요한 전투에서 큰 승리를 거두게 되었다.

일본의 공격 목표가 분명해지자 체스터 니미츠^{Chester William Nimitz} 제독은 즉시 몇 가지 대비책을 세웠다. 우선 당시 태평양 서남부에 나가 있던 항공모함 엔터프라이즈^{Enterprise}호와 호네트호를 미드웨이로 불러들이고, 산호해 해전에 참전했다가 진주만으로 돌아가 수리받고 있던 요크타운^{Yorktown}호에도 3일 안에 수리를 마치고 미드웨이 섬 북부 해역으로 와서 대기하며 일본 함대의 동태를 감시하라고 지시했다. 항공모함 3척과 그 밖의 함선 50척으로 일본의 공격에 대비할 전략을 세운 것이다. 한편, 일본군은 그때까지도 미국이 이미 자국의 암호를 해독해 기습 공격 정보를 낱낱이 파악하고 있다는 사실을 전혀 눈치 채지 못했다.

바다 위의 대격전

1942년 6월 4일 아직도 어둠이 짙게 깔린 이른 새벽, 야마모토 이소로쿠가 지휘하는 일본 함대는 대기하고 있던 해역에서 드디어 공격 개시 신호를 받았다. 나구모 주이치 중좌가 대기 중이던 전투기에 출격 명령을 내리자 아카기^{赤城}호, 카가^{加賀}호, 히류^{飛龍}호, 소류^{蒼龍}호에서 전투기 144기가 미드웨이 섬을 향해 일제히 날아올랐다. 출격 명령을 받은 전투기가 모두 무사히 이륙하자 곧이어 또다시 전투기 제2편대가 출격 준비를 마치고 갑판

미드웨이 해전 중 미군
과 일본군의 격전 장면.
일본군은 이번 해전에
서 주요 병력 대부분을
잃었다. 이번 전투에서
패배함으로써 일본은
태평양 전쟁의 주도권
을 빼앗겼다.

위에서 대기했다. 이번 작전의 현지 지휘관 나구모 주이치 중좌는 대기 준
비를 마친 제2편대 비행기에서 시선을 거두고 하늘을 올려다보며 승리를
기원했다.

한편, 미드웨이 섬 기지에 있는 미군은 주변 경계를 강화하는 등 이제
곧 시작될 일본의 공습에 대비해 최종 점검을 하느라 여념이 없었다. 6월 4
일 새벽빛이 어슴푸레한 시각에 미군의 카타리나식 정찰기가 일본군 항공
모함을 발견하고 상부에 보고했다. 그러자 보고를 받은 레이먼드 스프루언
스Raymond Ames Spruance 소장은 즉시 정찰대를 보내 일본군 지휘부의 상황
을 살피게 했고, 총지휘관 프랭크 플레처Frank Jack Fletcher 소령은 일본군이
덫에 걸릴 때까지 조용히 기다렸다.

일본군 폭격기가 미드웨이 섬에 점차 가까이 접근했다. 그러나 플레처
소령은 일본군 폭격기가 선명하게 보일 만큼 접근할 때까지도 아무 명령을
내리지 않고 조용히 기다렸다. 긴장감 속에 마침내 일본군 폭격기가 50km
지점 안으로 들어서자 플레처 소령은 드디어 요격 명령을 내렸고, 미군 전
투기 25기가 갑자기 일본군 폭격기 앞으로 날아올랐다. 일본 폭격기 부대
는 생각지도 못한 적군의 출현에 깜짝 놀랐지만 작전대로 미드웨이 섬 기
지의 비행장을 폭격했다. 한편, 일본군 현지 지휘관 나구모 중좌는 제1차

폭격을 담당한 편대가 작전을 수행하고 돌아온 다음에야 미국이 미드웨이 섬 기지에서 무장한 채 대기하고 있었다는 사실을 알았다. 하지만 그 이상 자세한 보고를 받지 못한 그는 원래 작전대로 밀고 나가기로 하고 예정대로 2차 폭격을 지시했다. 하지만 제2편대의 폭격기에 원래 장착했던 어뢰를 제거하고 폭탄으로 대체해 미군 군함을 중점적으로 폭격하도록 계획을 바꿨다.

일본군이 두 번째 출격을 위해 재무장하느라 갑판 위 상황이 바쁘게 돌아가던 때, 이번에는 일본군 정탐기가 미군 군함을 발견했다고 보고했다. 그 소식에 깜짝 놀란 나구모 중좌가 어뢰 대신 폭탄으로 대체하라고 한 명령을 뒤집고 다시 어뢰를 장착하라고 하는 바람에 일본군 진영은 혼란에 빠졌다. 일본군이 허둥지둥하는 사이, 미군 폭격기가 순식간에 일본 함대의 코앞까지 이르렀다. 그리고 일순간, 폭격기 세 대가 나구모 중좌가 승선한 기함 아카기호를 향해 급강하하며 돌진했다. 미군 폭격기에 대한 대응 사격이 너무 늦은 탓에 기함 아카기호는 결국 폭발과 함께 화염에 휩싸여 표류하게 되었다. 후방의 주력 함대인 야마토大和호에서 그 상황을 지켜보던 야마모토 이소로쿠는 결국 이를 악문 채 아카기호를 포기하고, 구축함 중 하나인 노와키野分호에 아카기호 격침을 명령했다.

전력에 막대한 타격을 입었어도 야마모토 이소로쿠는 침착하게 대처했다. 먼저 일본군 전함을 전부 자신이 탄 야마토호 주변으로 모여들게 해 미군의 주의를 끌었다. 당시 세계 최대 규모를 자랑한 전함 야마토에 장착된 최신식 함포의 사정권으로 미군 전투기를 끌어들이려는 전략이었다. 그러나 아쉽게도 미군은 야마모토 이소로쿠의 생각대로 움직여 주지 않았고, 오히려 항공모함인 카가호와 소류호, 히류호를 맹렬히 공격했다. 결국 미군의 맹렬한 공격을 견디지 못한 카가호가 먼저 태평양의 깊은 바닷속으로 침몰하고 말았다. 아카기호에 이어 일본은 두 번째 항공모함을 잃었다.

한 치의 양보도 없는 양국의 격렬한 해상전은 이튿날 새벽까지 계속되었고, 소류호와 히류호까지 격침되어 일본은 주력 항공모함 네 척을 전부 잃고 말았다. 그러자 야마모토 이소로쿠는 어쩔 수 없이 미드웨이 공습 작전 중지를 선언했다. 1942년 6월 5일 13시, 격렬했던 미드웨이 해전이 비로소 끝났다. 이 전투에서 미국은 항공모함 한 척과 구축함 한 척을 잃은 것에 비해 일본은 주력 항공모함 네 척을 모두 잃고 순양함 한 척과 전투기 332기, 그리고 세계 어디에 내놓아도 빠지지 않을 정도로 경험이 풍부하고 실력이 우수한 일본군 조종사와 정비사, 선원을 수백 명이나 잃었다. 미드웨이 해전은 결과에서도 볼 수 있듯이 일본이 일방적으로 패배한 전투였다.

일본은 미드웨이 해전에서 참패를 당한 후유증으로 이후 태평양 지역 내의 전쟁 주도권을 잃는 심각한 타격을 입었다. 또한 일본 제국은 그 후 차분히 전열을 가다듬으며 전쟁의 주도권을 되찾을 여유도 없이 전쟁을 계속한 탓에 그대로 파멸의 길을 걷기 시작했다. 전세는 미국에 유리하게 돌아갔다.

6 가미가제 특공대

JAPAN

13세기 무렵, 당시 몽골족이 세운 원나라가 일본을 정벌하기 위해 고려를 통해 바다를 건너오려고 했다. 그러나 강한 태풍이 불어 파도가 거센 탓에 배가 전복되어 일본 정벌이 좌절되었다. 원나라는 그 후 다시 전열을 가다듬어 일본을 침략하려 했으나 이번에도 태풍이 불어닥치는 바람에 또 한 번 원정이 좌절되었다. 이때부터 일본인들 사이에는 자국이 '신의 바람神風'으로부터 보호받고 있다는 인식이 뿌리 깊이 자리 잡았다. 그로부터 수백 년이 지난 20세기, 태평양 전쟁이라는 큰 전쟁을 앞두고 일본인들 사이에는 다시 한 번 신의 바람이 불어오기를 바라는 열망이 들끓었다.

시기 : 1944~1945년
인물 : 오오니시 다키지로, 세키 유키오

'신의 바람'의 유래

1944년 제2차 세계대전이 끝을 향해 치닫던 무렵, 전 세계적으로 점차 반파시즘의 열기가 뜨겁게 달아올랐다. 그런 반면에 일본은 시간이 흐를수록 자꾸 불리해지기만 하는 전쟁이 점점 버거워졌다. 특히 태평양 전쟁에서 산호해 해전과 미드웨이 해전을 거치면서 전력이 눈에 띄게 약해져 번번이 참패를 당하는 탓에 일본군의 사기는 땅에 떨어져 있었다. 게다가 눈코 뜰 새 없이 계속되는 전쟁으로 일본 해군은 심각한 전력 손실과 전투력의 질적 하락에 시달렸다. 한때 '세계 제3의 해군'이라고 불릴 정도로 막강

한눈에 보는 세계사
1945년 : 8·15 광복 / 국제연합 성립

한 전투력을 자랑하던 일본의 연합 함대도 1944년 말기에 이르러서는 이미 그 명운이 다해 가고 있었다.

일본 정부와 군국주의 사상가들은 파멸의 순간이 코앞에 다가왔다는 것을 본능적으로 감지했다. 하지만 당시 일본에서는 군사 정부가 대중들에게 끊임없이 군국주의의 꿈을 불어넣은 탓에 여전히 대동아공영권에 대한 환상에 사로잡혀 있었다. 따라서 지금까지 자신만만한 태도로 전쟁을 부추긴 정부가 이제 와서 약한 모습을 보이며 태도를 뒤집을 수는 없는 노릇이었다. 더 이상 감당할 수 없는 집단적 광기 앞에서 일본 군국주의 사상은 점점 극단적인 성향을 띠었다. 그리고 이는 이미 패배가 분명한 태평양 전쟁에서 발을 빼기는커녕 더욱 깊이 파고들어 수많은 목숨을 덧없이 희생시키는 결과를 낳았다. 이러한 일본 내 분위기를 가장 극명하게 드러낸 것이 자살 특공대의 출현이었다. 그들의 전술은 '나를 희생하여 적군에 타격을 주고 조국에 승리를 안기는 영광스러운 죽음을 택하리라'라고 결의를 다진 후 폭탄을 장착한 전투기로 미국 함대를 들이받는 것이었다. 자살 특공대의 등장으로 미 해군은 전력에 커다란 손실을 입는 듯 보였다. 일본 여론은 이들이 마치 먼 옛날 일본을 구한 '신의 바람'처럼 조국을 구할 것으로 기대하며 구국 영웅으로 치켜세웠다.

신의 바람을 의미하는 '가미가제 神風'의 유래는 13세기로 거슬러 올라간다. 당시 중국 대륙은 몽골족이 세운 원나라가 지배했다. 1274년에 원나라는 일본 정벌을 시도했으나, 태풍을 만나는 바람에 일본 땅을 밟아 보지도 못하고 많은 원나라 군사가 바다 한가운데서 목숨을 잃었다. 그러나 원나라 황제는 일본 정벌을 포기하지 않고 1281년에 다시 일본 정벌군을 파견했다. 그런데 이번에도 운 나쁘게 태풍을 만나 일본 정벌이 또다시 좌절되었다. 두 차례나 실패하자 원나라는 결국 일본 정벌의 꿈을 접었다. 반면에 일본에서는 똑같은 우연이 두 번이나 일어나자 하늘이 원나라 군대를 격퇴해 일본 열도를 지켜 준 것으로 믿기 시작했다. 바람을 '신의 가호'로 여기는 믿음과 애착은 이때부터 시작되어 지금도 일본의 정서를 크게 지배한다.

한편, 죽음을 불사하고 적군을 향해 돌격하는 것으로 유명한 일본군의 자살 전술은 러일 전쟁에서 처음 나타났다. 러일 전쟁 당시 일본의 한 병사가 러시아군 전력에 큰 피해를 입히려 단독 행동을 한 것이 시초로, 실제로 큰 효과가 있었다는 당시 일본 측 기록이 남아 있다. 그 이후 태평양 전쟁 기간에도 일본군 내에서는 전투기가 심하게 파손되었거나 조종사가 부상을 입어 귀환이 어려울 경우에는 조종사가 자의적으로 이러한 자살 돌격 방식을 택하는 일이 종종 있었다. 실제로 진주만 공습 때 폭격기 조종사였던 사카타 후사타로坂田房太郎가 중상을 입자 귀환을 포기하고 미군 비행기 격납고로 돌진해 미군의 전력에 큰 손실을 안겨 주었다. 이처럼 자살 돌격 방식은 원래 개인이 조국에 충성하기 위해 마지막 순간에 자의로 선택했던 희생적 행위였으나 갈 데까지 간 일본군은 1944년 비아크Biak 섬 상륙 작전 당시 이를 공식적인 '전술'로 채택해 공군 조종사들에게 강요하기에 이르렀다.

1944년 5월, 일본은 뉴기니 전선의 전략적 요충지인 비아크 섬에서 미군과 또 한 차례 격전을 벌였다. 27일에는 육군 제5비행 전투 부대 대장 다카다高田 소좌가 상부의 명령에 따라 폭격기 4기를 스스로 미국 군함에 들이받게 하는 자살성 폭격을 감행해 끝내 격침시켜 큰 피해를 입혔다. 이 사실은 일본 군부에 보고된 후 일본 사회에 알려지면서 큰 충격을 안겨 주었다. 이때 일본군

1941년 12월 30일 미 공군 퇴역 군인 체놀트(Claire Lee Chennault) 장군이 퇴역 공군 조종사들과 조직한 '플라잉 타이거즈(Flying Tigers)'를 이끌고 중국 후난 성으로 찾아와 중국의 항일 무력 전쟁에 참전했다.

1941년 12월 진주만 습격을 앞두고 가미가제 특공대원이 출격 직전에 욱일승천기를 머리에 동여매고 있다.

제1항공함대 사령관이었던 오오니시 다키지로大西瀧治郎 중장은 아예 이러한 공격을 주 무기로 하는 특수 부대를 설치하자고 건의했다. 당시 태평양 전쟁의 상황은 일본에 아주 불리하게 돌아가고 있었기에 궁지에 몰린 일본 군부는 이를 받아들였다. 그리고 13세기에 외세의 침략에서 일본을 구해 준 '신의 바람'을 떠올리며 그때와 같은 기적이 다시 한 번 일어나 태평양 전쟁에서도 승리하기를 희망하는 마음으로 자살 특공대에 '가미가제神風 특공대'라는 이름을 붙여 주었다.

1944년 10월, 한창 동남아시아에서 식민지를 확장하는 데 열을 올리던 일본군은 생각지도 못한 방해물에 부닥쳐 고전을 면치 못하고 있었다. 야마모토 이소로쿠의 유능한 부하로 일본 제1항공함대 신임 사령관으로 취임한 오오니시 다키지로는 패망의 위기에 놓인 일본을 구하고자 필리핀으로 건너갔다. 당시는 일본의 모든 전선이 붕괴되기 직전의 위기였고 필리핀의 상황도 크게 다르지 않았다. 일본의 필리핀 주둔군 제5기지 항공 부대는 전투력이 많이 떨어진 채 열악한 환경에서 간신히 버티고 있었다. 오오니시는 이런 상황에서 전세를 회복하고 사기를 올리는 가장 빠르고 효과적인 방법은 자살 폭격밖에 없다고 생각을 굳혔다. 그는 영식 함상 전투기를 자살 폭격에 이용하기로 하고 자살 특공대를 편성했다. 여기에 여전히 군국주의의 광기에서 헤어나지 못한 일본의 수많은 청년 조종사들이 동조했고, 드디어 제1차 가미가제 특공대가 탄생했다.

'가미가제'의 성적

7,000여 개 섬으로 구성된 필리핀은 일본과 뉴기니를 잇는 중요한 해상 교통로로 태평양 전쟁 당시 일본의 식민 통치를 받고 있었다. 1944년 10월 17일에 미 해군 제3함대 소속 항공모함 16척과 전열함 6척, 순양함과 구축함 73척의 엄호 아래 18만 명에 이르는 영미 연합군 병력이 필리핀 제도 남부의 레이테 섬에 상륙했다. 영미 연합군은 우선 일본의 물자 수송 노선을 차단해 일본군을 고립시키기로 했다. 보급로가 끊기는 것은 곧 죽음을 의미하고 필리핀을 빼앗기는 것은 곧 일본 본토를 위험에 노출시키는 것이었으므로 일본군은 무슨 수를 써서라도 전선을 사수해야 했다. 그러나 필리핀에 주둔하던 일본의 제1항공대에는 전투기가 40기뿐이었으므로, 무력으로 영미 연합군을 물리친다는 것은 현실적으로 불가능한 일이었다.

이 난관을 타개하고자 오오니시 다키지로는 군사 학교에서 학도병 23명을 선발해 직접 훈련시켜 가미가제 특공대를 편성했다. 그런데 막상 가미가제 특공대를 이끄는 대장을 맡을 만큼 용기와 결단력을 갖춘 인물을 찾기가 쉽지 않았다. 대장에 적합한 인물을 신중하게 고르던 오오니시의 눈에 얼마 전에 진급한 세키 유키오關行男 상위가 들어 왔다. 당시 23살 청년이던 유키 세키오는 결혼한 지 이제 4개월 된 새신랑이었다. 오오니시 다키지로는 일단 그를 염두에 두면서도 이제 갓 가정을 꾸린 젊은 장교가 죽을 것이 뻔한 임무를 떠맡을 리 없다고 생각했다. 그래도 한 번 은근한 태도로 가미가제 특공대 대장을 맡을 의중이 있느냐고 물어보자 세키 유키오는 한동안 생각해 보더니 결국 비장한 얼굴로 제안을 받아들였다.

25일 오전, 일본 역사상 첫 가미가제 특공대가 오오니시 다키지로의 명령을 이행하기 위해 필리핀 레이테 만에서 날아올랐다. 그날 가미가제 특공대가 날아오른 레이테 만의 하늘은 구름 한 점 없이 청명했고 사방은 쥐 죽은 듯 조용해서 잠시 후면 이 평화로운 풍경이 사라지고 태평양 전쟁이 시작된 이래 최대 규모의 공중전이 펼쳐질 것이라고는 아무도 예상치 못했다. 10시 50분, 미군은 일본군 전투기 아홉 기가 미국의 항모편대를 향해 돌진해 온다는 것을 알아차렸고 이를 저지하기 위해 즉시 미군 전투기가 발진했다. 미군 전투기 조종사들은 곧 일본군 전투기가 변변한 공격 장비도 갖추지 않은 영식 함상 전투기라는 것을 알아차렸다. 그 순간, 일본군 전투기 다섯 기가 앞머리를 쳐들어 하늘 높이 올라가더니 금세 방향을 바꾸어 미국의 항공모함 편대 위로 급강하했다. 이 순간까지도 미군 전투기 조종사들은 어째서 무기도 제대로 갖추지 않은 영식 함상 전투기가 미군 함대의 본진까지 날아드는지 이해하지 못하고 어리둥절해 있었다. 그러나 영문을 알 수 없는 이 일본군 전투기들이 미군의 카사블랑카급 항공모함 CVE-71 키쿤베이USS Kitkun Bay와 CVE-63 세인트 로USS St. Lo를 향해 돌격하자 이를 지켜보던 미군 전투기 조종사들은 경악을 금치 못했다. 경악과 충격에 빠진 미군 조종사들의 눈앞에서 설마 하던 일이 벌어졌다. 일본 전투기들이 차례로 날아가 항공모함을 들이받고 불꽃 속으로 사라져 간 것이다.

27일까지 일본은 영식 함상 전투기 55기와 자살 특공대 대원 24명을 희생하여 미 해군의 항공모함 한 척과 순양함 한 척을 격침시키는 데 성공했다. 또한 항공모함 네 척과 순양함 한 척을 크게 파손시켰고, 그 밖에 비교적 가벼운 피해를 입은 함선도 많았다. 이때부터 일본군 내에는 가미가제 특공 전술의 바람이 거세게 불어닥쳤다.

1945년 2월 오가사와라 제도에 있는 이오지마硫黃島에서 다시 미군과 일

본군의 격전이 벌어졌다. 이 전투에서 다시 가미가제 특□ 기 568기가 날아 올랐다. 이오지마 전투에서는 레이테 만 전투보다 가미가제 특공대의 투입 규모가 크게 늘어났으나, 미국의 항공모함 한 척을 간신히 격침시키고 그 밖에 두 척을 파손시키는 정도에 그쳐 레이테 만 전투에 훨씬 못 미치는 초 라한 성적을 기록했다. 하지만 미드웨이 해전에서 주력 항공모함을 대부분 잃은 일본 해군은 계속 가미가제 전술에 기댈 수밖에 없었고, 젊고 유능한 일본군 조종사들은 죽을 것을 뻔히 알면서도 불 속에 뛰어드는 불나방 신 세가 되었다. 한편, 일본 군부는 가미가제 특공대의 전력을 높이고자 규모 를 확대하기로 하고 특공대원 양성에 힘을 쏟도록 했다. 결국 이성을 잃은 일본 군부가 수많은 일본 청년들에게 조국을 위한 희생을 강요하며 자살 특공의 임무를 떠안긴 것이다.

가미가제 특공대원이 출전하기 전의 의식이 다. 당시 가미가제 특공 대원들은 덴노가 하사 한 술을 한 잔씩 받아 마시고 술기운을 빌어 출전했다고 알려졌다.

1945년에는 미군과 일본군이 최초로 일본 내 영토에서 맞붙은 오키나와 전투가 발발했다. 일본으로 통하는 문인 오키나와에서 벌어진 이 전투에서는 2,000기에 이르는 최대 규모의 가미가제 특공대가 출격하여 미국 군함 260척을 격침시켰고 그

일본군의 자살 특공대로 유명한 가미가제 특공대원

밖에 파손된 미국 군함 수가 368척에 이르렀다. 오키나와 전투에서 일본이 가미가제 특공대 사상 최대 규모의 병력을 투입했다지만, 당초 미국과 일본의 병력에는 엄청난 차이가 있었다. 그런 전력의 차이를 바탕으로 미국 측은 비록 오키나와 전투에서 비싼 대가를 치렀지만 승리를 거머쥐었다. 미국의 피해 규모만 보더라도 죽기를 각오하고 덤벼드는 일본을 상대로 미국이 얼마나 고전했는지 충분히 알 수 있다. 미국 측에서 볼 때 오키나와 전투는 태평양 전쟁이 시작된 이래로 미국에 피해가 가장 큰 전투로 기록되었다.

'가미가제'의 운명

1945년에 벌어진 오키나와 전투 이후 일본의 패전은 거의 확정되었다. 그러나 패배를 인정할 생각이 전혀 없던 일본 군부는 일본 본토에서 벌어질 결전에 대비해 다시 한 번 최대 규모의 가미가제 특공대를 구성하는 등 연합국 군대의 공격에 맞서려 했다. 1945년 8월 15일, 가미가제 특공대

2,800기가 규슈 근방에서 연합국 군대의 공격을 방어하기 위해 대기하고 있었다. 하지만 이들에게 날아든 것은 연합국 군대의 공격이 아니라 쇼와 덴노의 무조건 투항 명령이었다. 결국 가미가제 특공대의 출격은 취소되었고, 자살 특공대를 조직하고 지휘하면서 수많은 가정의 아들들을 1회용 병기로 희생시켰던 오오니시 다키지로는 전통적인 사무라이의 할복 방

'가미가제' 특공대의 장비

1944년 10월 무렵, 일본 해군 내에서 처음으로 가미가제 특공대가 생겨난 후로 그 수는 빠르게 증가했다. 그중에서도 대표적인 야마토大和, 아사히朝日, 세이츄誠忠 등을 포함한 8개 가미가제 특공대는 비슷한 시기에 앞다투어 편성되었다. 이들 특공대는 무게가 가벼운 전투기 모델을 주로 이용했으며, 그 밖에 기존 전투기에서 무게가 나가는 부분을 제거하거나 개조해 사용하기도 했다. 당시 가미가제 전용 전투기로 설계된 모델은 '오우카櫻花'와 'KI-115'가 있다. 가미가제라는 전술의 특성상 전용 기체의 설비는 매우 간소한 것이 특징이며, 화약을 다량 실을 수 있도록 만들었다. 가장 큰 특징은 기체가 이륙하면서 바퀴가 저절로 떨어지게 설계된 점이다. 바퀴를 떨어뜨리는 이유는 두 가지로 볼 수 있다. 첫 번째는 기능상의 이유로 기체를 최대한 가볍게 하려는 것이고, 두 번째는 심리적인 이유로 죽음을 앞에 두고 도망치는 것을 방지하는 동시에 비장하게 싸우도록 하려는 것이다. 전투기는 바퀴가 없으면 착륙할 수 없다. 따라서 가미가제 전용 전투기가 일단 한 번 이륙하면 그 안의 조종사가 살아날 가능성은 거의 없었다.

오우카가 첫선을 보인 것은 오키나와 전투에서였다. 오우카는 기체 앞부분에 1.2톤이나 되는 화약을 싣고 전장에 나갔다. 단, 오우카는 자력으로 이륙하지 못하고 근속거리가 짧아 목표물 근처까지 모기母機가 운반해야 한다는 단점이 있었다. 모기에서 분리된 후 오우카의 최고 속도는 수평 비행일 때가 648km/h이고 급강하해 돌격할 때는 1,040km/h까지 나왔다.

여기까지 설명한 가미가제 전용기 오우카의 특징들을 요약해 보면, 일본 군부는 결국 가미가제 특공대원들을 그저 명중률이 높은 유인 요격 미사일 정도로 여겼을 뿐이라는 사실을 알 수 있다. 가미가제 특공대의 출현은 끝까지 패배를 인정하지 않으려 한 군국주의 일본의 마지막 광기가 낳은 산물이다. 무슨 수를 써서라도 전쟁의 판세를 뒤집어 보려던 일본의 이러한 행태는 세계를 경악게 하는 데는 성공했지만, 패망의 늪에 빠진 일본을 구해 내지는 못했다.

식에 따라 자결하는 길을 선택했다. 이로써 일본이 무조건 투항을 선언하는 동시에 전쟁의 광기가 낳은 기형적 산물인 가미가제 특공대는 즉각 해산되었다.

7 오키나와 전투

JAPAN

미군에 필리핀을 빼앗기고 이성을 잃은 일본이 전쟁에 임하는 자세는 마치 "너 죽고 나 죽자."라는 식이었다. 어떤 희생을 치르더라도 반드시 승리하겠다는 집념에 불타 수단과 방법을 가리지 않는 일본의 태도에 질린 미국은 이 전쟁을 최대한 빨리 끝내기로 했다. 속전속결로 매듭지으려면 일본 본토를 공략하는 것이 가장 효과적이었으므로, 첫 격전지로는 오키나와 본섬을 선택했다. 오키나와 본섬이 본토를 공습하는 데 최적의 요건을 갖췄다는 점을 미국이 눈치 채면서 이곳이 태평양 전쟁의 승패를 결정짓는 전략적 요충지로 떠오른 것이다.

시기 : 1945년
인물 : 우시지마 미쓰루

'일본의 문' 앞까지 닥친 위기

오키나와 본섬은 일본 본토와 중국 남쪽의 타이완 사이에 있으며 일본 규슈 섬에서 불과 630km밖에 떨어져 있지 않아 쉽게 미군의 표적이 되었다. 오키나와 본섬은 원래 이에지마伊江島 등과 함께 옛 류큐 왕국에 속한 땅으로 류큐의 정치, 경제, 문화의 중심지였고 지금도 오키나와 현의 중심지이다. 일본 본토의 서남 지방을 지키는 요새로서 중요한 역할을 하는 오키나와 본섬은 총 면적이 1,500㎢도 되지 않는 좁은 땅이지만 비행장이 네 군데나 있다.

한눈에 보는 세계사

1945년 : 8·15 광복 / 국제연합 성립

1945년 미군이 루손Luzon 섬과 이오지마를 점령하면서 오키나와는 미·일 전쟁에서 전략적 요지로서의 비중이 매우 커졌다. 미군은 류큐 군도의 제해권과 제공권을 손에 넣고 일본 본토를 공격하는 데 전초 기지를 확보하기 위해 오키나와 본섬을 점령할 필요가 있다

오키나와 본섬의 전투에서 일본기를 빼앗은 미군

는 것을 깨달았다. 오키나와 본섬의 운명에 따라 일본 전체의 운명이 달라진다고 해도 과언이 아닐 만큼 중요한 곳이었다. 일본군이 오키나와 본섬을 사수하는 데 실패하고 미군의 침입을 허용하면 일본 본토가 폭격의 위험에 그대로 노출되는 것은 물론이고 그동안 일본이 쥐고 있던 한반도와 중국 연해, 타이완에서의 제해권과 제공권까지 모두 잃게 될 것이기 때문이었다. 쉽게 말해, 일본이 오키나와 본섬을 잃는다는 것은 체스에서 체크메이트의 상황에 놓이는 것과 같은 것이다. 체크메이트란 왕이 잡히기 직전의 상황을 말한다.

1944년 7월 일본군이 미군과의 대결에서 마리아나 제도를 지키는 데 실패한 이후 일본 정부는 오키나와 본섬의 수비 병력을 증원하고 방어 시설 공사에 더욱 힘을 쏟았다. 1945년이 시작되고 미국이 오키나와 본섬을 침략할 의도를 노골적으로 드러내자 일본은 즉각 모든 군사 역량을 끌어모아 오키나와 본섬을 수비하는 데 집중시키고 미국의 태평양 함대를 격퇴하기로 했다.

일본군의 대본영에서는 앞으로 미국과 치르게 될 일본 본토에서의 결전

에 대해 몇 번이고 신중하게 논의를 거듭했다. 대본영의 지시에 따라 일본군은 1945년 3월부터 가미가제 전술의 연장선인 '덴天고 작전'에 돌입했다. 작전 준비를 위해 자살 특공대 전용 전투기를 약 3,000기 준비하여 타이완과 류큐, 규슈 등지에 나누어 숨겨 놓고 미군 함대가 일본에 접근하는 것을 대비하는 한편, 오키나와 본섬에도 미군 상륙을 저지하고자 육군 제32군을 배치했다.

처참하게 부서진 '일본의 문'

1945년 2월 18일, 미군은 대형 항공모함 11척과 경형 항공모함 6척, 순양함 18척, 구축함 56척을 끌고 찾아와 규슈와 시코쿠, 타이완 등을 향해 총구를 겨누었다. 미군의 이런 행동은 오키나와 본섬에서 벌어질 참혹한 전투의 서막을 알리는 신호탄이었다. 하지만 미군 당국은 몇 달 전에 일본 병력의 마지막 희망인 가미가제 특공대가 미국과 일본 사이에 벌어졌던 레이테만 전투와 이오지마 전투에서 얼마나 많은 미국의 해·공군 함대를 무너뜨렸는지 생생하게 기억하고 있었다. 당시의 악몽에 비추어 이번에는 상륙하기 전에 미리 정찰기를 띄워서 일본 본토와 류큐 제도, 타이완 등지에 세워진 일본의 항공 기지를 찾아냈다. 그리고 일본군 항공 기지에 대한 대대적인 파괴 작업을 진행해 일본의 항공 전력을 무력화시켰다. 23일부터 미군은 강대한 함재기와 함포를 이용하여 일본이 미리 점찍어 전쟁 준비를 해 놓은 게라마慶良間 제도와 오키나와 본섬의 군사 시설을 무용지물로 만들어 버렸다. 미 군함에 장착된 최신식 대포는 압도적인 위력을 뽐내며 오키나와 본섬의 비행장과 군사용 방어 시설을 파괴하는 한편, 그 작업을 진행하는 미군 함대에 공격을 가하는 일본 함대를 차례로 무너뜨렸다.

　3월 26일, 미군 함대는 게라마慶良間 제도에 있는 함선 정박 시설과 보급 기지를 점유했다. 이로써 4월 1일로 예정된 상륙 작전 준비는 순조롭게 진행되었다. 긴장 속에 마침내 4월 1일 아침이 밝아왔다. 주변이 아직 어슴푸레한 이른 새벽, 미군 군함 1,300척이 작전대로 오키나와 본섬의 서쪽 해안에 상륙했다. 미군이 최대한 조용히 상륙한 이 시간에 사실 해변은 텅비어 있었다. 당시 일본군은 미군의 강력한 대포 공격을 피해 해안가 진지를 버리고 후퇴하여 내지 결전을 벼르고 있었기 때문이다. 덕분에 미군의 상륙 작전은 손쉽게 성공했다. 하지만 아직 일본군의 계책을 제대로 파악하지 못한 미군은 염려하던 일본군의 반격 없이 행군이 길어지자 점차 긴장이 풀렸다. 그러다 마침내는 일본군이 오키나와 본섬의 방어를 포기하고 도망친 것으로 생각해 마음을 푹 놓고 섬 내부 깊숙이까지 들어갔다.

4월 4일, 미군 6만 명이 성공적으로 상륙하여 속속 오키나와 본섬 내부로 진입했다. 이때 숨어서 조용히 기회를 노리던 일본군은 미군이 완전히

1945년 5월 태평양 전쟁 중 오키나와 전투. 미군이 진흙탕 길을 행군하고 있다.

방심하자 기습 공격을 퍼부었다. 일본군은 옛 류큐 왕국의 왕궁이 있던 슈리까지 들어온 미군을 맞이하여 죽을 각오로 싸움에 임했다. 무기나 전력면에서는 미군이 월등하게 앞섰으나 오키나와 상황을 세세히 꿰뚫고 있는 일본군은 지형을 이용하여 사전에 많은 준비를 해 두었다. 그 결과, 이번 싸움은 한 치 앞의 상황도 쉽게 예측할 수 없을 정도로 긴박하게 돌아갔다. 미군은 일본군의 반격이 예상보다 날카로운 데 크게 당황했지만, 일단 시작된 전투에서 그냥 물러설 수는 없는 법이었다. 미군이 화약을 이용하여 동굴 속 깊이 숨어 있는 일본군을 공격하자 전세가 순식간에 역전되어 오키나와 본섬 중부 지역은 미군에 점령되었다.

미군은 오키나와 본섬의 중부 지역을 점령한 이후 남부와 북부 지역도 마저 점령하고자 계속 진군했다. 이 단계에서는 미국의 상륙 작전이 완벽하게 성공한 듯했으며, 곧바로 다음 단계의 작전이 시작되었다. 그런 상황에서 일본은 도저히 이번 실패를 받아들이지 못하고 다시금 일본 본토의 안전만큼은 반드시 지켜내겠다는 결의를 다졌다. 미군이 오키나와 본섬에 상륙한 지 이틀 후, 본토에 있던 일본 해군 연합 함대는 미군과 결전을 치르기 위해 빠르게 오키나와로 진격했다. 미군이 즉각 일본의 도전을 받아들여 규슈 서남부 해역으로 항공모함을 파견하면서 규슈 앞바다는 일본군과 미군 간에 격렬한 해전이 벌어질 무대가 되었다. 이때 그동안 중요한 선력을 모두 잃은 일본 해군이 이 전투에서 승리할 수 있으리라고는 그 누구도 기대하지 않았다.

일본군의 완강한 저항 앞에 미군은 조금 기세가 주춤했다. 그러나 4월 21일에 오키나와 본섬 북부와 이에지마를 점령하는 데 성공했고, 곧이어 24일에는 마키 미나토牧港 방어선을 돌파하는 등 무리 없이 작전을 수행하며 성공을 거듭했다. 5월 4일, 반전을 노린 일본군의 공격이 실패하면서 일본군의 진지는 점차 줄어든 반면에 미군은 오키나와 본섬 각지를 빠르게 점령해 갔다. 미군은 5월 29일 슈리 일대의 방어선을 점령하고, 6월 4일에는 다시 오로쿠小禄 반도에 상륙했다. 17일에는 키안喜屋武 상륙에 성공하고 22일에는 일본군의 남부 방어선을 돌파했다. 6월 22일, 미군이 일본의 남부 방어선을 돌파하기까지 일본군과 미군은 십여 차례에 걸쳐 반복적으로 대규모 전투를 벌였다. 그러나 모든 전투는 처음부터 끝까지 미군이 변함없이 우위를 점했다.

6월 23일에 일본 육군 제32군의 사령관 우시지마 미쓰루牛島滿 중장과 그의 참모 조 이사무長勇 소장이 할복자살하면서 일본의 운명을 쥔 이 전쟁은 끝이 났다. 이 전쟁 기간에 일본의 사망자는 군인과 민간인을 합쳐 20만 명에 이르렀고 무려 7,400여 명이 미군에 포로로 잡혔다. 그 밖에 전투기 7,830기를 잃고 군함 20척이 격침당하거나 대파되었다. 하지만 이 전쟁의 최종 승자인 미국 역시 7만 명 이상 사상자를 냈으며, 전투기 763기가 피해를 입고, 군함은 36척이 격침되고 368척이 파손되는 등 피해가 적지 않았다.

예견된 패배

미군이 이 전쟁에서 승리를 얻기까지 치러야 한 대가는 적지 않았다. 그러나 이 전쟁 이후 미군은 일본 본토의 서남쪽 문을 활짝 열어젖혔으며, 일본 본토의 해·공 기지를 점령하여 일본 본토 상륙 작전을 펼칠 기반을 마련했다. 게다가 미군은 전쟁 기간에 오키나와 제도에 항공 기지망을 구축하고 대규모 항공 병력을 주둔시켜 언제라도 일본 전투기의 공격을 막아낼 수 있도록 만반의 준비를 했다. 이렇게 오키나와를 평정하면서 일본 본토를 공격하는 것은 한결 수월해졌다.

오키나와 본섬에서 벌어진 전투는 전투 규모나 기간, 쌍방의 피해 규모까지 모든 면에서 그동안 미·일 양국 군대가 태평양 지구에서 펼친 전쟁 중 최고를 기록한 대전투였다. 그리고 양국 간의 마지막 전쟁이 되었다. 미군은 오키나와 본섬을 점령하면서 일본 본토를 공격하기 위한 전략적 기지를 확보하겠다는 당초의 목적을 이루었다. 또한 일본은 오키나와 본섬에서 패배한 직후 쇼와 덴노가 라디오를 통해 육성으로 무조건 투항을 선언한 순간, 그동안의 헛된 망상이 결국 연기처럼 사라졌다는 것을 겨우 실감했다.

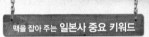
맥을 잡아 주는 **일본사 중요 키워드**

동양의 하와이 '오키나와'

오키나와 본섬은 원래 옛 류큐 왕국의 중심이 된 섬으로, 메이지 시대 초반까지만 해도 존재했던 류큐 왕국은 일본과 문화도, 풍습도, 언어도 다른 별개의 국가였다. 또한 일본령으로는 드물게 아열대 지역으로 자연 환경도 다르고 문화 색채도 달라 오늘날 일본인에게 사랑받는 휴양지가 되었다.

그 밖에 오키나와는 다른 지역보다 축제가 많기로도 유명하다. 그중 가장 성대하게 치러지는 것은 매년 10월 초에서 중순까지 오키나와 각지에서 거행하는 류큐 왕국 기념 의식이다. 이 기간에는 오키나와 본섬 각지에서 류큐 전통 춤과 노래를 쉽게 접할 수 있다. 하지만 이 밖에도 매년 1~2월에 일본에서 가장 먼저 벚꽃을 볼 수 있는 것으로 유명하다. 이 벚꽃 축제를 시작으로 1년 내내 크고 작은 축제가 계속되므로 이곳에서 휴가를 보내는 관광객들은 오키나와만의 풍성한 볼거리를 즐길 수 있다.

8 원폭 투하

1945년, 몇 년의 노력 끝에 미국이 핵무기를 개발함으로써 군사와 무기의 역사가 새로 쓰였다. 한편, 당시 미국을 상대로 끈질기게 싸우며 패배를 인정하지 않던 일본 군국주의 정부 탓에 일본 열도는 이 핵무기의 위력을 몸소 체험하게 되는 운명에 놓였다. 일본과의 소모전을 최대한 빨리 끝내고자 했던 미국은 1945년 8월 6일과 9일 이틀에 걸쳐 히로시마와 나가사키에 원자폭탄을 투하했다.

시기 : 1945년
사망자 수 : 8만 명 정도로 추산

핵무기 연구의 역사

1922년 러시아 연방, 우크라이나, 벨라루스, 자카프카지예 연방 등 동유럽권 국가들이 소비에트 연방을 조직한 이후 동구권 소국들이 하나씩 잇달아 동맹에 합류하면서 소련은 빠른 속도로 덩치를 키워 갔고, 당시 세계 최강대국이던 미국은 그런 소련의 존재를 위협적으로 의식하기 시작했다. 또한 서유럽 자본주의 국가들도 공산주의 연방 국가인 소련의 덩치가 급속도로 커지자 큰 위협을 느꼈다. 이런 상황에서 자본주의 진영의 거성 미국과 공산주의 진영의 리더 소련 간에는 나날이 대립과 갈등이 심화되었다.

한눈에 보는 세계사
1945년 : 8·15 광복 / 국제연합 성립

제2차 세계대전이 발발하기 직전인 1930년대에 각국 사이에는 날카로운 긴장감이 팽배했고, 미·소 양국은 누가 먼저 가공할 위력의 신무기를 개발하느냐를 두고 치열한 군비 경쟁을 벌이느라 신경을 곤두세웠다. 지금의 관점으로 보면 그 덕분에 미국과 소련을 중심으로 물리와 화학 분야의 연구가 활발히 진행되며 과학이 인류 역사상 유례가 없을 정도로 눈부시게 발전했다고 할 수도 있겠다. 그러나 당시 물리학자와 화학자를 대거 투입해 진행한 국책 연구의 가장 중요한 목표는 전쟁에서 승리하는 데 도움이 될 만한, 이른바 '결정적 한 방'을 날릴 수 있는 초강력 신무기를 개발하는 것이었다. 그러던 중 1939년, 독일 화학자 오토 한Otto Hahn과 물리학자 쉬트라스만Fritz Strassmann이 실험을 통해 핵분열 반응을 발견하고, 한 발 더 나아가 일정 조건이 충족되면 폭발적인 연쇄 반응이 일어난다는 사실까지 알아냈다. 이 놀라운 연구 결과가 알려지자 미국과 소련 과학자들은 핵분열을 이용한 신무기 개발에 초점을 두고 실용화 연구에 박차를 가했다.

히로시마 평화 공원에 있는 원폭 사망자 위령비

당시 사회의 정치 환경과 유례없는 큰 전쟁 중이라는 특수한 상황을 고려해 보면, 인재와 자원, 자본력이라는 삼박자를 모두 갖춘 미국이 신무기 개발 연구와 제조에 가장 유리한 고지를 점하고 있었다. 1940년에는 프랑스의 저명한 물리학자 장

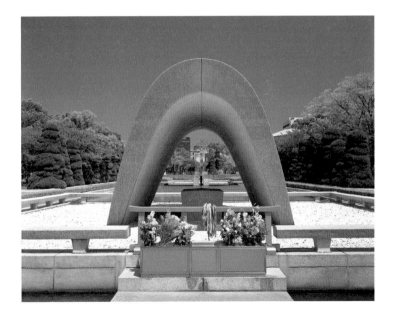

F. 졸리오 퀴리Jean Frédéric Joliot-Curie와 영국의 물리학자 제임스 채드윅James Chadwick, 헝가리 물리학자 레오 실라드LeóSzilárd 등을 중심으로 세계 최정상급 물리학자들이 미국으로 모여들어 핵무기인 원자탄을 실제로 제작하려는 연구를 시작했다. 당시 미국 정부는 이 연구에 큰 기대를 걸었다. 일례로, 1942년 8월에는 원자탄 개발비 명목으로 20억 달러 이상 자금을 지원했고 이 핵무기 개발 프로젝트에 '맨해튼 계획Manhattan Engineering District'이라는 명칭을 붙였다.

세계의 내로라하는 물리학자들이 모여 진행한 이 프로젝트는 1945년 제2차 대전이 끝날 무렵 상상을 초월하는 결과물을 내놓았고, 이로써 미국은 원자 폭탄 세 개를 보유하여 세계 최초의 핵무기 보유국이 되었다. 하지만 이 신무기의 위력이 대체 어느 정도나 되는지 무기를 개발한 과학자들조차 정확히 알지 못했기에 미국 정부는 1945년 7월 16일, 미국의 뉴멕시코 주에 있는 앨라모고도Alamogordo 사막에서 핵 실험을 진행했다. 당시 핵실험에 사용된 원자폭탄은 '트리니티Trinity'였다. 상상을 초월하는 트리니티의 파괴력을 두 눈으로 확인한 과학자들은 아무 말 없이 어두운 얼굴이 되었다. 자신들이 개발한 이 무기가 앞으로 인류의 안전을 위협하는 대재앙, 어쩌면 인류 역사상 최대의 재앙이 될지도 모른다는 사실을 비로소 깨달은 것이다.

한편, 미국에서 과학자들이 신무기를 개발하는 맨해튼 계획에 매달려 있는 동안에도 반파시즘 전쟁은 계속되고 있었다. 일본의 군사력은 중국 인민의 항일 전쟁과 산업, 경제 등 다방면으로 압박을 가해 오는 영·미 합공을 견디지 못하고 나날이 쇠해 갔다. 식민 영토를 확장하려 무리하게 전쟁을 계속해 온 일본 열도에는 이미 진작부터 패배의 그림자가 짙게 드리워 있었다. 그리고 1945년 7월 26일, 미국과 영국, 소련의 정상이 독일 포츠담에 모여 향후 일본에 대한 방침과 전후 일본의 처리에 관한 사항을 논의했다. 이 회의에서 합의된 내용들은 포츠담 공동 선언Potsdam Declaration 전문에 나타나 있다. 포츠담 회담으로도 불리는 포츠담 공동 선언은 일본에 카이로 선언의 모든 조항을 즉각 이행할 것을 요구하며 일본의 주권이 미치는 지역은 혼슈, 홋카이도, 규슈, 시코쿠 및 연합국이 결정한 그 밖의 섬들로 범위가 한정될 것임을 강조했고, 일본 군대의 무장 해제를 요구하는 조항도 명시되었다. 그러나 일본은 항복을 권하는 이 경고를 무시하고 군사 행동을 멈추지 않았다. 결국 미국 대통령 트루먼은 일본에 원자폭탄을 투하하는 것을 승인하는 문서에 서명했다.

히로시마 평화 기념패. 이 건물은 히로시마 원폭 투하 때 폭파되었다.

일본 하늘에 치솟은 구름 기둥

1945년 8월 6일 일본의 히로시마. 거리 풍경은 여느 때와 같았다. 사람들은 오늘은 또 무얼 먹어야 하나 근심하는 얼굴로 하루를 시작했다. 1944년부터 일본의 물자 수송로가 끊겨 수많은 일본인이 이런 근심을 안고 살아가고 있었다. 사람들은 맑은 하늘 아래 뙤약볕이 내리쬐는 한여름 날씨에도 아랑곳하지 않고 삼삼오오 모여앉아 대체 이 전쟁이 언제쯤에나 끝날지 한탄했다. 그런데 어느 순간, 귀를 찢을 듯 날카로운 방공 경보가 다급하게 울렸다. 하지만 사람들은 크게 당황하지 않고 침착한 태도로 신속하게 주변에 있는 방공호 안으로 숨어들었다. 오키나와 전투 이후 미군 비행정이 일본 상공에 나타나는 일이 잦고 때때로 폭격을 하기도 했기에 사람들은 이제 경보가 울리면 숨는 것에 익숙했다. 이런 일이 워낙 자주 있다 보니, 폭격의 정도가 심하지 않은 날에는 방공호로 피하지 않고 자기 하던 일을 계속하는 사람들도 있었다고 한다. 사람들은 이날도 잠시만 기다리면 다시 원래의 불안한 일상으로 돌아갈 것이라고 생각했다.

그런데 날카로운 경보음을 울리게 한 미 전투기는 여느 때와 달리 폭격이나 기관총 사격을 하지 않았다. 사람들은 미 전투기가 히로시마 상공을 몇 번 선회하고는 다시 멀어지자 조금 전의 소란을 잊고 금방 일상으로 돌아왔다. 하지만 평정을 되찾은 일본 국민과 달리 일본군 지휘부는 모두 초조한 얼굴로 머리를 부여잡고 있었다. 최근 며칠 동안 미군의 상태가 이상했다. 분명히 무언가 일이 벌어지는 것 같은데, 도대체 미군이 무슨 짓을 꾸미는지 전혀 추측할 수가 없었다. 얼마 전까지만 해도 미 전투기가 매일같이 찾아와 총알을 쏘아대며 쑥대밭으로 만들어 놓더니 요 며칠은 너무 조용한 것도, 그 대신 매일 히로시마와 고쿠라, 니이쓰新津, 나가사키 상공에 나타나 이리저리 날아다니다가 그냥 돌아가는 것도 일본군 지휘부를 무척 심란하게 했다. 마치 군사 훈련을 하는 것도 같은데 대체 그 목적이 무엇일지 도저히 감이 잡히지 않았다. 이 며칠 동안 갑자기 조용해진 미군의 침묵이 마치 폭풍 전야의 고요함 같아 불안함을 떨칠 수가 없었다. 이런 불안감을 느끼는 것은 일본군 지휘부의 고위 장교들뿐만이 아니었다. 히로시마와 고쿠라, 니이쓰, 나가사키 주민들도 어렴풋하게나마 정체 모를 불길한 느낌에 사로잡혀 있었다.

8월 6일 아침 8시, 히로시마 사람들이 방공호에서 나온 지 얼마 되지 않아 방공 경보가 다시 한 번 날카롭게 울리기 시작했다. 지금까지 방공호에 숨어 있다가 나온 사람들은 슬슬 짜증이 났다. "대체 미국 녀석들은 무슨 생각을 하는지 알 수가 없군. 아무 짓도 하지 않으면서 왜 자꾸 귀찮게 구는 거야? 어차피 이번에도 하늘만 빙빙 돌다 가겠지."라고 투덜대며 방공호에 숨지 않고 자기 하던 일을 계속하면서 경보가 끝나기를 기다렸다. 하지만 속는 셈치고 다시 방공호로 숨어들어 간 사람들과 이를 무시한 사람들의 운명은 잠시 후 크게 갈렸다. 미군 비행정이 여느 때처럼 하늘을 잠시 날아다니는가 싶더니 어느 순간 태양처럼 환하게 빛나는 물체 하나가 하늘에서 떨어졌다. 하얗게 빛나는 그 물체를 넋을 잃고 바라보던 찰나에 히로시마 사람들의 귀에 천지가 무너지는 듯 하는 굉음이 들렸다. 그리고 그것을 마지막으로 그들은 이제 더는 아무것도 볼 수 없고, 아무것도 들을 수 없는 몸이 되었다. 다만 히로시마 변두리에 사는 사람들은 굉음 이후 히로시마 시가지에서 거대한 구름 기둥이 하늘 높이 솟아오르는 광경을 목격했다. 그들은 이 거대한 구름 기둥의 이름은 원폭운이며 미군이 새로 개발한 폭탄을 투하했기 때문이라는 것을 나중에야 알았다.

미국의 새로운 무기가 히로시마를 통째로 날려 보낸 후, 일본군 지휘부는 이와 관련하여 일본 제2군 총사령부의 보고를 받았다. 보고서에는 "적군이 사용한 무기는 기존의 무기에서는 찾아볼 수 없는 엄청난 파괴력을 갖고 있다."라고 적혀 있었다. 그리고 조사에 착수한 지 얼마 지나지 않아 미군이 사용한 것이 '리틀 보이Little Boy'라는 이름의 원자폭탄이라는 것을 알아냈다. 이 소식을 접한 일본 고위급 지도자들은 혼란에 빠졌다. 그러나 일단은 민심을 가라앉히고 전국이 혼란에 빠지는 일을 막아야 한다고 결론을 내린 후 히로시마에 원자폭탄이 투하된 사실을 숨기고 사건의 진상을 밝히지 않은 채 함구하려 했다. 하지만 사흘 뒤인 8월 9일에 나가사키가 다시 한 번 원자폭탄 '팻 맨Fat Man'의 희생양이 되자 일본 정부는 이제 더는 사실을 숨길 수 없다는 사실을 깨달았다. 설상가상으로 8월 8일에는 소련이 대일 선전포고를 해 일본은 더 이상 전쟁에서 버틸 수 없다는 사실을 인정해야 했다. 그리고 8월 15일, 궁지에 몰린 일본은 무조건 투항을 선언했다.

대재앙, 그 후

미국이 일본의 히로시마와 나가사키에 원자폭탄을 투하한 사건으로 큰 충격을 받은 일본은 공황 상태에 빠졌다. 히로시마만 보더라도 원폭 투하 당시 즉사한 사망자가 약 8만 명에 이르렀으며, 1945년 연말까지 화상이나 방사능 등 원자폭탄의 영향으로 사망한 인원까지 전부 합산하면 총 사망자는 무려 히로시마 전체 인구의 90%에 달했다. 이 밖에도 도심의 60% 이상이 완전히 파괴되었다. 일본이 히로시마를 사람이 살 수 있는 곳으로 복구하기까지는 오랜 시간이 걸렸다.

원자폭탄으로 쑥대밭이 된 히로시마와 나가사키의 참상은 인류 역사상 가장 참혹하고 처참한 전쟁터로 기록될 정도로 심각했다. 원자폭탄이 폭발하는 순간 강철도 녹일 만큼 뜨거운 열기가 순식간에 도시를 덮쳐 사람들은 그저 무력하게 죽어갔다. 폭탄 투하 지점에서 사방 1.5km 안에는 사람을 비롯한 모든 생명체가 폭발과 동시에 즉사했다. 폭발 시 발생한 빛이 너무 밝아서 직접적인 피해지역 밖에서라고 해도 그 장면을 여과 없이 그냥 바라본 사람들은 실명했다. 그런데 원자 폭탄은 무시무시한 파괴력만큼이나 무서운 것이 또 있었다. 바로 후유증이었다. 당시 폭발 지역 근방에 있어서 간신히 목숨을 건진 사람들도 방사능에 그대로 노출되거나 심각한 화상을 입었고 실명했다. 특히 방사능에 노출된 사람들은 암에 걸리거나 기형아를 출산했고 그 피해가 2대, 3대까지도 계속 대물림되고 있다는 안타까운 연구 결과가 있다. 지금까지 핵무기가 전쟁에서 실제로 사용된 것은 일본에서의 두 차례 폭격이 전부였다. 그 가공할 위력과 심각한 후유증을 지켜본 핵 보유국들은 이후로 핵무기를 보유하기는 하되 실제로 사용하지는 않고 있다.

9 최후의 투항

1945년 9월 2일, 도쿄 만에 정박 중인 미 해군 전함 미주리(U. S. S 'Missouri', BB–63) 호에서 일본이 공식적으로 투항을 인정하는 항복 문서 조인식이 거행되었다. 이로써 세계의 반파시즘 전쟁은 연합국 측의 승리로 막을 내렸다. 또한 오랫동안 일본의 대륙 진출 야욕에 시달렸던 중국은 승리의 기쁨과 함께 기나긴 항일 전쟁에 종지부를 찍고 승전국의 지위를 확보했다.

시기 : 1945년
인물 : 쇼와 덴노, 스즈키 간타로, 시게미쓰 마모루, 우메즈 요시지로, 도고 시게노리

항복, 피할 수 없는 운명이 목을 조르다

1945년 5월, 독일이 백기를 들었다. 독일군의 투항으로 세계의 반파시즘 진영에 희망의 빛이 떠오르며 활기가 돌았다. 1945년 7월 중순에는 영국 총리 처칠과 미국 대통령 트루먼, 중화민국 총통 장제스가 독일 포츠담에 모여 정상 회담을 열고, 전후 독일 처리 문제와 이후 연합국군이 일본과의 전쟁에서 취할 방침, 전후 일본에 대한 처리 방침에 관해 논의했다. 이날 논의에서 결정된 사항이 바로 포츠담 공동 선언이다.

포츠담 공동 선언에서 영국과 미국, 중국 3국은 전승국 신분으로 일본

한눈에 보는 세계사
1945년 : 8·15 광복 / 국제연합 성립

정부에 1943년에 공포된 카이로 선언의 조항을 지키라고 요구했다. 카이로 선언에서는 일본군이 완전히 무장 해제하고 연합국군에 무조건 투항할 것을 촉구하는 동시에 일본이 무단으로 점령하고 있던 중국 둥베이 지역과 타이완, 펑후 제도를 중화민국에 반환하고, 또한 한반도의 자주 독립을 인정하라고 요구했다. 그해 8월 8일에는 대일 선전포고를 한 소련도 연합국군에 가담하여 포츠담 공동 선언문에 스탈린의 서명도 추가되었다.

포츠담 공동 선언의 공포는 제2차 세계대전 종결을 앞당기는 데 큰 공헌을 했다. 회의에서 논의한 대로 반파시즘 진영의 4개국이 일본의 무조건 투항을 요구하고, 당시 세계의 양대 군사 강국인 소련과 미국이 손을 잡고 일본에 심리적 압박을 가하여 결국 사면초가에 놓인 일본의 무조건 투항을 이끌어 낸 것이다.

포츠담 공동 선언에서 논의된 내용이 일본에까지 알려지면서 일본 내 여론은 크게 술렁였다. 당시 일본 해군 사령부 총장 도요타 소에무豊田 副武 등은 일본의 앞길에는 이제 투항밖에 남지 않았다는 것을 이미 깨닫고 있었다. 하지만 연합국군 측이 원하는 대로 무조건 투항을 한다면 감수해야 할 위험이 너무나 컸기에 적어도 조건부 투항이라도 할 수 있기를 바랐다. 도요타는 내각에 다음의 내용이 담긴 건의서를 제출했다. "투항하려면 국체를 보존하는 동시에 다음의

일본 육군 대장 우메즈 요시지로가 항복 조인식에서 서명하고 있다.

미 해군의 미주리호에서 일본이 항복 조인식을 하는 현장. 1945년 9월 2일 오전 9시에 일본 외무대신과 참모부 총장이 투항 문서에 서명하고 있다. 일본이 먼저 서명하고 연합국군 사령관 맥아더 장군이 서명한 다음, 이어서 중국, 소련, 영국 등의 대표가 차례로 서명했다.

세 가지 조건을 관철해야 한다. 하나, 일본의 전범에 관한 처벌은 일본이 자체적으로 정한다. 둘, 일본은 스스로 무장 해제한다. 셋, 연합국군은 일본 본토를 점령하지 않는다." 당시 도요타 소에무와 같은 생각을 했던 육군대신 아나미 고레치카阿南惟幾는 평소에도 "무조건 항복을 하느니 차라리 본토에서 결전을 치르겠다."라고 강경하게 말했다고 한다. 물론 본토에서 치르는 결전에서 반드시 승리하리라고 생각한 것은 아니었다. 단순히 적군의 상륙을 저지하고 격퇴할 수 있으면 좋고, 이기지 못하겠으면 그때 가서 투항해도 늦지는 않다는 안이한 발상이었다. 하지만 일본 측 수뇌부의 얄팍한 계산을 비웃기라도 하듯 미국은 히로시마와 나가사키에 원자폭탄을 투하하는 초강수를 썼고, 소련마저 연합국 측에 가담하여 대일 선전포고를 함으로써 일본은 다른 선택의 여지가 없었다.

중국 대륙에 피어오르는 항일 투쟁의 의지

1940년대에 들어서도 영토 확장을 향한 일본군의 침략 행보는 멈출 줄 몰랐다. 이와 더불어 같은 시기 중국의 항일 투쟁에도 새로운 변화가 나타나기 시작했다. 특히 중국 공산당의 활동이 두드러졌다. 공산당은 중국 내의 수많은 촌락을 중심으로 광대한 후방 무장 부대와 항일 게릴라 부대를 조직하여 항일 운동에 대중의 적극적인 참여를 이끌어 내는 역할을 했다. 그리고 1944년에는 일본 정규군을 상대로 국지적인 게릴라전을 벌여 수차례 승리를 거머쥐는 등 항일 무장 투쟁 역사에 남을 쾌거를 올리기도 했다.

일본이 그동안 중국 대륙에서 보여 준 잔학 행위에 분노한 중국인들은 너나 할 것 없이 적극적으로 항일 투쟁에 가담했고, 이러한 바람은 일본의 영토 확장 행보에 커다란 걸림돌이 되었다. 일설에는 1944년 한 해 동안 팔로군, 신사군, 허난 항일종대 등 중국의 항일 무장군이 일본군과 치른 크고 작은 전투가 무려 2,000여 건에 이른다고 하며, 일본군과 일본이 세운 괴뢰 정부의 군대는 중국 내 항일 무장 세력과 치른 전쟁에서 32만여 명에 달하는 사상자를 낸 것으로 추정된다.

1945년 8월 8일, 소련이 대일 선전포고를 했다. 중국의 항일 무장군과 소련군이 함께 둥베이 지방을 세 방향에서 둘러싸고 일본군을 압박해 들어와 일본의 주력 부대인 간토군은 결국 무너졌다. 중국 공산당은 이 기회를 놓치지 않고 일본군에 대반격을 펼치고자 모든 항일 무장 세력이 동시에 궐기하도록 했다. 화베이와 화중 지역의 팔로군, 신사군은 즉시 일어나 맹공격을 펼치며 중국 내 일본 군사력을 약화시키는 데 큰 공을 세웠다.

그리고 이 무렵 조선과 베트남 등 일본의 침략에 고통받던 아시아 각국에서도 민족적인 차원의 항일 투쟁이 점점 더 격렬해지고 있었다. 이렇게

제2차 세계대전에 참
전한 미 해군 전열함
미주리호

모든 상황이 일본에 불리하게만 돌아갔다.

최후의 투항

미국이 히로시마와 나가사키 한복판에 원자폭탄을 투하하던 그 시각에도
아시아 각국에서는 항일 민족 해방 운동이 활발하게 진행되었다. 모든 것
이 무너져 내리기 시작하는데도 그저 두 손 놓고 멀거니 바라볼 수밖에 없
게 된 일본은 그제야 기존의 강경한 태도를 버리고 무조건 투항을 고려했
다. 1945년 8월, 소련의 대일 선전포고라는 또 하나의 변수가 앞을 가로막
자 당시 일본 정부의 내각 총리대신 스즈키 간타로鈴木貫太郎는 즉시 내각
회의를 소집했다. 당시 외무대신이었던 도고 시게노리東鄉茂德는 내각 회의
에서 소련이 대일 선전포고와 함께 참전한 사실을 알리며 이제 일본이 할
수 있는 선택은 무조건 투항밖에 없다는 의견을 제시했다. 그의 발언에 회
의장이 일순간 소란스러워졌으나, 사실은 그들도 이미 각오한 일이었다. 단
지 눈앞의 비참한 현실을 인정하고 싶지 않아 자신들의 고집을 사무라이

정신이라고 믿으며 끝까지 싸우겠다고 큰소리치는 것뿐이었다. 혼란스러운 가운데 스즈키 간타로는 내각 총리대신으로서 포츠담 공동 선언의 요구 사항을 받아들이고 무조건 투항을 할 것인지를 투표에 부쳤다. 투표 결과 찬성이 여섯 표, 반대가 세 표, 그리고 기권이 다섯 표가 나왔다. 결국 내각에서 치른 투표만으로는 결정할 수가 없어 최종 결정의 부담을 쇼와 덴노에게 돌렸다.

덴노는 포츠담 공동 선언의 내용과 끝까지 전쟁을 고집하는 주전파, 항복을 주장하는 주항파의 의견을 모두 귀 기울여 들었다. 양쪽의 의견을 모두 들은 그는 한동안 조용히 생각에 잠겼다. 그때 외무대신 도고 시게노리가 포츠담 공동 선언의 요구를 받아들일 수밖에 없는 이유를 조심스럽게 설명했다. 포츠담 공동 선언을 받아들인다는 것은 일본으로서는 매우 수치스러운 일이지만, 소련이 적군에 가세하고 미국이 원자폭탄이라는 강력한 무기를 개발한 이상 국가의 존속과 왕가의 안전을 지킬 최선의 선택은 투항밖에 없다고 덴노를 설득했다. 도고 시게노리의 발언을 진지하게 들은 쇼와 덴노는 무겁게 입을 열었다. "얼마 전까지는 모두 자신에 찬 목소리로 승리를 말했으나 결국 유례없는 위기를 마주하게 되었다. 상황이 전부 계획대로 흘러가는 것만은 아니지. 보아하니 제국에 승리의 희망은 없는 것 같군……." 그러고는 눈앞의 사람들에게 물러가라고 손짓하며 조용히 말했다. "지금으로서는 다른 선택의 여지가 없겠지……."

8월 10일, 미국 정부는 드디어 일본 정부가 포츠담 공동 선언의 요구를 받아들이기로 했다는 소식을 들었다. 그리고 이틀 후, 이 소식은 빠르게 일본 전역으로 퍼져 나갔다. 그러자 전쟁을 계속할 것을 주장하던 젊은 장교들은 무조건 투항이 결정되었다는 소식을 듣고 분노하여 군사 정변을 일으키려 했다. 8월 14일 밤, 그들은 황궁으로 잠입하여 덴노의 육성으로 미리 녹음해 둔 '대동아 전쟁 종결의 칙서大東亞戰爭終結ノ詔書' 원본을 훔쳐내려

했다. 이튿날인 15일에 라디오를 통해 전쟁 종결 선언 칙서가 공개되는 것을 어떻게든 막으려 한 것이다. 그러나 그들의 난입은 순식간에 진압되었고, 항복 선언 저지 작전은 실패했다.

14일 밤에 녹음한 이 음성 칙서는 이튿날인 8월 15일에 전파를 타고 전 세계에 울려 퍼졌다. 그리고 8월 28일에 미 공군 비행기가 도쿄 비행장에 착륙했고 영국과 미국의 대부대가 일본 해안에 상륙했다. 9월 2일 오전, 일본 정부의 신임 외무대신 시게미쓰 마모루와 일본군 참모부 총장 우메즈 요시지로는 미국 군함 미주리호에 올라 일본 정부를 대표하여 투항 문서에 서명했다. 또한 뒤이어 영국, 미국, 소련, 중국 등 전승국 대표들도 서명했다. 이 순간, 수십 년 동안 일본 열도를 지배했던 영토 확장의 꿈은 처참한 실패로 종말을 고했다.

10 도쿄 재판

제2차 세계대전은 파시즘 사상에 지배된 국가들이 자행한 광기 어린 침략 전쟁에 전 세계가 휘말린 대재앙이었다. 이 전쟁 기간에 발생한 인명 피해는 부상자를 포함하여 약 5,000만 명에 이르고, 전쟁에 직접적으로 사용된 총비용은 환경 파괴와 그 밖의 물질적 피해로 발생한 금액을 제외하고도 무려 1만 1,540억 달러에 달했다. 시대의 요구에 따라 태평양 전쟁이 종결된 후, 연합국은 일본에 전쟁의 책임을 묻고 그중에서도 파시스트 전범을 처리하기 위해 도쿄에서 군사 재판을 열었다. 이 재판이 통칭 '도쿄 재판'이라고 부르는 '극동 국제 군사 재판International Military Tribunal for the Far East'이었다.

시기 : 1946~1948년
인물 : 더글러스 맥아더, 조셉 베리 키난

극동 국제 군사 재판소의 성립

1945년, 파시즘의 실패가 명확해진 시점에 반파시즘 진영의 연합국군은 전범에게는 전쟁의 책임을 물어 엄중히 다룰 것임을 누차 강조했다. 그리고 미국, 중국, 영국 세 나라가 포츠담 공동 선언에 합의하고 일본을 법으로 엄중히 처벌할 것을 약속했다. 제2차 세계대전 중에 유럽 전선이 무너지자 소련, 미국, 영국, 프랑스 4개국은 8월 8일에 런던에 모여 '유럽 전범 국가의 공소와 처벌에 관한 협정'과 '유럽 국제 군사 재판 헌장'을 채택하고 전범을 심판하는 문제에 대한 기본 방침을 세웠다.

한눈에 보는 세계사

1947년 : 인도·파키스탄 분리 독립   1948년 : 베를린 봉쇄

1945년 9월 2일, 일본이 무조건 투항을 인정하며 공식 문서에 서명한 조인식을 끝으로 제2차 세계대전이 공식적으로 마무리되었다. 같은 해 11월, 독일의 뉘른베르크에 독일 나치스에 전쟁의 책임을 묻는 유럽 국제 군사 재판소가 설치되었다. 유럽의 주요 전범에 대한 재판을 통해 반파시즘 국가들은 동아시아와 동남아시아 전역에 큰 피해를 입힌 일본에도 마찬가지로 전쟁의 책임을 물어야 한다는 데 의견이 일치했다. 결국 일본의 전범들도 뉘른베르크 재판과 같은 성격의 재판을 받게 되었다. 1945년 9월에 일본을 점령한 미국은 도쿄에 극동 국제 군사 재판소를 설치했다. 그리고 12월 16일에 소련, 미국, 영국 등의 대표가 모스크바에 모여 전쟁 후 전범의 처벌 문제에 관한 사항을 논의했고, 이 회의 결과 일본 전범에 대한 처벌 방안이 나왔다. 신중한 토론 과정을 거친 연합국은 26일에 권한을 넘겨받

다큐멘터리 영화 〈도쿄 재판〉의 한 장면. 사진 속 인물은 도쿄 히데키 역을 연기하는 배우이다.

는 맥아더 장군에게 1946년 1월 19일 '특별 통고'와 '극동 국제 군사 재판 헌장' 등을 발표하게 하고, 도쿄 극동 국제 사법 재판소에서 일본 전범을 심판하기로 했다.

1946년 2월, 맥아더 장군과 조셉 베리 키난^{Joseph Berry Keenan}은 미국의 법률 전문가, 속기사, 법률계 종사자 38명을 도쿄에 데려와 극동 국제 군사 재판소를 설치하는 임무를 맡겼다. 그리고 공소 절차와 관할 권한 등에 관한 진행 상황을 소련, 미국, 오스트레일리아, 영국, 프랑스, 네덜란드, 중국, 필리핀, 캐나다, 뉴질랜드, 인도 등 11개국에 빠르게 전달하며 전범 국가에 대한 심리를 준비하도록 했다.

승전국의 재판

1946년 봄, 국제 검찰국이 공소장을 작성하기 시작했고, 4월 29일 수석 검찰관직과 연합국 최고 사령부 국제 검찰국 국장을 겸임하던 조셉 키난이 정식으로 법원에 공소장을 제출했다. 맥아더와 연합국 최고 사령부에서 공소장의 내용을 확인한 후 극동 국제 군사 재판의 심리가 시작되면서 재판은 빠르게 진행되었다.

1946년 5월 3일부터 도쿄 이치가야市谷에 있는 전 일본 육군성과 참모 본부(구 육군 사관학교 건물) 강당에서 극동 국제 군사 재판소 1차 심리가 시작되었다. 8시 42분, 일본 전범을 태운 차량이 재판소 앞에 도착했고 일본인 전범들이 미 헌병의 감시하에 법정으로 들어갔다. 훤칠하고 건장하게 생긴 미 헌병과 긴장한 듯 어두운 표정을 띤 왜소한 일본 전범들의 모습은 마치 당시 미국과 일본의 입장을 선명하게 표현하는 듯했다. 한편, 구 육군 사관학교 강당으로 사용하던 곳 내부를 재판소로 꾸며놓은 곳에서는 재판을 지켜보러 온 세계 각국의 대표들 역시 긴장된 마음으로 개정을 기다리고 있었다. 원래 예정된 개정 시간은 10시였는데 한 시간이 지나도록 재판은 시작되지 않았다. 재판장들도 아직 입정하지 않아 텅 빈 판사석 뒤에 걸린 11개국의 국기만이 조용히 재판정을 지켰다. 개정이 늦어지는 것에 참관인석이 술렁일 무렵, 드디어 키난과 판사진이 입정하여 변호인단의 맞은편에 앉았다.

11시 15분, 법정 헌병대장이 피고인들을 데리고 오른쪽 입구를 통해 법정 안으로 들어섰다. 17분에는 극동 국제 군사 재판의 집행관이 정식으로 개정을 선포하고 재판장 윌리엄 웹William Webb이 개정을 앞두고 선서문을 낭독했다.

각국의 검찰관과 법정 서기, 전문 동시 통역관까지 선서를 마치면서 길고 긴 개정 절차가 끝났고, 드디어 본격적인 재판이 시작되었다. 이번 재판에 출두한 일본의 피고인들은 도죠 히데키, 도이하라 겐지土肥原賢二, 마쓰이 이와네松井石根, 이타가키 세이시로板垣征四郎, 히로타 고우키廣田弘毅, 무토 아키라武藤章, 기무라 헤타로木村兵太郎, 아라키 사다오荒木貞夫, 하시모토 긴고로橋本欣五郎, 하타 슌로쿠畑俊六, 히라누마 기이치로平沼騏一郎, 호시노 나오키星野直樹, 가야 오키노리賀屋興宣, 기도 고이치木戶幸一, 고이소 구니아키小磯國昭, 미나미 지로南次郎, 오카 다카즈미岡敬純, 오오시마 히로시大島浩, 사토 겐료佐藤賢了, 시마다 시게타로嶋田繁太郎, 시라토리 도시오白鳥敏夫, 스즈키 데이이치鈴木貞一, 우메즈 요시지로, 도고 시게노리, 시게미쓰 마모루, 나가노 오사미永野修身, 마쓰오카 요스케松岡洋右, 오오카와 슈메이 등 A급 전범으로 지목된 28명이었다.

1946년 5월 3일에 첫 공판을 시작한 도쿄 재판은 1948년 11월 12일까지 2년 반 동안이나 계속되었다. 도쿄 재판은 그 기간에 총 818차례 개정했으며, 재판장 11명, 검찰 88명, 변호사 90여 명이 재판에 출석했고, 재판 기록만 4만 8,412항에 이르는 세계 최대 규모의 재판이었다.

도쿄 재판이 남긴 것들

이 재판은 미국, 소련, 중국, 영국 및 기타 연합국들이 일본에 태평양 전쟁의 책임을 묻고 그 죄상을 확인하는 절차라는 점에서 중요한 의의가 있다. 이 재판에서는 '9·18 만주사변'에 대해 제2차 세계대전 중 아시아·태평양 지역을 중심으로 하는 태평양 전쟁을 일으킨 도화선이 된 사건으로 규정했다. 일본은 중국과 조선, 동남아시아를 식민지로 삼고자 아시아·태평양

맥아더 장군. 20세기 초 중반 아시아에서 가장 유명했던 미국인은 아마 맥아더 장군이 아닐까 여겨질 정도로 그는 아시아 역사에 깊이 관여했다. 제2차 세계대전 시 일본의 항복 조인식에도 미국 대표로 참석했다. 이 당시에는 일본 점령군 총사령관이었으며 이후 주일 총사령관직을 수행했다.

지구를 전쟁터로 만든 혐의가 인정되어 앞서 말한 피고인들 대부분이 사형이나 종신형, 금고형과 같은 판결을 받았다.

하지만 도쿄 재판이 진정한 의미에서 전쟁의 책임과 잘잘못을 따지는 절차가 아니었다는 점에 대해 많은 논란이 있었다. 실제로 당시에는 뉘른베르크 재판이나 도쿄 재판에 대해 그저 승전국들이 자국이 참전한 것에 대해 합리화하며 전쟁의 책임을 전적으로 패전국에 뒤집어씌우는 동시에 패전국의 군사 및 정부를 해체하는 일방적인 정치 쇼라고 보는 시각도 적지 않았다. 당시 승전국 내의 전문 법조인들조차 이 재판의 의의에 대해 매우 회의적인 반응을 보였으며, 이 재판이 열린 기간에 승전국들이 아시아 지역의 식민지에 가한 자국의 수탈 행위와 가학 행위를 반성한 일은 단 한 차례도 없었다는 점에서 그들의 비판이 설득력을 얻고 있다. 당시 미국의 연방 대법원장이었던 스톤Harlan Fiske Stone은 인터뷰에서 승전국들이 진행하는 재판들에 대해 '숭고한 법의 정신을 악용한 처사'라며 강한 거부감을 드러내기도 했다. 그 밖에도 정작 전쟁에 큰 책임이 있는 일본 왕실이 재판

맥을 잡아 주는 **일본사 중요 키워드**

극동 국제 군사 재판

'극동 국제 군사 재판 헌장'에서는 전쟁을 일으키거나 전쟁 중에 비인도적 행위를 자행하여 세계의 평화를 위협한 행위를 심판한다고 규정하고 있다. 1946년 2월 18일, 연합국 최고 사령부의 최고 사령관인 더글러스 맥아더는 극동 국제 군사 재판 헌장 내용에 근거하여 오스트레일리아 퀸즐랜드 대법원장인 윌리엄 웹을 재판장으로, 미국의 조셉 키난을 수석 검사관으로 임명했다. 이 밖에도 10개국에서 파견된 대표들이 이 재판의 판사와 검사로 참여했다. 재판의 진행 절차는 맥아더와 키난이 상의하여 결정했으므로 도쿄 재판은 사실상 미국의 독단으로 진행될 수밖에 없었고, 기타 연합국들은 이에 크게 반발했다.

대상에서 제외되고 존속된 점, 중화민국의 장제스 주석이 제2차 세계대전
종전 이후 일본의 한 노련한 장교를 군사 고문관으로 두는 대신 그를 도쿄
재판에 기소하지 않기로 한 정치적 거래가 있었다는 사실들이 밝혀지면서
도쿄 재판의 정당성은 많은 이들의 의심을 사고 그 권위는 빛이 바랬다.

11 천황 통치와 《인간선언》

일본의 덴노, 즉 천황은 권력의 중심을 상징하는 중요한 지위에 있는 인물이다. 일본은 수백 년 동안 한 혈통으로 이어져 내려온 왕실을 의미하는 '만세일계'를 강조하며 줄곧 천황 제도를 유지하고자 했다. 전통 사회에서 일본인들에게 천황은 단순한 통치자가 아닌 정신적 근본이자 신의 현신이며, 나아가 일본 그 자체를 의미했다. 하지만 제2차 세계대전이 끝나고 일본 열도에서 모든 것이 변하기 시작했을 때 천황의 의미와 신성성 또한 큰 변화를 겪었다. 도쿄 재판이 열린 후 당시 일본 천황 자리에 있던 쇼와 덴노는 스스로 자신의 신격을 부정하는 《인간선언》의 조서를 선포했다. 이 사건은 일본 역사에서 중요한 전환점이 되었다.

시기 : 1946년
인물 : 쇼와 덴노, 더글러스 맥아더, 구마자와 히로미치

왕위 쟁탈전

1945년 9월 제2차 세계대전이 끝난 후, 전쟁 기간에 큰 피해를 입었던 세계 각국의 희망에 따라 미국의 주도로 극동 국제 군사 재판이 열렸다. 피해국들은 극동 국제 군사 재판에서 아시아·태평양 지역의 수많은 이들에게 커다란 고통을 안겨 준 일본의 군국주의와 그 정점에 서 있는 천황을 심판하고자 했다. 이 소식은 미군의 유력 기관지에 실리면서 일본에도 알려졌다. 줄곧 신의 지위에 있던 천황이 인간에게 심판을 받을 날이 오리라고는 전혀 생각하지 못했던 일본인들은 큰 충격에 휩싸였다.

한눈에 보는 세계사
1945년 : 8·15 광복 / 국제연합 성립

1946년 1월 18일 아침, 미군 기관지 〈성조지Stars and Stripes〉 제1면에 실린 헤드라인 기사와 사진에 일본은 경악했다. 사진 속에는 일본 전통 의상을 입은 한 남자가 있었는데, 신분이 아주 높은 듯 보였다. 꽃잎 열여섯 개로 이루어진 정교한 국화 무늬를 수놓은 일본의 전통 정장을 갖춰 입었고, 나이가 들어 보이는 얼굴은 무표정했다. 일본인이라면 '꽃잎 열여섯 개로 이루어진 국화' 문장이 무엇을 상징하는지 모를 리 없었다. 게다가 사진 위에는 "이 사람이 진정한 일본 천황이다."라는 글귀가 대문짝만하게 적혀 있었다.

　이 소식은 빠르게 퍼져 나가 일본 사회에 일대 혼란을 빚었다. 나중에 그날 〈성조지〉 제1면에 실린 얼굴의 주인공은 구마자와 히로미치熊澤寬道라는 사실이 드러났다. 당시 56세였던 그는 나고야의 어느 잡화점 주인으로, 자신이야말로 정통성 있는 천황이라고 자처했다. 그러면서 '현재 천황인 히로히토(쇼와)는 남북조 시대에 왕위를 찬탈한 북조의 혈통으로 남조의 직계 혈통인 자신이 바로 정당한 왕위 계승자'라고 밝혔다. 그리고 히로히토가 퇴위하고 왕좌를 남조의 직계 혈통인 자신에게 넘겨야 한다고 주장했다. 일본인들은 이게 도대체 어떻게 된 일인지 도저히 감을 잡을 수가 없었다. 일본 사회가 이 문제로 혼란스러워지자 미국의 〈라이프지Life〉는 이 사건을 커버스토리로 게재했고, 세계는 일본 왕실의 미래가 과연 어떻게 될지 주목했다.

　사실 남조와 북조 중 어느 쪽에 정통성이 있는가 하는 문제는 일본 역사상 끊임없이 제기되어 격렬한 논쟁을 일으켜 왔다. 하지만 워낙 오래전 일이

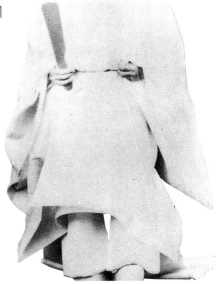

1928년 11월 10일, 히로히토가 일본의 왕위를 물려받았다.

고, 이렇다 할 결론을 낼 수 있는 문제도 아니었기에 다른 때였다면 그렇게까지 커다란 관심사로 떠오를 사건은 아니었다. 이 일이 중대한 관심사로 떠오른 것은 당시 일본이 처한 상황 때문이었다. 당시 구마자와는 주변 사람들에게도 자신의 '진짜 신분'에 대해 공공연하게 말하고 다녔고, 심지어 맥아더 장군에게 진정서를 보내기까지 했다. 맥아더 장군에게 보낸 진정서에서 그는 자신을 남조 최후의 천황인 고카메야마의 18대손으로 소개했으며, 현재 왕좌에 있는 히로히토는 왕위를 찬탈한 북조의 후손이므로 천황 지위는 정당한 왕위 계승자인 자신에게 돌아와야 한다고 설명했다. 맥아더 장군은 이 편지에 관심을 보이며 부하에게 나고야에 있는 구마자와를 찾아가 보라고 했다. 맥아더 장군까지 이 일에 반응을 보이자 일본 국내외 여론은 격렬하게 들끓어 오르며 그렇지 않아도 불안한 나날을 보내던 일본 왕실과 국민을 혼란의 도가니로 밀어 넣었다.

또, 이 일이 세간의 화제를 낳으면서 일본 전국에서는 갑자기 자신이야말로 천황가의 정통 계승자라고 우기는 사람들이 우후죽순처럼 나서는 사태가 벌어져 정통성 논란은 더욱 복잡한 양상을 띠고 전개되었다. 자칭 미우라 천황인 미우라 요시마사三浦芳聖, 또 자칭 나가하마 천황인 나가하마 도요히코長浜豊彦를 포함하여 열아홉 명이 왕좌의 주인임을 자처하고 나섰다.

일의 내막이나 혈통의 진위 여부는 그렇다 치더라도, 미군에 일본 왕위의 정통성 문제를 호소한 이 어이없는 소동은 일본 왕실을 더욱 곤란하고 지치게 할 뿐이었다.

미국의 지지

일본 열도에서 왕실의 정통성 문제가 불거지고 겨울철 산불처럼 걷잡을 수 없이 확산된 데는 맥아더 장군의 역할이 컸다. 맥아더는 사실 태평양 전쟁에서 미군을 몹시도 애먹인 일본을 싫어했다. 그래서 처음에는 국제 군사 재판에서 반드시 일본의 통치자인 천황에게 전쟁의 책임을 물어 처벌해야겠다고 마음먹었다고 한다. 하지만 일본에 와서 직접 현지의 분위기를 살펴보고 나서는 생각을 바꾸었다. 타고난 전략가인 그는 일본인의 정신적인 부분을 지배하는 천황을 잘 이용할 수 있다면 일본을 움직이는 데 기계화 부대 20개 사단을 능가하는 힘을 발휘할 수 있을지도 모른다고 생각한 것이다. 천황의 말 한 마디면, 전국 각지의 군인들이 스스로 즉시 무장을 해제할 것이라는 그의 발상은 정확했다. 일본군의 무장을 해제하는 이 골치 아픈 작업을 앞두고 그는 천황을 이용한 간접 통치 방식을 생각해 냈다.

마침 이때 쇼와 덴노가 맥아더를 몸소 찾아왔다. 그 후 맥아더는 쇼와 덴노를 적절히 이용하기로 마음먹었고, 그 편의를 위해 일본 내 천황 제도를 반드시 존속시켜야겠다고 결론을 내렸다. 그는 즉시 트루먼 대통령과 미국 의회에 일본 천황을 전범으로서 국제 군사 재판에 회부할 수 없다는 의견을 보냈고, 이 사실을 알게 된 연합국의 다른 국가들은 그의 독단적인 결정에 맹렬히 반대했다.

이 일로 미국 정부는 매우 난처해졌다. 사실 미국 정부 역시 쇼와 덴노를 굳이 심판대에 세워 일본인들의 반미감정을 키우고 싶

1940년 10월 일본군의 검열식 장면. 일본의 육군대신 도죠 히데키가 일본 천황 히로히토(쇼와 덴노)를 향해 허리를 굽힌 채 보고서를 올리고 있다.

지 않았다. 당시 아시아에서는 사회주의 사상이 빠르게 팽창하고 있었고, 미국의 숙적인 소련의 영향으로 중국과 그 주변국에서는 사회주의를 표방하는 정권이 기지개를 펴기 시작했다. 그런 면에서 일본은 지리적으로 아시아·태평양 지역의 적화赤化를 저지하기 위한 기지로 안성맞춤이었기에 미국은 전후 일본과의 관계를 우호적으로 풀어가려는 방침을 세우고 있었다. 게다가 맥아더 장군의 생각에서도 알 수 있듯 계산이 빠르고 합리적인 미국인들은 쇼와 덴노가 일본 전체에 미치는 거대한 영향력을 잘 활용하는 편이 좋다고 판단한 것이다. 이런 이유로 전쟁 이후 일본에 대한 미국의 태도는 크게 달라졌고, 이에 따라 한 치 앞을 내다볼 수 없던 일본 왕실의 운명도 바뀌있다.

한편, 일본 내에서 미국 정부의 지시를 받아 움직이던 맥아더 장군은 쇼와 덴노의 전국 순방을 계획했다. 왕위 쟁탈전의 열기가 최고조에 달한 1946년 2월, 쇼와 덴노는 전국 순방을 통해 다시 한 번 전 국민의 열렬한 지지를 받았다. 당시 연합국들은 천황의 전국 순방을 눈여겨보면서 일본 국민에게 천황이 어떤 존재인지를 다시 한 번 확인했고, 미국은 일본의 천황 제도를 그대로 유지하고 왕실을 보호해야겠다는 결심을 다시 한 번 굳혔다. 이로써 일본 왕실은 구사일생으로 살아남아 전범으로 기소될 운명에서 벗어났을 뿐만 아니라 오히려 미국의 보호를 받게 되었다.

한편, 왕위 쟁탈 소동을 일으켜 본의 아니게 쇼와 덴노와 일본 왕실을 위기로부터 구해 낸 '자칭 천황' 구마자와 히로미치는 미국인의 머릿속에서 빠르게 사라졌다. 그는 1966년에 췌장암으로 사망했다.

《인간선언》

패전 이후 미국은 쇼와 덴노에게 매우 큰 압력을 가했다. 사실 미국은 천황의 영향력을 이용하여 일본을 빠르게 장악할 목적으로 천황 제도를 존속시키기로 했으나, 한편으로는 이렇게 하는 것이 나중에 미국에 불이익이 될 화근을 키우는 것은 아닌가 하는 불안감도 있었다. 그래서 미국은 결국 천황 제도는 그대로 남겨두되 천황의 통치 권력을 약화시킬 방법을 모색했다.

1946년 1월 1일, 한 해가 새로 시작하는 날에 히로히토는 미국 등 강대국에 등 떠밀려 '인간선언人間宣言'을 공포했다. 천황은 신이 아닌 일개 인간이라는 것을 공개적으로 선언함으로써 천 년 이상 왕위를 이어온 '만세일계' 혈통의 신성성을 부정한 것은 그동안 천황을 신의 현신인 아라히토가미現人神로 여기며 숭배했던 일본 국민을 충격에 몰아넣었다.

그로부터 1년 후, 일본은 미국의 계획에 따라 또 새로운 헌법을 공포했다. 신헌법에서는 천황을 일본의 상징적인 존재로 규정했다. 헌법 규정상 천황은 국가의 통치에 관여할 수 없고 다만 내각의 조언과 승인하에 제한적으로만 국사를 볼 수 있게 되었다. 히로히토 천황은 새로운 헌법을 순순히 받아들였고, 이때부터 1989년 사망할 때까지 헌법을 준수하며 일본의 상징적 존재인 천황에게 요구되는 국사를 이행하는 삶을 살았다.

맥을 잡아주는 세계사
The flow of The World History

제6장 | 전후 복구와 부활하는 경제

JAPAN

1 총리대신 휘하의 일본 자위대

일본이 연합국군에 무조건 투항한 후 일본 군대는 무장 해제되었다. 하지만 그 직후 한반도에서 6·25 전쟁이 발발한 것을 계기로 미국은 일본에 다시 무장을 허용했다. 1954년 6월 9일, 일본은 방위청 설치법과 자위대법을 대외적으로 공포하고, 보안대를 개혁하여 육해공 3군을 보유한 자위대를 설치한다고 선언했다. 21세기 초 일본 자위대의 총 병력은 이미 28만을 돌파했다. 그리고 근래에 들어 이지스 방공 시스템ACS, Aegis Combat System이 탑재된 미국산 구축함과 F-15 전투기 등 선진 무기로 중무장하는 등 서서히 군사력을 향상시키고 있는 일본은 2009년 발표한 국가별 군비 지출 순위에서 세계 6위를 차지해 주변국의 우려를 사고 있다.

시기 : 1954년
인물 : 마치무라 노부타카, 오노 요시노리

자위대의 역사

1945년 7월, 제2차 세계대전이 끝을 향해 가던 무렵, 승부는 이미 누가 봐도 결과를 알 수 있을 정도로 분명했다. 영국, 미국, 중국은 포츠담 공동 선언을 통하여 일본 정부에 군대를 완전히 무장 해제할 것을 요구하는 '비군사화 방침'을 내세웠다. 8월 15일에 일본이 투항하고 나서 일본 군대는 완전히 무징 해제되있고 군사 조식은 철저히 해체되었다.

하지만 제2차 세계대전이 끝나고 한숨 돌린 것도 잠시, 미국은 당시 빠르게 세력을 확장해 나가던 공산주의 세력으로부터 위협을 받게 되었다.

한눈에 보는 세계사
1950년 : 6·25 전쟁 발발   1957년 : 소련, 인공위성 발사

미국은 일본 땅을 장악하여 공산주의 세력의 확산을 막는 반공 기지로 삼기로 하고 계획을 실행해 나갔다. 당시 한반도의 38선 이북에서는 공산주의 정권이 조선민주주의인민공화국을 수립했고, 중국 대륙에서는 공산당이 정권을 잡아 중화인민공화국 수립을 선포하는 등 붉은 물결이 빠르게 아시아 지역을 뒤덮었다. 이러한 상황에 위기감을 느낀 미국 정부는 결국 1950년 7월, 일본을 무장 해제시킨다는 방침을 깨고 일본이 공산화의 물결에 물들지 않는 최후의 보루가 되도록 경찰 예비대를 건립하는 등 일본 정부를 도와 필요한 조치를 취했다.

1950년 7월 8일, 일본의 요시다 내각은 평화 헌법과 관련 국제 조약 규정에 근거하여 7만 5,000명 규모의 국가 경찰 예비대를 설립하고 구 일본 해군 병력 8,000명을 해상 보안 인력으로 편입시켜 자위대의 전신을 형성했다. 원칙적으로 군대가 허용되지 않는 일본에서 자위대는 개념상 최소한의 방어를 위한 조직이므로, 필요 이상의 전투력은 요구되지 않으며 무기 보유량 등의 규모에 대한 제한 기준이 아주 까다롭고 상세하게 정해져 있었다. 자위대의 총 병력은 10만을 넘을 수 없으며, 함선도 30척 이하에 총 배수량은 10만 톤 이하여야 하고, 항공모함과 핵 동력 잠수함은 보유할 수 없으며, 작전용 항공기는 500대 이하에 장거리 폭격기와 탄도식 미사일은 보유할 수 없도록 제한되어 있다.

F4 전투기는 1960년대에 미국 해군과 공군의 주력 전투기였다.

사실 일본이 태평양 전쟁에서 투항한 뒤에도 일본 내 군국주의의 불씨는 꺼지지 않았다. 일본 정부는 미국의 도움으로 국가 경찰 예비대를 설립하게 된 기회를 놓치지 않았고, 오히려 이 기회를 잘만 이용하면 합법적으로 군사를 갖출 수 있다고 믿었다. 그리고 때마침 이 무렵

2003년 2월 14일, 이라크에 파병이 결정된 일본 자위대 대원 150명이 일본을 떠나기 전의 모습. 뒤로 보이는 것은 일본 해상 자위대의 군함 오오스미(大隅)호

미국이 동아시아의 중요한 전략적 기지인 일본에 자위대를 설치하는 것을 적극적으로 찬성하고 나섰다. 이는 다시금 꿈틀거리며 기지개를 펴기 시작한 일본의 야욕에 날개를 달아 준 꼴이었다. 1951년 9월, 미국과 일본은 미·일 안전 조약을 체결했다. 이 조약으로 일본이 자국에 보안청을 설치하고 병력을 11만까지 늘릴 수 있게 되는 등 기존의 제한 기준이 완화되었다.

1952년 일본은 미·일 안전 조약에 근거하여 해상 경비대를 창설했으며 1954년에는 다시 항공 자위대를 새로이 편성했다. 같은 해 7월에는 방위청 설치법과 자위대법을 공포하여 보안대를 육상 자위대로, 해상 경비대를 해상 자위대로 명칭을 바꾸었다. 이렇게 해서 일본은 육해공 3군을 실실적으로 재건하는 데 성공했고, 정식 명칭은 통합적으로 자위대로 정했다. 또한 방위청과 참모장 연석회의 등 군사 지휘 계통과 유사한 자위대 체계를 세우고자 계속해서 노력했다. 헌법상 군대가 인정되지 않는 나라이므로 자위대라는 표현을 사용하고는 있지만, 사실 내용을 보면 이미 정식 군대라고 해도 무방한 수준이었다. 다만 인원이나 무기 보유 등에서 제약을 받기에 한 나라의 정규군이 되기에는 아직 부족한 점이 있었다.

당시 육상 자위대의 병력은 이미 약 13만 명, 해상 자위대가 보유한 함정의 배수량은 총 5만 8,000톤 수준에 이르렀고, 항공 자위대는 1개 비행편대를 갖추고 있었다. 자위대는 방위와 치안, 해상 경비, 영공 침범 방지, 구조 활동 등 일본 본토의 안전을 지키는 임무를 주로 수행했다. 하지만 국제 정세의 흐름에 따라 일본 자위대에도 곧 변화가 일어났다. 특히 21세기에 들어서면서 일본 자위대는 해외 전쟁에 파병되는 등 국제 사회에서 군사 임무에 적극적으로 참여하기 시작했다. 아시아 국가들은 이러한 일본의 움직임에 자위대를 정규 군대로 전환하려는 준비 과정이라고 보고 경계하고 있다.

자위대의 구성

2차 대전의 결과 여러 면에서 제약이 있는 자위대는 그 구성에서도 특수성이 드러난다. 자위대 내 최고 군사 결정 기구와 인원 구성 등을 기존의 정규 군대와 비교할 때 가장 큰 차이점은 최고 통솔권이 총리, 즉 내각 총리 대신에게 있다는 것이다. 또한 최고 군사 결정 기구는 군사 위원회가 아닌 내각 의회이며, 내각 내에서 군사상 최고 심의 기구는 총리대신과 외무대신, 재무대신, 내각 관방 장관, 국가 공안 위원장, 방위청 장관 등 내각 주요 구성원으로 구성된 안전 보장 회의로, 이 기구에서 국방 방침과 전반적인 군사 계획, 각종 돌발 사태에 대한 대응과 처리 방안 등을 논의했다.

그 당시까지만 해도 자위대에는 아직 우리의 국방부와 같은 기능을 전담하는 기관이 없었다. 또한 참모장 연석회의도 없어 육해공 3군의 기초 단련과 작전, 후방 근무 계획, 군사 정보 수집 및 연구, 군사 훈련 등은 각 군의 참모장이 개별적으로 맡아 했다.

자위대의 신병 모집은 징병이 아닌 모병제를 기본으로 하며, 복무 기간은 일반적으로 2~3년 정도이다. 갓 입대한 신병은 기초 단련과 교육을 집중적으로 받는다. 신병들은 최대한 새로운 환경과 단체 생활 등에 적응하는 동시에 몸을 단련하고 대열, 사격이나 통신 같은 기본적인 군사 지식을 배우며 정신 무장을 위한 교육도 받아야 한다.

일본 자위대의 군사 장비는 처음에 자위대가 생겼을 때만 하더라도 미군이 사용하던 구식 장비가 대부분이었다. 그러나 지난 반세기 동안 눈부신 발전을 이루어 지금은 전통적인 군사 강국들도 무시하지 못할 정도로 세계적 수준의 군사력을 자랑한다. 게다가 2002년 3월 자위대 병력이 이미 28만 명을 훌쩍 넘는 등 자위대의 규모나 수준은 평화 헌법에서 제한하는 기준을 크게 초과한 지 이미 오래되었다. 평화 헌법에서 제한하는 항목 중 지금까지 지켜지고 있는 것은 핵무기 보유 불가, 장거리 폭격기 보유 불가, 핵 동력 잠수함 보유 불가 등 가장 중요한 금지 조항 정도이다. 하지만 이런 제한적인 상황에서도 일본의 군사력은 이미 영국 등 선진 국가들의 수준을 크게 윗돌 정도로 발전하여 다시 세계적 군사 대국의 반열에 올랐다.

자위대와 미군의 관계

1954년 7월에 일본은 미국의 도움으로 자위대를 창설했다. 자위대의 탄생에 미군이 어느 정도까지 깊은 영향을 끼쳤는지 아는 것은 어렵지 않다. 제2차 세계대전이 끝나는 단계에서 이미 일본과 미국 사이에는 모종의 정치적 유착 관계가 형성되었다. 그리고 이후 50여 년 동안 미국이 일본에 취한 태도를 보면, 일본을 아시아 내 군사 기지로 삼으려 했던 미국의 의도가 분명하게 드러난다.

2005년 10월 29일에 미국 라이스 국무 장관과 럼스펠드 국방부 장관, 일본 외무대신 마치무라 노부타카町村信考와 방위청 장관 오노 요시노리大野功統가 참여한 '2+2' 안전 보장 협의 위원회가 개최되었다. 이 자리에

일본이 자체적으로 개발한 89식 중전차의 30mm 구경 기관총과 유도탄 발사기를 앞세우고 진격하고 있는 일본군

서는 미국과 일본의 안보 협력 목표와 성격을 재조명하여 범위를 확정하고, 주일 미군의 재편 문제에 관한 전략 회의를 진행했다. 그리고 미·일 동맹 관계에 근거하여 중국과 북한을 불안정한 지역으로 규정하고 만약 문제가 발생할 경우 일본과 미국이 공동으로 군사 행동을 하며 이를 위해 미군이 자위대에 대한 지원과 협력을 더욱 늘릴 것을 약속했다.

> 맥을 잡아 주는 **일본사 중요 키워드**

신병 교육 방법

일본의 군국주의 정신을 이루는 핵심은 '야마토다마시大和魂'라는 일본의 민족정신이다. 자위대에서는 신병을 교육할 때 일본인으로서 자긍심을 느끼며 야마토타마시를 소중히 여기는 마음가짐을 갖추도록 가르친다. 또, 수영 강습에서는 노끈으로 몸을 묶어 물속에 밀어 넣고 일정 시간이 지나면 꺼내 주었다가 다시 밀어 넣기를 반복해 호흡하는 요령을 익히게 하는 등 독특한 훈련 방식을 자랑한다.

그 밖에 세계 모든 나라의 군대와 마찬가지로 철저한 계급 사회인 자위대에서도 상관이 교육을 핑계로 신병을 괴롭히기도 한다. 간혹 도가 지나쳐 문제가 되기도 하나 자위대 내부에서는 대체로 신병을 더욱 강하게 단련시키는 교육의 일종으로 받아들이는 분위기이다.

도쿄 국립 박물관 유물들

도쿄 국립 박물관은 1872년 3월에 처음 문을 열었다. 도쿄 유우시마湯島에 있는 옛 성당의 다이세이덴大成殿에서 열렸던 전시회가 시초로, 당시 이름은 일본 문부성 박물관이었다. 1889년에 도쿄 제국 박물관, 1900년에 황실 박물관으로 이름을 바꾸었으며, 1947년에 다시 도쿄 국립 박물관으로 이름을 바꾼 이래 지금까지 계속 이어지고 있다. 도쿄 국립 박물관의 소장품은 8만 4,000점 이상으로, 일본의 국보와 중요 문화재 460점 정도가 함께 보관되어 있다. 전시관은 총 5개이고 본관에는 일본의 미술 작품 약 4만 점, 아시아 갤러리인 효케이칸에는 일본 고고학 자료 2만 8,000여 점, 동양관에는 동양 미술 작품과 고고학 자료 약 1만 5,000점이 전시되고 있다. 이 밖에도 호류지法隆寺 보물관에는 호류지에서 봉헌된 유물 300건이 전시된다.

토우

죠몬繩紋 문화는 일본 역사상 가장 이른 시기에 나타난 본토 문화로, 한국이나 중국에서는 볼 수 없는 일본의 독자적인 문화이다. 이 시기의 가장 큰 특징은 흙으로 빚은 토기나 토우 위에 새겨진 죠

죠몬 후기의 토우. 나가노 현 지이사가타 군에서 출토된 유물. 높이 36.5cm

448

몬, 즉 새끼줄 무늬이다. 죠몬 문화 초기, 중기의 토기들은 크기가 비교적 작은 편이고 새끼줄 무늬가 단순하며 주로 끝이 뾰족한 역삼각형이고 두께가 두꺼운 것이 특징이다. 후기에 들어서면서 토우의 종류도 세분화되며 하트 모양, 산山, 원통 등 형태도 다양해졌다. 이 시기의 토우는 특히 여성의 특징을 표현하는 것이 많으며, 사람의 형상을 최대한 구현하고자 노력한 흔적이 나타난다.

왼쪽의 토우는 나가노長野 현의 지이사가타小縣 군에서 출토된 것으로 후기 죠몬 시대 토우의 전형적 특징이 잘 나타나 있다. 머리 부분이 강조되고 내부는 비었으며 두께가 얇은 편이다. 초기의 토우에는 가메오카岡식 토기와 비슷한 문양이 새겨졌으나 후기로 갈수록 점차 사라져 장식 무늬가 단순해지고 띄엄띄엄 줄무늬나 돌출된 무늬가 나타난다. 초기 토우의 강렬한 인상보다 원만한 분위기를 풍긴다.

발묵 산수도

셋슈雪舟(1420~1506년)는 일본 무로마치 시대에 활동한 수묵화가 중 가장 대표적인 인물이며 일본 수묵화를 집대성한 인물로 평가된다. 겐민시遣明使를 따라 명나라에 건너가 약 2년 동안 중국화를 배우며 남송 시대 마하파의 거장 마원馬遠과 하규夏珪의 화풍을 익혔다. 하지만

〈발묵 산수도(潑墨山水圖)〉, 셋슈 작. 수묵으로 그린 족자 그림. 147.9cm×32.7cm

셋슈의 화풍에는 일본 산수화의 선구자인 슈분周文에게서 받은 영향도 크게 나타나 일본적 느낌도 잘 전해진다.

셋슈의 대표작 중 하나인 〈발묵 산수도〉는 현재 일본의 중요 문화재이다. 작품 중간에 격앙된 느낌을 주는 필법은 하규의 화풍에서 주로 나타나는 특징과 유사하다.

후나바시 마키에 스즈리바코

일본 미술의 가장 큰 특징은 화려한 장식이다. 오른쪽 작품에는 장식적인 것을 사랑하는 일본의 민족 특색이 그대로 드러나고 있다. 특히 혼아미 고에쓰本阿光의 작품은 전형적인 일본 예술의 풍격을 가장 분명하게 보여 준다. 그는 대대로 도검을 제작하고 보존하는 일을 가업으로 하는 교토의 혼아미 가문에서 태어나 어려서부터 일본의 예술을 접하며 감각을 키우고 우수한 교육을 받을 수 있었다. 예술 분야 전반에 관심을 보이며 서화, 도예를 비롯하여 일본의 독자적인 칠공예인 마키에蒔繪 등 여러 종류의 작품을 남겼다. 이 작품은 현재 몇 개 남아 있지 않은 '스즈리바코硯箱', 즉 벼루집이다. 스즈리바코는 여러 가지 재료를 사용하여 만드는데, 사진 속 작품은 목재를 기본 재료로 그 밖에 납, 금분을 함께 사용했다. 이 '후나바시 마키에 스즈리바코舟橋蒔硯箱'는 작품 자체가 하나의 시를 표현하고 있어 혼아미 고에쓰의 창의성과 예술성을 보여 주는 대표적인 작품으로 꼽힌다.

상자 전면에 금분을 칠했는데, 옻칠로 곡선을 그린 위에 금분을 뿌리는 기법으로 파도를 표현했고 파도 위에 작은 배를 그렸다. 여기에 납으로 만

든 검은색 띠를 붙여 다리를 표현하고 은판을 오려
만든 문자를 여기저기 배치해 혼아미 고에쓰만의 독
특한 미적 감각을 살렸다. 새겨진 문구는 《후찬화가집
後撰和歌集》에 실린 미나모토 히토시源等의 시 구절 "동편
길 사노佐野에 배다리舟橋 놓였지만 그리움 건넬 줄 아는 이
없구나東路の佐野の舟橋かけてのみ思い渡るを知る人

후나바시 마키에 스즈리바코(舟橋
蒔硯箱). 혼아미 고에쓰 작. 17세기
초 에도 시대 작품. 22.9cm(가로)×
24.2cm(세로)×11.8cm(높이)

ぞなき"이다. 그런데 이 스즈리바코에 장식된
문자에는 이 시에는 가장 중요한 '舟橋(배다
리)'라는 두 글자가 빠져 있다. 이는 혼아미
고에쓰가 실수를 한 것이 아니라 의도적으로 시에서 가장 중요한 상징물
을 나타내는 문자를 생략한 것이다. 시구에서 '배다리'라는 단어를 생략한
대신 시각적으로 표현한 이 상자에서 고전에 대해 해박한 혼아미 고에쓰
의 지적 수준을 엿볼 수 있으며, 동시에 그의 기발하고 자유로우면서도 우
아한 그의 예술적 재능의 깊이를 알 수 있다.

누각 산수도·악양루

에도 시대의 예술가 이케노 타이가池大雅는 교토 교외에서 태어났으며, 당
대의 유명한 문인 화가 야나기사와 기엔柳澤淇園에게 재능을 인정받아 문인
화의 길로 들어섰다. 명·청 시대의 중국 문인화 기법을 배우는 한편, 문인
화의 시조인 기온 난카이祇園南海와 야나기사와 기엔의 화풍을 이었다. 아
울러 자신의 개성을 나타내고자 일본의 유명한 산들을 찾아다니며 그 풍

경들을 화폭에 옮겼다.

그의 작품들은 주로 병풍이나 화집 등의 형태로 남아 있으며, 사진 속 그림 역시 그의 대표적 병풍화의 일부이다. 이케노 타이가 특유의 화풍이 잘 드러난 이 누각 산수도는 색채의 표현이 투명한 듯 담담하여 청아한 느낌을 주는 한편, 탁 트인 화면 구성의 시원스러운 분위기가 눈에 띈다.

⟨누각 산수도·악양루(閣山水圖·岳陽樓)⟩ 이케노 타이가 작. 병풍화. 6폭 병풍 2쪽이 한 쌍으로 이루어진 하나의 작품이다. 한 쪽은 악양루, 다른 한 쪽은 취옹정의 정경을 담고 있다. 사진 속 작품은 누각 산수도의 오른쪽 병풍인 악양루. 374cm(가로)×168cm(세로)

2 닷지 라인

동유럽과 아시아 지역에서 공산주의가 빠르게 확산되고 이를 정치 이념으로 표방하는 정권이 늘어가는 상황에 위기감을 느낀 미국은 아시아 내 적화赤化를 저지할 기지가 필요하다고 판단했다. 이에 따라 딩시 징황이나 지리적 특성을 종합하여 고려한 후 일본이 기지로서 가장 적합하다는 결론을 내렸다. 그리고 이후 도쿄 재판이 진행되는 동안 이미 아시아 기지 건설을 위한 미·일 협력 계획을 구상했다. 이 계획을 실행하기 위해 미국은 전후 일본의 복구 사업에 적극 협력했고, 이 과정에서 전후 일본 경제의 부흥에 큰 역할을 한 것으로 유명한 닷지 라인Dodge Line이 일본 현대사에 등장했다.

시기 : 1954년
인물 : 조섭 모렐 닷지, 더글러스 맥아더

미국의 대일본 정책

제2차 세계대전을 통해 미국은 전에 없이 강한 국력을 자랑했다. 이를 이용하여 종전 후에도 전 세계 모든 나라에 영향력을 미치는 리더로 거듭난다면 정치, 경제 방면에서 이익을 보장받을 수 있다고 기대했다. 그러려면 먼저 미국식 자본주의에 입각한 정치, 경제 시스템을 전 세계적으로 보편화해야 했다. 이런 때 일본의 패망은 미국의 계획을 시행하는 데 아주 좋은 기회를 제공한 셈이었다.

한편 1947년 이후 국제 사회에서는 미·소 양국의 대립 관계가 돌이킬

한눈에 보는 세계사
1957년 : 소련, 인공위성 발사

수 없을 만큼 악화되면서 본격적인 냉전 시대가 시작되었다. 또한 중국에서는 공산당이 해방 전쟁을 지휘하여 전투마다 승리를 거두어 점점 민심을 얻어갔다. 공산주의가 확산되는 상황을 보며 미국은 신속하고 강력하게 이를 억제할 정책을 고안해 내야 했다. 자본주의를 확산시켜 미국을 중심으로 새로운 세계 질서를 구축하려는 미 정부 정책의 일환으로, 일본은 아시아·태평양 지구의 반공 장벽이 되어 공산주의 세력을 감시하는 기지 역할을 하게 되었다.

미국이 패전국인 일본에 대해 원래 구상했던 처리 방안은 비무장화와 민주화였다. 그러나 일본을 기지로 활용하기로 결정하자 일본 점령 정책 노선을 재무장화와 경제 부흥으로 대폭 수정했다. 수정된 주요 내용은 미국이 일본의 정치와 경제를 다시 일으키는 데 적극적으로 협력하여 최대한 빨리 자립하도록 한다는 것이었다. 미국이 입장을 대대적으로 수정한 이 일을 두고 역코스reverse course라고 부른다. 1942년 2월, 당시 미국 대통령 트루먼이 디트로이트의 은행가 조셉 M. 닷지Joseph Morrell Dodge를 초청하여 맥아더와 연합국 최고 사령부의 경제·재정 고문이 되어 달라고 부탁했다. 그러자 닷지는 우선 일본의 경제 안정을 위한 '경제 안정 9원칙'과 '자본 안정 3원칙'을 규정해 실시했다. 그가 시행한 정책이 바로 닷지 라인이다.

미국 전략가들은 제2차 세계대전이 벌어지기 전부터 일본과 한국, 타이완, 동남아시아의 시민 통지 지역들 간에는 이미 핵심 국가와 주변 국기로 역할이 나뉘었다고 생각했다. 만약 미국이 일본 경제 부흥을 돕는다면 일본이 다시 아시아의 공업, 제조업 분야에서 선두를 달릴 것이라고 판단했다. 그렇게 된다면 동아시아와 동남아시아 지역이 하나의 경제 지구를 형성하여 미국이 원하는 자본주의 세계화를 노릴 수 있었다. 일본 재건 프로젝트는 자본주의를 기초로 하는 자유 경제 신체제를 구축하기 위한 미국의 중요한 첫 걸음인 셈이었다.

그러나 미국이 일본을 반공 기지로 삼겠다는 정책에 일본에 군사 결정의 자유를 인정하려는 의지는 전혀 없었다. 패전 직후 일본 내에서는 군국주의 열기가 아직 식지 않은 데다 전 세계의 이목이 일본에 집중되어 있었기 때문이다. 따라서 일본의 재건을 추구하더라도 일본의 군사 문제는 섣불리 건드릴 수 없는 문제였고, 또한 일본 경제가 살아나면 아시아에 일본을 중심으로 하는 배타적 경제권역이 형성되어 미국이 설 자리를 잃을 위험성도 있었기 때문이다. 그러므로 미국은 일본의 정치적 야심과 군사 능력을 억제하여 일본을 온순하게 하는 한편, 한국과 중국 등 동아시아 국가가 일본에 대한 의혹과 불신을 해소하고 긴밀한 경제 체제를 구축하도록 노력했다.

신 경제 정책의 성과

일본이 제2차 세계대전 초반에는 승승장구하는 듯 했으나, 전쟁이 장기화될수록 일본 경제는 붕괴되고 있었다. 실업률이 폭발적으로 증가하고, 전쟁 막바지로 치달을수록 계속해서 패전 소식이 들려오고, 일본 국민의 생활은 날이 갈수록 궁핍해졌다. 특히 히로시마와 나가사키에 심각한 원폭 피해를 입은 일본은 경제 성장에 심각한 정체를 겪었다. 미래에 대한 불안과 점점 심해지는 생활고를 견디지 못한 일본인들 사이에서는 한계에 이른 불만이 폭발했다. 이런 상황에서 종전을 맞은 일본의 도쿄에 연합국 최고 사령부 경제·재정 고문 역할을 맡은 조셉 닷지가 건너왔다. 그는 일본에 도착하자마자 일단 일본 경제를 안정시켜 다시 발전 궤도에 오르도록 '경제 안정 9원칙'과 '자본 안정 3원칙' 등 닷지 경제 정책을 실시했다. 조셉 닷지는 먼저 일본 화폐와 미국 화폐 간의 환율을 정해 경제 안정의 기틀을 마련했다. 1달러에 360엔으로 환율을 고정하고, 수출입 상품에 대해 가장

1950년대 후반 이후 일본은 미국의 기술 지도를 받으며 빠른 경제 성장을 이어 갔다. 사진은 1950년대 일본의 한 슈퍼마켓

먼저 고정 환율을 적용하여 일본의 무역을 활성화했다. 닷지 환율을 적용한 후 일본의 수출입이 상황이 안정되었고, 오래지 않아 무역이 국가 재정과 금융을 지탱하는 중요한 기초 사업으로 자리매김했다.

일본의 재정 상황이 최대한 빨리 자리 잡도록 닷지는 '초 균형 국가 예산'을 설정해 세입을 세출보다 늘려 정부의 예산을 흑자로 돌려야 한다고 생각했다. 또한 일본 중앙 정부의 일반 예산과 특별 예산에 명시된 보조금을 공개하여 대대적인 보조금 삭감 작업을 추진했다. 1949년 5월, 미국 정부는 컬럼비아 대학의 칼 슈프 교수와 세제 개혁 전문가들을 일본에 추가로 파견했다. 일본의 구체적 상황을 한눈에 꿰뚫어 본 그들은 가장 효율적인 재정 세수 정책을 제안했다.

미국의 재정 세수 개혁 대표단은 일본 국가 세제 기구에서 중요한 비중을 차지하는 누진세와 지방 정부 재정 자유권 및 고정 자본 가치 조항 등에 대해 새로운 개혁안을 제정하여 초 균형 국가 예산을 설정했다. 그리고 이와 더불어 일본 대기업들이 국가의 초고속 경제 성장 속도에 발 맞추어 성장하여 재정적으로 안정되도록 대대적인 일체화 투자 전략을 세웠다. 모든 신흥 전략 산업에 대해 과감하게 전면 투자를 함으로써 미래 시장 경쟁의 우위를 미리 점령한다는 미국의 일체화 투자 전략은 일본 현대사에서 눈부신 결실을 낳았다.

이 밖에도 당시 세계적 선진 기술을 보유하고 있던 미국은 50년대 후반에서 60년대 초반까지 일본에 다양한 과학 기술을 전수했다. 전후 일본은 경제 회복으로 가장 중요한 시기에 미국의 기술 지도를 받으면서 다시 한번 도약하게 되었다. 산업계에는 신흥 산업이 들불처럼 일어났고, 석유 화학 공업, 자동차, 가전에서 합성 섬유에 이르기까지 다양한 산업 기술이 세계적 수준으로 성장하여 20세기 말까지 고속 성장을 할 수 있었다.

그러던 중 1949년, 일본 정부의 예산 적자 부담을 피하기 위해 미국은 일본에 대한 경제 원조를 전부 끊었다. 이 역시 닷지 라인의 중요한 전략적 조치 중 하나였다.

미국 자유 무역 경제 체제의 핵심

제2차 세계대전 이후 미국과 소련의 관계가 급속히 악화되면서 미국은 국제적 권리 기구를 새로 구성하여 자국의 권익을 보장하고자 했다. 그리고 미국의 의도대로 국제적 자본주의 체제가 형성되었다. 이후 미국은 새로 구축한 자본주의 경제 체제 내에서 미국의 강력한 군사력을 인정하고 유지할 수 있도록 새로운 조치를 취해야 한다고 생각했다. 당시 미국은 강력한 군사력을 바탕으로 자본주의 진영의 정치, 경제적 질서를 유지하고 보호해야 했다. 그런 한편, 서방 국가들과 일본의 경제적 부흥을 보장함으로써 타국과의 국제 무역, 투자, 그리고 외교 부문에서 더욱 유리한 고지를 차지할 수 있었다. 이러한 형태로 상호 의존적 세계 경제 체제를 일구어 낸 미국은 최대의 적인 소련을 끊임없이 감시했다.

닷지 라인과 일본 경제의 발전

미국은 닷지 라인을 실시함으로써 물가 상승과 통화량 팽창의 악순환을 막아 일본의 전후 인플레이션을 억제한 한편, 그에 수반되는 부작용들을 최대한 예방하고 시장을 활성화하는 등 일본 경제의 재건을 주도했다. 미국이 주도한 닷지 라인의 최대 성과는 일본의 재정 수지가 균형을 되찾아 안정된 것이다. 또한 일본에 유리하도록 고정 환율을 제시하여 일본 경제가 자연스럽게 자본주의 세계 경제 속으로 진입할 길을 마련했고, 일본 기

맥을 잡아 주는 **일본사 중요 키워드**

경제 안정 9원칙과 자본 안정 3원칙의 주요 내용

전후 일본의 재정 균형에 가장 큰 공을 세운 경제 안정 9원칙의 자세한 내용을 알아보도록 하자.

① 균형 예산 편성

② 징세 강화

③ 기업 융자의 엄격한 제한

④ 임금 안정

⑤ 물가 통제 강화

⑥ 무역 및 외환 통제 강화

⑦ 수출 촉진을 위한 자재 배급 효율화

⑧ 광공업 생산 증대

⑨ 식량 공출 능률 향상

자본 안정 3원칙은 재정 적자를 불러올 만한 요인을 배제한 정책이다.

① 노동자들의 임금 동결

② 물가 고정

③ 보조금 금지

이 두 가지 정책은 전후 일본의 경제를 회복시키고 안정적으로 발전하도록 이끈 가장 결정적인 경제 정책 방안이다.

업의 잠재력을 끌어올려 세계 시장에서 활동할 영역을 확보해 주었다.

그러나 닷지 라인으로 세금 제도를 강화하여 세수를 늘리자 일본의 경제 소비와 투자가 위축되는 부작용이 생겼다. 이 영향으로 일본은 자칫하면 부실한 경제가 붕괴될 수도 있을 만큼 위협적인 상황에 직면했다. 1949년부터 일본 산업계의 불경기가 가시화되었다. 광공업 부문의 생산 작업이 중단되거나 정체되는 일이 늘고 기업의 경영 상황이 악화되는 등 본격적인 위기가 시작되었다. 닷지 라인은 인플레이션을 막는 데는 큰 효과를 발휘했으나 정책의 효력이 너무 강력했던 탓에 디플레이션이라는 부작용을 초래한 것이다.

이렇듯 미국이 일본에서 시행한 닷지 라인은 일본에 막대한 이익을 안겨 주었지만 그런 반면 한순간에 무너질 수도 있을 정도로 엄청난 위험성을 안겨 주는 양날의 검이었던 셈이다. 하지만 일본 역사를 긴 안목으로 볼 때, 전후 일본이 닷지 라인의 실시로 호경기를 맛본 달콤한 경험은 이후 일본의 경제 발전에 긍정적인 결과를 미쳤다.

3 와다 히로오와 농지 개혁

와다 히로오和田博雄는 전후 일본 경제 부흥의 최대 공신으로, 혜성처럼 나타나 일본의 농촌 경제와 공업 발전에 날개를 달아 주었다. 그는 일본 농촌에 여전히 남아 있던 봉건 시대의 잔재인 지주 제도를 청산하는 동시에 자작농 제도를 정착시켜 본질적으로 농촌 경제를 개선하고, 농촌 경제의 상품화를 적극 추진하는 등 국내 시장을 개척해 전후 일본 사회에서 자본주의 경제가 발전할 기반을 탄탄하게 닦았다.

시기 : 1954년
인물 : 와다 히로오, 요시다 시게루, 도바타 세이이치

태풍의 눈으로 들어가다

1945년 제2차 세계대전에서 패배한 직후 일본 경제는 완전히 붕괴된 상태였다. 공업 발전을 이루려면 먼저 농업 기반이 탄탄하게 잡혀 있어야 하는데, 섬나라인 일본은 자연 환경 요건상 농사에 적합하지 않았다. 게다가 전쟁 전부터 군수 산업에 치중하느라 농업 분야를 소홀히해 경제 발전의 가장 기본적인 부분부터 균형이 무너져 있었다. 이런 현실을 반영하듯 전쟁 전부터 계속 방치되었던 일본의 농촌은 이미 황폐해질 대로 황폐해진 상태였다. 당시 일본 전국의 쌀 생산량은 불과 4,000만 석 정도에 불과했

한눈에 보는 세계사
1957년 : 소련, 인공위성 발사

고, 이는 수요에 비해 턱없이 부족한 양이었
다. 한 치 앞도 내다볼 수 없을 정도로 생존이
위협받는 절박한 상황에서 농민들의 불만이
표출되기 시작했다. 농촌에서는 이미 농민 운
동이 일어날 조짐을 보이며 술렁이는 분위기
가 만연했다. 이 무렵, 일본 정부는 오랜 기간
전쟁을 치르면서 재정이 바닥을 드러낸 지 오
래되었기에 농업을 육성할 금전적 여력이 없
었다. 농기구와 비료, 농사를 지을 인력 등 모
든 것이 부족한 상황에서 정부가 강제로 식량
을 매입하자 결국 농민들의 인내심도 바닥을

와다 히로오

드러냈다. 결국 분노한 농민들이 지방 사무소로 몰려가 쌀값을 내리라고
주장하는 등 사태는 폭동으로 번지기 직전에 이르렀다.

요시다 시게루吉田茂는 바로 이 무렵 전후 내각에서 총리대신이라는 중
요한 위치를 맡았다. 그는 이 시기에 농림대신을 맡는 사람에게는 얼마나
큰 각오가 필요한지, 총리대신으로서 자신이 이번에 선택할 농림대신의 역
할이 얼마나 중요한지 잘 알고 있었다. 그래서 이 일을 상담하기 위해 유배
중인 전 농림대신 이시구로 다다아쓰石忠篤를 만나러 갔는데, 그는 와다 히
로오和田博雄를 소개해 주었다. 요시다는 와다 히로오와 처음 만난 자리에
서 바로 그의 재능을 알아보고, 농림대신직을 맡아달라고 부탁했다. 그러
나 와다 히로오는 그 부탁을 완곡히 거절했다.

한편, 요시다 시게루는 도쿄의 쌀 창고에 비축된 양식이 약 사흘 분량
밖에 되지 않는다는 현실에 초조하게 발을 굴렀다. 그는 도쿄 대학 교수인
도바타 세이이치東畑精一를 여러 번 찾아가 도움을 요청했다. 한때 농림성
내부 심의회 위원장을 지낸 경험이 있는 도바타 세이이치는 당시 일본의

식량 상황을 잘 이해하고 있는 인물이었다. 그런데 도바타 세이이치도 이시구로 다다아쓰와 마찬가지로 요시다에게 와다 히로오를 추천했다. 그러면서 적어도 쌀 100만 톤은 있어야 해결될 이 열악한 상황을 해결할 능력이 있는 사람은 오직 와다 히로오밖에 없다고 덧붙였다. 요시다가 집요하게 설득한 끝에 와다 히로오에게 농림대신 직을 맡기는 데 성공했고, 이런 우여곡절 끝에 전후 일본에서 대대적으로 농지 개혁을 시작한 마흔세 살의 젊은 농림대신이 탄생했다.

개혁의 메스를 들다

1945년 10월, 전후 일본의 농촌에는 불안한 바람이 불기 시작했다. 와다 히로오는 식량 문제와 농민들의 불만이 터져 발생한 폭동의 위험성을 해결하고자 먼저 시데하라 내각의 농림대신인 마쓰무라 겐조松村謙三와 함께 농촌 전반을 정비하는 개혁을 실시했다. 당시 농림성은 어수선한 분위기 속에서 제1차 농지 개혁을 실시했다. 이 개혁의 주된 대상은 해당 지역에 거주하지 않는 지주의 농토나 기준 이상의 토지를 보유한 지주의 농토였다. 개혁 내용의 요지는 위 사항에 해당하는 지주가 소작농이나 영세농과 협의하여 토지를 유상 증여하는 것과 세금을 현금으로 납부할 것, 소작을 주었던 경작지를 지주가 되찾아갈 때는 반드시 먼저 농지 위원회의 인가를 받을 것 등이었다.

이 농지 개혁으로 일본의 농업 계층에 민주화가 확산되고 식량 생산력을 증대하는 데 필요한 제도적 기반이 마련되었으며, 소작농과 영세농이 해방되어 일본의 농업 경제 능력과 자본 수준이 어느 정도 안정적인 궤도에 올랐다. 하지만 장기적인 실효성을 연구하며 꼼꼼하게 준비한 정책이 아니었기에 허점이 많았고 정작 가장 시급한 식량 부족 문제를 해결하는 데는 큰 도움이 되지 않아 제2차 농업 개혁의 필요성이 대두되었다.

전후 일본의 경제 발전 양상을 살펴보면 일본의 토지 제도는 여전히 봉건적 성격을 벗어나지 못하고 있었다. 미국은 대부분 일본 국민이 이대로 빈곤하게 생활하는 상황이 길어지면 반미 감정과 함께 군국주의가 다시 고개를 들 수 있다고 생각했다. 결국 미국은 일본의 농지 개혁에도 적극적으로 개입했다. 1946년 10월에 일본 정부는 새로운 개혁안인 '자작농 창설 특별법'과 '농지 개정법'을 발표했다. 이 개혁안 덕분에 기존의 지주적 토지 소유제에서 자작농 토지 소유제로 전환되었으며, 소작지가 대거 해방되었다.

먼저 지주가 실제로 거주하지 않는 지역의 지주 소유 토지를 정부가 직접 거두어들여서 농사지을 땅이 없는 가난한 소작농이나 소유한 농지가 있어도 면적이 너무 적어 추가로 땅을 빌려야만 세금을 내고 생계를 이을 수 있는 반자작농에게 토지 매입 대금을 30년 동안 나누어 상환하는 파격적인 조건으로 토지를 넘겼다. 이렇게 유례없이 파격적인 개혁안들을 내놓으며 농지 개혁을 시행하자 일본 농촌 사회는 점차 활기를 띠었고, 불과 얼마 전까지 농민들 사이에 흐르던 위태로운 폭동의 분위기도 조용히 가라앉았다. 제2차 농지 개혁이 거의 완료된 1949년에 이르면 일본 전국 내 농지 가운데 자작 농지가 90%에 육박했으며, 430만 호가 농사지을 땅을 얻는 등 정책의 실효성이 빠르게 검증되었다.

토지 개혁의 영향

일본 중앙 정부가 제2차 농지 개혁을 실시한 결과, 농촌에 뿌리 깊이 박혀 유지되던 봉건 시대의 잔재가 마침내 제거되었다. 그와 동시에 자작농 경제 체계를 성공적으로 구축하고, 일본 농촌 경제의 상품화를 추진하면서 국내 시장도 함께 개척되어 농촌 경제는 안정적인 성장세를 탈 수 있었다. 이는 자본주의 경제 체제의 관점에서 볼 때 긍정적인 효과의 연쇄 작용이 일어나 더 큰 성공을 부른 쾌거였다. 동시에 손쉽게 토지를 얻은 농민들이 정부나 사회에 대한 불만을 깨끗이 잊고 본연의 직업으로 돌아가 정부에 대한 반항적인 정서나 사회주의를 지지하는 성향이 사그라졌다는 점에서 보면 고도의 정책 기술로도 볼 수 있다. 이러한 성격에 근거하여 당시의 농지 개혁을 '반공 전략'의 일환으로 보는 시각도 있다. 그때부터 지금까지 일본 농촌은 안정적인 농업 경제 체제 아래 지속적인 발전을 이루어 국가 경제의 기반으로서 역할을 톡톡히 하고 있다.

4 전쟁 특수

1950년 6월 한반도에서 6·25 전쟁이 발발했다. 아시아의 자그마한 반도 국가에서 같은 민족끼리 벌인 이념 전쟁에 중국과 소련, 미국이 참전하면서 전쟁은 규모가 커졌다. 이때 일본은 미군 측에 필요한 군수 물자를 공급하는 후방 기지 역할을 맡았다. 한동안 침체 상태를 벗어나지 못하던 일본 산업 경기는 이를 계기로 고속 성장하며 다시 경제 회복의 길로 들어섰고, 일본 현대사에서는 이때 한반도에서 벌어진 전쟁을 기회로 일본이 경제적 이익을 본 것을 두고 '조선 특수'라고 한다.

> **시기** : 1950년
> **사건** : 한반도의 6·25 전쟁

1950년대 일본의 상황

미국은 동아시아에서 나날이 세력을 키워 가는 사회주의 진영에 대항할 힘을 키우는 준비 단계로 먼저 일본 경제를 안정적으로 성장시켜 자립하게 하고자 했다. 성공적으로 홀로서기를 할 수 있도록 하려면 직접 물고기를 주는 것보다 물고기를 잡는 법을 가르쳐야 한다는 판단하에 미국은 일본에 대한 직접적인 경제 원조를 끊고 대신 더욱 근본적인 도움을 주기 시작했다.

미국이 갑작스럽게 원조를 끊자 일본의 재정 예산은 즉시 적자에 시달

한눈에 보는 세계사
1950년 : 6·25 전쟁 발발

렸고 '닷지 라인'의 부작용이 점차 드러났다. 기업들의 경영 상태는 부진했고, 광공업 생산도 침체에 빠져들었으며, 창고에 재고가 대량 적체되는 등 공업 분야의 상황이 특히 악화되기 시작했다. 일본 내 산업 경기가 위축되면서 전후 일본 사회는 본격적인 불황 국면으로 접어들었다. 그 밖에 미국이 1949년 4월 일본에서 단일 환율 제도를 실시하고 같은 해 9월 서유럽의 화폐 가치가 하락한 것은 모두 일본의 수출을 저해하여 경기 침체 현상을 가속화시키는 악조건으로 작용했다.

이상의 몇 가지 원인으로 일본 경제는 폭풍우가 몰아치는 거센 바다에 표류하는 신세가 되었다.

일본 경제는 6·25 전쟁이라는 특수로 인해 최고조로 활기를 띠기 시작했다. 사진은 1950년대 도쿄 증권 거래소

경기 특수의 기회가 오다

1950년 6월 25일, 한반도에서 6·25 전쟁이 발발했다. 전쟁은 소련과 미국, 중국이 참전하게 되면서 더욱 격화되었다. 그 이튿날인 6월 26일부터 바로 참전한 미국은 일본을 주요 전쟁 기지로 삼아 적극 활용했다. 미군은 일본 내 군사 기지는 물론 철도, 도로, 항만, 비행장 등 일본의 교통 시설을 모두 사용했다. 군수 물자와 장비는 일본에서 충당하거나 수리를 맡기기로 했고, 필요한 무기는 미국이 일본 기업에 직접 발주하여 생산했다. 미 정부는 일본에 군수품을 대량 제작 주문하고 무기와 전투기, 탱크 등의 수리, 기지 확장 및 한국에 필요한 구호물자 생산 등을 요구했다. 일본은 미군이 요구하는 군수 물자를 주문받아 공급하는 일을 맡으면서 전쟁 특수 효과를 볼 수 있으리라 기대했다.

미군에 납품할 군복이나 군용 텐트, 담요 등을 제작하면서 섬유 산업이 일어서고, 전선에서 진지를 구축하는 데 필요한 철과 콘크리트를 충당하느라 건축 자재의 생산과 중공업이 활기를 띠었으며, 탱크나 전투기, 군용 차량 등의 수리를 통해 중공업 분야의 기술이 급성장가도에 올라섰다. 그 밖에도 식품 산업 역시 영향을 받아 크게 성장했다.

게다가 군수 물자를 납품하면서 수요가 급증해 그동안 경기 불황으로 팔리지 않아 쌓아 둬야 했던 재고 상품까지 모두 처분할 수 있었다. 이것만으로도 일본 산업계는 1,500억 엔에 달하는 이익을 올렸다. 또 생산량과 판매량이 급증하는 바람에 일손이 부족해져 실업률이 대폭 감소하는 한편, 수출 상품의 가격도 급등해서 외환 보유량이 빠르게 증가하는 등 일본 산업계는 제2차 세계대전 이후 최고로 활기를 띠기 시작했다. 한반도에서 6·25 전쟁이 시작되고 2년 동안 일본 광공업과 중공업 분야는 고공 행진을 지속했으며, 국민 경제는 제2차 세계대전이 발발하기 이전의 윤택한 상황으로 돌아가 단번에 경제 부흥 목표를 달성해냈다.

6·25 전쟁을 통해 일본이 더욱 큰 '전쟁 특수'를 누릴 수 있었던 것은 중국과 소련, 미국 등 강대국들이 참전하면서 전쟁 규모가 커지고 기간도 길어졌기 때문이다. 이때 일본이 큰 이득을 챙기면서 그동안 크게 위축되었던 대중 소비 심리가 어느 정도 풀렸고 투자가 왕성하게 이루어지기 시작했다. 경제가 순조롭게 성장하도록 돕는 소비와 투자의 순환은 전쟁 특수가 끝나고도 계속되어 국제 수지에 큰 영향을 미쳤다. 미국은 6·25 전쟁에 참전한 동안 일본을 군수 물자 지원 기지 및 무기 생산지로 삼아 그 대가로 일 년에 수십억 달러에 이르는 금액을 지급했다. 이 밖에도 일본은 미군의 후방 기지 역할을 맡아 미국에 물자를 지원하면서 한편으로 당대의 군사 최강국으로부터 군사 기술을 배우는 좋은 기회를 얻었다. 이상에서 알 수 있듯이 일본은 한반도의 내전을 발판으로 국내 산업과 경제를 크게 일으켰다. 또한 미국이 다른 아시아 나라들의 내전에 참전하여 바빠지면서 자국의 수출 산업에 제대로 신경 쓰지 못하자 대신 일본 상품이 세계 시장에 진출하는 좋은 기회를 잡았다.

5 오키나와 반환 협정

JAPAN

동아시아 해상 교통의 주요 거점인 오키나와는 전략적으로도 매우 중요한 가치가 있는 섬으로, 먼 옛날부터 이곳을 차지하려는 쟁탈전이 종종 벌어졌다. 일본 본토는 대부분 오키나와 본섬을 중심으로 반경 2,000km 안에 자리하며 타이완, 홍콩, 한반도, 필리핀, 베트남의 수도 하노이Hanoi까지 모두 오키나와로부터 2,500km 거리 안에 있다. 또 3,000km 떨어진 지점에는 라오스의 수도 비엔티안 Vientiane이 있다. 즉, 미군이 오키나와를 점령하면 가까운 한반도나 타이완에서 긴급 사태가 발생했을 때 신속하게 대처할 수 있을 뿐만 아니라 멀게는 인도차이나 반도까지 간섭할 수 있다.

시기 : 1945~1972년
관련 국가 : 일본, 미국, 한국

샌프란시스코 강화 조약

이미 오래 전부터 전략적 요충지로서 오키나와의 가치를 알고 있던 미국은 1945년 6월 오키나와 전쟁에서 승리한 직후 오키나와 본섬을 포함하여 북위 30° 이남의 제도를 맥아더의 연합국 최고 사령부 통치하의 일본 점령지에서 제외하고 미군의 직접 통치하에 두었다. 이로써 미국은 극동 아시아의 중요한 전략적 기지를 자유롭게 사용할 수 있게 되었다. 또한 여기서 한

한눈에 보는 세계사

1945년 : 8·15 광복 / 국제연합 성립
1947년 : 인도·파키스탄 분리 독립
1948년 : 베를린 봉쇄
1949년 : 중화인민공화국 성립
1950년 : 6·25 전쟁 발발

1957년 : 소련, 인공위성 발사
1961년 : 베를린 장벽 건설
1964년 : 베트남전 발발
1966년 : 중국, 문화대혁명
1969년 : 미국, 유인 우주선 달 착륙

1945년 태평양 전쟁 중에 미군 보병이 일본 오키나와 본섬의 해변에서 보초를 서고 있다

발 더 나아가 약삭빠르게 오키나와 일대를 점령한 행위에 대해 연합국 회의에서 인정을 얻어 내고 정당성을 갖추기 위해 노력했다. 그 결과 오키나와를 직접 통제할 수 있는 '신탁 통치'의 감투를 받아 내는 데 성공했다.

한편 일본 경제가 초고속 발전을 이루고 미국이 앞으로도 일본과 우호적 관계를 지속적으로 이끌어 나가야 하는 상황에서 양국 간의 관계에 항상 오키나와 귀속 문제가 걸림돌이 되었다. 일본 정부와 국민이 하나로 뭉쳐 줄곧 미국에 오키나와 반환을 요구하던 중 대일 강화 조약對日講和條約이 체결되었다. 1951년에 체결된 이 조약은 샌프란시스코 강화 조약 또는 미·일 평화 협정이라고도 부른다. 이때 국제연합 UN 의 승인에 따라 북위 29°를 경계로 하여 그 남쪽에 있는 류큐 제도와 다이토 제도, 난세이 제도 이남의 오가사와라 제도, 카잔 열도 등이 미국의 신탁 통치를 받는 것으로 결정되었다.

이 조약은 기본적으로 오키나와에 대한 일본의 잠재적 주권을 인정하는 동시에 위 지역들이 원래 일본에 속해 있다가 따로 분리된 것으로 규정했다. 그래서 일본은 이를 근거로 오키나와를 중심으로 하는 류큐 전 지역과 오가사와라 제도 등 미군이 통치하는 모든 영토에 대한 반환을 당당히 요구했다. 이는 일본이 전쟁 전의 영토를 모두 되찾고자 하는 의도로, 지금까지도 계속 논란이 뜨겁게 이어지고 있는 문제이다.

1950년대에 일본 정부가 오키나와 본섬 문제와 관련하여 단계적으로 우위를 점하는 모습을 지켜본 오키나와 사람들은 조국을 되찾으려는 해방 운동을 전개했다. '오키나와 겐縣 조국 복귀 협의회'를 조직하여 '오키나와 조국 복귀일' 등을 정하는 등 왕성한 활동을 펼쳤다. 한편 대대적인 서명 운동을 펼치는 등 오키나와 반환에 대한 일본인들의 요구 수위가 점차 높아지자 미국은 일본과 오키나와 문제에 관련한 담판을 더는 미룰 수가 없었다. 오키나와 귀속 문제에 대한 담판 결과가 아시아 지역에 미칠 영향력을 잘 알고 있는 아시아 각국은 이 교섭 회의의 진행 과정을 주시하고 있었다.

아시아가 주목하는 협상

1950년대 일본 경제는 미국의 원조를 받으며 초고속 성장세를 기록했고, 점차 발전하는 국내 경제 사정과 함께 일본 국민의 자신감과 민주 의식도 성장했다. 이후 국제연합에도 가입한 일본 정부는 오키나와 현을 돌려받고자 하는 의사를 강력히 표명했고, 이에 따라 미국과 일본은 오키나와 통치권을 두고 협상을 벌였다.

한편 1957년 6월에 기시 노부스케岸信介 총리대신이 미국을 방문했고, 그 후에도 1961년 6월에 이케다 하야토池田勇人 총리대신, 1965년 1월에 사토 에이사쿠佐藤榮作 총리대신, 1967년 11월에 사토 에이사쿠 총리대신이 두 번째로 미국을 방문했는데, 미·일 정상이 만날 때마다 오키나와에 관한 논의가 반복되었다. 일본은 점차 미국에 와서 오키나와 협상을 할 때마다 작은 결과라도 얻어서 돌아갔다.

1957년에 기시 노부스케 총리대신이 미국을 방문했을 때 일본은 미국 정부로부터 '잠재적 주권'을 인정받았다. 그 후 1961년에 미국을 방문한 이케다 하야토 총리대신은 눈에 띄는 결과를 얻어서 돌아오지는 못했지만, 오키나와 주민의 복지 개선 문제를 건의하여 건축물에 일본 국기를 게양할 권리를 얻어 냈다. 또한 미·일 안전 보장 조약을 체결하여 케네디 정부에 오키나와 반환 문제에 대해 현지 조사를 시행할 것을 재촉했다.

그 후 미국 국가 안전 보장국에서 오키나와 현지를 시찰하는 특별 조사단이 편성되었다. 조사단은 오키나와 시찰을 마치고 나서 미국 정부에 류큐의 상황을 상세히 보고했다. 그들은 미국이 관리하는 오키나와 민정 기구를 축소하고 일상 업무는 대부분 류큐 자치에 맡기며, 오키나와에 대한 원조를 늘려 경제 발전을 촉진하고 오키나와에 상설 경제 사단을 설립해야 한다는 의견을 피력했다. 특별 조사단의 보고 내용을 검토한 케네디 정부는 1962년에 성명을 발표하여 류큐는 일본 본토의 일부분이며, 자유 세계의 안전과 이익이 보장된다는 상황하에 류큐 제도의 주권을 다시 일본에게 반환하기로 했다.

일본 해상 자위대는 2003년 3월부터 하야부사(隼)급 고속 미사일정을 보유했다.

그 후 일본 정부의 수뇌들이 미국을 수시로 드나들면서 오키나와를 포함한 오가사와라 제도의 반환 약속까지 얻어 내는 데 성공했다. 사토 에이사쿠는 1967년에 두 번째로 미국을 방문했을 때 존슨 대통령과 함께한 회의에서 미·일 양국이 협의하여 2~3년 안에 적절한 오키나와 반환 시기를 정할 것을 약속했으며, 이와 함께 오키나와 반환과 관련해 발생할 가능성이 있는 여러 가지 갈등 요소를 최대한 배제하는 주도면밀함을 보였다. 덕분에 일본은 오키나와 반환 시 미국의 협조를 기대할 수 있게 되었다. 이밖에도 미·일 양국이 1년 안에 오가사와라 제도의 반환에 관한 상세한 사항들을 결정하는 교섭 회의를 열기로 합의하는 등 큰 소득을 얻어냈다.

1967년 12월에는 앞서 약속한 대로 미국과 일본 양국이 오가사와라 제도 반환에 관해 구체적인 사항들을 정하는 협상을 시작했다. 그리고 이듬해 4월 5일, 미국과 일본은 마침내 오가사와라 반환 협정에 조인하며 6월 26일에 오가사와라 제도를 공식 반환하기로 협의했다.

1969년에는 국제 형세가 변하고 미국의 경제 사정이 악화되는 등 여러 요인으로 국제 사회에서 미국의 영향력이 크게 떨어져 있었다. 미군이 참전한 베트남 전쟁 패배로 미국이 어려운 상황에 놓였을 때 미국 대통령으로 선출된 리처드 닉슨Richard Milhous Nixon은 이후 아시아 지역에서 미국의 군사 개입을 축소하겠다는 의지를 표명한 것으로 유명한 '닉슨 독트린Nixon Doctrine'을 선언했다. 닉슨 대통령이 보기에 일본의 오키나와 문제는 가장 시급하게 해결해야 할 과제였다. 그동안 질질 끌어오던 미국과 일본 간의 오키나와 반환 문제는 곧 실질적 협상 단계에 진입했다. 미국은 오키나와를 일본에 반환하는 대신 아시아 자유 국가들의 안보 문제를 위해 미군이 오키나와 기지를 자유롭게 사용할 수 있도록 요구하여 여러가지 부담을 일본에 떠넘겼다. 여기에는 미국의 지출을 줄이면서 기존의 영향력은 그대로 유지하겠다는 실리적 계산이 깔려 있었다. 아시아 국가들은 이 점에 주목했는데, 그중에서도 가장 민감하게 반응한 나라는 한국이었다.

한국은 오키나와 반환 문제에 관하여 그곳이 군사 기지로서 커다란 가치가 있는 곳이므로 미국이 굳이 일본에 그 지역을 넘겨주지 않아도 된다며 반환 결정을 반대했다. 이러한 한국의 태도는 당시 오키나와 반환 문제가 단순히 일본과 미국 간의 이익에 관한 문제만은 아니었다는 점을 보여주는 사례로, 실제로 당시 아시아 각국은 오키나와 반환 여부가 아시아의 안보에 큰 영향을 미칠 것으로 보고 이 협상 과정에 주목하고 있었다. 그래서 일본과 미국은 다른 나라들의 눈치도 함께 살피며 협상을 진행해야 하는 어려움이 있었다.

한국이 영토 반환 문제에 끼어들어 일침을 놓자 오키나와 반환에 관한 논의는 다시 한 번 격화되었다. 주변 국가들의 격한 반응은 일본의 사토 내각이 미국 정부와 협상하여 "영토를 돌려받더라도 미국이 아시아 국가 방어에 관한 국제적 의무를 이행하는 데 일본은 절대 방해하지 않는다."라는 방침을 공식 선언하고 나서야 가라앉았고, 이를 조건으로 1971년 6월 17일에 오키나와 반환 협정이 조인되고 마침내 공식화되었다. 그리고 1972년 5월 15일부로 오키나와는 일본에 귀속되었다.

오키나와 본섬에서 볼 수 있는 미군 A-10 전투기

오키나와 반환의 영향

오키나와가 일본에 반환되고 나서 국제 사회에서 일본의 지위는 약간 상승했다. 그러나 한편으로는 아시아에서 미국이 담당했던 안보와 그에 따르는 재정 문제를 일본 정부가 일정 부분 떠맡게 되면서 국가 재정에 부담이 더해졌다. 사실 오키나와 반환 문제는 그 결정 과정에 안보에 관한 미국, 일본, 한국 3국의 타협점이 존재하므로 이 3국의 협상 결과 결정된 사안으로 볼 수도 있다.

결과적으로 오키나와 반환 협상은 당시 국제 정세 상 아시아에서 기존의 군사적 질서에 별다른 영향을 끼치지 않는 방향으로 해결되었다. 따라서 미국은 중요한 기지를 종전과 마찬가지로 그대로 사용하며 아시아에서 예전과 다름없는 세력을 유지할 수 있었다. 하지만 이는 한편으로 급변하는 국제 정세 속에서 미국이 어느 날 갑자기 태도를 바꾸어 세계의 패권을 쥐려고 한다면 대부분 아시아 국가가 오키나와 기지를 쥐고 있는 미국

오키나와 주둔 미군

1996년 9월 7일. 일본 오키나와에 있는 미군 카데나(Kadena) 공군 기지의 군인들이 거리를 걷고 있다.

에 속절없이 무릎 꿇게 될지도 모른다는 위험성을 안고 있는 것으로 볼 수 있다.

이 밖에도 아시아 국가들 간에는 여전히 오키나와 귀환 협정과 관련하여 잡음이 끊이지 않고 있다. 현재 중국 명칭으로는 댜오위다오釣魚島, 일본 명칭으로는 센카쿠尖角 열도로 불리는 섬의 주권에 대해 일본과 중국은 첨예한 영토 분쟁을 벌이고 있다. 문제의 발단은 역시 일본이었다. 일본은 과거에 조선을 상대로 구렁이 담 넘어가듯 독도를 빼앗아 일본령으로 편입시킨 것과 마찬가지 수법으로 청일 전쟁에서 승리한 당시 중국 영토인 댜오위다오를 슬쩍 자국 영토로 편입시킨 것이다. 그 후 일본 정부는 오키나와 반환 협정 때 미국에서 돌려받을 영토 범위에 센카쿠 열도까지 끼워 넣어 국제 사회에서 은근슬쩍 자국 영토로 인정받았다. 중국과 일본은 이 문제에 관해 한 치의 양보도 없는 대립을 계속하고 있다.

6 경제 성장의 신화 '진무 경기'

JAPAN

'진무 경기神武景氣'란 1955~1957년까지 약 2년 동안 일본 사회가 누린 호황기를 이르는 말이다. 일본은 한반도에서 발발한 6·25 전쟁을 발판으로 순식간에 경제가 크게 일어나는 전쟁 특수를 한껏 누리고 1956년부터 전력 공업 건설 중심의 체계적인 '전력 5개년 계획'과 '경제 자립 5개년 계획' 등을 시행했다. 동시에 석유를 대량 수입하여 본토의 석유 화학 공업 발전을 촉진하고 일본 경제가 자립할 수 있도록 새로운 발전 단계로 끌어올렸다. 당시의 경제 급성장을 기억하는 일본인은 그때의 호경기를 '진무 경기'라고 부른다.

시기 : 1955~1957년
관련 업종 : 상업, 농업, 공업

일본의 경제 회복 정책

1950년대에 일본의 경제 수준이 단번에 크게 향상될 수 있었던 계기는 한반도에서 벌어진 내전이었다. 이웃 나라에서 벌어진 내전을 이용하여 큰 수익을 얻었지만, 전쟁이 끝나자 전쟁 특수도 끝났고 일본 경제는 다시 한번 침체기를 맞이했다. 하지만 앞서 맛본 전쟁 특수와 미국의 원조는 일본이 초고속 경제 성장을 이루는 데 유리한 국내·외적 환경의 조성에 큰 도움을 주었다. 일본 정부는 이 기회를 놓치지 않고 부랴부랴 일본을 부흥시킬 경기 부양책을 제정했다.

한눈에 보는 세계사
1957년 : 소련, 인공위성 발사

일본은 진무 경기, 이와토 경기 등 경제 호황기를 맞으며 1960년대 초까지
초고속 성장을 거듭했다. 사진은 도쿄의 중심가

1952년 3월에 일본 국회는 정식으로 '기업 합리화 촉진법企業合理化促進法'을 승인했다. 일본 정부는 기업들이 최신 기술을 익히도록 도움을 주는 방법을 법으로 제정해 경영 효율성을 높였고, 그 결과 일본의 전반적인 산업 수준은 빠르게 향상되었다. 새로운 법령이 일본의 경제 발전에 긍정적인 영향을 일으키자 자신감을 얻은 일본 정부는 같은 해 7월 다시 한 번 법률 개혁을 시도했다. 미국이 일본 경제를 전적으로 책임지고 돌봐 주던 무렵 시행했던 긴축 정책을 완전히 버리고, 그동안 경제 기획을 지휘해 온 경제 안정 본부를 폐지한 뒤 경제 문제를 담당하는 경제 심의청을 새로 구성했다. 경제 심의청을 설립한 궁극적인 목표는 장기적인 안목으로 자유 경제를 전제로 하는 안정적인 경제 부양책을 제정하여 일본 경제를 최대한 일으키는 것이었다.

그 후 일본은 또다시 '1957년도 경제표', '국가 경제 자립', '종합 개발 구상', '종합 경제 6년 개입', '경제 자립 5개년 계획' 등 새로운 정책들을 시행했고, 그 사이 경제 심의청의 명칭은 경제 기획청으로 바뀌었다. 경제 기획청은 일본 경제의 자립을 앞당기는 데 전력을 다했다. 이러한 정책들은 당시 일본 경제의 부흥과 발전을 촉진하는 중요한 역할을 했다. 경제 자립을 이루기 위한 이 노력들은 국제 사회에서 아직 제2차 대전의 패전국으로 인식되던 일본에 매우 중요한 도약이었다.

1950년대 초반에는 미국의 원조하에 국제통화기금IMF과 약칭 세계은행 World Bank으로 불리는 국제부흥개발은행International Bank for Reconstruction and Development, 관세 및 무역 총 협정 등과 같은 기구에 연달아 가입하여 서구 중심으로 돌아가는 세계 경제 체계 속으로 섞여 들어갔다. 일본이 국제 경제 조직에 차례로 가입한 것은 국제 사회에 일본의 경제 능력을 과시하여 위상을 높이는 데 큰 효과가 있었다.

제1차 경제 발전의 시작

1954년 말 일본 경제는 물가 안정과 고속 성장이라는 두 마리 토끼를 잡았고, 이는 기존에 시행했던 정책들이 더욱 효과적으로 빛을 발할 수 있는 환경을 조성했다. 농업 부문에서는 주요 경제 지표가 이미 전쟁 이전의 최고 기록을 뛰어넘었고, 5억 달러 이상 무역 흑자를 기록하는 등 우수한 성과를 거두어 인플레이션 위험이 없는 경제 성장과 경제 자립이라는 목표를 성공적으로 달성했다. 상업과 농업 부문 외에도 조선업, 철강, 전자제품, 석유 화학 공업 등 주요 산업이 전반적으로 활기를 띠었다. 특히 일본의 조선업 수준은 1956년에 이미 세계에서 다섯 손가락 안에 꼽힐 정도로 크게 발전했다.

하지만 무리해서 빠르게 발전한 경제 체제는 그만큼 적지 않은 위험성을 안고 있게 마련이다. 과도한 설비 투자와 생산 능력 부족 탓에 발생한 일본의 급성장 후유증은 1956년 가을 무렵부터 본격적으로 나타나기 시작했다. 특히 일본 내에서 철강 등 주요 원자재 값이 폭등하자 일본 정부는 원자재 수입량을 늘려 가파른 가격 상승세를 제어하려고 했다. 하지만 이러한 대처는 임시방편일 뿐이었다. 이와 같은 사태가 장기화되면 그동안 부지런히 채워놓은 외환 보유고만 다시 비워낼 뿐 근본적으로 문제를 해결하지 못하기 때문이다. 일본 정부는 또다시 인플레이션을 겪게 되는 상황을 피하고자 다시 금융 긴축 정책을 시행했다. 덕분에 다행히 인플레이션은 모면했지만, 폭발적인 경제 성장을 이룬 진무 경기의 신화도 그와 함께 끝을 고했다. 진무 경기가 끝나고 경기 침체가 시작되었으나 한동안 누린 풍족한 생활로 일본인들의 내면에는 어느덧 물질적 풍요를 추구하는 욕구와 소비 풍조가 소리 없이 자라났다. 이러한 심리는 이후 일본 내에 소비 혁명을 불러일으켜 다시 한 번 경기 호황의 순풍이 불어 왔을 때 일본 경제가 다시 한 번 날아오르게 하는 날개가 되었다. 짧

은 경기 침체 기간을 겪고 나서 일본에는 다시 '이와토 경기岩戶景氣'가 도래했다.

낙관적 영향

시의적절한 경제 정책을 시행한 덕분에 진무 경기를 맞이한 일본은 1955~1957년 6월까지 약 31개월 동안 폭발적인 고속 성장을 기록했다. 그러다 갑자기 불어닥친 원자재 가격 폭등이 원인이 되어 성장세가 꺾이고 잠시 불경기에 시달리게 되었다.

하지만 운 좋게도 이번에 찾아온 불경기는 그다지 오래가지 않았다. 곧이어 1958~1961년까지 이와토 경기가 지속되었는데, 이 시기에 일본 대중의 심리 속에는 이미 소비 풍조가 자라나 물질적 풍요를 어느 정도 누릴 수 있을 만큼 마음의 여유가 자리 잡고 있었다. 이 기간에는 특히 세탁기, 냉장고, 흑백 텔레비전 등 '3종 신기神器'라고 불린 가전제품들이 대중적으로 큰 인기를 끌며 일본 경제가 다시 고도성장을 유지하게 하는 중요 요소가

되었다. 동시에 일본은 진무 경기를 통해 얻은 교훈을 살려 이번에는 주요
설비에 집중 투자하고 기술 혁신을 이루며 안정적인 경제 성장을 일궜다.

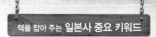

진무 덴노

기록에 따르면 진무 덴노神武天皇는 일본의 초대 덴노라고 하며, 일본 전설에 나오는 여신 아마테라스
오오미카미天照大神의 후손으로 알려졌다. 《일본 서기日本書紀》에서는 진무 덴노를 간야마토이와레히
코노미코토神日本磐余彦尊 또는 하쓰쿠니시라스스메라미코토始馭天下之天皇 등으로 표기하고 《고사기古
事記》에서는 간야마토이와레히코노미코토神倭伊波-琵古命라고 표기하며, 진무 덴노의 이전 시기를 '신의
시대神代'로 본다. 그에 관해서는 여러 가지 설이 있다. 백제의 후손이라는 설도 있고, 진시황이 불로장
생약을 찾아오도록 파견했던 신하 수천 명 가운데 하나라는 설도 있다. 그러나 역사적으로는 진무 덴
노가 실제로 존재했던 인물인지 여부조차 아직 분명하게 밝혀지지 않았다. 1대 덴노인 진무뿐만 아니라
초반기 그의 후대 덴노들에 대해서도 실존 인물이 아니라는 설이 지배적이다.

하지만 역사적 고증과 관계없이 일본인들의 가슴속에 깊이 자리 잡고 있는 일본 창업의 신은 진무
덴노이다. 전후 일본에서 일어난 폭발적인 경제 성장을 '진무 경기'라고 부르는 데는 일본이 이제 다시
태어나 진무 덴노 시절의 영광을 다시 한 번 누리기를 기원하는 간절한 마음이 담겨 있다.

7 도쿄 올림픽이 불러온 경기 호황

J A P A N

일본은 전후 경제 회복 정책과 여러 가지 우연에 힘입어 급속한 성장을 이루었다. 미국의 도움을 받아가며 경제 부흥과 자립의 기틀을 닦은 일본은 그 밖에도 '전쟁 특수'나 '진무 경기', '이와토 경기' 등 전후 일본의 경제 발전사에서 빼놓을 수 없는 호재를 잇달아 맞이하며 폭발적인 경제 급성장을 이루었다. 이렇게 꿈같은 50년대가 지나고, 일본은 1964년에 도쿄에서 개최하기로 한 제18회 하계 올림픽이 안겨줄 '올림픽 특수'를 기대하며 희망찬 1960년을 맞이했다. 올림픽 개최를 준비하는 과정에서 일본 국내 경제가 다시 활기를 띠기 시작해 이 시기의 경제 성장을 '올림픽 경기'라고 부른다.

시기 : 1964년
관련 분야 : 시정 건설, 서비스업 분야, 철도·석유 공업

올림픽 개최를 신청하다

일본의 수도 도쿄는 겉으로는 온순하고 신중해 보여도 실은 고집 세고 지기 싫어하는 일본인의 기질을 그대로 닮은 도시이다. 1923년에 간토 대지진이라는 대재앙이 한순간에 도쿄를 덮쳤을 때, 공업과 산업 기반 시설에서 서민들의 삶의 터전에 이르기까지 일본이 그동안 도쿄에서 쌓아올린 모든 것이 '무無'로 돌아갔다. 하지만 독하게 이를 악물고 이 참담한 재앙을 딛고 일어선 일본인들은 결코 도쿄를 버리거나 원망하지 않고 다시 삶의 터전으로 일구며 살아갔다. 그러던 1945년 제2차 세계대전이 끝나고 나서 일본

한눈에 보는 세계사

1960년 : 4·19 혁명
1961년 : 5·16 군사 정변 / 베를린 장벽 건설
1964년 : 베트남전 발발

1964년 도쿄 올림픽 개막식 장면

경제는 완전히 붕괴되었고, 도쿄 역시 다시 한 번 '無'의 상태로 돌아갔다. 이때도 일본 정부와 국민은 다시 한 번 일어섰고, 그로부터 불과 10년 후에는 자본주의 국가들이 대거 포진한 세계 시장에 당당히 명함을 내밀 정도로 경제 급성장을 이루었다.

도쿄는 현재 세계 각국의 수도 가운데 인구가 가장 많은 도시로 손꼽힌다. 19세기까지 일본의 수도는 공식적으로 교토였으나, 사실상 도쿄가 실질적 수도 기능을 담당한 것은 에도 시대부터였다. 메이지 시대에 들어 덴노가 에도로 천도하면서 교토 동쪽에 위치한 도읍이라는 뜻의 도쿄로 개명했다. 도쿄는 일본의 4개 섬 중 혼슈의 간토 평야 남단에 자리하며 동쪽으로 도쿄 만과 접한다. 일본의 정치, 경제, 문화 중심지인 도쿄는 세계적으로 주목받는 도시로 성장했고, 이를 반영하듯 도쿄는 1940년에 열릴 제12회 올림픽 개최 장소로 결정되었다. 이는 원래 1930년대에 독일 베를린에서 하계 올림픽이 열리던 기간에 결정된 것이었다. 하지만 이후 제2차 세계대전이 발발하고 일본이 파시즘 국가로 참전하면서 도쿄에서 개최할 예정이었던 제12회 올림픽은 중지되었다.

한편, 제2차 세계대전 후 빈사 상태에 이르렀던 일본 경제는 1950년대에 들어 빠르게 회복되었다. 제2차 세계대전이 끝나고 재개된 첫 올림픽의 개최지는 영국 런던이었다. 당시 일본은 전범 국가 신분이었기에 올림픽 참가 신청조차 거부되었고, 그다음 핀란드 헬싱키에서 개최된 올림픽 경기부터 다시 참가할 수 있었다. 그리고 제17회 하계 올림픽 개최지를 선

정하는 회의에서 일본이 다시 올림픽 유치 신청서
를 제출했으나 로마로 최종 결정되어 올림픽 유치
에 실패했다.

　일본 경제가 폭발적인 고도성장에서 차츰 안정
적인 성장세를 보일 무렵, 일본 정부는 다시 한 번
올림픽 개최 신청서를 제출했다. 당시 라이벌 도
시는 빈, 디트로이트, 브뤼셀이었으나 이를 모두
물리치고 제18회 올림픽 개최지로 도쿄가 선정되
었다. 이 올림픽은 사상 최초로 아시아에서 개최
된다는 점에서도 큰 의의가 있었다.

올림픽 개최

일본이 드디어 올림픽 개최권을 얻어 냈다는 소식
이 전해지자 일본 사회는 위아래 할 것 없이 크게

1964년 당시 도쿄 올
림픽 홍보 포스터

고무되었다. 국제적 행사인 올림픽을 개최한다는 것은 경제 발전과도 큰
연관이 있기에 일본 정부와 체육계는 제18회 도쿄 올림픽 준비에 온 힘을
쏟았고, 1963년부터 도쿄 전체가 본격적인 올림픽 개최 준비에 들어갔다.
올림픽 경기를 치를 경기장을 건설하는 일을 포함하여 도시를 정비하고 교
통망을 개선하고 시설들을 확충하는 등 일본 정부는 본격적으로 바빠졌
다. 특히 7만 5,000명을 수용할 수 있는 도쿄 올림픽 국립 체육관과 그 밖
의 경기장들을 건설하고 교통망을 개선하여 수도 도쿄의 범위를 크게 확
장시켰다. 사이타마와 가나가와, 지바에서 나가노 등지에는 각각 경기장이
완성되면서 전 국민이 열성적으로 올림픽 개최 준비에 동참했다.

　《도쿄 백년사》에는 당시 도쿄의 상황이 상세히 기록되어 있다. 이 책에
실린 "올림픽이라는 행사는 일본에 둘도 없는 회생 기회이며 올림픽을 준

비하면서 시행하는 건설과 도시 정비 작업은 이후에도 계속될 수도권 정비 계획의 일부가 될 것"이라는 한 도쿄 도 정부 담당자의 말처럼 일본 정부는 올림픽 개최 준비에 아낌없이 투자했다. 당시 일본 정부는 올림픽을 유치하고 나서 준비 과정에 30억 달러에 이르는 거액을 투자했다. 그 가운데 올림픽과 직접적 관계가 있는 금액은 경기장 등 주요 건축비가 295억 엔, 간접비용으로는 도로 정비와 지하철 건설, 상하수도 시설비 등으로 들어간 9,600억 엔으로 간접비용이 직접비용의 약 32배에 이르렀다. 일본 정부는 이 국제적 스포츠 행사에 막대한 예산을 투자하며 앞으로 자국이 다른 요인의 영향을 받지 않고 더욱 안정적으로 경제 성장을 이루길 기대했다. 그리고 그 희망대로 제18회 도쿄 올림픽이 끝나고 나서 일본에서는 '올림픽 경기'가 시작되었고, 기대했던 대로 1963년부터 일본 경제는 4년 연속 성장하며 불경기에도 두 자리 수를 기록하는 기염을 토했다. 여기에는 일본 정부의 과감한 공공 투자가 큰 역할을 했다.

이때 일본이 거둔 성공은 국제 사회의 수많은 개발도상국이 반드시 참고할 가장 대표적인 경제 발전 성공 사례로 손꼽힌다. 일본은 이때의 성공을 계기로 경제 발전과 세계 자유 무역 발전을 촉진하고 개발도상국을 원조하는 국제 경제 협력 개발 기구 OECD Organization for Economic Cooperation and Development에도 선진국의 일원으로서 가입했다.

1964년 10월 10일, 일본이 최선을 다해 준비한 제18회 하계 올림픽이 드디어 도쿄에서 개막되었다. 도쿄 올림픽에는 세계 94개국에서 대표 선수 7,000여 명이 참가했으며, 일본은 금메달 16개, 은메달 5개, 동메달 8개로 종합 3위라는 훌륭한 성적을 거두었다. 도쿄 올림픽은 일본 경제 호황을 불러온 동시에 올림픽 종합 3위라는 성적을 거두며 일본인들의 민족적 자긍심을 높여 주어 더더욱 일본 역사에 중요한 사건으로 자리매김했다.

경제에 미친 영향

도쿄 시 정부는 올림픽 준비에 30억 달러라는 막대한 금액을 투자하여 돈 주고는 살 수 없는 귀중한 성과를 올렸다. 그중에서도 도카이도 신칸센과 수도 고속 도로 건설, 도쿄 모노레일, 도쿄 지하철 등 도시의 주요 기반 시설인 대중교통 시설을 체계적으로 구축한 것은 장기적인 안목으로 볼 때 타당한 결정이었다. 그와 동시에 그동안 주춤했던 일본의 철강 산업과 석유 공업 역시 활기를 띠었다. 특히 올림픽 기간에 투자 수익률이 가장 두드러진 것은 서비스 사업 분야로, 이 업종의 생산총액 증가율이 무려 45.2%에 이르렀다. 이 밖에도 일본의 각 산업 분야는 전반적으로 올림픽을 전후

맥을 잡아 주는 **일본사 중요 키워드**

올림픽 경제에 대한 이해

'올림픽을 유치하면 그와 관련하여 경제 발전을 기대할 수 있다.'라는 것은 이미 상식 또는 진리에 가까운 명제로 굳어졌다. 이는 그동안 올림픽을 개최했던 나라들이 충분히 입증한다. 경제학에서도 이러한 현상을 인정하며 '올림픽 경제'라고 이름을 붙였다.

올림픽 경제란 올림픽을 개최한 도시에서 행사 준비 기간과 행사 기간, 그리고 올림픽이 막을 내리고 나서 한동안 지속되는 경제 행위를 가리킨다. 이 기간에 막대한 자금이 돌고 산업 전반이 활기를 띠므로 정부는 올림픽 개최를 기회로 적절한 경제 정책을 구상하고 국민과 기업은 일자리나 일거리 등이 창출되어 '돈을 벌 기회'가 늘어난다. 다시 말하면, 올림픽이라는 특수한 상황과 관련하여 발생하는 모든 경제 활동을 올림픽 경제라고 한다. 올림픽 경제는 일정 정도 개최국과 개최 도시의 단계적 경제 발전을 이끌며, 통상 직접 올림픽 경제와 간접 올림픽 경제로 나뉜다.

직접 올림픽 경제는 올림픽 개최와 관련된 직접적인 분야에 한하여 진행되는 경제 활동을, 간접 올림픽 경제는 말 그대로 올림픽 행사 개최와 직접적인 관련은 없지만 일정 부분 유기적 관계가 있는 분야에서 나타나는 경제 활동을 의미한다. 올림픽 개최 시 이 두 가지 올림픽 경제가 조화를 이루며 시너지 효과를 내면 경제 호황기가 찾아온다. 올림픽 개최에 따르는 이러한 특수 효과는 공공연한 사실이므로 수많은 나라가 올림픽을 유치하기 위해 치열한 경쟁을 펼치고 있다.

하여 큰 폭의 성장세를 기록했다.

하지만 정부에서 기업, 국민까지 모두 한동안 올림픽을 준비하는 데만 매달리느라 올림픽 이후에 대해서는 미리 생각해 두지 못했고 올림픽이 끝나고 올림픽 특수가 빛을 잃어가는 중에도 일본 내 축제 분위기가 계속되면서 서서히 폐단이 드러나기 시작했다. 시민 생활과 직접적으로 관련된 상하수도, 쓰레기 소각장, 기타 위생 시설 등 막대한 예산을 들여 건설한 기초 설비가 올림픽이 끝나고 나서는 관리가 되지 않고 방치되어 도쿄 시민의 원성을 샀다. 또한 1964년 여름, 간토 지방에 가뭄이 들어 극심한 물 부족 사태가 벌어지고, 새로 시행된 안보 체제가 대중의 거센 항의를 받아 헌법을 개정하는 사태까지 벌어졌다. 그 밖에도 경제 발전으로 말미암은 물가 상승과 주택 부족, 대기 오염과 수질 오염, 지반 침하 등 민생을 위협하는 문제들이 점차 심화되었다. 이러한 부작용들이 걷잡을 수 없이 커지자 집권 중에 올림픽 유치와 그 밖의 굵직한 업적들을 이루어 낸 이케다 내각도 비난의 뭇매를 면하지 못했다.

신칸센

1950년대 후반에 일본 경제가 급격히 발전했고, 일본 사회에는 이처럼 빠르게 발전하는 경제 성장 속도에 발맞추어 그에 걸맞은 효율적인 교통 시스템을 구축할 필요성이 대두되었다. 그중에서도 특히 경제 발전을 더욱 촉진하여 경제적으로 윤택한 나라가 되고자 하는 목표를 달성하기 위해 3대 공·상업 지구와 주변 지역의 도카이도 철도 간선을 잇는 철도가 절실해졌다. 1958년에 일본 내각은 도카이도東海道 신칸센 건설을 결정했다. 신칸센 건설은 당시 물자 수송과 여객 운송에 걸리는 시간을 획기적으로 단축했다. 이로써 세계 최초로 시속 200km로 달리는 열차가 일본에 등장했다.

신칸센의 구상

1950년대에 일본은 특수한 환경에 힘입어 몇 차례 호경기를 맞이했다. 찾아온 기회들을 잘 활용하고 국내외로 좋은 발전 환경이 갖춰진 덕분에 일본의 경제 성장 속도는 눈에 띄게 빨라졌다. 1958년에는 경제 발전 정도가 전쟁 이전의 수준을 훨씬 웃돌았고, 특히 게이힌京浜, 주쿄中京, 한신阪神 지역이 이 기간에 눈부신 발전을 이루었다. 이 세 지역은 일본 경제 발전을 이끄는 거점 도시가 되었고, 일본 내 공·상업과 유통업이 대부분 이 도시들을 중심으로 발전했다. 상업 도시가 발전하면서 지역 간 무역과 교류 범위도 크게 넓어졌고 구직자들이 몰려드는 등 본격적인 번영의 시기를 맞이

할 여건이 모두 갖춰졌다. 다만 단 한 가지, 교통 시설을 제대로 갖추지 못했다는 것이 큰 불편 사항으로 남아 있었다. 당시 이 3대 공·상업 지구를 서로 연결했던 도카이도 철도 노선이 일본 전국 철도 총 길이의 3%에 불과했다는 당시의 기록만 봐도, 한창 급속도로 성장하는 도시가 수준 미달의 교통 시설 때문에 얼마나 큰 불편을 겪었을지는 불을 보듯 뻔했다. 이 도시의 빈약한 운송 능력은 곧 한계를 드러내며 발전을 저해하는 주된 요인이 되었고, 교통 체증도 심각해져 걸핏하면 도시 근교까지 심각한 교통난에 시달렸다. 이런 상황에서 도쿄가 1964년 제18회 하계 올림픽 개최지로 확정되자 일본 정부는 겸사겸사 교통망을 대대적으로 정비하거나 새로 구축하기로 했다.

전후 일본 사회는 경제 부흥과 고속 성장을 최우선으로 추구했다. 경제 성장이 어느 정도 안정적인 궤도에 오르고 나서 가장 시급하게 개선해야 할 사안으로 꼽힌 것은 바로 교통 문제였다. 이를 해결할 효율적인 교통망을 구축하기 위해 일본 정부는 즉시 신칸센新幹線 건설을 추진했다. 정부는 먼저 관련 분야의 전문가들을 초빙해 신칸센의 구상과 총체적인 지휘를 맡겼고, 1957년에는 일본 각지의 철도 행정과 교량 전문가들이 모여 '일본 국유 철로 간선 조사회'를 조직했다. 일본 국유 철로 간선 조사회는 먼저 도카이도 철로의 적재량 한도에 관해 연구하고 내각에 신칸센 건설에 관한 건의서를 제출했다.

그들은 건의서에서 세 가지 방안을 제시했다. 첫 번째는 현재 사용하는 협궤 철로를 따라 철도를 증설하는 것, 두 번째는 다른 노선으로 협궤 철로를 새로 까는 것, 마지막 세 번째는 다른 노선으로 표준궤 철로를 새로 까는 것이었다. 일본 정부가 최종적으로 선택한 것은 세 번째 방안이었다. 앞의 두 가지보다 어려움이 많고 시간도 더 걸리는 작업이지만 장기적으로 보면 가장 이점이 많았기 때문이다. 무엇보다 앞의 두 가지는 고속 교통 망을 구축하기에는 적절하지 않다는 치명적인 단점이 있었다. 이렇게 해서 1958년 12월에 도카이도 신칸센 건설에 관한 방안이 내각 회의에서 비준되었다. 당시 세계 최초로 시속 200km로 달리는 고속 철도를 건설한다는 일본 정부의 신칸센 프로젝트는 이렇게 시작되었다.

신칸센의 운행

신칸센 프로젝트가 정식으로 승인되자 일본 정부는 도쿄 올림픽 개최와 시기를 맞추어 도쿄와 오사카를 잇는 도카이도 신칸센을 완공하기 위해 막대한 예산을 쏟아 부었다. 그리고 마침내 1964년에 도카이도 신칸센이 정식으로 개통하여 운행을 시작했다. 시속 200km로 달리는 고속 열차가 등장함에 따라 일본의 경제 성장을 저해하던 교통 문제가 대폭 감소했고 게이힌, 주쿄, 한신 지역의 이동과 운송 효율이 크게 높아졌다.

1964년, 첫 운행을 시작한 도카이도 신칸센

신칸센은 건설 과정에서 건축, 원자재, 기계 제조 등 관련 산업의 발전을 이끌었고, 개통 후에는 교통, 통신, 신기술의 발달에 큰 영향을 미쳤으며, 지방과 도시 간에 격차를 줄여 지방 경제의 발달을 촉진하는 데 결정적 역할을 했다. 신칸센의 수많은 노선 가운데 손꼽히는 중요한 노선은 도카이도 신칸센(도쿄 역−신오사카 역)과 산요 신칸센山陽新幹線(신오사카 역−하카타 역), 도호쿠 신칸센東北新幹線(도쿄 역−하치노헤 역), 죠에쓰 신칸센上越新幹線(오오미야 역−니가타 역)이다. 1964년 10월 1일 신칸센이 개통되었을 때 일본의 전 국민은 세계 최고의 고속 열차에 열광하며 시범 운행을 지켜보았다.

신칸센은 고속 철도 운수 체계의 새로운 노선으로, 신칸센 위를 달리는 열차는 전기로 움직인다. 현대적 느낌으로 디자인된 열차가 선로 위를 총알처럼 곧고 빠르게 달리는 모습을 보고 총알에 빗대어 신칸센 탄환 열차 Shinkansen Bullet Train라고 부르기도 했다. 당시 처음으로 신칸센 열차를 이용한 사람들은 빛처럼 빠른 열차의 속도에 깜짝 놀라며 감탄을 금치 못했다.

일본 정부가 야심차게 준비한 프로젝트답게 신칸센 열차는 실내가 넓고 깨끗하며 무료로 이용할 수 있는 식수 시설과 깨끗한 화장실, 공중전화, 냉난방 등 명성에 걸맞은 편의 시설들을 갖추었으며 잘 관리하고 있다. 또한 방음 시설이 되어 있는 덕분에 차량 내에서는 운행 시 소음이 잘 들리지 않아 쾌적하다.

신칸센이 개통되고 나서 지역 간 이동 시간이 대폭 줄어든 덕분에 하루에 운행 가능한 편수도 늘어났다. 당시 기록을 보면 신칸센이 개통되기 전에는 도쿄−오사카 구간을 지나는 데 걸리는 열차 운행 시간이 약 6시간 30

분 정도였다. 그러나 신칸센이 개통되고 나서는 똑같은 구간을 달리는 열차 중에 비교적 느린 고다마의 운행 시간이 4시간 정도, 당시 가장 빠른 속도를 자랑하던 히카리는 3시간 10분 정도였다고 한다. 이들이 매일 십여 차례 왕복하며 승객 6만 명을 운송해 상업 지구의 교통 문제는 해소되었다.

신칸센의 성공은 일본 경제의 지속적인 고속 발전에 유리한 조건으로 작용해 일본의 운수업이 서부 지역까지 뻗어나가는 데 큰 도움이 되었다. 그리고 1967년에 일본 정부는 오사카–후쿠오카 지역을 잇는 산요 신칸센을 건설하기 시작했다. 산요 신칸센은 게이힌, 주쿄, 한신, 기타규슈 등 4대 공업 지대에서 시즈오카, 오카야마, 히로시마 등지를 연결하여 태평양 연안의 '태평양 공업 지대'를 형성하는 결정적 연결고리가 되었다. 태평양

신칸센은 선진화된 일본의 철도 산업 기술을 전 세계에 알리는 계기가 됐다.

공업 지대가 조성되면서 일본 경제는 또다시 크게 탄력을 받아 국민 소득이 껑충 뛰어올랐다.

신칸센의 전망

신칸센의 등장은 1960년대에 일본의 선진적 철도 산업 기술을 전 세계에 알리는 계기가 되었고, 일본 대중의 삶에서 빼놓을 수 없는 중요한 교통수단으로 자리 잡았다. 신칸센의 성공을 지켜보며 자극받은 서방 세계에서도 이후 고속 철도 연구에 박차를 가했다.

서구 선진국들은 일본 신칸센의 성공을 모델로 삼아 자국의 선진 기술을 적용한 고속 철도를 연구했고, 1980년대에는 프랑스가 시속 513.3km로 달리는 초고속 열차를 선보여 세계 신기록을 세웠다. 이러한 상황은 다시 일본의 승부욕을 자극했고, 그 영향으로 1987년에 일본 정부는 신칸센을 국철에서 분리하고 민영화했다. 신칸센 민영화 이후 회사는 관련 기술 개발과 신형 차량 개발에 더욱 커다란 노력을 기울였다.

1960년대 말, 일본 정부는 다른 신칸센 노선들을 추가로 건설하기로 하는 한편, 산요 신칸센과 도카이도 신칸센의 운행 속도를 각각 오늘날과 같은 수준의 시속 300km와 시속 275km까지 끌어올렸다. 이처럼 지속적인 연구와 개발 노력에 힘입어 신칸센은 현재 일본에서 가장 중요한 교통수단으로 자리 잡았다.

동아시아사에 대한
친절한 가이드

이 책은 일본의 개화기에서 현대에 이르기까지 치열하게 살아 낸 역사를 한눈에 알 수 있도록 인물과 사건을 중심으로 구성한 일본 근현대사 입문서입니다. 세계 어느 나라에서도 비슷한 예를 찾아볼 수 없을 정도로 독특한 근대화 과정을 거친 일본 근현대사를 번역하면서 현실보다 더한 드라마는 없다는 말에 절로 수긍이 되었습니다.

이 책이 입문서를 지향하므로 다룰 수 있는 사건의 범위나 깊이에 제한이 있기는 합니다. 그리고 보니, 쓰는 사람 입장에서는 외려 입문서가 전문서적보다 어렵고 힘든 법이라고 합니다. 번역 작업을 하면서 고민에 빠져 모니터만 뚫어지게 쳐다보며 마주하고 앉아 있던 적이 한두 번이 아니었습니다. 자칫 스토리는 쏙 빠진 채 수많은 정보만 나열하면 아주 재미없는 책이 될 테니까요. 그러면 쓰는 저는 둘째치고, 읽는 사람은 더 힘들겠지, 하는 생각이 들었습니다. 본격적으로 태평양 전쟁에 관해 다루는 부분부터는 일단 전달할 사실들이 워낙 복잡하기 때문에 독자들이 흥미를 잃지 않고 읽어 나가도록 이야기에 더욱 신경을 썼습니다. 그래서 번역하는 시간보다 내용 구성에 대해 고민하거나 전쟁에 관해 공부해야 하는 시간이 더 길었던 책입니다.

그러나 이 책은 언제 어떤 일이 있었으며, 그 사건에 누가 어떻게 연관되었는지, 역사적 사건을 정해진 틀에 따라 종적으로 기록하는 데에 그치지 않고, 참신한 구성으로 사건의 인과 관계와 주요 인물의 성격과 성장 배경 등을 함께 다루어 역사 사건의 정황을 유기적으로, 이해하기 쉽게 독자에게 이야기를 들려주듯 술술 풀어내고 있습니다. 덕분에 저도 이 책에서 다루는 사건과 인물에 대해 흥미를 느끼고 더욱 깊이 공부했습니다. 공부하다가 읽는 사람들도 재미있어 할 만한 에피소드를 발견하면 관련 있는 부분에 적절히 끼워 넣기도 했습니다. 덕분에 이번 번역은 굉장히 즐거운 작업이 되었습니다. 이 책의 마지막 장 번역을 끝내고 나니 매주 놓치지 않고 챙겨 보던 장편 대하 드라마의 마지막 회가 끝났을 때 느끼던 것과 같은 시원섭섭함이 찾아옵니다.

동아시아의 정세 및 일본의 행보를 비교적 객관적인 시선으로 파악한 뒤 차근차근 알기 쉽게 설명해 주는 저자의 친절한 가이드를 따라가다 보면 어느새 그동안 한국과 일본, 중국 간에 얽힌 복잡하고 미묘한 관계를 이해하고, 동아시아의 구성원으로서 우리가 갖춰야 할 자세를 곰곰이 생각하고 있는 자신을 발견할 수 있을 것입니다. 제가 이 책을 번역하면서 그랬던 것처럼요.

찾아보기